改訂
11版

チャート
労働基準法

労働調査会出版局　編

労働調査会

序

労働基準法は、昭和22年の施行以来、我が国の労働関係の近代化と労働条件の改善・向上に大きな役割を果たしてきました。

この間、我が国の社会経済の構造は大きな変貌を遂げてきましたが、最近の状況をみても、中長期的には、出生率低下を背景とする少子·高齢化社会の進展、国際的な相互依存関係の深化や技術革新·情報化の進展等による産業構造の変化、職場・家庭・地域のバランスのとれた生活への志向等労働者の意識の変化などにより、さらに一層の変化が見込まれています。

このような変化に対応して、労働基準法も数次の改正を経てきました。

昭和62年には労働時間法制を中心に法制定以来の大改正が行われ、さらに、平成５年の改正により、平成９年４月１日から一部の特例措置の対象事業を除き、全面的に週40時間労働制が実施されました。

平成９年には男女雇用機会均等法等整備法により、女性保護規制が廃止され、平成11年４月１日から施行されました（平成14年４月１日からは、育児・介護休業法において、育児・介護を行う一定の労働者についての時間外労働の制限の制度が定められました)。

また、平成10年には労働契約期間の延長、労働条件明示の強化、１年単位の変形労働時間制の要件の変更、企画業務型裁量労働制の創設、年次有給休暇の付与日数の増加など労働基準法の主要項目について大幅な改正が行われ、平成11年４月１日に施行されました（企画業務型裁量労働制については、平成12年４月１日に施行)。

平成15年には、有期労働契約の契約期間の上限の見直し、解雇に係る規定の整備及び裁量労働制の見直しを中心とする改正が行われました。

そして平成19年には、労働契約の民事的な基本ルールを定めた労働契約法（平成20年３月１日施行）の制定にともない、それまで労働基準法に定められていた労働契約の民事的効力に関する規定（解雇、就業規則の効力等）が労働契約法へ移行するなど、所要の改正が行われました。

さらに、平成20年12月には、近年の過重労働による労働者の心身の健康への影響、仕事と生活の調和（ワーク・ライフ・バランス）の観点から、長時間労働の抑制や多様で柔軟な働き方への見直しを目的として、月60時間を超える時間外労働に関する割増賃金率の引上げ、時間単位で取得できる年次有給休暇制度の導入などを内容とする労働基準法の改正が行われ、平成22年４月１日から施行されています。

平成30年には、長時間労働の是正や同一労働同一賃金の実現などを大きな柱とする働き方改革関連法が成立しました。働き方改革では、労働基準法の分野だけにとどまらず、労働安全衛生法、労働時間等設定改善法、パート・有期労働法、労働者派遣法などにわたって広範な施策が打ち出されました。

各企業には、こうした労働基準法の改正に即応するとともに、労働者の意識の変化等に対応した労働条件の改善・向上を図ることが求められています。そのためには、労働基準法の規定の趣旨・内容などの基本を理解するとともに、関連規定、解釈等にも十分注意する必要があります。

本書は、法条項別に内容、構成、他との関わりなどを再整理し、図解を用いることにより、労働基準法の全体的構造、各条項の意味・内容などを視覚的に理解できる実務書籍として編集したものです。なお、労働契約法についても労働基準法と同様、第11部において概要の一覧表や項目ごとに図解を用いた解説を加えています。

また、前記の働き方改革関連法による新しいルールは、平成31年４月１日以降順次施行されています。このうち、労働基準法の主要な改正事項には、時間外労働の上限規制、年次有給休暇の時季指定義務、フレックスタイム制の見直し、高度プロフェッショナル制度の創設などがあり、今回の改訂に当たってはこれらの解説を盛り込むとともに、以上に掲げた制度以外についても必要に応じて触れています。

本書が、労使をはじめ、関係者に広く利用され、労働基準法及び労働契約法を理解する一助となれば大変幸いです。

令和２年２月

編　者

改訂11版

チャート労働基準法　Contents

第1部　労働基準法の概要 ——————————— *1*

第2部　総　論 ————————————————— *19*

第3部　労働契約 ———————————————— *51*

第9部 就業規則 ―― 357

第10部 その他 ―― 379

図中の凡例

法	…労働基準法	解	…解釈例規（行政通達）
則	…労働基準法施行規則	通	…行政通達
告	…厚生労働省告示	判	…参考判例

Navigation

本書の構成

1 第1部の一覧表で労働基準法の概要を項目ごとに見る

項目ごとに整理。

労働基準法令等の規定の要点をまとめる。

関係条文を明記。

参照頁を引用。

事　　項	規定のあらまし	関係条項(様式番号)	参照
適用事業の範囲	労働者を１人でも使用している事業や事務所が適用を受ける。ただし、同居の親族のみを使用する事業や家事使用人については、適用されない。	法第116条 別表第１	**22頁**
労働条件の原則	労働条件は、労働者が人たるに値する生活を営むための必要を充たすべきものでなければならない。労働基準法は最低基準を定めるものであり、これを理由に労働条件を低下させてはならない。	法第１条	**40頁**

3 法条文に沿った解説を読む

1 適用範囲

2で示した項目・法条文の内容を解説。関連する省令（規則）の規定や重要な告示、通達に触れながら解説。

2の項目を解説

労働基準法は、事業の種類を問わず、基本的にはすべての事業に適用される。
し、労働基準法の一部の条文に業種で適用が異なるものや、適用除外な
定があるため、法別表第１に15の業種が挙げられて
は、業として継続的に行われているものをいう。
のであれば、営利を目的としない社会事業団体、宗教団体等も事業
る。
、同居の親族のみを使用する事業には、労働基準法は適用されない。同居の親族のみを使用する事業には、労働基準法は適用されない。

同居とは生計を一にすることをいい、親族とは６親等内の血族、配偶者及び３親等内の姻族をいう。

2 項目ごとにポイントを押さえる　法条文の原文に当たる

ここで解説する
法条文を明記。

第2部以下は、
項目ごとの解説に

1 適用範囲等 （第116条、別表第1）

Point
- ◎ 労働基準法は、基本的には継続するすべての事業に適用される。
- ◎ 適用は工場、営業所など事業単位である。
- ◎ 国外では、出張業務の場合に労働基準法が適用される。
- ◎ 国内事業で採用されていれば、国籍に関係なくすべての労働者が適用対象である。

法条文のポイント
を記載。

◆条　文◆

（適用除外）
第百十六条　第一条から第十一条まで、次項、第百十七条から第百十九条まで及び第百二十一条の規定を除き、この法律は、船員法（昭和二十二年法律第百号）第一条第一項に規定する船員については、適用しない。
2　この法律は、同居の親族のみを使用する事業及び家事使用人については、適用しない。

別表第一
一　物の製造、改造、加工、修理、洗浄、選別、包装、装飾、仕上げ、販売のためにする仕立て、破壊若しくは解体又は材料の変造の事業（電気、ガス又は各種動力の発生、変更若しくは伝導の事業及び水道の事業を含む。）
二　鉱業、石切り業その他土石又は鉱物採取の事業
三　土木、建築その他工作物の建設、改造、保存、修理、変更、破壊、解体又はその準備の事業
四　道路、鉄道、軌道、索道、船舶又は航空機による旅客又は貨物の運送の事業
五　ドック、船舶、岸壁、波止場、停

法条文の原文が
確認できる。

4 解説内容に沿ったチャート図で視覚的にイメージする

図2-1-1　労働基準法上の「事業」とは

根拠となる条文・
告示・通達を明記。

通 昭22.9.13発基第17号　平11.3.31基発第168号

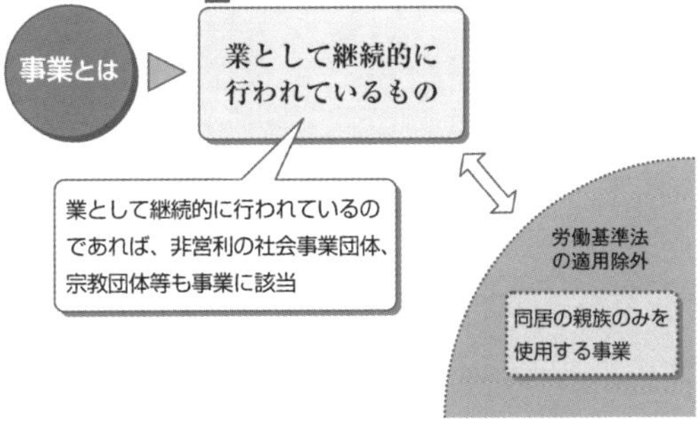

事業とは
業として継続的に
行われているもの
業として継続的に行われているのであれば、非営利の社会事業団体、宗教団体等も事業に該当
労働基準法
の適用除外
同居の親族のみを
使用する事業

3の文章解説を、
図解で置き換えて
視覚的に表現

第1部

労働基準法の概要

労働基準法の概要

（法－労働基準法　則－労働基準法施行規則
女性則－女性労働基準規則　年少則－年少者労働基準規則）

事項	規定のあらまし	関係条項(様式番号)	参照
適用事業の範囲	労働者を1人でも使用している事業や事務所が適用を受ける。ただし、同居の親族のみを使用する事業や家事使用人については、適用されない。	法第116条 別表第1	22頁
労働条件の原則	労働条件は、労働者が人たるに値する生活を営むための必要を充たすべきものでなければならない。労働基準法は最低基準を定めるものであり、これを理由に労働条件を低下させてはならない。	法第1条	40頁
労働条件の決定	労働条件は、労働者と使用者が、対等の立場において決定すべきものである。	法第2条	40頁
均等待遇	国籍、信条または社会的身分を理由として、賃金、労働時間その他の労働条件に差をつけてはならない。	法第3条	40頁
男女同一賃金の原則	労働者が女性であることを理由として、男性と賃金に差をつけてはならない。	法第4条	286頁
強制労働の禁止	精神または身体の自由を不当に拘束する手段によって、労働者の意思に反して労働を強制してはならない。	法第5条	46頁
中間搾取の排除	業として、他人の就業に介入して利益をあげてはならない。	法第6条	46頁
公民権行使の保障	労働者が選挙権その他公民としての権利を行使したり、公の職務を行うために必要な時間を請求した場合は、これを与えなければならない。	法第7条	42頁
平均賃金	平均賃金は、それを算定すべき事由の発生した日以前3カ月間にその労働		282頁

事　　項	規定のあらまし	関係条項（様式番号）	参照
平均賃金	者に支払われた賃金の総額を、その期間の総日数で除した金額である。 この平均賃金は、解雇予告手当、休業手当、年次有給休暇手当、減給制裁及び労災保険の給付請求の計算の場合に使われる。	法第12条 則第２条 ～第４条	282頁
労働基準法違反の労働契約	労働基準法で定める基準に達しない労働条件を定める労働契約は無効である。無効となった部分は、労働基準法で定める基準による。	法第13条	54頁
労働契約の期間	期間の定めのないものを除き、原則として３年（高度の専門的知識等を有する者や満60歳以上の者は５年）を超える労働契約は締結することができない。	法第14条第１項	58頁
有期契約労働者の退職	１年を超える期間を定める労働契約を締結した労働者は、労働契約の期間が１年を経過した日以後は、いつでも退職することができる（専門的知識等を有する者、満60歳以上の者等を除く）。	法第137条	60頁
有期労働契約の締結、更新及び雇止め	１．雇止めの予告 契約が３回以上更新され、または１年を超えて継続勤務している者の有期労働契約（あらかじめ更新しないことが明示されているものを除く）を更新しないこととしようとする場合には、少なくとも契約期間満了の30日前までに、その予告をしなければならない。 ２．雇止めの理由の明示 ①　上記１．の場合で、労働者が更新しないこととする理由について証明書を請求したときは、遅滞なく交付しなければならない。	法第14条 第２、３項 平成15年厚生労働省告示第357号	60頁

事　　項	規定のあらまし	関係条項(様式番号)	参照
有期労働契約の締結、更新及び雇止め	②　有期労働契約（あらかじめ更新しないことが明示されているものを除く）が更新されなかった場合で、労働者が更新しなかった理由について証明書を請求したときは、遅滞なく交付しなければならない。 ３．契約期間についての配慮 契約を１回以上更新し、かつ１年を超えて継続勤務している者の有期労働契約を更新しようとする場合には、契約の実態や労働者の希望に応じて、契約期間をできる限り長くするよう努めなければならない。		60頁
労働条件の明示	労働契約を結ぶに当たっては、労働者に対して賃金、労働時間その他の労働条件を明示しなければならない。 労働契約期間、有期労働契約を更新する場合の基準、就業場所・従事すべき業務、労働時間、賃金、退職等に関する事項については、書面を交付しなければならない。 明示された事項が事実と相違する場合は、労働者は即時に労働契約を解除することができ、14日以内に帰郷するときは、使用者は旅費を負担しなければならない。	法第15条 則第５条	66頁
賠償予定の禁止	労働契約の不履行について違約金を定めたり、損害賠償額を予定する契約をしてはならない。	法第16条	48頁
前借金相殺の禁止	労働者の前借金や労働することを条件とする前貸しの債権と賃金を相殺してはならない。	法第17条	48頁

事　　項	規定のあらまし	関係条項（様式番号）	参照
強制貯金の禁止 社　内　預　金	労働契約に付随して貯蓄または貯蓄金管理の契約をさせてはならない。 労働者の貯蓄金を委託を受けて管理する場合は、労使協定の締結・届出、貯蓄金管理規程の整備、利子の付与等の要件を満たさなければならない。	法第18条 則第5条の2、第6条、第6条の2、第6条の3、第57条（様式第1号、第24号）	50頁 314頁
解　雇　制　限	業務上の負傷または疾病による療養のための休業期間とその後30日間並びに女性の産前産後の休業期間及びその後30日間は、解雇してはならない。ただし、天災事変等のため事業の継続が不可能となった場合で労働基準監督署長の認定を受けた場合及び打切補償をした場合には、解雇できる。	法第19条 則第7条 （様式第2号）	74頁
解　雇　の　予　告	労働者を解雇しようとする場合は、30日前に予告するか、または30日分以上の平均賃金を支払わなければならない。ただし、天災事変等のため事業の継続が不可能な場合及び労働者の責に帰すべき事由で解雇する場合で、労働基準監督署長の認定を受けた場合には30日前に予告をせず、また、30日分以上の平均賃金を支払わず解雇ができる。 なお、次の場合には解雇の予告または30日分以上の平均賃金の支払いを必要としない。 ①　日雇労働者で勤務が引き続き1カ月を超えない場合 ②　2カ月以内の雇用契約期間を定めて雇い入れた場合 ③　季節的業務に4カ月以内の期間を定めて雇い入れた場合 ④　試用期間中の労働者で雇入れ後14日を超えない場合	法第20条 則第7条 （様式第2号、第3号） 法第21条	78頁

事　項	規定のあらまし	関係条項(様式番号)	参照
退職時の証明	労働者が退職の場合において、在籍したこと等に対する証明書を請求した場合、請求した事項について証明書を交付しなければならない。 証明書には秘密の記号を記入してはならない。 また、ブラックリストを回覧してはならない。	法第22条	86頁
解雇理由の明示	労働者は、法第20条第１項の解雇の予告がなされた日から当該退職の日までの間においても、使用者に対して当該解雇の理由を記載した証明書の交付を請求できる。 ただし、解雇の予告後、労働者が当該解雇以外の事由で退職した場合は、退職の日以後、証明書を交付する必要はない。	法第22条第２項	86頁
金品の返還	退職者から請求があった場合には、７日以内に未払い賃金を支払い、退職者の権利に属する金品を返還しなければならない。	法第23条	88頁
賃金の支払い	賃金は、原則として①通貨で、②全額を、③本人に直接、④毎月１回以上、⑤一定の支払日を決めて支払わなくてはならない。 労働者の同意があれば賃金の口座払い、退職手当の銀行振出小切手等による支払いはできる。法令または労働協約に別段の定めがあれば実物給与で支払うことができ、また税金、社会保険料等法令で定められているもの及び労使協定がある場合には、賃金の一部を控除して支払うことができる。	法第24条 則第６条の２、第７条の２、第８条	292頁

事　項	規定のあらまし	関係条項（様式番号）	参照
非常時払い	出産、疾病、災害等非常の場合で労働者から請求のあった場合は、賃金支払日前であってもすでに働いた分の賃金を支払わなければならない。	法第25条 則第９条	296頁
休業手当	使用者の都合で休業させた場合は、平均賃金の６割以上の手当を支払わなければならない。	法第26条	310頁
出来高払制の保障給	賃金が出来高払制その他請負制の場合には、労働時間に応じた一定額の保障給を定めなければならない。	法第27条	288頁
労働時間	１．法定労働時間 労働時間は１週40時間（ただし、「商業」、「映画・演劇業」、「保健衛生業」、「接客娯楽業」で労働者数が10人未満の事業場は、特例措置として１週44時間）、１日８時間を限度とする。 労働時間とは、現実に作業をしている時間のみでなく、来客当番などの手待時間も含まれる。 ２．変形労働時間制 ⑴　１カ月単位の変形労働時間制 労使協定または就業規則等により、１カ月以内の期間を平均し、週の法定労働時間を超えない定めをした場合（労使協定による場合には、さらに労働基準監督署長に届出が必要）には、その定めにより、特定の週または特定の日に１週または１日の法定労働時間を超えて労働させることができる。 ⑵　フレックスタイム制 就業規則等により始業及び終業の時刻を労働者の決定にゆだねる	法第32条、 第40条 則第25条の２、 第25条の３、 第26条 法第32条の２ 則第６条の２、 第12条、 第12条の２、 第12条の２の２、 第12条の６ （様式第３号の２） 法第32条の３ 第32条の３の２	94頁 110頁 154頁 114頁 124頁

事　　項	規定のあらまし	関係条項（様式番号）	参照
労　働　時　間	旨を定め、かつ労使協定により、対象労働者の範囲、清算期間（３カ月以内)、清算期間の総労働時間（清算期間を平均し週の法定労働時間の範囲内）等を定めたときは、１週または１日の法定労働時間を超えて、労働させることができる。 なお、清算期間が１カ月を超える場合には、当該清算期間を１カ月ごとに区分した各期間ごとに労働時間が当該各期間を平均し１週間50時間を超えないこと、労使協定の届出などが必要である。	則第６条の２、第12条の２、第12条の３ （様式第３号の３）	
	⑶　１年単位の変形労働時間制 労使協定により、１カ月を超え１年以内の期間を平均し週40時間を超えない定めをし労働基準監督署長に届け出た場合には、その定めにより、特定の週または特定の日に１週40時間または１日８時間を超えて、労働させることができる。 なお、対象期間における労働日数の限度や１日及び１週間の労働時間の限度、対象期間及び特定期間における連続労働日数の限度が定められている。	法第32条の４、第32条の４の２ 則第６条の２、第12条の２、第12条の４、第12条の６、第65条、第66条 （様式第４号）	**136頁**
	⑷　１週間単位の非定型的変形労働時間制 規模30人未満の小売業、旅館、料理店、飲食店については、労使協定において１週間の労働時間を40時間以内とし、労働基準監督署長に届け出た場合には、１日につ	法第32条の５ 則第６条の２、第12条の５、第12条の６ （様式第５号）	**146頁**

事　　項	規定のあらまし	関係条項（様式番号）	参照
労働時間	いて10時間まで労働させることができる。 この場合は、1週間の各日の労働時間をあらかじめ、労働者に通知しなければならない。 3．年少者の労働時間 (1)　年少者には、変形労働時間制、フレックスタイム制及び高度プロフェッショナル制度は適用されない。 ただし、満15歳に達した日以後の最初の3月31日が終了した者については、次の制度を採用することができる。 ①　1週48時間、1日8時間以内の1カ月単位または1年単位の変形労働時間制 ②　1週の法定労働時間の範囲内で、1週間のうち1日の労働時間を4時間以内に短縮することを要件に、他の日に10時間まで労働させる制度 (2)　満15歳に達した日以後の最初の3月31日が終了していない児童の労働時間は、修学時間を通算して1週40時間、1日7時間を限度とする。	法第60条 則第34条の2の4	332頁
休　　憩	労働時間が6時間を超える場合においては少なくとも45分、8時間を超える場合には少なくとも1時間の休憩時間を労働時間の途中に、労使協定がある場合を除き一斉に与えなければならない。 休憩時間は、自由に利用させなければならない。	法第34条 則第6条の2、第15条	158頁

事　　項	規定のあらまし	関係条項（様式番号）	参照
休　　日	毎週１日の休日か、４週間を通じ４日の休日を与えなければならない。 休日とは、原則として午前零時から午後12時までの暦日をいう。	法第35条 則第12条、第12条の２	**164頁**
時間外及び休日労働	１．労使協定を締結し、労働基準監督署長に届け出た場合には、その協定で定める範囲内で時間外労働及び休日労働をさせることができる。 有害業務については１日２時間が限度であるほか、年少者の時間外労働及び休日労働は禁止されている。 協定で定める時間外労働時間は、限度時間を超えてはならない。臨時的な特別の事情がある場合は、協定時間等の上限の範囲内で特別条項付き協定を締結して限度時間を超えて労働させることができる。ただし、協定に従って労働させる場合であっても、時間外・休日労働時間数は単月100時間未満、複数月平均で80時間以内としなければならない。	法第36条 則第６条の２、第16条～第18条 （様式第９号～第９号の７） 法第60条	**174頁** **176頁**
	２．災害その他避けることのできない事由がある場合には、所定の手続きを経て時間外及び休日労働をさせることができる。	法第33条 則第13、14条 （様式第６号）	**190頁**
労働時間の算定	１．事業場を異にする場合でも、労働時間は通算する。 ２．坑内労働については、労働時間を坑口計算し、休憩時間を含めて労働時間とする。	法第38条 則第24条	**214頁**

事　　項	規定のあらまし	関係条項（様式番号）	参照
みなし労働時間制	1．事業場外労働については、次によって労働時間を算定する。 ①　原則として、所定労働時間労働したものとみなす。 ②　ただし、当該業務を遂行するために、通常所定労働時間を超えて労働することが必要である場合には、当該業務の遂行に通常必要な時間労働したものとみなす。 ③　労使協定がある場合には、労使協定で定める時間労働したものとみなす（法定労働時間を超える労使協定は、労働基準監督署長に届け出なければならない）。	法第38条の２ 則第６条の２、 第24条の２ （様式第12号）	194頁
	2．厚生労働省令で定める業務に関し、労使協定を締結し、労働基準監督署長に届け出た場合には、専門業務型裁量労働制が認められる。	法第38条の３ 則第６条の２、 第24条の2の2 （様式第13号）	202頁
	3．企画、立案、調査及び分析の業務に従事する労働者に関し、労使委員会で一定の事項を決議して労働基準監督署長に届け出た場合、企画業務型裁量労働制が認められる。	法第38条の４ 則第６条の２ 第24条の2の3 第24条の2の4 第24条の2の5 第66条の２ （様式第13号の2、4）	208頁
労働時間及び休憩、休日の適用の除外	次の①～④に該当する者については労働時間、休憩、休日に関する規定の適用がない。 ①　農業、畜産、水産業等の事業に従事する者 ②　管理監督者及び機密の事務を取り扱う者 ③　監視または断続的労働に従事する者で労働基準監督署長の許可を受けたもの	法第41条 則第23条、 第34条 （様式第10号、第14号）	218頁

事　項	規定のあらまし	関係条項（様式番号）	参照
労働時間及び休憩、休日の適用の除外	④　宿日直勤務者で労働基準監督署長の許可を受けたもの		
高度プロフェッショナル制度	職務の範囲が明確で高度な職業能力を有し一定の年収要件を満たす労働者を対象として、健康管理時間の把握や健康確保措置を講ずること等一定の事項を労使委員会で決議して労働基準監督署長に届け出た場合、労働時間、休憩、休日、深夜の割増賃金に関する規定の適用が除外される。	法第41条の2 則第34条の2、（様式第14号の2） 第34条の2の2、 第34条の2の3	226頁
割増賃金	時間外、深夜（午後10時～午前5時）の労働には2割5分以上の割増賃金を支払わなければならない。休日（法第35条にいう休日をいう）の労働には、3割5分以上の割増賃金を支払わなければならない。 時間外労働が1カ月について60時間を超えた場合には、その超えた時間の労働には5割以上の割増賃金を支払わなければならない。また、労使協定により、月60時間以下の時間外労働に関する割増賃金率（2割5分以上）との差に相当する部分（5割以上－2割5分以上）の割増賃金の支払いに代えて有給の休暇を与えることができる。ただし、これらは令和5年3月31までの間、中小事業主には適用が猶予されている。 割増賃金は、通常の労働日または労働時間の賃金（家族手当、通勤手当等を除く）の1時間当たりの額に割増賃金率と時間数とを掛けた額である。	法第37条、 第138条 則第19条、 第19条の2、 第20条、 第21条、 第68条 ※　法第138条及び則第68条は、令和5.3.31をもって削除	300頁

事　項	規定のあらまし	関係条項（様式番号）	参照
年次有給休暇	雇入れの日から起算して6カ月間継続勤務し、全労働日数の8割以上出勤した労働者に10日、以後、勤続年数が1年増すごとに1日（2年6カ月を超える継続勤務1年については2日）ずつ加算した日数（最高20日）の有給休暇を与えなければならない。 なお、所定労働日数の少ない労働者には比例付与される。 労使協定により、年5日までの範囲で、時間単位で年次有給休暇を与えることができる。 年次有給休暇は、原則として、労働者が請求した時季に与えなければならないが、事業の正常な運営を阻害するときは、使用者は時季を変更できる。 また、労使協定により、計画的に付与することができる。 使用者は、年次有給休暇の付与日数が10日以上の労働者に対し、年5日については時季を指定して与えなければならない。 年次有給休暇に対しては、所定の賃金を支払わなければならない。	法第39条、 第136条 則第6条の2、 第24条の3、 第24条の4、 第24条の5、 第24条の6、 第24条の7、 第25条	244頁 262頁
最低年齢	満15歳に達した日以後の最初の3月31日が終了しない者を使用してはならない。ただし、非工業部門では一定の場合に、労働基準監督署長の許可を受けて使用することができる。	法第56条 年少則第1条、 第2条、 第9条	324頁
年少者の年齢証明書	満18歳未満の者を使用する場合には、事業場に年齢証明書を備えなければならない。	法第57条	326頁

事　項	規定のあらまし	関係条項（様式番号）	参照
未成年者の労働契約	親権者等は、未成年者に代わって労働契約を締結することはできない。 親権者等は、労働契約が未成年者に不利である場合には、これを解除できる。 未成年者は、独立して賃金を請求することができ、親権者等は、これを代わって受け取ることはできない。	法第58条 年少則第3条 （様式第2号） 法第59条	326頁
帰郷旅費	満18歳未満の者が解雇されてから14日以内に帰郷するときは、使用者は旅費を支給しなければならない。	法第64条 年少則第10条	328頁
深夜業の禁止	（午後10時から午前5時までの労働） 1．年少者 原則として禁止されているが、次の場合は差し支えない。 ① 交替制によって使用する満16歳以上の男性 ② 保健衛生の事業、電話交換の業務、農林、畜産、養蚕、水産の事業に従事する者 2．女　性 女性の深夜業に関する規制は、平成11年4月に廃止されている。	法第61条 年少則第5条 （様式第3号）	336頁
女性・年少者の就業制限	1．年少者 安全、衛生または福祉上有害な一定の業務に従事させることが禁止されている。 2．女　性 ① 妊産婦については、妊娠、出産、哺《ほ》育に有害な一定の業務に従事させることが禁止されている。 ② その他の女性については、妊娠、出産の機能に有害な一定の業務に従事させることが禁止されている。	法第62条 年少則第7条、第8条 法第64条の3 女性則第2条、女性則第3条	340頁 346頁

事　　項	規定のあらまし	関係条項（様式番号）	参照
坑内労働の禁止・就業制限	1．年少者 　年少者を坑内労働に従事させることは、禁止されている。 2．女　性 ①　妊娠中の女性及び使用者に申し出た産後1年を経過しない女性を坑内労働に従事させることは、禁止されている。 ②　坑内で行われる業務のうち、人力により行われる掘削の業務等の一定の有害な作業員の業務に従事させることは、禁止されている。	法第63条 法第64条の2 女性則第1条	340頁 346頁
産前産後	1．産前休業 　6週間（多胎妊娠の場合は、14週間）以内に出産予定の女性が休業を請求した場合には、その者を就業させてはならない。 2．産後休業 　産後8週間を経過しない女性を就業させてはならない。ただし、産後6週間を経過した女性が請求した場合には、医師が支障ないと認めた業務に就業させることは差し支えない。 3．軽易な業務への転換 　妊娠中の女性が請求した場合においては、他の軽易な業務に転換させなければならない。 4．妊産婦の労働時間 　妊産婦が請求した場合には、変形労働時間制により法定労働時間を超えて労働させること、時間外・休日労働をさせること、または深夜業をさせることはできない。	法第65条 法第66条	352頁 354頁

事　項	規定のあらまし	関係条項（様式番号）	参照
育児時間	満1歳未満の子を育てる女性が請求した場合は、1日2回、少なくとも30分の育児時間を与えなければならない。	法第67条	354頁
生理日の就業が著しく困難な女性に対する措置	生理日の就業が著しく困難な女性が休暇を請求した場合には、生理日に就業させてはならない。	法第68条	356頁
就業規則	常時10人以上の労働者を使用しているところでは、法定記載事項を完備した就業規則を作成し、労働者代表の意見を聴いて、その意見書を添えて労働基準監督署長に届け出なければならない。 減給の制裁は、1回の額は平均賃金の1日分の半額以内、その総額は一賃金支払期の賃金の総額の10分の1以内でなければならない。 就業規則は、法令、労働協約に反してはならず、これらに反する就業規則に対して、労働基準監督署長は変更を命ずることができる。 労働契約と就業規則との関係については、労働契約法第12条の定めるところによる。	法第89条～第93条 則第6条の2、第49条、第50条 労働契約法第12条	360頁 372頁 54頁
事業附属寄宿舎	使用者は、寄宿労働者の私生活の自由を侵してはならない。また、寄宿舎の換気、採光、清潔、避難等の措置のほか、労働者の健康、生命の保持に必要な措置を講じなければならない。 使用者は寄宿舎規則を作成し、寄宿する労働者の過半数代表者の同意書を添えて労働基準監督署長に届け出なければならない。	法第94条～第96条の3	388頁

事項	規定のあらまし	関係条項（様式番号）	参照
事業附属寄宿舎	使用者は、寄宿舎を設置、移動、変更しようとする場合は、その計画を工事着手14日前までに労働基準監督署長に届け出なくてはならない。		
法令等の周知	法令の要旨、就業規則、労使協定等は、掲示、備付けその他厚生労働省令で定める方法によって労働者に周知させなければならない。 寄宿舎関係の法令、寄宿舎規則は、掲示、備付け等の方法によって寄宿する労働者に周知させなければならない。	法第106条 則第52条の2	398頁
労働者名簿	各事業場ごとに、労働者名簿を各労働者について調製しなければならない。	法第107条 則第53条、 第55条の2、 第59条の2 （様式第19号）	398頁
賃金台帳	各事業場ごとに賃金台帳を調製し、賃金計算の基礎となる事項を記入しなければならない。	法第108条 則第54条、 第55条、 第55条の2、 第59条の2 （様式第20号、第21号）	400頁
記録の保存	労働関係に関する重要な書類は、3年間保存しなければならない。	法第109条 則第56条	402頁
報告の義務	労働基準監督署長、労働基準監督官は、使用者や労働者に対し報告または出頭を命ずることができる。 新規に事業を開始した場合には、適用事業報告書を提出しなければならない。	法第104条の2 則第57条、 第58条、 第59条、 第59条の2 （様式第23号の2）	408頁

第2部

総　論

7 適用範囲等

第116条、別表第1

Point

- 労働基準法は、基本的には継続するすべての事業に適用される。
- 適用は工場、営業所など事業単位である。
- 国外では、出張業務の場合に労働基準法が適用される。
- 国内事業で採用されていれば、国籍に関係なくすべての労働者が適用対象である。

◆条　文◆

（適用除外）

第百十六条　第一条から第十一条まで、次項、第百十七条から第百十九条まで及び第百二十一条の規定を除き、この法律は、船員法（昭和二十二年法律第百号）第一条第一項に規定する船員については、適用しない。

②　この法律は、同居の親族のみを使用する事業及び家事使用人については、適用しない。

別表第一

一　物の製造、改造、加工、修理、洗浄、選別、包装、装飾、仕上げ、販売のためにする仕立て、破壊若しくは解体又は材料の変造の事業（電気、ガス又は各種動力の発生、変更若しくは伝導の事業及び水道の事業を含む。）

二　鉱業、石切り業その他土石又は鉱物採取の事業

三　土木、建築その他工作物の建設、改造、保存、修理、変更、破壊、解体又はその準備の事業

四　道路、鉄道、軌道、索道、船舶又は航空機による旅客又は貨物の運送の事業

五　ドック、船舶、岸壁、波止場、停車場又は倉庫における貨物の取扱いの事業

六　土地の耕作若しくは開墾又は植物の栽植、栽培、採取若しくは伐採の事業その他農林の事業

七　動物の飼育又は水産動植物の採捕若しくは養殖の事業その他の畜産、養蚕又は水産の事業

八　物品の販売、配給、保管若しくは賃貸又は理容の事業

九　金融、保険、媒介、周旋、集金、案内又は広告の事業

十　映画の製作又は映写、演劇その他興行の事業

十一　郵便、信書便又は電気通信の事業

十二　教育、研究又は調査の事業

十三　病者又は虚弱者の治療、看護その他保健衛生の事業

十四　旅館、料理店、飲食店、接客業又は娯楽場の事業

十五　焼却、清掃又はと畜場の事業

1 適用範囲

労働基準法は、事業の種類を問わず、基本的にはすべての事業に適用される。

ただし、労働基準法の一部の条文に業種で適用が異なるものや、適用除外などの規定があるため、法別表第１に15の業種が挙げられている。

事業とは、業として継続的に行われているものをいう。業として継続的に行われているのであれば、営利を目的としない社会事業団体、宗教団体等も事業に当たる。

なお、同居の親族のみを使用する事業には、労働基準法は適用されない。同居とは生計を一にすることをいい、親族とは６親等内の血族、配偶者及び３親等内の姻族をいう。

2 適用単位

労働基準法の適用単位は、企業単位ではなく、工場、営業所等の事業単位である。一の事業とは、一定の場所において相関連する組織のもとに業として継続的に行われる作業の一体をいうものとされる。

労働基準法の適用単位に関する具体的な判断基準は、次のとおりである。

① 一の事業であるか否かは主として場所的観念によって決定し、同一場所にあるものは原則として分割することなく一個の事業とし、場所的に分散しているものは原則として別個の事業とする。

② 同一場所にあっても、著しく労働の態様を異にする部門が存する場合に、その部門が主たる部門との関連において従事労働者、労務管理等が明確に区別され、かつ、主たる部門と切り離して適用することによって法がより適切に運用できる場合には、その部門を一の独立の事業とする。例えば、工場内の診療所、食堂等である。なお、個々の労働者の業務による分割は認めない。

③ 場所的に分散しているものであっても、出張所、支所等で、規模が著しく小さく、組織的関連ないし事務能力等を勘案して一の事業という程度の独立性がないものについては、直近上位の機構と一括して一の事業として取り扱う。例えば、新聞社の通信部等である。

図2-1-1 労働基準法上の「事業」とは

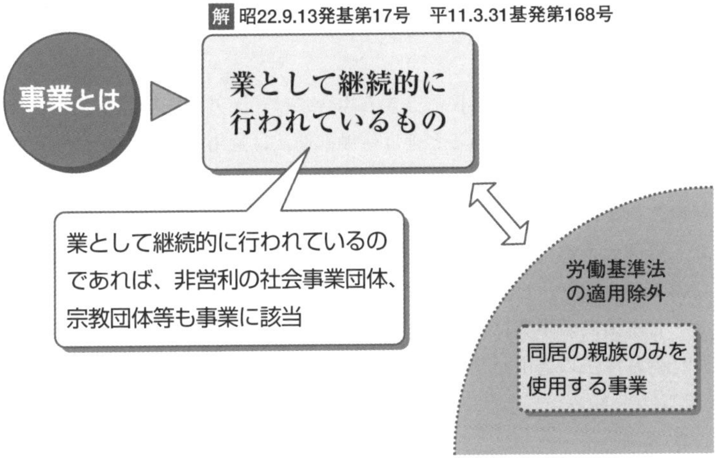

解 昭22.9.13発基第17号　平11.3.31基発第168号
事業とは
業として継続的に行われているもの
業として継続的に行われているのであれば、非営利の社会事業団体、宗教団体等も事業に該当
労働基準法の適用除外
同居の親族のみを使用する事業

図2-1-2 労働基準法の適用単位

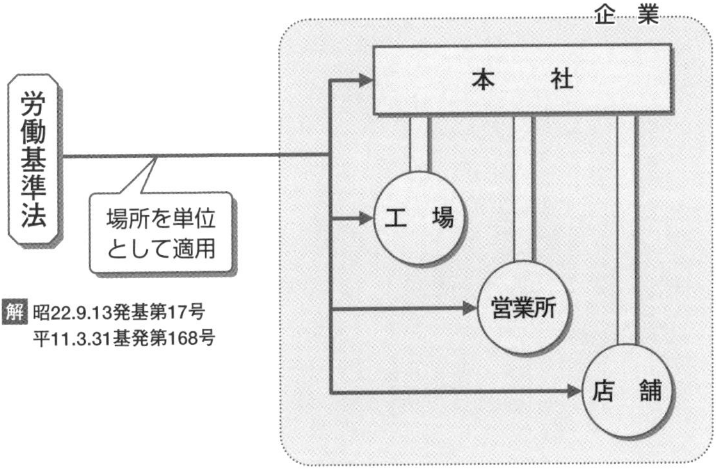

企 業
本 社
工 場
営業所
店 舗
労働基準法
場所を単位として適用
解 昭22.9.13発基第17号
平11.3.31基発第168号

3 国際的な適用範囲

労働基準法は、日本国内にある事業に適用される。この場合、次の点に注意する必要がある。

① 日本の企業から海外に派遣する場合には、国外に支店等が設けられ、それが独立した事業であるときは労働基準法は適用されないが、独立した事業ではなく出張作業であるときは、国内にある事業の一部として国外における作業にも労働基準法が適用される。

② 外国の企業については、日本国内に支店等が設けられ、それが独立の事業である限り、当該支店等に対しては労働基準法が適用される。

③ 日本国内の事業に使用される者であれば、日本人であれ、外国人であれ、労働基準法の適用を受ける。

図2-1-3　労働基準法の国際的な適用範囲

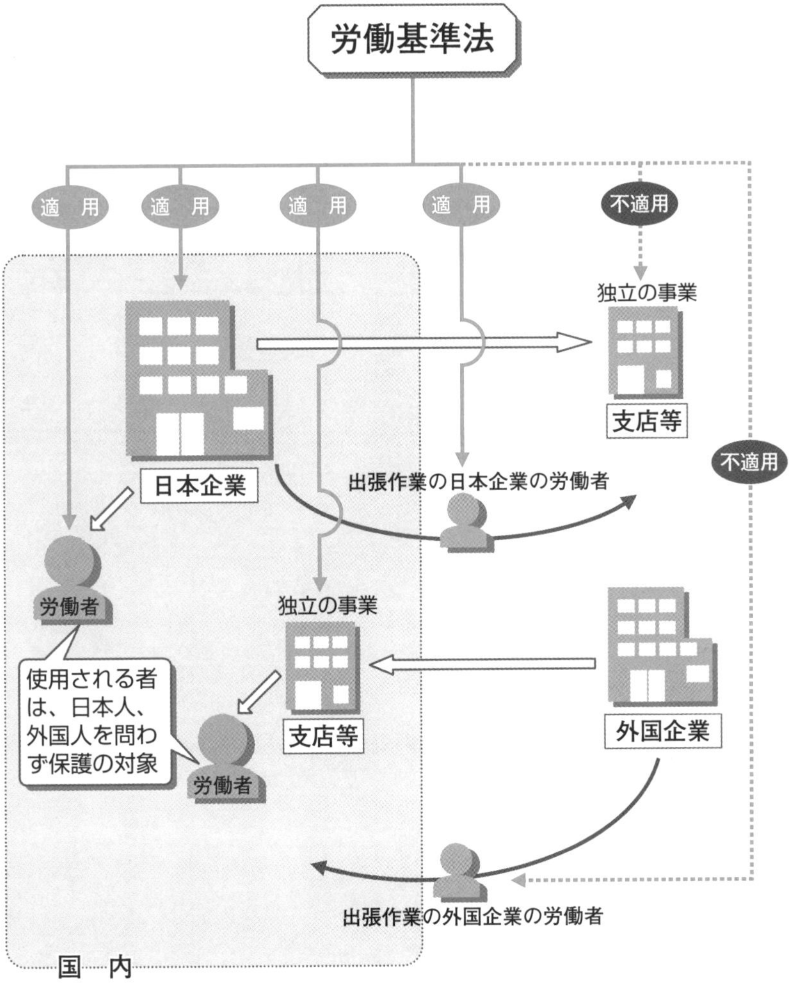

2 労働者 第9条

Point

◎ 労働基準法が適用される労働者は、①事業または事務所に、②使用され、③賃金の支払いを受けている者——である。

◎ 労働基準法上の労働者性は、①労務提供の形態が指揮監督下の労働である、②報酬が労務に対する対償として支払われている——の2要件によって判断され、これを「使用従属性」という。

◆条　文◆

（定義）

第九条　この法律で「労働者」とは、職業の種類を問わず、事業又は事務所（以下「事業」という。）に使用される者で、賃金を支払われる者をいう。

労働基準法の適用を受ける労働者

労働基準法の保護の対象である労働者は、「職業の種類を問わず、事業に使用される者で、賃金を支払われる者」であると定義されている。すなわち、労働基準法上の労働者性の判断基準は、次のとおりであり、この要件を一般に「使用従属性」と呼んでいる。

① 労務提供の形態が指揮監督下の労働であること

② 報酬が労務に対する対償として支払われていること

労働基準法上の労働者性は、契約形態にとらわれず、実態的に使用従属性の有無を検討したうえで、判断すべきものである。また、限界的なケースでは、労務提供の形態及び報酬の労務対償性とともに、関連する諸要素をも勘案して、総合的に判断することが必要となる。

労働基準法上の労働者性の判断基準は、次のとおりである。

●使用従属性に関する判断基準

⑴ 「指揮監督下の労働」に関する判断基準

イ 具体的な仕事の依頼、業務従事の指示等に対して諾否の自由があるか否か

ロ 業務遂行上の指揮監督の有無

㈠ 業務の内容及び遂行方法について「使用者」の具体的な指揮命令を受けているか否か

㈡ 「使用者」の命令、依頼により通常予定されている業務以外の業務に従事することがあるか否か（補強基準）

ハ 勤務場所及び勤務時間が指定され、管理されているなど拘束性があるか否か

ニ 労務提供に代替性が認められているか否か（補強基準）

⑵ 報酬の労務対償性に関する判断基準

報酬の性格が使用者の指揮監督の下に一定時間労務を提供していることに対する対価と判断されるか否か（補強基準）

図2-2-1 労働基準法の適用を受ける労働者

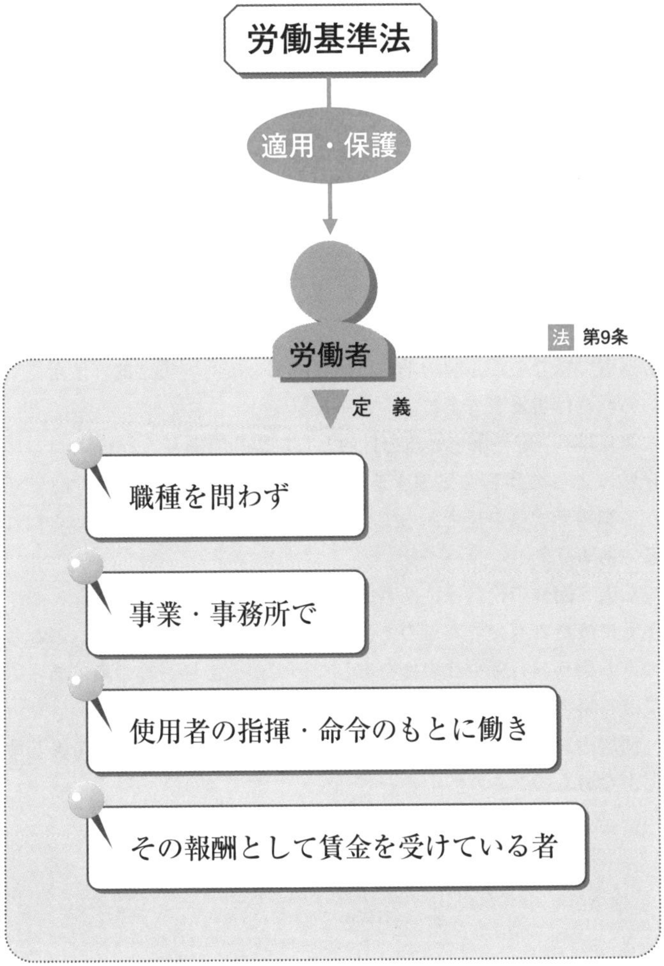

●「労働者性」の判断を補強する要素

(1)　事業者性の有無

イ　機械、器具の負担関係

ロ　報酬の額

(2)　専属性の程度

イ　他社の業務に従事することが制度上制約され、また、時間的余裕がなく事実上困難であるか否か

ロ　報酬に生活保障的な要素が強いと認められるか否か

次に、具体的判断に当たって、注意すべき事例としては、次のようなものがある。

①　請負は、一定の仕事を完成することを目的とした契約であり、請負人は自らの権限と責任において仕事を完成させるものであるので、一般的には労働者ではないが、契約形式は請負であっても、実態的に使用従属性が認められれば労働者である。

②　委任は、一定の事務処理を目的とした契約であり、受任者は自らの知識、経験によって事務を処理するものであるので、一般には労働者ではないが、契約形式は委任であっても、実態的に使用従属性が認められれば労働者である。

③　法人、団体の役員は、基本的には、法人、団体からの信託に基づきその運営に当たるものであるので、一般には労働者ではないが、これらの役員のうち業務執行権や代表権を有しない者が、工場長等の職にあって賃金を受ける場合には、その限りで労働者である。

④　同居の親族のみを使用する事業及び家事使用人等には、労働基準法の適用がないものとされている。

図2-2-2　労働基準法上の労働者性の判断基準

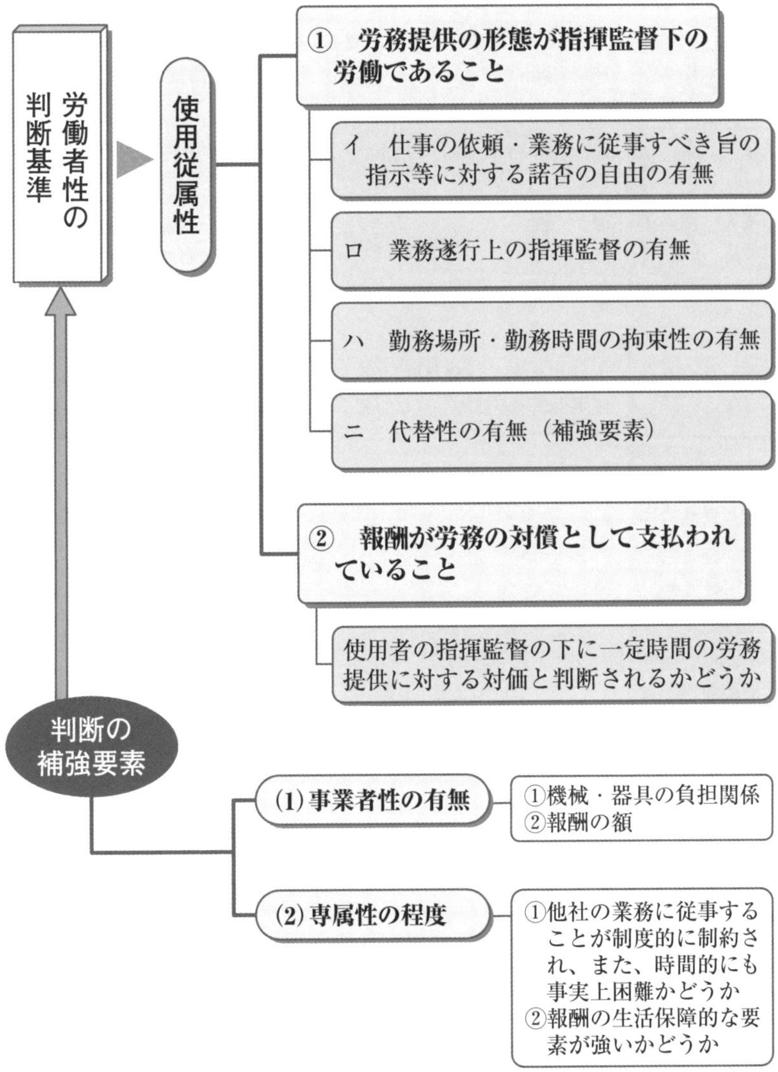
労働者性の判断基準
使用従属性
①　労務提供の形態が指揮監督下の労働であること
イ　仕事の依頼・業務に従事すべき旨の指示等に対する諾否の自由の有無
ロ　業務遂行上の指揮監督の有無
ハ　勤務場所・勤務時間の拘束性の有無
ニ　代替性の有無（補強要素）
②　報酬が労務の対償として支払われていること
使用者の指揮監督の下に一定時間の労務提供に対する対価と判断されるかどうか
判断の補強要素
(1) 事業者性の有無
①機械・器具の負担関係
②報酬の額
(2) 専属性の程度
①他社の業務に従事することが制度的に制約され、また、時間的にも事実上困難かどうか
②報酬の生活保障的な要素が強いかどうか

参考 「労働者性」が問題となる具体的な事例

	労働者性が認められない場合	労働者性が認められる場合
請　負	原　則	実態的に使用従属性が認められる者
委　任	原　則	実態的に使用従属性が認められる者
法人・団体の役員	原　則	業務執行権や代表権を持たない者で賃金を受けるもの
学　生	原　則	一般の労働者と同様の勤務の実態がある者
インターンシップ	実習が見学・体験目的など、使用従属性が認められない者	その作業によって利益・効果が事業場に帰属し、使用従属性が認められる者
技能実習制度における外国人	研修生	技能実習生
共同経営者	原　則	事業の出資者であっても実質的に使用従属関係が認められ、賃金を受けている者
労働組合の専従職員等		使用者から労働提供義務を免除され、組合事務に専従することを認められた者

3 使用者 （第10条）

Point

◎ 労働基準法上の使用者とは、①事業主、②事業の経営担当者、③事業の労働者に関する事項について事業主のために行為する者──である。

◎ ①の「事業主」とは、事業主体のことで、個人企業では企業主個人、法人では法人自体をいう。

◎ ②の「経営担当者」とは、事業経営一般について責任を負う者をいう。

◎ ③の「事業主のために行為する者」とは、人事・労務管理等について権限を与えられている者をいい、職階の上下は関係がない。

◆条　文◆

第十条　この法律で使用者とは、事業主又は事業の経営担当者その他その事業の労働者に関する事項について、事業主のために行為をするすべての者をいう。

1 使用者の範囲

労働基準法の責任主体である使用者は、次のとおりである。

① 事業主

② 事業の経営担当者

③ 事業の労働者に関する事項について事業主のために行為する者

事業主とは、その事業の経営主体であり、個人企業にあっては企業主個人、会社その他法人組織にあっては法人そのものをいう。

事業の経営担当者とは、事業経営一般について権限と責任を負う者をいう。具体的には、法人の代表者、役員等がこれに該当する。

事業の労働者に関する事項について事業主のために行為する者とは、労働条件の決定、業務命令の発出、具体的な指揮監督等を行う者のことである。それぞれの事項について、実質的な権限を与えられている者がこれに該当し、上司の命令を伝達するにすぎない者は使用者ではない。

各事項について誰が使用者に該当するかは、その権限と責任に応じて相対的に判断すべきものであり、工場長、部長等の比較的地位の高い者から、班長、係長等の比較的地位の低い者まで、それぞれの権限と責任の限度において、使用者としての責任を負う。

2 出向、派遣の場合

⑴ 移籍出向

移籍出向の場合には、出向元との労働契約関係は消滅し、出向先との間にのみ労働契約関係が存在するので、出向労働者についての労働基準法における使用者としての責任はすべて出向先が負うことになる。

図2-3-1 使用者の範囲

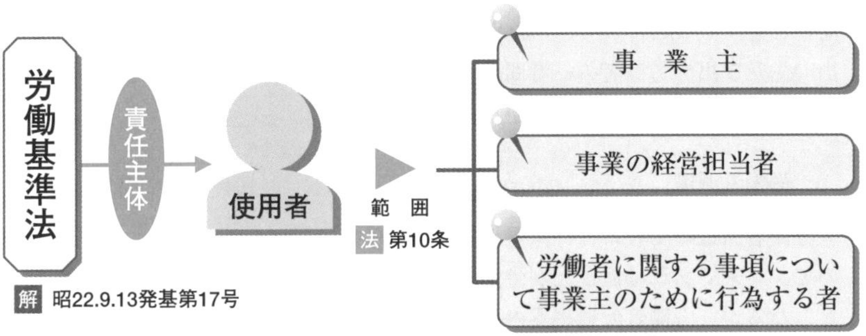
労働基準法
責任主体
使用者
範 囲
法 第10条
事 業 主
事業の経営担当者
労働者に関する事項について事業主のために行為する者
解 昭22.9.13発基第17号

図2-3-2 移籍出向の場合の使用者責任

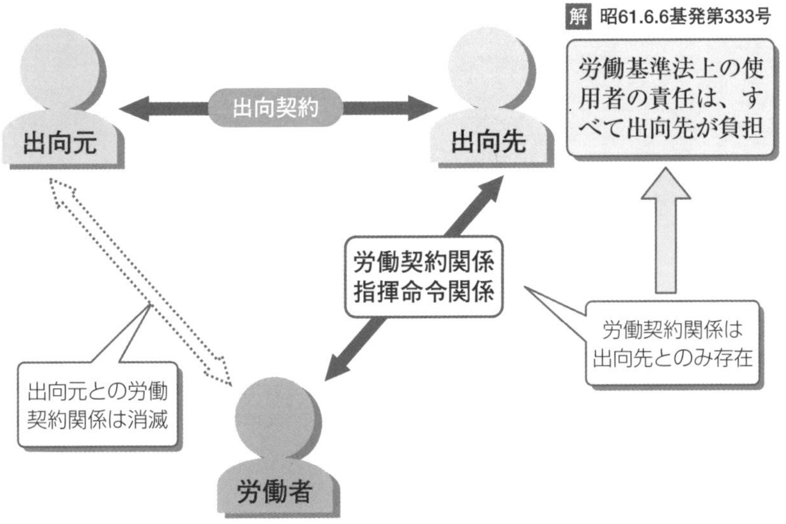
解 昭61.6.6基発第333号
労働基準法上の使用者の責任は、すべて出向先が負担
出向元
出向契約
出向先
労働契約関係
指揮命令関係
労働契約関係は出向先とのみ存在
出向元との労働契約関係は消滅
労働者

⑵ 在籍出向

在籍出向の場合には、出向労働者は出向元、出向先の双方との間で労働契約関係を有することになり、労働基準法における使用者としての責任は、出向元、出向先及び出向労働者の三者間の取決めによって定められた権限と責任に応じて、それぞれ出向元と出向先が負うことになる。

⑶ 労働者派遣

労働者派遣の場合には、派遣元と派遣労働者の間にのみ労働契約関係があるので、本来であれば派遣元が労働基準法における使用者としての責任を負うこととなるが、労働者派遣事業の適正な運営の確保及び派遣労働者の保護等に関する法律（労働者派遣法）において労働基準法の適用に関する特例が設けられており、この特例によって派遣元と派遣先との責任分担は別掲表（38頁）のとおりとなる。

図2-3-3　在籍出向の場合の使用者責任

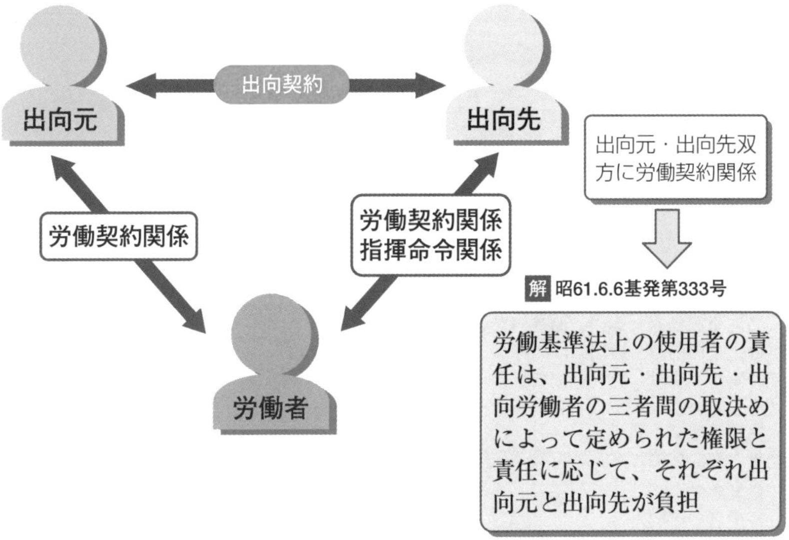

図2-3-4　労働者派遣の場合の使用者責任

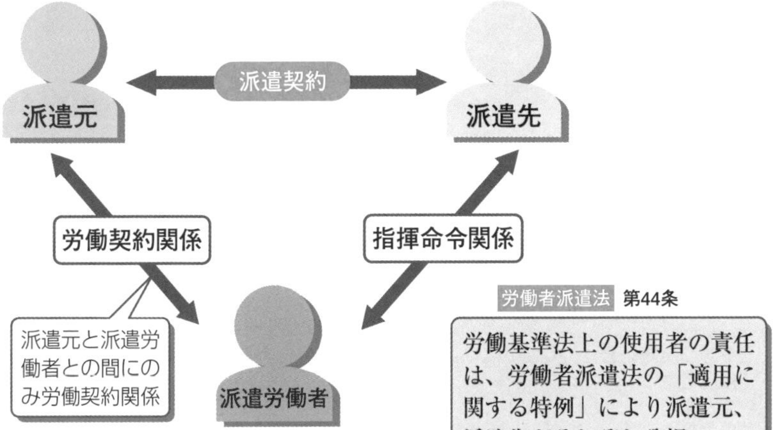
労働基準法上の使用者の責任は、労働者派遣法の「適用に関する特例」により派遣元、派遣先がそれぞれ分担

参考　派遣中の労働者に関する派遣元・派遣先の労働基準法上の責任分担

派遣元	派遣先
均等待遇	均等待遇
男女同一賃金の原則	
強制労働の禁止	強制労働の禁止
	公民権行使の保障
労働契約	
賃金	
1カ月単位の変形労働時間制、フレックスタイム制、1年単位の変形労働時間制の協定の締結・届出、時間外・休日労働の協定の締結・届出	労働時間、休憩、休日
時間外・休日、深夜の割増賃金	
事業場外労働、専門業務型裁量労働制の協定の締結・届出	
年次有給休暇	
最低年齢	
年少者の証明書	
	労働時間及び休日（年少者及び女性）
	深夜業（年少者）
	危険有害業務の就業制限（年少者及び妊産婦等）
	坑内労働の禁止・就業制限（年少者及び女性）
帰郷旅費（年少者）	
産前産後の休業	妊産婦の時間外、休日、深夜業
	育児時間
	生理日の就業が著しく困難な女性に対する措置
従弟の弊害の排除	徒弟の弊害の排除
職業訓練に関する特例	
災害補償	
就業規則	
寄宿舎	
申告を理由とする不利益取扱いの禁止	申告を理由とする不利益取扱いの禁止
国の援助義務	国の援助義務
法令等の周知義務	法令等の周知義務（就業規則を除く）
労働者名簿	
賃金台帳	
記録の保存	記録の保存
報告の義務	報告の義務

4 基本原則

第1、2、3、7条

Point

◎ 労働条件は、「人たるに値する生活」を営めるものでなければならない。

◎ 労働条件は、労使対等の立場で決定すべきものである。

◎ 国籍、信条、社会的身分を理由に労働条件を差別してはならない。

◎ 使用者は、労働者の①公民としての権利の行使、②公の職務の執行――について必要な時間を保障しなければならない。

◆条 文◆

（労働条件の原則）

第一条 労働条件は、労働者が人たるに値する生活を営むための必要を充たすべきものでなければならない。

② この法律で定める労働条件の基準は最低のものであるから、労働関係の当事者は、この基準を理由として労働条件を低下させてはならないことはもとより、その向上を図るように努めなければならない。

（労働条件の決定）

第二条 労働条件は、労働者と使用者が、対等の立場において決定すべきものである。

② 労働者及び使用者は、労働協約、就業規則及び労働契約を遵守し、誠実に各々その義務を履行しなければならない。

（均等待遇）

第三条 使用者は、労働者の国籍、信条又は社会的身分を理由として、賃金、労働時間その他の労働条件について、差別的取扱をしてはならない。

（公民権行使の保障）

第七条 使用者は、労働者が労働時間中に、選挙権その他公民としての権利を行使し、又は公の職務を執行するために必要な時間を請求した場合においては、拒んではならない。但し、権利の行使又は公の職務の執行に妨げがない限り、請求された時刻を変更することができる。

1 労働条件の原則

労働基準法は、憲法第25条第１項の「すべて国民は、健康で文化的な最低限度の生活を営む権利を有する」という規定を受けて、労働条件に関する基本原則として、「労働条件は、労働者が人たるに値する生活を営むための必要を充たすべきものでなければならない」ことを宣言している。

労働基準法は、この目的のため、契約自由の原則を修正して、労働条件の最低基準を定めた法律である。労働基準法で定める基準は、あくまで最低基準であるので、この基準を理由として、労働条件を引き下げるようなことがあってはならない。労使当事者には、より一層労働条件を向上させることが求められている。

2 労働条件の決定

労働条件は、本来、労働者と使用者が対等の立場で決定すべきものであり、労働基準法においても、その旨が明確にされている。

また、労働条件は、労働協約、就業規則及び労働契約において定められることになるが、労働者及び使用者は、これらの労働協約、就業規則、労働契約を遵守して、誠実にそれぞれの義務を履行すべきものとされている。

3 均等待遇の原則

国籍、信条、社会的身分を理由として、賃金、労働時間その他の労働条件について、差別的取扱いをしてはならない。

差別的取扱いが禁止される労働条件は、職場における労働者の待遇一切をいうものであり、賃金、労働時間のほか、解雇、災害補償、安全衛生、寄宿舎等に関する条件も含まれる。

労働基準法第３条で禁止されるのは、国籍、信条、社会的身分を理由とする差別的取扱いであり、これらの事由を決定的原因とする差別的取扱いが禁止される。いいかえれば、これ以外の理由を決定的原因としている場合には、労働基準法第３条の禁止の対象とはならない。

ただし、労働組合員であることを理由とするものは労働組合法において、ま

図2-4-1　労働条件の原則

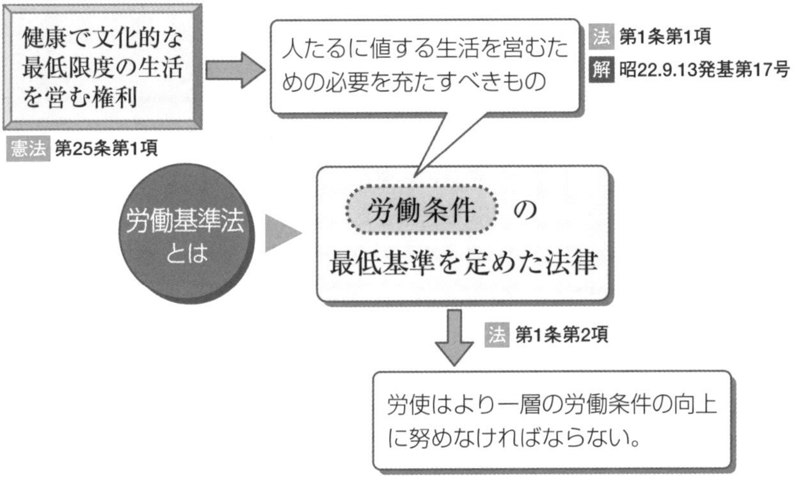
健康で文化的な最低限度の生活を営む権利
憲法 第25条第1項
人たるに値する生活を営むための必要を充たすべきもの
法 第1条第1項
解 昭22.9.13発基第17号
労働基準法とは
労働条件 の
最低基準を定めた法律
法 第1条第2項
労使はより一層の労働条件の向上に努めなければならない。

図2-4-2　労働条件決定の原則

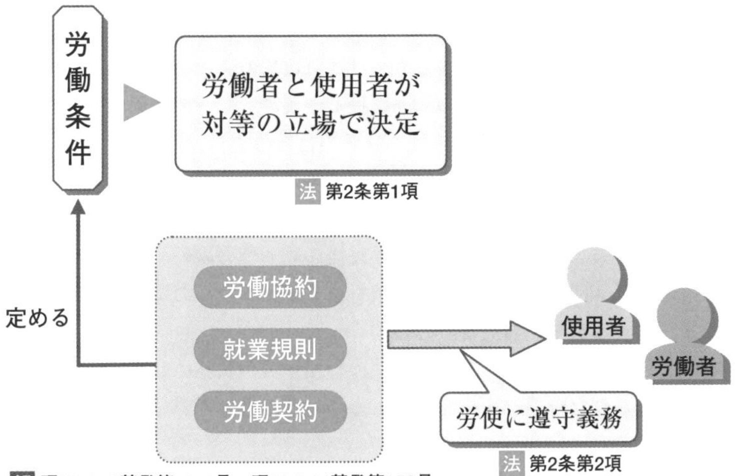
労働条件
労働者と使用者が対等の立場で決定
法 第2条第1項
定める
労働協約
就業規則
労働契約
使用者
労働者
労使に遵守義務
法 第2条第2項

解 昭23.7.13基発第1016号　昭63.3.14基発第150号

た、性別を理由とするものは、雇用の分野における男女の均等な機会及び待遇の確保等に関する法律（男女雇用機会均等法）において、それぞれ禁止されているので注意が必要である。

4 公民権行使の保障

使用者は、労働者が、公民としての権利の行使または公の職務の執行に必要な時間を請求した場合には、それに必要な時間を与えなければならない。

公民としての権利とは、国民の国家または公共団体の公務に参加する権利のことであり、具体的には次のようなものが該当する。なお、一般の訴権の行使はこれに当たらない。

① 法令に根拠のある公職についての選挙権、被選挙権
② 最高裁判所裁判官の国民審査
③ 特別法の住民投票
④ 憲法改正の国民投票
⑤ 地方自治法による住民の直接請求
⑥ これらの要件となる選挙人名簿の登録の申出
⑦ 行政事件訴訟法による民衆訴訟
⑧ 公職選挙法による選挙、当選または選挙人名簿に関する訴訟

公の職務の執行とは、公民としての権利に併存する公民の義務としての公の職務の執行のことをいい、具体的には次のようなものが該当する。なお、単純な労務の提供を主たる目的とするものはこれに当たらない。

① 国または地方公共団体の公務に民意を反映してその適正を図る職務、例えば衆議院議員その他の議員、労働委員会の委員、陪審員、検察審査員、労働審判員、裁判員、法令に基づいて設置される審議会の委員等の職務
② 国または地方公共団体の公務の公正妥当な執行を図る職務、例えば訴訟法上の証人としての出廷、労働委員会の証人等の職務
③ 地方公共団体の公務の適正な執行を監視するための職務、例えば公職選挙法による選挙立会人などの職務

なお、使用者は、公民としての権利の行使や公の職務の執行を妨げない範囲内で、請求された時刻を変更して与えることができる。

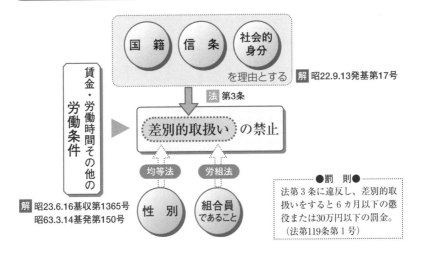

図2-4-3 均等待遇の原則

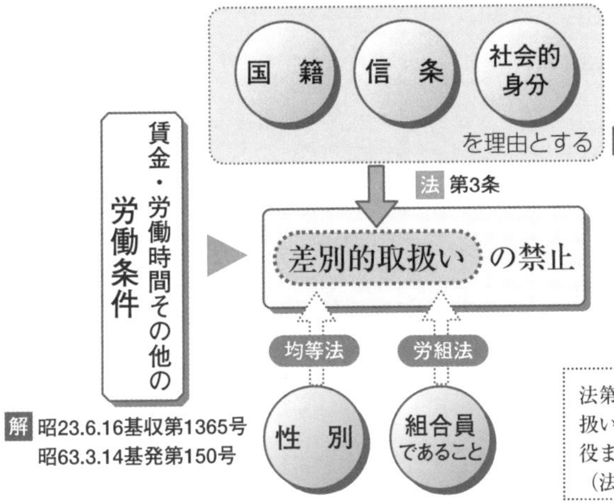
国籍
信条
社会的身分
を理由とする
解 昭22.9.13発基第17号
法 第3条
賃金・労働時間その他の労働条件
差別的取扱い の禁止
均等法
労組法
性別
組合員であること
解 昭23.6.16基収第1365号
昭63.3.14基発第150号

●罰　則●

法第3条に違反し、差別的取扱いをすると6カ月以下の懲役または30万円以下の罰金。（法第119条第1号）

図2-4-4 公民権行使の保障

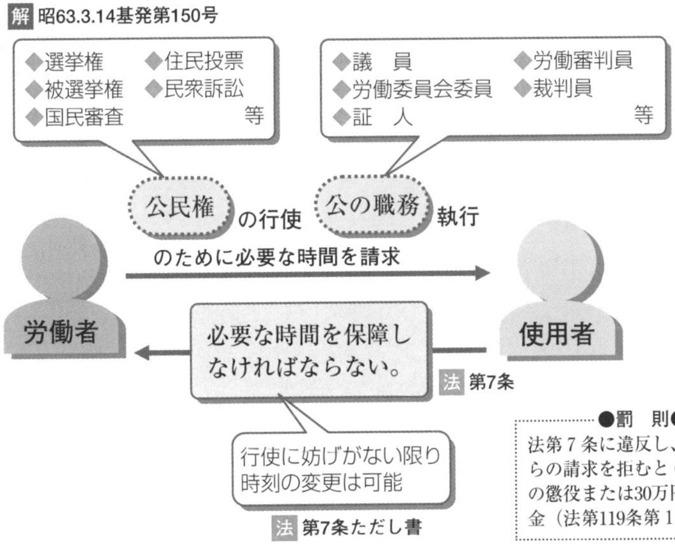
解 昭63.3.14基発第150号
◆選挙権 ◆住民投票
◆被選挙権 ◆民衆訴訟
◆国民審査 等
◆議員 ◆労働審判員
◆労働委員会委員 ◆裁判員
◆証人 等
公民権 の行使
公の職務 執行
のために必要な時間を請求
労働者
使用者
必要な時間を保障しなければならない。
法 第7条
行使に妨げがない限り時刻の変更は可能
法 第7条ただし書

●罰　則●

法第7条に違反し、労働者からの請求を拒むと6カ月以下の懲役または30万円以下の罰金（法第119条第1号）。

5 前近代的拘束の排除 （第5、6、16、17、18条）

Point

- 使用者は、労働者本人の意思に反して労働を強制してはならない。
- 何人も中間搾取（いわゆるピンハネ）をしてはならない。
- 労働契約不履行について賠償額を予定する契約をしてはならない。
- 労働することを条件とする前貸し債権と賃金を相殺してはならない。
- 使用者は、労働契約の締結条件として、労働者に貯蓄の契約や、貯蓄金を使用者に管理させることを義務づけてはならない。

◆条 文◆

（**強制労働の禁止**）
第五条　使用者は、暴行、脅迫、監禁その他精神又は身体の自由を不当に拘束する手段によつて、労働者の意思に反して労働を強制してはならない。

（**中間搾取の排除**）
第六条　何人も、法律に基いて許される場合の外、業として他人の就業に介入して利益を得てはならない。

（**賠償予定の禁止**）
第十六条　使用者は、労働契約の不履行について違約金を定め、又は損害賠償額を予定する契約をしてはならない。

（**前借金相殺の禁止**）
第十七条　使用者は、前借金その他労働することを条件とする前貸の債権と賃金を相殺してはならない。

（**強制貯金**）
第十八条　使用者は、労働契約に附随して貯蓄の契約をさせ、又は貯蓄金を管理する契約をしてはならない。
＜第二項以下　略＞

1 強制労働の禁止

使用者は、暴行、脅迫、監禁その他精神または身体の自由を不当に拘束する手段によって、労働者の意思に反して労働を強制してはならない。

労働を強制する手段として禁止されるのは、刑法に規定されている暴行、脅迫、監禁のほか、労働者の精神または身体を不当に拘束する手段が広く含まれ、例えば長期労働契約、労働契約不履行に関する賠償額予定契約、前借金契約、強制貯金等がこれに含まれることもあり得る。

なお、就業規則において業務命令違反に対し制裁規定を設けることについては、それが社会通念上是認される範囲内であれば差し支えなく、業務命令に従わなければ制裁を課す旨指示しても強制労働には当たらない。

2 中間搾取の排除

何人も、法律に基づいて許される場合を除き、業として他人の就業に介入して利益を得てはならない。

他人の就業に介入するとは、労働関係の当事者間に第三者が介在して、その労働関係の開始または存続について、何らかの因果関係を有する関与をするものをいう。労働関係の開始に関与するものとしては、職業紹介、労働者募集、労働者供給があり、労働関係の存続に関与するものとしては、自分の支配下の労働者に関し一定の手当を受けるものなどがある。

また、業として利益を得るとは、営利を目的として同種の行為を反復継続することをいい、1回の行為であっても反復継続する意思のもとに行えばこれに当たる。なお、利益は、有形無形を問わず、また、必ずしも使用者から得るものに限られない。

法律に基づいて許される場合としては、職業安定法（職安法）及び船員職業安定法（船員職安法）等に基づく職業紹介、労働者募集があり、この場合には、厚生労働大臣等の許可の範囲内で手数料、報償金を受けることができる。

図2-5-1 強制労働の禁止

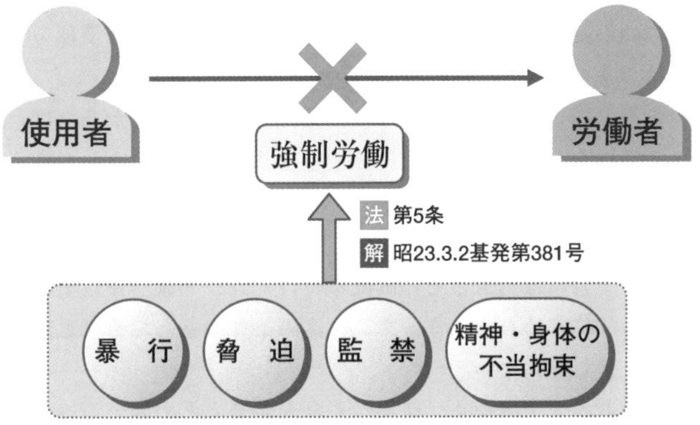
使用者
労働者
強制労働
法 第5条
解 昭23.3.2基発第381号
暴 行
脅 迫
監 禁
精神・身体の不当拘束

図2-5-2 中間搾取の排除

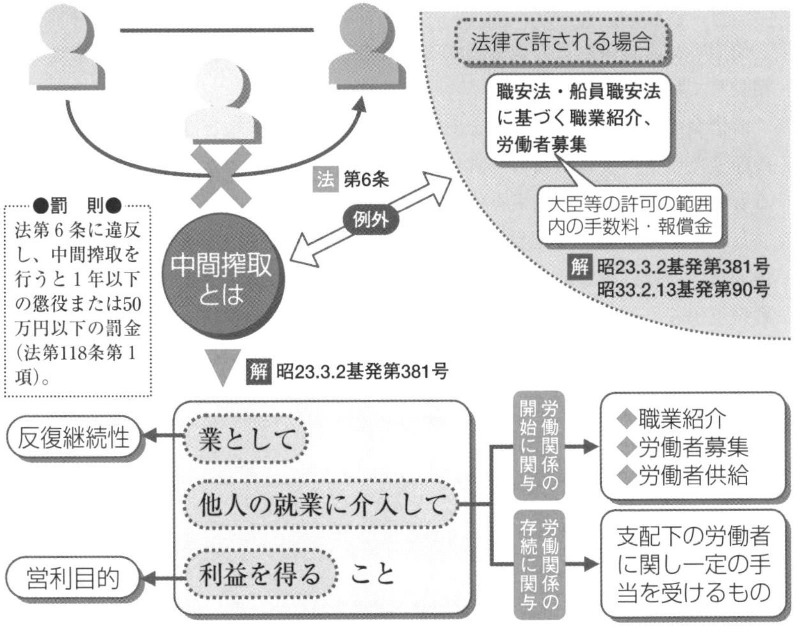
法律で許される場合
職安法・船員職安法に基づく職業紹介、労働者募集
大臣等の許可の範囲内の手数料・報償金
解 昭23.3.2基発第381号
昭33.2.13基発第90号
法 第6条
例外
●罰 則●
法第6条に違反し、中間搾取を行うと1年以下の懲役または50万円以下の罰金(法第118条第1項)。
中間搾取とは
解 昭23.3.2基発第381号
反復継続性
業として
他人の就業に介入して
営利目的
利益を得る こと
労働関係の開始に関与
◆職業紹介
◆労働者募集
◆労働者供給
労働関係の存続に関与
支配下の労働者に関し一定の手当を受けるもの

3 損害賠償額予定の禁止

労働契約の不履行について、違約金を定め、または損害賠償額を予定する契約をしてはならない。

違約金または損害賠償額の予定とは、労働契約の不履行があれば、実際の損害の有無や額にかかわらず、一定の金額を支払うことをあらかじめ定めておくことである。実際の損害額に応じて損害賠償を請求することは、差し支えない。

留学費用等を貸与し、一定期間勤務した場合にはその返還を免除するが、勤務しなかった場合には返還させる制度については、明確な貸借契約があり、返済方法が合理的に定められたうえで、一定の条件のもとでその返済を免除するのであれば、差し支えない。

なお、労働者本人ではなく、親権者や身元保証人との間で、違約金や損害賠償額の予定を行うことも禁止されている。

4 前借金相殺の禁止

使用者は、前借金その他労働することを条件とする前貸しの債権と賃金とを相殺してはならない。

前借金その他労働することを条件とする前貸しの債権とは、労働契約の締結の際またはその後に使用者が貸し付け、将来の賃金により弁済することを約するものをいい、身分的拘束を伴うものである。

したがって、賃金や退職手当による弁済が予定されているものであっても、住宅資金の社内融資のように、労働者の便宜のために設けられた制度で、労働者の申出によること、返済により労働者の生活が脅かされないこと、返済前でも退職し得ること等の要件が満たされているものは、差し支えない。

図2-5-3 損害賠償額予定の禁止

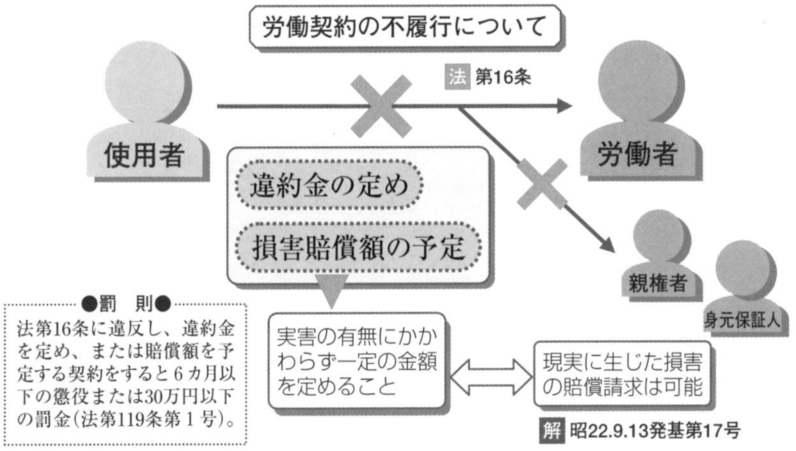
労働契約の不履行について
使用者
労働者
法 第16条
違約金の定め
損害賠償額の予定
親権者
身元保証人
実害の有無にかかわらず一定の金額を定めること
現実に生じた損害の賠償請求は可能
解 昭22.9.13発基第17号
●罰　則●
法第16条に違反し、違約金を定め、または賠償額を予定する契約をすると6カ月以下の懲役または30万円以下の罰金（法第119条第1号）。

図2-5-4 前借金相殺の禁止

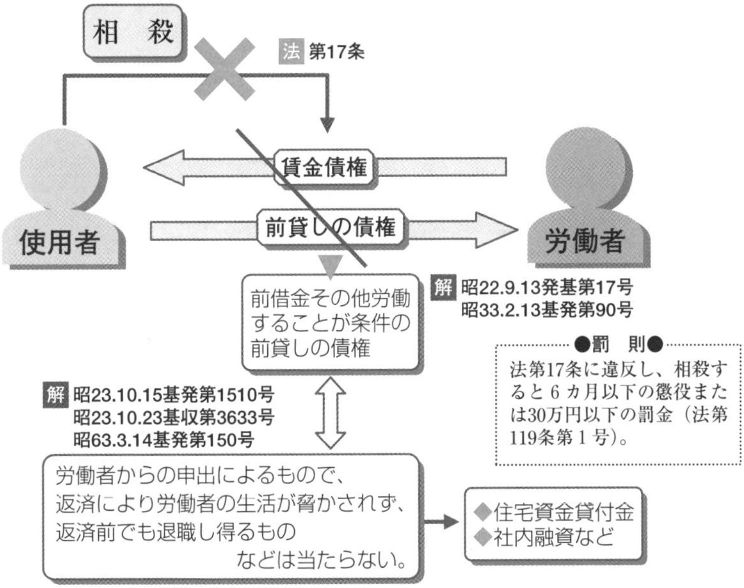
相　殺
法 第17条
使用者
労働者
賃金債権
前貸しの債権
前借金その他労働することが条件の前貸しの債権
解 昭22.9.13発基第17号
昭33.2.13基発第90号
●罰　則●
法第17条に違反し、相殺すると6カ月以下の懲役または30万円以下の罰金（法第119条第1号）。
解 昭23.10.15基発第1510号
昭23.10.23基収第3633号
昭63.3.14基発第150号
労働者からの申出によるもので、
返済により労働者の生活が脅かされず、
返済前でも退職し得るもの
などは当たらない。
◆住宅資金貸付金
◆社内融資など

5 強制貯金の禁止

使用者は、労働契約の締結や存続の条件として、労働者に対して、金融機関等の第三者と貯蓄の契約をすること、または、使用者に貯蓄金を管理させることを義務づけてはならない。

労働者の拠出による退職積立金制度についても、労働者の意思によらず必ず加入することとするものであれば、これに当たる。

図2-5-5 強制貯金の禁止

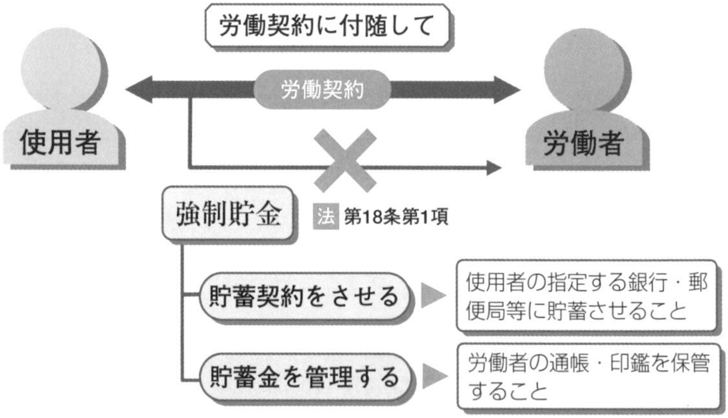

●罰　則●

法第18条第1項に違反し、労働契約に付随して貯蓄契約をさせ、または貯蓄金管理をする契約を結ぶと6カ月以下の懲役または30万円以下の罰金（法第119条第1号）。

第3部

労働契約

1　効　力　第13、93条

Point

◎ 労働契約の中で、労働基準法、就業規則に反する労働条件がある場合は、その部分は無効となり、労働基準法、就業規則の基準によることになる。

◆条　文◆

（この法律違反の契約）

第十三条　この法律で定める基準に達しない労働条件を定める労働契約は、その部分については無効とする。この場合において、無効となつた部分は、この法律で定める基準による。

（労働契約との関係）

第九十三条　労働契約と就業規則との関係については、労働契約法（平成十九年法律第百二十八号）第十二条の定めるところによる。

〈労働契約法〉

（就業規則違反の労働契約）

第十二条　就業規則で定める基準に達しない労働条件を定める労働契約は、その部分については、無効とする。この場合において、無効となった部分は、就業規則で定める基準による。

1 労働基準法違反の契約の効力

労働基準法の規定は、民事法上の強行規定であり、労働契約で法定基準に達しない労働条件を定めた場合には、その部分は無効となる。

無効となるのは、法定基準に達しない労働条件を定めた部分だけであり、労働契約全体が無効となるわけではない。この場合において、無効となった部分は、法定基準によって補完され、法定基準どおりの労働条件を定めたものとして取り扱われる。

例えば、1日の労働時間を10時間と定めた場合には、当該部分は無効となり、1日の労働時間を8時間と定めたものとして取り扱われることとなる。

2 就業規則違反の契約の効力

就業規則の規定についても、労働基準法の規定と同様に強行法規性が付与されている。したがって、労働契約において、就業規則で定める基準に達しない労働条件を定めた場合には、その部分は無効となり、その場合には、無効となった部分は就業規則の規定によって補完され、就業規則の規定どおりの労働条件を定めたものとして取り扱われる。

なお、これを規定していた労働基準法第93条は、平成19年の労働契約法の制定（平成20年3月施行）に伴い、現在、労働契約法第12条へ移行している（432頁参照）。

図3-1　労働基準法に違反する労働契約の効力

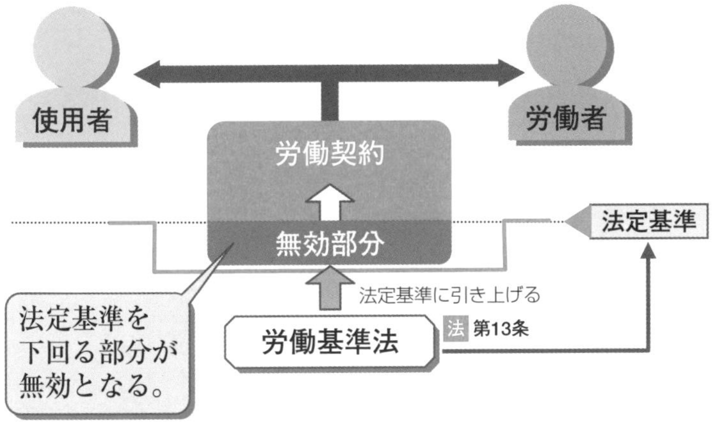
使用者
労働者
労働契約
法定基準
無効部分
法定基準に引き上げる
法定基準を
下回る部分が
無効となる。
労働基準法
法 第13条

2　契約期間　第14、137条

Point

◎ 労働契約の期間を定める場合は3年を超えてはならず、3年を超えた契約期間は3年に短縮される。

◎ 高度な専門的知識等を有する者及び満60歳以上の労働者を雇い入れる場合は、5年以内の契約期間とすることができ、5年を超えた契約期間は5年に短縮される。また、建設工事のように工事の完了時期があらかじめ分かっている場合は、その期間を契約期間とすることができる。

◆条　文◆

（契約期間等）

第十四条　労働契約は、期間の定めのないものを除き、一定の事業の完了に必要な期間を定めるもののほかは、三年（次の各号のいずれかに該当する労働契約にあつては、五年）を超える期間について締結してはならない。

一　専門的な知識、技術又は経験（以下この号及び第四十一条の二第一項第一号において「専門的知識等」という。）であつて高度のものとして厚生労働大臣が定める基準に該当する専門的知識等を有する労働者（当該高度の専門的知識等を必要とする業務に就く者に限る。）との間に締結される労働契約

二　満六十歳以上の労働者との間に締結される労働契約（前号に掲げる労働契約を除く。）

②　厚生労働大臣は、期間の定めのある労働契約の締結時及び当該労働契約の期間の満了時において労働者と使用者との間に紛争が生ずることを未然に防止するため、使用者が講ずべき労働契約の期間の満了に係る通知に関する事項その他必要な事項についての基準を定めることができる。

③　行政官庁は、前項の基準に関し、期間の定めのある労働契約を締結する使用者に対し、必要な助言及び指導を行うことができる。

第百三十七条　期間の定めのある労働契約（一定の事業の完了に必要な期間を定めるものを除き、その期間が一年を超えるものに限る。）を締結した労働者（第十四条第一項各号に規定する労働者を除く。）は、労働基準法の一部を改正する法律（平成十五年法律第百四号）附則第三条に規定する措置が講じられるまでの間、民法第六百二十八条の規定にかかわらず、当該労働契約の期間の初日から一年を経過した日以後においては、その使用者に申し出ることにより、いつでも退職することができる。

附則（平成一五年七月四日　法律第一〇四号）

（検討）

第三条　政府は、この法律の施行後三年を経過した場合において、この法律による改正後の労働基準法第十四条の規定について、その施行の状況を勘案しつつ検討を加え、その結果に基づいて必要な措置を講ずるものとする。

1 労働契約期間

労働契約において契約期間の定めをする場合には、3年を超える期間を定めてはならないこととされており、3年を超える期間を定めた場合には、契約期間は3年に短縮される。

また、次の⑴または⑵の場合は、契約期間の上限を5年以内とすることができ、5年を超える期間を定めた場合には、契約期間は5年に短縮される。

⑴ 高度の専門的知識、技術または経験（厚生労働大臣が定める基準を満たすものに限る）を有する労働者がその高度な専門的知識等を必要とする業務に就く場合（64頁参照）

⑵ 満60歳以上の労働者を雇い入れる場合（更新期間は5年以下）

これは、長期労働契約による人身拘束の弊害を排除するため、労働契約の契約期間の最長限度が定められたものである。

なお、一定の事業の完了に必要な期間を定める場合には、例外として、3年を超える契約期間を定めることができる。

例えば、工事期間が4年間である建築工事において、技術者を雇い入れるに際し、労働契約の契約期間を4年間とする場合などがこれに該当する。なお、工事終了の具体的期日が不確定である場合に、工事完了日が工事の進捗とともに客観的に推測し得る性質のものである限り、契約期間を「工事が終了するまでの間」とすることも可能である。

期間の定めのない労働契約の場合には、労働者はいつでも解約することができるので、この規制の対象とはされていない。また、定年制については、定年に達するまでの間における労働者の解約の自由が確保されているものであるので、契約期間の定めをしたものとはいえず、この規制に反するものではない。

図3-2-1　契約期間の上限

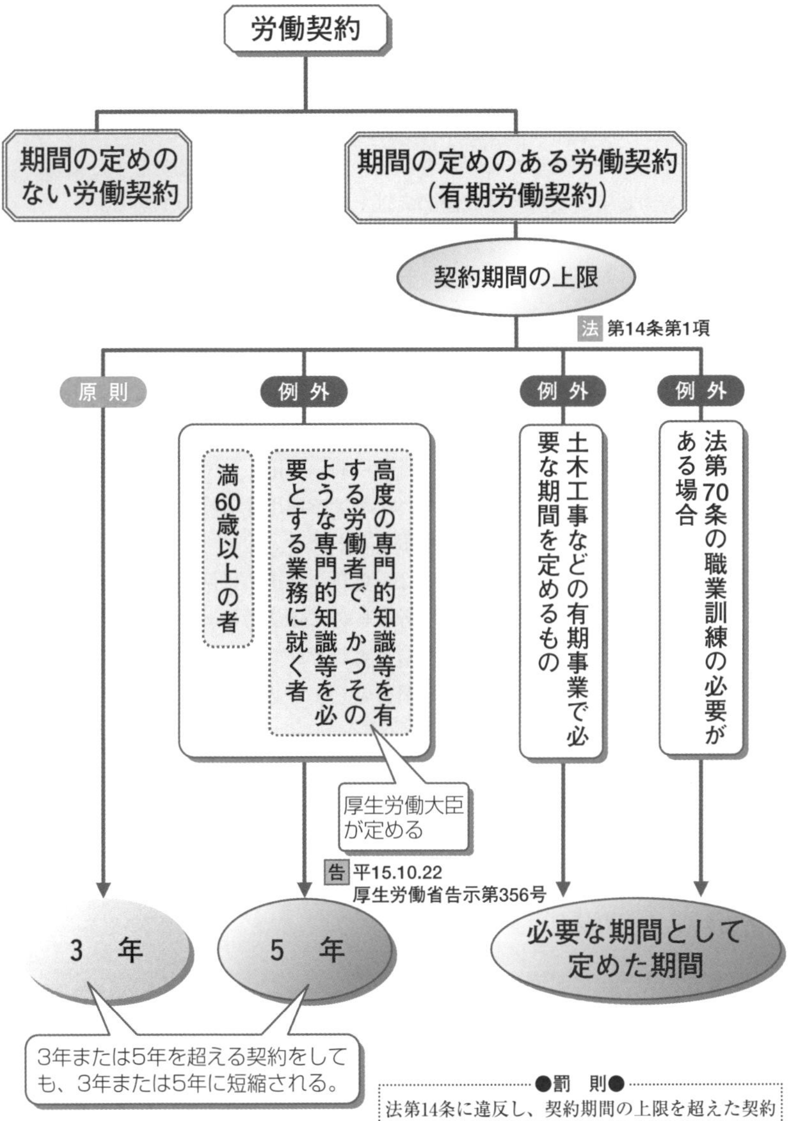
労働契約
期間の定めのない労働契約
期間の定めのある労働契約（有期労働契約）
契約期間の上限
法 第14条第1項
原則
例外
例外
例外
高度の専門的知識等を有する労働者で、かつそのような専門的知識等を必要とする業務に就く者
満60歳以上の者
土木工事などの有期事業で必要な期間を定めるもの
法第70条の職業訓練の必要がある場合
厚生労働大臣が定める
告 平15.10.22 厚生労働省告示第356号
3　年
5　年
必要な期間として定めた期間
3年または5年を超える契約をしても、3年または5年に短縮される。

●罰　則●

法第14条に違反し、契約期間の上限を超えた契約をすると30万円以下の罰金（法第120条第１号）。

2 有期契約労働者の退職

期間の定めのある労働契約（有期労働契約）においては、一定の場合を除き、労働契約の初日から1年を超えた日以後は、いつでも退職できることとなっている。一定の場合とは、①一定の事業の完了に必要な期間を定める労働契約と、②高度で専門的な知識等を有する者がその専門的知識等を必要とする業務に就くことを約する労働契約及び③満60歳以上の者との労働契約である。

この措置は、平成15年7月公布の改正労働基準法により定められ、平成16年1月の施行後3年を経過した後に検討措置が講じられるまでの暫定措置とされている。

3 有期労働契約の締結・更新・雇止めのルール

労働契約に期間を定める場合は、その期間は原則として3年以内としなければならない。パートタイマーやアルバイト等を雇用する場合、その範囲内で労働契約の期間を定め、これを更新することがある。

このような有期労働契約については、更新・雇止めに関して労働者との間にトラブルが生ずることがある。有期労働契約に係る労働者の適正な労働条件を確保するために、有期労働契約の締結、更新及び雇止めに当たり、手続き及び契約期間に関して使用者は以下の事項に留意する必要がある。

⑴ 雇止めの予告

契約が3回以上更新され、または1年を超えて継続勤務している者の有期労働契約（あらかじめ更新しないことが明示されているものを除く）を更新しないこととしようとする場合には、少なくとも契約期間満了の30日前までに、その予告をしなければならない。

⑵ 雇止めの理由の明示

① 上記⑴の場合で、労働者が更新しないこととする理由について証明書を請求したときは、使用者は、遅滞なくこれを交付しなければならない。

② 使用者は、有期労働契約（1年を超えて継続勤務している者に係るものに限り、あらかじめ更新しないことが明示されているものを除く）が更新

図3-2-2 労働者の期間途中の退職

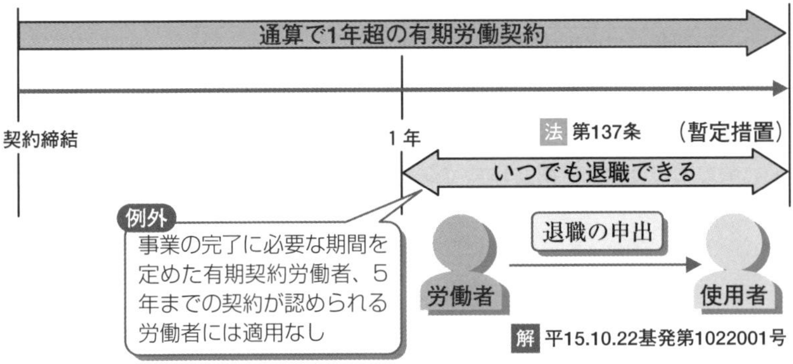
通算で1年超の有期労働契約
契約締結
1年
法 第137条 （暫定措置）
いつでも退職できる
例外
事業の完了に必要な期間を定めた有期契約労働者、5年までの契約が認められる労働者には適用なし
退職の申出
労働者
使用者

解 平15.10.22基発第1022001号

図3-2-3 有期労働契約の雇止めの予告、理由の明示

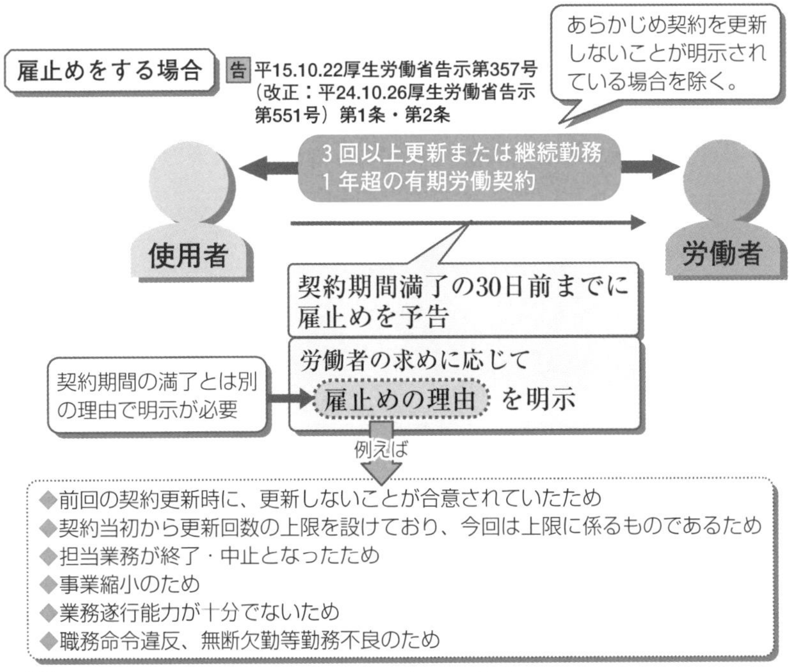
雇止めをする場合
告 平15.10.22厚生労働省告示第357号（改正：平24.10.26厚生労働省告示第551号）第1条・第2条
あらかじめ契約を更新しないことが明示されている場合を除く。
3回以上更新または継続勤務1年超の有期労働契約
使用者
労働者
契約期間満了の30日前までに雇止めを予告
労働者の求めに応じて
雇止めの理由 を明示
契約期間の満了とは別の理由で明示が必要
例えば
◆前回の契約更新時に、更新しないことが合意されていたため
◆契約当初から更新回数の上限を設けており、今回は上限に係るものであるため
◆担当業務が終了・中止となったため
◆事業縮小のため
◆業務遂行能力が十分でないため
◆職務命令違反、無断欠勤等勤務不良のため

解 平15.10.22基発第1022001号　平24.10.26基発1026第2号

されなかった場合で、労働者から更新しなかった理由について証明書を請求されたときは、遅滞なく交付しなければならない。

(3) 契約期間についての配慮

契約を１回以上更新し、かつ雇入れから１年を超えて継続勤務している者の有期労働契約を更新しようとする場合には、契約の実態や労働者の希望に応じて、契約期間をできる限り長くするよう努めなければならない。

図3-2-4 契約期間についての配慮

更新時 告 平15.10.22厚生労働省告示第357号第3条

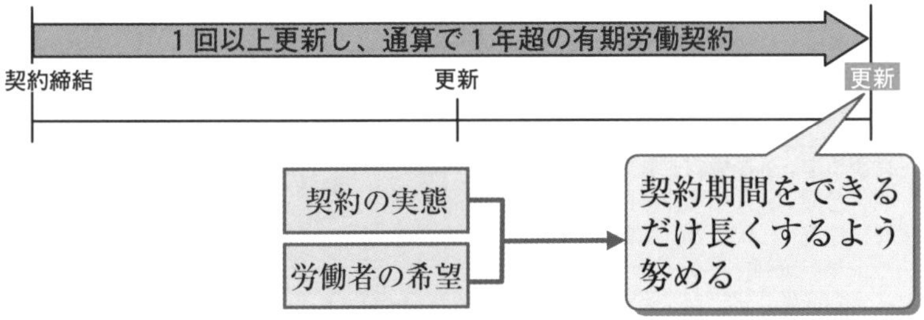

参考 高度の専門的知識・技術・経験を有する者に関する厚生労働大臣の定める基準

告 平15.10.22厚生労働省告示第356号（改正：平28.10.19厚生労働省告示第376号）

①博士の学位（これに該当する学位であって外国で授与されたものを含む）を有する者

②次のいずれかの資格を有する者

ア．公認会計士	キ．税理士
イ．医師	ク．薬剤師
ウ．歯科医師	ケ．社会保険労務士
エ．獣医師	コ．不動産鑑定士
オ．弁護士	サ．技術士
カ．一級建築士	シ．弁理士

③次の能力評価試験の合格者
- ア．ITストラテジスト試験
- イ．システムアナリスト試験
- ウ．アクチュアリー資格試験

④次のいずれかに該当する者
- ア．特許法第２条第２項に規定する特許発明者
- イ．意匠法第２条第４項に規定する登録意匠を創作した者
- ウ．種苗法第20条第１項に規定する登録品種を育成した者

⑤(1)一定の学歴及び実務経験(注)を有する次の者で年収が1,075万円以上の者
1．農林水産業の技術者
2．鉱工業の技術者
3．機械・電気技術者
4．土木・建築技術者
5．システムエンジニア
6．デザイナー

(注) 学歴及び実務経験の要件は、
大学卒＋実務経験５年以上
短大・高専卒＋実務経験６年以上
高卒＋実務経験７年以上

(注) 学歴の要件は、就こうとする業務に関する学科を修めて卒業することが必要

(2)システムエンジニアとしての実務経験５年以上を有するシステムコンサルタントで年収が1,075万円以上の者

⑥国、地方公共団体、一般社団法人または一般財団法人その他これらに準ずるものにより、その有する知識、技術、経験が優れたものであると認定されている者（①～⑤に準ずる者として厚生労働省労働基準局長が認めた者に限る）

3 労働条件の明示 第15条

Point

◎ 使用者は、労働者を雇い入れる際には、労働条件を明示しなければならない。

◎ 労働契約の締結時に労働条件を明示する際に、使用者は、事実と異なるものとしてはならない。

◎ 雇入れ後、実際の労働条件が明示された労働条件と異なっている場合は、労働者は、労働契約を即時に解除することができる。

◆条　文◆

（労働条件の明示）

第十五条　使用者は、労働契約の締結に際し、労働者に対して賃金、労働時間その他の労働条件を明示しなければならない。この場合において、賃金及び労働時間に関する事項その他の厚生労働省令で定める事項については、厚生労働省令で定める方法により明示しなければならない。

②　前項の規定によつて明示された労働条件が事実と相違する場合においては、労働者は、即時に労働契約を解除することができる。

③　前項の場合、就業のために住居を変更した労働者が、契約解除の日から十四日以内に帰郷する場合においては、使用者は、必要な旅費を負担しなければならない。

〈労働基準法施行規則〉

（労働条件）

第五条

②　使用者は、法第十五条第一項前段の規定により労働者に対して明示しなければならない労働条件を事実と異なるものとしてはならない。

1 労働条件の明示義務

労働者を雇い入れるに当たって、使用者は、労働契約の締結の際に、労働条件を明示しなければならない。

また、明示する労働条件は、事実と異なるものとしてはならない。

明示すべき労働条件の範囲は次のとおりであり、このうち、⑧から⑮までの事項については、これらに関する定めをした場合に明示すれば足りる。

① 労働契約の期間に関する事項
② 有期労働契約を更新する場合の基準に関する事項
③ 就業の場所及び従事すべき業務に関する事項
④ 始業及び終業の時刻、所定労働時間を超える労働の有無、休憩時間、休日、休暇並びに労働者を2組以上に分けて就業させる場合における就業時転換に関する事項
⑤ 賃金の決定、計算及び支払いの方法、賃金の締切り及び支払いの時期に関する事項
⑥ 退職に関する事項（解雇の事由を含む）
⑦ 昇給に関する事項
⑧ 退職手当の定めが適用される労働者の範囲、退職手当の決定、計算及び支払いの方法並びに退職手当の支払いの時期に関する事項
⑨ 臨時に支払われる賃金、賞与及び最低賃金額に関する事項
⑩ 労働者に負担させるべき食費、作業用品その他に関する事項
⑪ 安全及び衛生に関する事項
⑫ 職業訓練に関する事項
⑬ 災害補償及び業務外の傷病扶助に関する事項
⑭ 表彰及び制裁に関する事項
⑮ 休職に関する事項

明示方法については、①から⑥については、書面により明示しなければならない。

ただし、労働者が希望する場合は、

ｉ）ファクシミリの送信
ⅱ）電子メール等（出力して書面作成が可能なものに限る）の送信により明示することができる。

図3-3-1　労働条件の明示義務

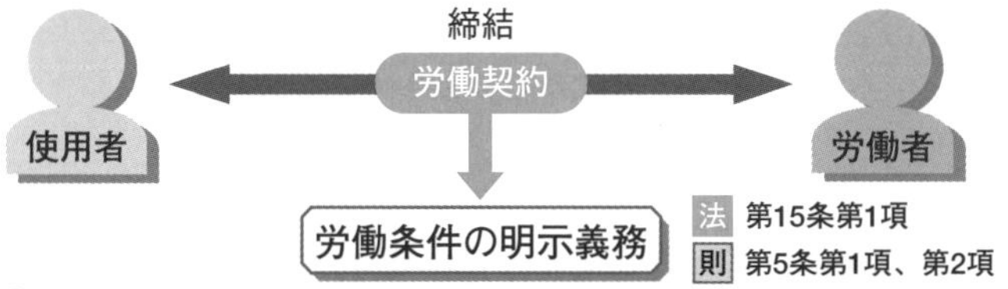

必ず明示しなければならない事項

書面によらなければならない事項

則 第5条第3項、第4項

①労働契約の期間
②有期労働契約を更新する場合の基準に関する事項
③就業の場所・従事する業務の内容
④労働時間に関する事項
始業・終業時刻、所定労働時間を超える労働の有無、休憩時間、休日、休暇、交替制勤務をさせる場合は就業時転換に関する事項
⑤賃金の決定・計算・支払いの方法、賃金の締切り・支払いの時期に関する事項
⑥退職に関する事項（解雇の事由を含む）

解 昭51.9.28基発第690号　平11.3.31基発第168号　平15.10.22基発第1022001号　平24.10.26基発1026第2号

⑦昇給に関する事項

定めた場合は明示しなければならない事項

⑧退職手当の定めが適用される労働者の範囲、退職手当の決定・計算・支払いの方法、退職手当の支払いの時期に関する事項
⑨臨時に支払われる賃金、賞与及び最低賃金額に関する事項
⑩労働者に負担させる食費、作業用品その他に関する事項
⑪安全・衛生に関する事項
⑫職業訓練に関する事項
⑬災害補償、業務外の傷病扶助に関する事項
⑭表彰、制裁に関する事項
⑮休職に関する事項

解 昭29.6.29基発第355号　平11.3.31基発168号

●罰　則●

法第15条第１項に違反して明示を怠ると30万円以下の罰金（法第120条第１号）。

このうち、①から③及び所定労働時間を超える労働の有無以外の事項については、就業規則の絶対的必要記載事項（366頁参照）と同一であるから、契約締結時に、労働者一人ひとりに当該労働者に適用される部分を明らかにした就業規則を交付すれば、当該事項を再度書面により明示しなくても差し支えない。

2 有期労働契約の更新の基準の明示

前記のとおり、労働者と使用者との契約が有期労働契約の場合は、有期労働契約を更新する場合の基準に関する事項についても、契約締結時に書面の交付により明示しなければならない。

ここで、書面の交付により明示しなければならないこととされる「更新の基準」の内容は、有期労働契約を締結する労働者が、契約期間満了後の自らの雇用継続の可能性について一定程度予見することが可能となるものであることを要する。

例えば、「更新の有無」として、

a　自動的に更新する
b　更新する場合があり得る
c　契約の更新はしない

等を、また、「契約更新の判断基準」として、

a　契約期間満了時の業務量により判断する
b　労働者の勤務成績、態度により判断する
c　労働者の能力により判断する
d　会社の経営状況により判断する
e　従事している業務の進捗状況により判断する

等を明示することが考えられる。

また、更新の基準についても、他の労働条件と同様、労働契約の内容となっている労働条件を使用者が変更する場合には、労働者との合意その他の方法により、適法に変更される必要がある（430頁参照）。

3 明示された労働条件が事実と相違する場合

明示された労働条件が事実と相違する場合には、労働者は当該契約を即時に解除することができる。

図3-3-2　有期労働契約の場合の更新の基準の明示

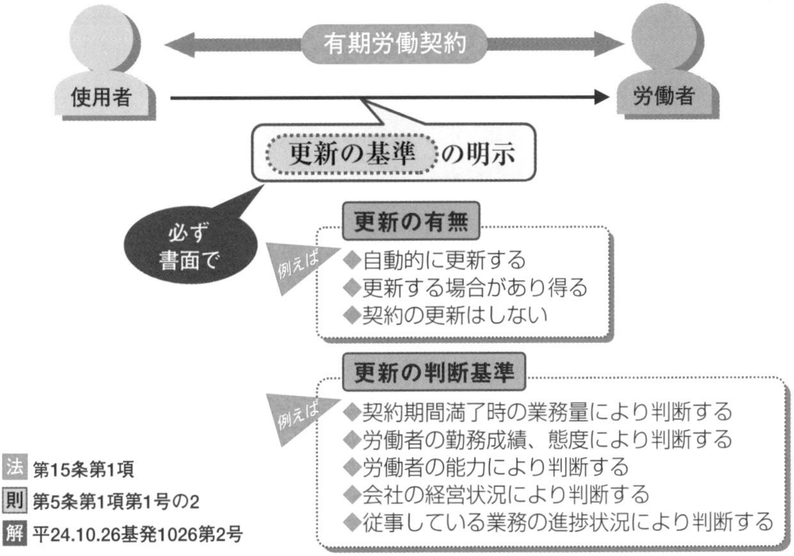
有期労働契約
使用者
労働者
更新の基準の明示
必ず書面で
更新の有無
例えば
◆自動的に更新する
◆更新する場合があり得る
◆契約の更新はしない
更新の判断基準
例えば
◆契約期間満了時の業務量により判断する
◆労働者の勤務成績、態度により判断する
◆労働者の能力により判断する
◆会社の経営状況により判断する
◆従事している業務の進捗状況により判断する
法 第15条第1項
則 第5条第1項第1号の2
解 平24.10.26基発1026第2号

図3-3-3　明示された労働条件が事実と相違する場合

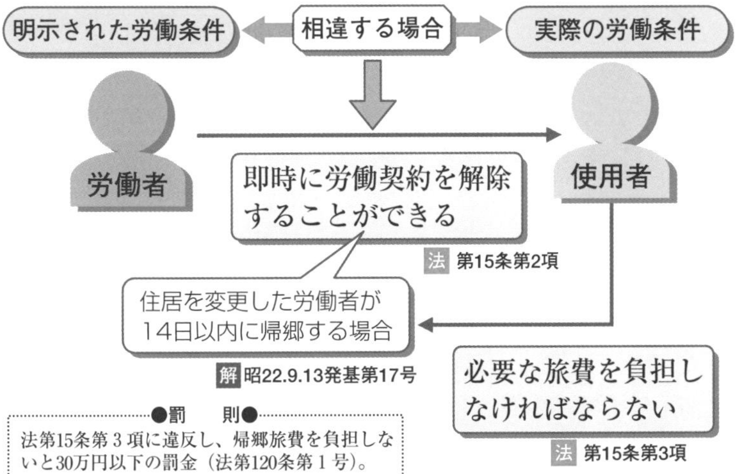
明示された労働条件
相違する場合
実際の労働条件
労働者
使用者
即時に労働契約を解除することができる
法 第15条第2項
住居を変更した労働者が14日以内に帰郷する場合
解 昭22.9.13発基第17号
必要な旅費を負担しなければならない
法 第15条第3項

●罰　則●

法第15条第３項に違反し、帰郷旅費を負担しないと30万円以下の罰金（法第120条第１号）。

この場合において、就業のために住居を変更した労働者が14日以内に帰郷するときには、使用者は帰郷のために必要な旅費を負担しなければならない。

帰郷とは、変更前の住居に戻るもののほか、父母等のいる郷里に戻るものも含む。また、必要な旅費には、交通費のほか、食費、宿泊費、家財の運搬費を含み、家族を伴って転居した場合には、その旅費も含む。

4　解雇制限期間　第19条

Point

◎ 労働者が業務上の傷病により休業する期間とその後30日間、また女性労働者の産前産後休業期間とその後30日間は、原則として解雇してはならない。

◆条　文◆

（解雇制限）

第十九条　使用者は、労働者が業務上負傷し、又は疾病にかかり療養のために休業する期間及びその後三十日間並びに産前産後の女性が第六十五条の規定によつて休業する期間及びその後三十日間は、解雇してはならない。ただし、使用者が、第八十一条の規定によつて打切補償を支払う場合又は天災事変その他やむを得ない事由のために事業の継続が不可能となつた場合においては、この限りでない。

②　前項但書後段の場合においては、その事由について行政官庁の認定を受けなければならない。

1 解雇の規制

解雇とは、使用者の一方的な意思表示による労働契約の解約のことである。

解雇には、労働者の能力、職場適応性の欠如、勤務成績不良等を理由とする「普通解雇」、労働者に非違行為があったことを理由とする「懲戒解雇」、企業の経営不振等を理由とする「整理解雇」等がある。

労働基準法は、労働者の生活に対する影響を緩和するため、解雇制限期間を定めるとともに、解雇をする場合には、予告しなければならないこととしている。

これらの規制の対象となる解雇とは、使用者の一方的意思表示による労働契約の解約のことである。したがって、労働契約の終了事由のうちでも次のようなものは解雇には該当せず、労働基準法の解雇に関する規定の適用はない。

① 労使合意による労働契約の解約

② 労働者の一方的意思表示による任意退職

③ 労働契約に期間の定めがある場合の期間の満了

ただし、形式的に有期労働契約が反復更新されているが、実質において期間の定めのない労働契約と認められる場合には、解雇に関する規定の類推適用がある。

④ 定年による退職

ただし、定年に達したときに改めて解雇をする制度の場合、定年後も勤務延長等の取扱いがなされることがあり、必ずしも退職となるとは限らない場合などには、解雇の規定の適用がある。

⑤ 休職期間満了時に復職できない場合

ただし、休職期間満了時に改めて解雇する制度の場合には、この限りでない。

⑥ 労働者が死亡した場合

図3-4-1 解雇の意義と労働基準法・労働契約法の規制

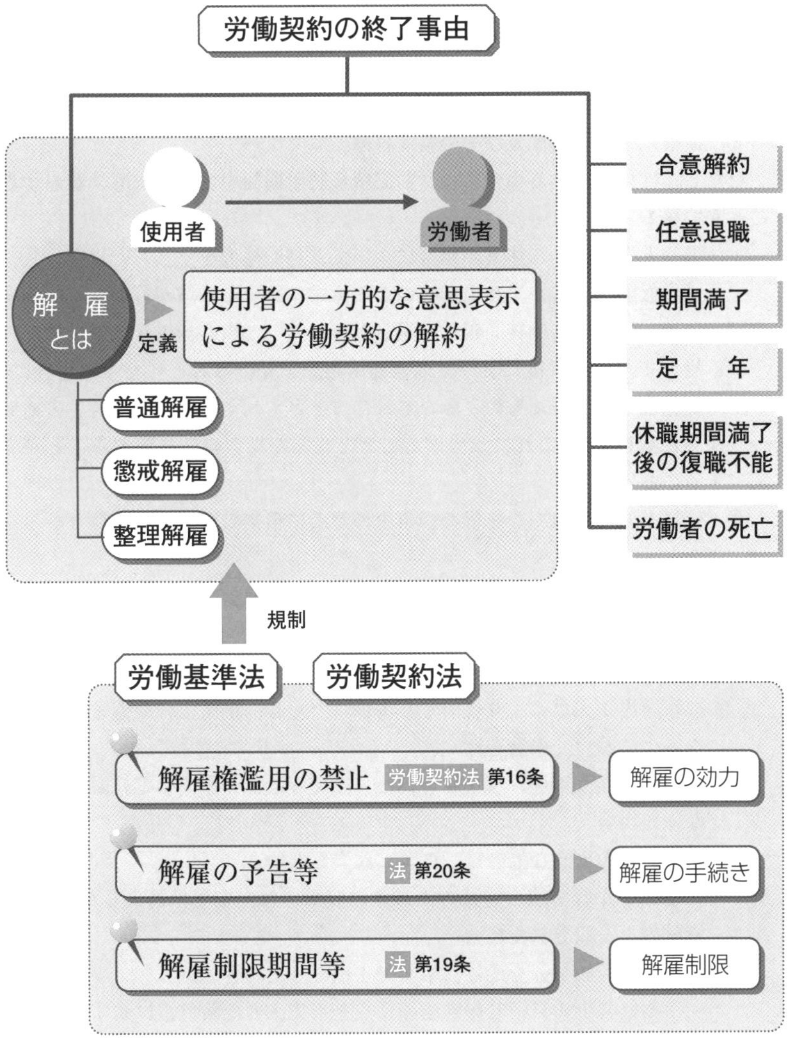

労働契約の終了事由
使用者
労働者
解雇とは
定義
使用者の一方的な意思表示による労働契約の解約
普通解雇
懲戒解雇
整理解雇
合意解約
任意退職
期間満了
定年
休職期間満了後の復職不能
労働者の死亡
規制
労働基準法
労働契約法
解雇権濫用の禁止 労働契約法 第16条
解雇の効力
解雇の予告等 法 第20条
解雇の手続き
解雇制限期間等 法 第19条
解雇制限

2 解雇制限期間

次の期間については、労働者の解雇後の就職活動が困難であるため、解雇することが禁止されている。

① 業務上の負傷、疾病による療養のために休業する期間及びその後30日間

② 産前産後休業期間及びその後30日間

ただし、次に該当する場合には、前記解雇制限期間中であっても、解雇することができる。

① 業務上傷病による休業の場合について、打切補償を支払った場合

労災保険によって業務上傷病による休業に対する補償が行われている場合には、療養の開始後３年を経過した日において傷病補償年金を受けている場合または同日後において傷病補償年金を受けることになった場合に、打切補償を支払ったものとみなされることとされており（労働者災害補償保険法第19条）、これに該当することとなった場合に、解雇することができることになる。

② 天災事変その他やむを得ない事由のために事業の継続が不可能となった場合

この除外事由の存否については、所轄労働基準監督署長の認定を受ける必要がある。その認定基準は、次のとおりである。

「天災事変その他やむを得ない事由」とは、次のような場合をいう。

イ 事業場が火災により焼失した場合。ただし、事業主の故意または重大な過失に基づく場合を除く。

ロ 震災に伴う工場、事業場の倒壊、類焼等により事業の継続が不可能となった場合

一方、次のような場合は、これに該当しない。

イ 事業主が経済法令違反のため強制収用され、または購入した諸機械、資材等を没収された場合

ロ 税金の滞納処分を受け、事業廃止に至った場合

ハ 事業経営上の見通しの齟齬のような事業主の危険負担に属すべき事由に起因して資材入手難、金融難に陥った場合。個人企業で別途に個人財産を有するか否かは、本条の認定には直接関係がない。

ニ 従来の取引事業場が休業状態となり、発注品がなく、そのために事業

図3-4-2 解雇制限期間

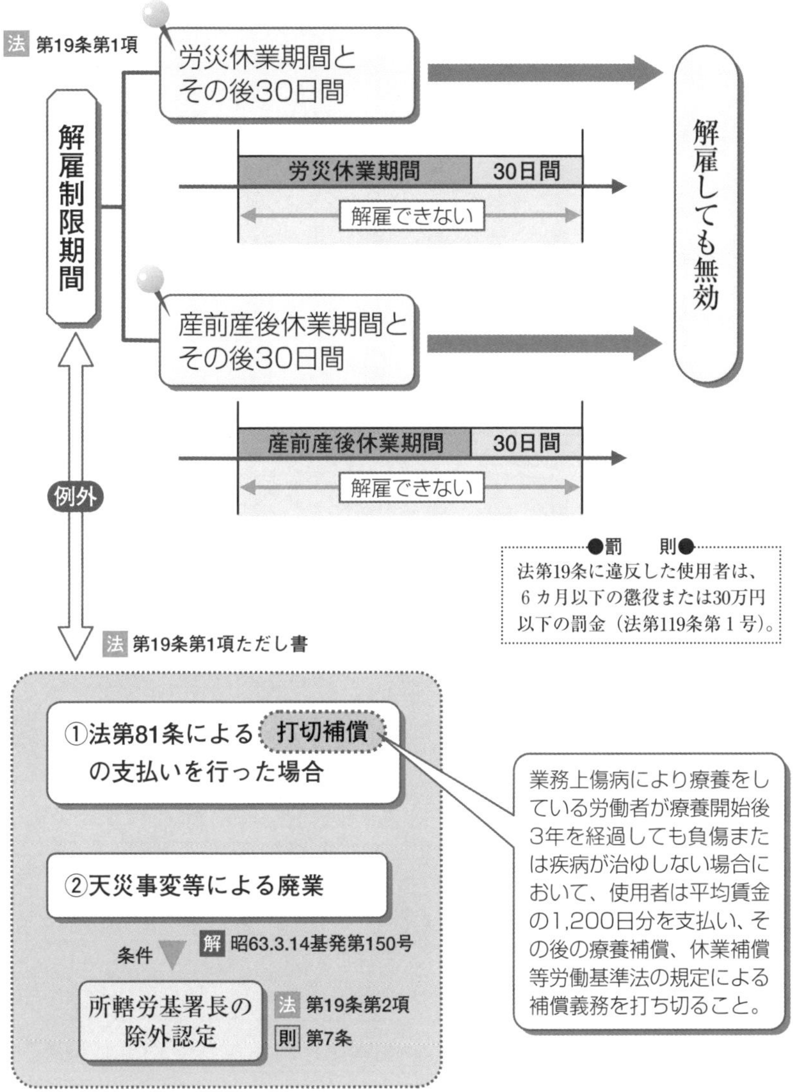
法 第19条第1項
解雇制限期間
労災休業期間とその後30日間
労災休業期間
30日間
解雇できない
産前産後休業期間とその後30日間
産前産後休業期間
30日間
解雇できない
解雇しても無効
例外
法 第19条第1項ただし書
①法第81条による打切補償の支払いを行った場合
業務上傷病により療養をしている労働者が療養開始後3年を経過しても負傷または疾病が治ゆしない場合において、使用者は平均賃金の1,200日分を支払い、その後の療養補償、休業補償等労働基準法の規定による補償義務を打ち切ること。
②天災事変等による廃業
条件
解 昭63.3.14基発第150号
所轄労基署長の除外認定
法 第19条第2項
則 第7条
●罰　則●
法第19条に違反した使用者は、6カ月以下の懲役または30万円以下の罰金（法第119条第1号）。

が金融難に陥った場合

また、「事業の継続が不可能になる」とは、事業の全部または大部分の継続が不可能になった場合をいい、事業の一部縮小、一時休止は含まれない。

5 解雇予告 第20、21条

◎ 労働者を解雇する場合は、30日前の解雇予告か、30日分の平均賃金（解雇予告手当）の支払いが必要である。

◎ ①日雇労働者、②契約期間が2カ月以内の者、③4カ月以内の季節労働者、④試用期間中の者——を解雇する場合は、原則として解雇予告は必要ない。

◆条　文◆

（解雇の予告）

第二十条 使用者は、労働者を解雇しようとする場合においては、少くとも三十日前にその予告をしなければならない。三十日前に予告をしない使用者は、三十日分以上の平均賃金を支払わなければならない。但し、天災事変その他やむを得ない事由のために事業の継続が不可能となつた場合又は労働者の責に帰すべき事由に基いて解雇する場合においては、この限りでない。

② 前項の予告の日数は、一日について平均賃金を支払つた場合においては、その日数を短縮することができる。

③ 前条第二項の規定は、第一項但書の場合にこれを準用する。

第二十一条 前条の規定は、左の各号の一に該当する労働者については適用しない。但し、第一号に該当する者が一箇月を超えて引き続き使用されるに至つた場合、第二号若しくは第三号に該当する者が所定の期間を超えて引き続き使用されるに至つた場合又は第四号に該当する者が十四日を超えて引き続き使用されるに至つた場合においては、この限りでない。

一 日日雇い入れられる者

二 二箇月以内の期間を定めて使用される者

三 季節的業務に四箇月以内の期間を定めて使用される者

四 試の使用期間中の者

1 解雇予告

使用者は、労働者を解雇する場合には、30日前に予告をするか、予告に代えて平均賃金30日分の予告手当を支払わなければならない。なお、予告日数は、日割計算によって予告手当と換算することができるので、予告手当を一定日数分支払い、その日数分だけ予告期間を短縮することができる。

解雇予告は、解雇日を特定して行う必要があり、不確定期限を付した予告や条件付き予告は許されない。

労働者に対して予告を行った場合には、それによって法律関係が確定し、使用者が一方的に予告を取り消したり、予告した解雇日を変更したりすることはできない。

なお、予告期間中も労働関係は有効に存続するので、その間、労働者は労働を提供する必要があり、一方、使用者が労働者を休業させた場合には休業手当を支払う必要がある。

予告手当は、解雇と同時に支払う必要があり、予告手当を支払わないでする解雇は無効となる。予告手当は、賃金ではないが、その支払いについては、賃金に準じて直接払い、通貨払いを行うこととされている。

なお、労働者が解雇に反対して手当の受領を拒否する場合には、労働者が受け取り得る状態にして提供すれば足りるが、これを供託することもできる。

図3-5-1 解雇予告

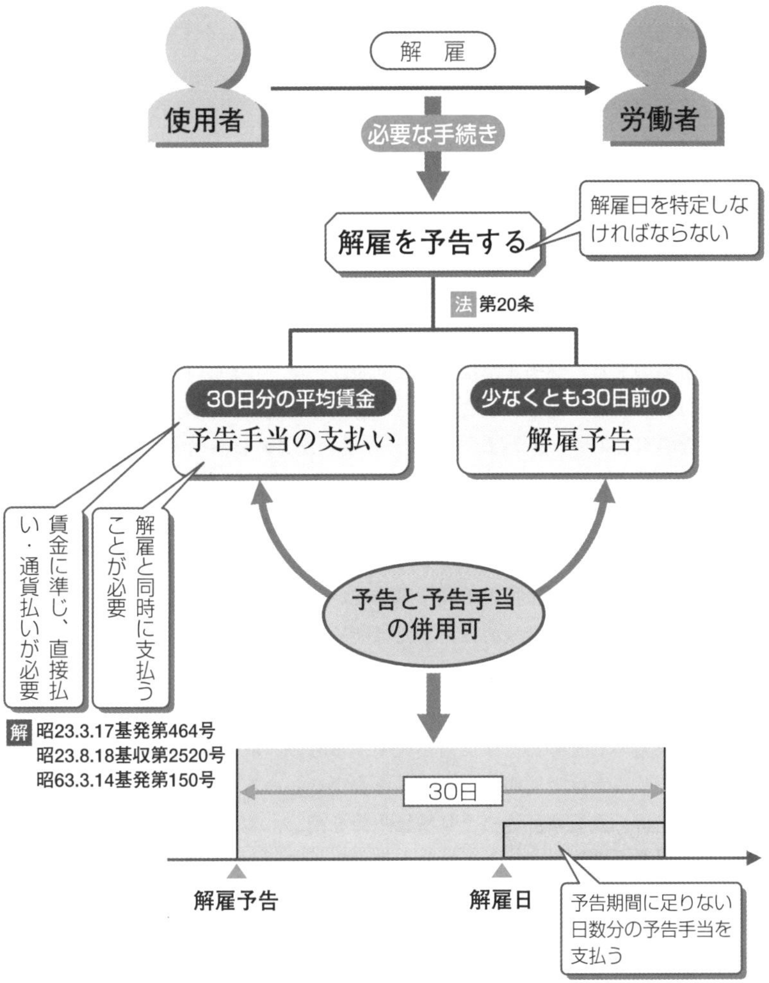

解　雇
使用者
労働者
必要な手続き
解雇を予告する
解雇日を特定しなければならない
法 第20条
30日分の平均賃金
予告手当の支払い
少なくとも30日前の
解雇予告
賃金に準じ、直接払い・通貨払いが必要
解雇と同時に支払うことが必要
予告と予告手当の併用可
解 昭23.3.17基発第464号
昭23.8.18基収第2520号
昭63.3.14基発第150号
30日
解雇予告
解雇日
予告期間に足りない日数分の予告手当を支払う

●罰　則●

法第20条に違反し、30日前の予告か、予告手当の支払いをしないと6カ月以下の懲役または30万円以下の罰金（法第119条第1号）。

2 解雇予告除外事由

次に該当する場合には、解雇予告や予告手当の支払いをすることなく、即時に解雇することができる。

⑴　天災事変その他やむを得ない事由のために事業の継続が不可能となった場合

この除外事由の存否については、所轄労働基準監督署長の認定を受ける必要があり、その認定基準は、解雇制限除外認定の場合と同じである（74頁参照）。

⑵　労働者の責に帰すべき事由による場合

この除外事由の存否についても、⑴と同様に所轄労働基準監督署長の認定を受ける必要がある。

労働者の故意、過失またはこれと同視すべき事由がある場合であり、具体的には、労働者の地位、職責等をも考慮のうえ総合的、実質的に判断すべきものとされており、例えば、次のような場合がこれに該当するとされている。

①　原則としてきわめて軽微なものを除き、事業場内における盗取、横領、傷害等の刑法犯またはこれに類する行為を行った場合。また、一般的にみて「きわめて軽微」な事案であっても、使用者があらかじめ不祥事件の防止について諸種の手段を講じていたことが客観的に認められ、しかもなお労働者が継続的に、または断続的に盗取、横領、傷害等の刑法犯またはこれに類する行為を行った場合、あるいは事業場外で行われた盗取、横領、傷害等刑法犯に該当する行為であっても、それが著しく当該事業場の名誉もしくは信用を失墜するもの、取引関係に悪影響を与えるもの、または労使間の信頼関係を喪失せしめるものと認められる場合

②　賭博、風紀紊乱等により職場規律を乱し、他の労働者に悪影響を及ぼす場合。また、これらの行為が事業場外で行われた場合であっても、それが著しく当該事業場の名誉もしくは信用を失墜するもの、取引関係に悪影響を与えるもの、または労使間の信頼関係を喪失せしめるものと認められる場合

③　雇入れの際の採用条件の要素となるような経歴を詐称した場合及び雇入れの際、使用者の行う調査に対し、不採用の原因となるような経歴を詐称した場合

④　他の事業場へ転職した場合

図3-5-2 解雇予告の必要がない場合

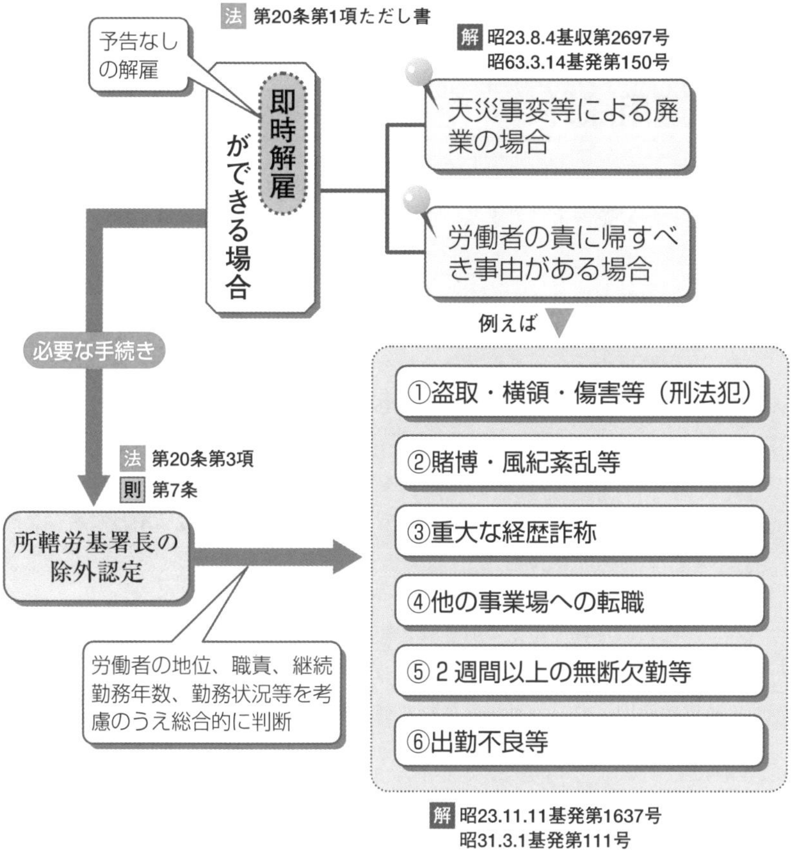
法 第20条第1項ただし書
予告なしの解雇
即時解雇ができる場合
解 昭23.8.4基収第2697号
昭63.3.14基発第150号
天災事変等による廃業の場合
労働者の責に帰すべき事由がある場合
例えば
①盗取・横領・傷害等（刑法犯）
②賭博・風紀紊乱等
③重大な経歴詐称
④他の事業場への転職
⑤２週間以上の無断欠勤等
⑥出勤不良等
解 昭23.11.11基発第1637号
昭31.3.1基発第111号
必要な手続き
法 第20条第3項
則 第7条
所轄労基署長の除外認定
労働者の地位、職責、継続勤務年数、勤務状況等を考慮のうえ総合的に判断

⑤　原則として２週間以上正当な理由なく無断欠勤し、出勤の督促に応じない場合

⑥　出勤不良または出欠常ならず、数回にわたって注意を受けても改めない場合

3 適用除外

次に掲げる者については、解雇予告制度は適用されないこととされており、解雇予告や解雇予告手当の支払いをすることなく、即時に解雇することができる。

①　日雇労働者

ただし、１カ月を超えて引き続き使用されるに至った場合を除く。

②　２カ月以内の期間を定めて使用される者

ただし、所定の契約期間を超えて引き続き使用されるに至った場合を除く。

③　季節的業務に４カ月以内の期間を定めて使用される者

ただし、所定の契約期間を超えて引き続き使用されるに至った場合を除く。

④　試用期間中の者

ただし、14日を超えて引き続き使用されるに至った場合を除く。試用期間そのものを14日を超える期間とすることは差し支えないが、その場合、試用期間中であっても14日を超えれば解雇予告が必要となる。

図3-5-3 解雇予告の必要がない労働者

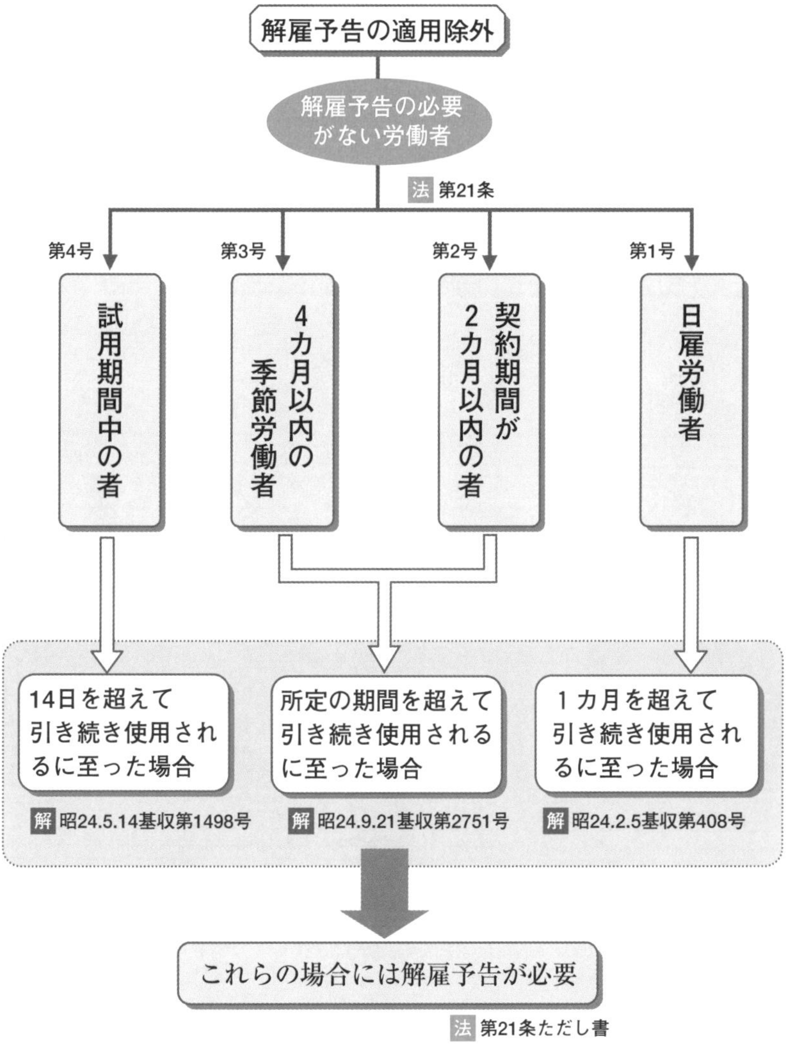
解雇予告の適用除外
解雇予告の必要がない労働者
法 第21条
第4号
第3号
第2号
第1号
試用期間中の者
4カ月以内の季節労働者
契約期間が2カ月以内の者
日雇労働者
14日を超えて引き続き使用されるに至った場合
解 昭24.5.14基収第1498号
所定の期間を超えて引き続き使用されるに至った場合
解 昭24.9.21基収第2751号
1カ月を超えて引き続き使用されるに至った場合
解 昭24.2.5基収第408号
これらの場合には解雇予告が必要
法 第21条ただし書

6 退職時等の措置 （第22、23条）

◎ 労働者が退職に際して、退職時の証明書の交付を請求した場合には、退職理由のいかんを問わず、使用者は、遅滞なく交付しなければならない。

◎ 労働者が、解雇の予告がされた日から退職の日までの間に、その解雇の理由について証明書を請求した場合には、遅滞なく交付しなければならない。

◎ 使用者は、ブラックリストを作って、相互に、好ましくない労働者を職場から排除するため、労働者の国籍、信条、社会的身分あるいは労働組合運動に関する通信をしてはならない。

◎ 使用者は、証明書に秘密の記号を記入してはならない。

◎ 使用者は、退職者（死亡の場合は相続人）から請求があった場合、本人の権利に属する賃金その他の金品を７日以内に支払い、返還しなければならない。

◆条　文◆

（退職時等の証明）

第二十二条 労働者が、退職の場合において、使用期間、業務の種類、その事業における地位、賃金又は退職の事由（退職の事由が解雇の場合にあつては、その理由を含む。）について証明書を請求した場合においては、使用者は、遅滞なくこれを交付しなければならない。

② 労働者が、第二十条第一項の解雇の予告がされた日から退職の日までの間において、当該解雇の理由について証明書を請求した場合においては、使用者は、遅滞なくこれを交付しなければならない。ただし、解雇の予告がされた日以後に労働者が当該解雇以外の事由により退職した場合においては、使用者は、当該退職の日以後、これを交付することを要しない。

③ 前二項の証明書には、労働者の請求しない事項を記入してはならない。

④ 使用者は、あらかじめ第三者と謀り、労働者の就業を妨げることを目的として、労働者の国籍、信条、社会的身分若しくは労働組合運動に関する通信をし、又は第一項及び第二項の証明書に秘密の記号を記入してはならない。

（金品の返還）

第二十三条 使用者は、労働者の死亡又は退職の場合において、権利者の請求があつた場合においては、七日以内に賃金を支払い、積立金、保証金、貯蓄金その他名称の如何を問わず、労働者の権利に属する金品を返還しなければならない。

② 前項の賃金又は金品に関して争がある場合においては、使用者は、異議のない部分を、同項の期間中に支払い、又は返還しなければならない。

1 退職時の証明

労働者が、退職の場合に、証明書の交付を請求したときは、使用者は遅滞なく、これを交付しなければならない。

この場合の退職には、解雇、合意解約、任意退職、期間満了、定年退職等、退職事由のいかんを問わず、すべてのものを含む。

証明書に記載すべき事項は、次のとおりであるが、これらの事項であっても労働者が請求しない事項は記載してはならない。

① 使用期間
② 業務の種類
③ 当該事業における地位
④ 賃金
⑤ 退職の事由（解雇の場合にあっては、その理由を含む）

2 解雇理由の証明書

使用者は、労働者から、解雇の予告がされた日から退職の日までの間に、その解雇の理由について証明書を請求された場合には、遅滞なく交付しなければならない。

ただし、解雇の予告後、労働者が予告された解雇以外の事由で退職した場合は、退職の日以後、証明書を交付する必要はない。

図3-6-1 退職時の証明書の交付

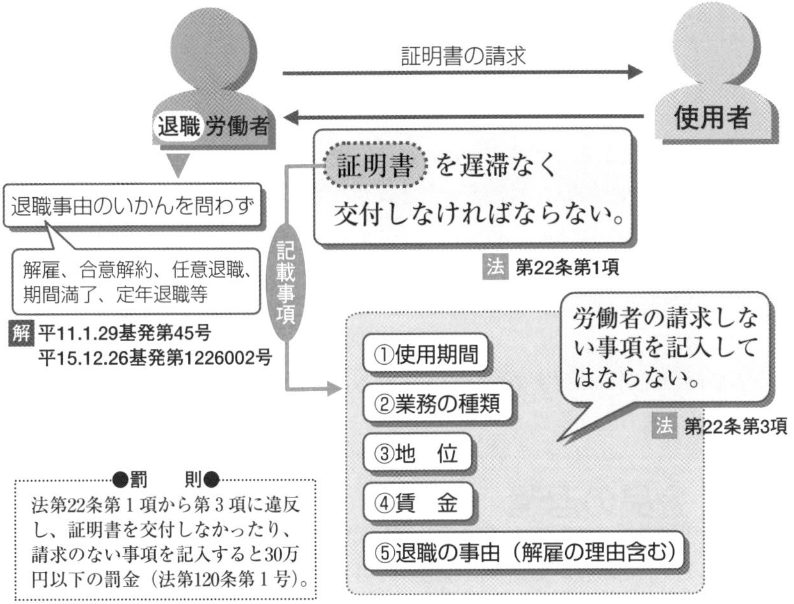
証明書の請求
退職 労働者
使用者
証明書を遅滞なく
交付しなければならない。
法 第22条第1項
退職事由のいかんを問わず
解雇、合意解約、任意退職、
期間満了、定年退職等
解 平11.1.29基発第45号
平15.12.26基発第1226002号
記載事項
①使用期間
②業務の種類
③地 位
④賃 金
⑤退職の事由（解雇の理由含む）
労働者の請求しない事項を記入してはならない。
法 第22条第3項
●罰 則●
法第22条第１項から第３項に違反し、証明書を交付しなかったり、請求のない事項を記入すると30万円以下の罰金（法第120条第１号）。

図3-6-2 解雇理由の証明書の交付

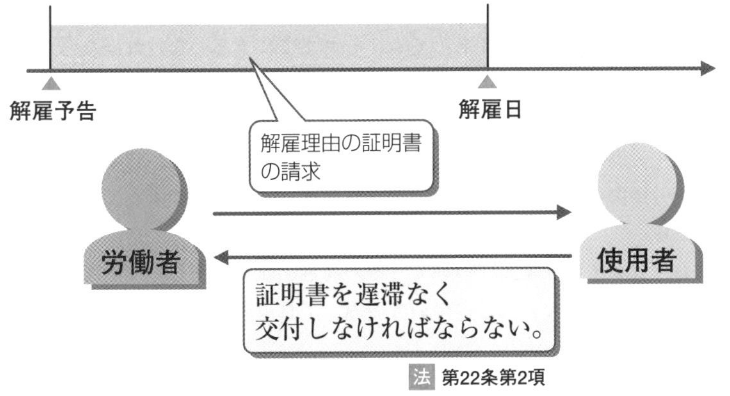
解雇予告
解雇日
解雇理由の証明書
の請求
労働者
使用者
証明書を遅滞なく
交付しなければならない。
法 第22条第2項

3 ブラックリストの禁止

使用者は、あらかじめ第三者と謀って、労働者の就業を妨げることを目的として、ブラックリストを回覧し、あるいは、証明書に秘密の記号を記入してはならない。

ブラックリストとして禁止されるのは、次の事項に関する通信であり、これ以外の事項については、禁止の対象とはされていない。

① 国籍

② 信条

③ 社会的身分

④ 労働組合運動

退職時の証明書に秘密の記号を記入することについては、事項を問わず、すべて禁止される。

4 金品の返還

使用者は、労働者が死亡または退職の場合において、権利者から請求があったときは、7日以内に賃金を支払い、労働者の権利に属する金品を返還しなければならない。

権利者とは、労働者の退職の場合には労働者本人、労働者の死亡の場合には労働者の相続人であり、一般債権者は含まれない。

権利者の請求があった日から7日以内に支払うことを要するので、賃金については、支払日の到来前であっても、それまでに支払わなければならない。ただし、退職手当については、就業規則等で定められている支払いの時期までに支払えば足りるものとされている。

また、労働者の権利に属する金品には、積立金、保証金、貯蓄金等の金銭のほか、労働関係に関連して使用者が保管している労働者の所有に属する物品も含まれる。

なお、賃金または金品について、その有無、額等に関し労使間で争いがある場合には、異議のない部分についてのみ、7日以内に支払い、または返還すれば足りる。

図3-6-3　ブラックリストの回覧等と秘密の記号記入の禁止

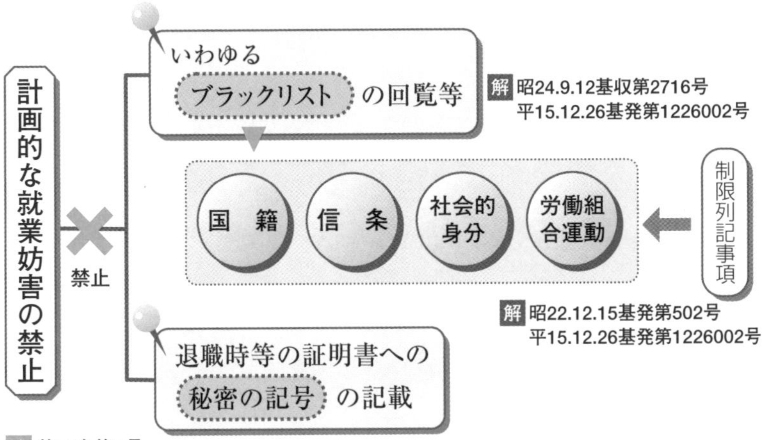

計画的な就業妨害の禁止
禁止
いわゆる
ブラックリストの回覧等
解 昭24.9.12基収第2716号
平15.12.26基発第1226002号
国　籍
信　条
社会的身分
労働組合運動
制限列記事項
解 昭22.12.15基発第502号
平15.12.26基発第1226002号
退職時等の証明書への
秘密の記号の記載

法 第22条第4項

解 昭22.9.13発基第17号
平15.12.26基発第1226002号

●罰　則●

法第22条第４項に違反し、ブラックリストの回覧や証明書への秘密の記号記入を行うと６カ月以下の懲役または30万円以下の罰金（法第119条第１号）。

図3-6-4　金品の返還

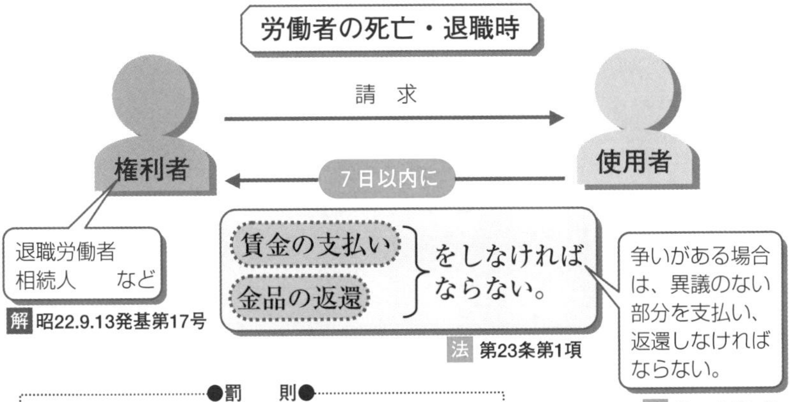

労働者の死亡・退職時
請　求
権利者
使用者
7日以内に
退職労働者
相続人　　など
解 昭22.9.13発基第17号
賃金の支払い
金品の返還
をしなければならない。
法 第23条第1項
争いがある場合は、異議のない部分を支払い、返還しなければならない。

法 第23条第2項

●罰　則●

法第23条に違反し、７日以内に賃金を支払わず、金品を返還しないと30万円以下の罰金（法第120条第１号）。

第4部

労働時間・休憩・休日

1 労働時間

Point

◎ 労働時間とは、労働者が使用者の指揮監督の下にある時間のことであり、拘束時間から休憩時間を除いたものである。

◎ 労働時間には、現実に働いている時間のほか、使用者の指揮下にあって待機している時間も含まれる。

1 労働時間の意義

労働時間とは、労働者が、使用者の指揮監督のもとにある時間のことであり、拘束時間から休憩時間を除いたものである。

労働時間には、現実に作業に従事している時間のほか、使用者の指揮監督のもとで労働するために待機している時間も含まれる。例えば、商店における客待ち時間、運送業における自動車の到着待ち時間等である。

2 具体的な取扱い

労働時間であるかどうかが問題となる事例についての具体的な考え方は、次のとおりである。

① 作業の準備・後始末

作業前に行う準備や作業後の後始末の時間は、使用者の明示または黙示の指揮命令下で行われている限り、労働時間である。

② 更衣等

労働者自身の更衣等の時間については、一定の作業衣等の着用を義務づけている場合には労働時間であるとする見解と判例がある。

③ 教育・研修

教育・研修に参加する時間は、就業規則上の制裁等により出席が強制される場合には労働時間であり、一方、そのような強制がない自由参加のものは労働時間ではない。

なお、労働安全衛生法（安衛法）に基づく安全衛生教育は、事業者の責任で実施すべきものであるので、それに要する時間は労働時間である。

④ 小集団活動

小集団活動の時間は、就業規則上の制裁等により出席が強制される場合には労働時間であり、一方、そのような強制がない自由参加のものは労働時間ではない。

⑤ 健康診断

健康診断の受診時間は、一般健康診断については必ずしも労働時間としなくてもよいが、特殊健康診断については事業遂行にからんで必ず実施しなければならないものであるので、労働時間としなければならない。

図4-1-1 労働時間とは

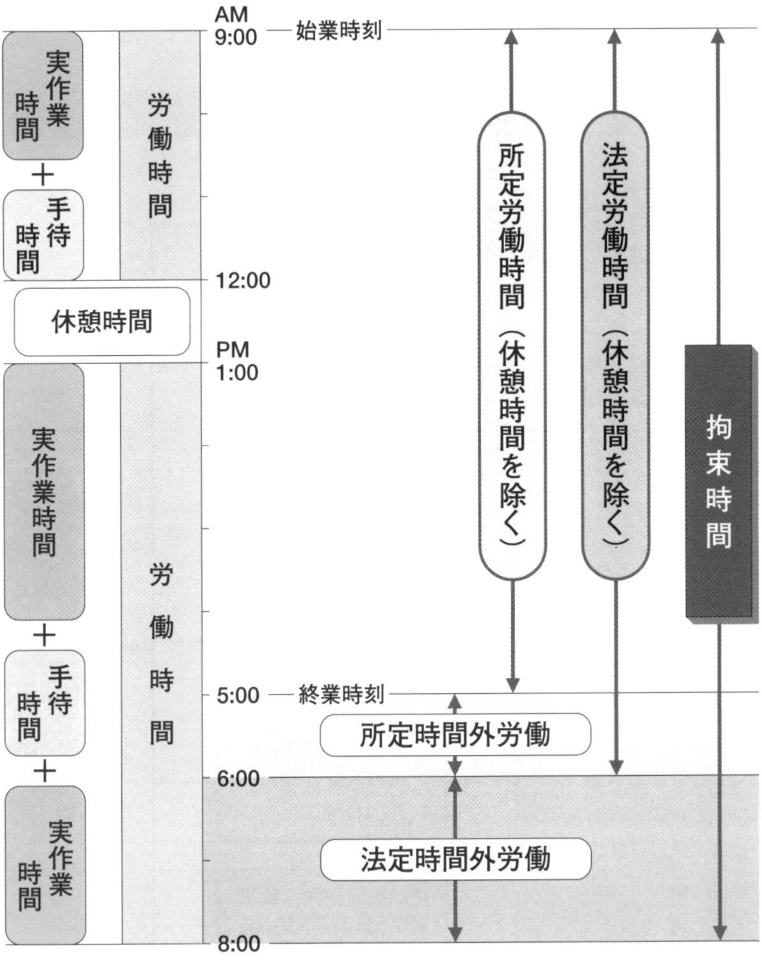
AM
9:00
始業時刻
実作業時間
手待時間
労働時間
12:00
休憩時間
PM
1:00
実作業時間
手待時間
実作業時間
労働時間
5:00
終業時刻
6:00
8:00
所定労働時間（休憩時間を除く）
法定労働時間（休憩時間を除く）
拘束時間
所定時間外労働
法定時間外労働

⑥　労働者の自発的な残業

労働者の自発的な残業を使用者が知りながら、中止させず放置し、その労働の成果を受け入れている場合は、労働時間である。

図4-1-2　労働時間の範囲の具体的な取扱い

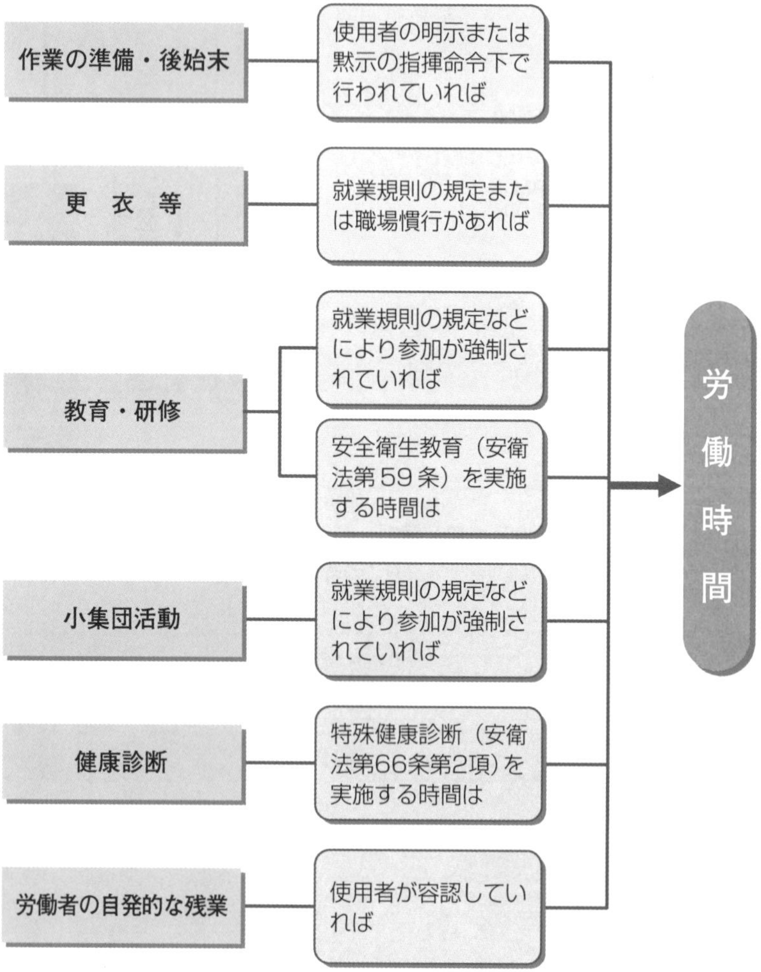

作業の準備・後始末
使用者の明示または黙示の指揮命令下で行われていれば
更　衣　等
就業規則の規定または職場慣行があれば
教育・研修
就業規則の規定などにより参加が強制されていれば
安全衛生教育（安衛法第59条）を実施する時間は
小集団活動
就業規則の規定などにより参加が強制されていれば
健康診断
特殊健康診断（安衛法第66条第2項）を実施する時間は
労働者の自発的な残業
使用者が容認していれば
労働時間

2 労働時間の適正な把握

Point

◎ 使用者は、労働者の労働日ごとの始業・終業時刻を確認し記録するなど、労働時間を適切に管理する責務を有している。

◎ 労働時間が自己申告制の場合にも、使用者は労働者への十分な説明や、実態調査等の措置を講ずる必要がある。

◎ 長時間労働者に対する面接指導を実施するため、事業者に対して労働者の労働時間の状況を把握すべき義務が労働安全衛生法に定められている（104頁**参考**参照）。

1 趣　旨

労働基準法においては、労働時間、休日、深夜業等について規定を設けていることから、使用者は、労働時間を適正に把握するなど労働時間を適切に管理する責務を有しているといえる。

しかし、現状では、労働時間の把握に係る自己申告制（労働者が自己の労働時間を自主的に申告することにより労働時間を把握するもの）が不適切に運用され、労働時間の把握が曖昧となり、その結果、過重な長時間労働や割増賃金の未払いといった問題が生じている。

このため、これらの問題を解消することを目的として、「労働時間の適正な把握のために使用者が講ずべき措置に関するガイドライン」（平成29年１月20日基発0120第３号。以下「ガイドライン」という）が策定され、このガイドラインにおいて労働時間の適正な把握のために使用者が講ずべき措置等が具体的に明らかにされている。

使用者は、管理監督者やみなし労働時間制が適用される労働者（事業場外労働を行う者にあっては、みなし労働時間制が適用される時間に限る）を除くすべての者について、労働時間を適正に把握しなければならない。

なお、ガイドラインが適用されない労働者についても、健康確保を図る必要があることから、使用者において適正な労働時間管理を行う責務がある。

2 労働時間の考え方

労働時間とは、使用者の指揮命令下に置かれている時間のことをいい、使用者の明示または黙示の指示により労働者が業務に従事する時間は労働時間に当たる。そのため、次のアからウのような時間は、労働時間として扱わなければならない。

ア　使用者の指示により、就業を命じられた業務に必要な準備行為（着用を義務づけられた所定の服装への着替え等）や業務終了後の業務に関連した後始末（清掃等）を事業場内において行った時間

イ　使用者の指示があった場合には即時に業務に従事することを求められており、労働から離れることが保障されていない状態で待機等している時間（いわゆる「手待時間」）

図4-2-1　労働時間の考え方

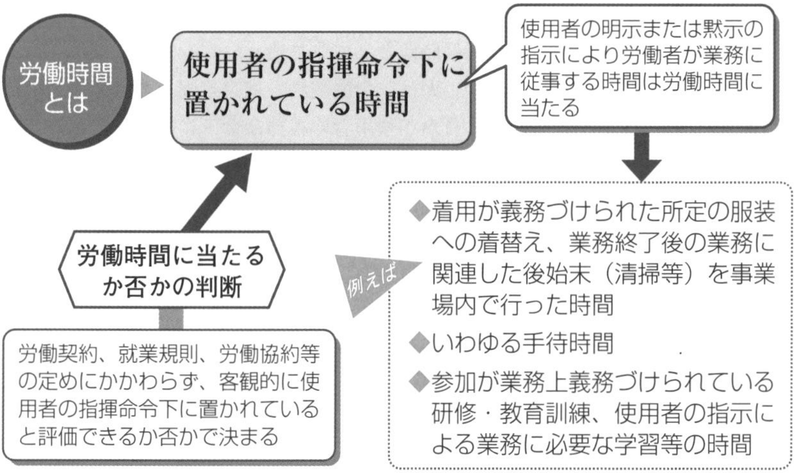

労働時間とは
使用者の指揮命令下に置かれている時間
使用者の明示または黙示の指示により労働者が業務に従事する時間は労働時間に当たる
労働時間に当たるか否かの判断
労働契約、就業規則、労働協約等の定めにかかわらず、客観的に使用者の指揮命令下に置かれていると評価できるか否かで決まる
例えば
◆着用が義務づけられた所定の服装への着替え、業務終了後の業務に関連した後始末（清掃等）を事業場内で行った時間
◆いわゆる手待時間
◆参加が業務上義務づけられている研修・教育訓練、使用者の指示による業務に必要な学習等の時間

図4-2-2　労働時間の適正な把握のために使用者が講ずべき措置

通　平29.1.20基発0120第3号

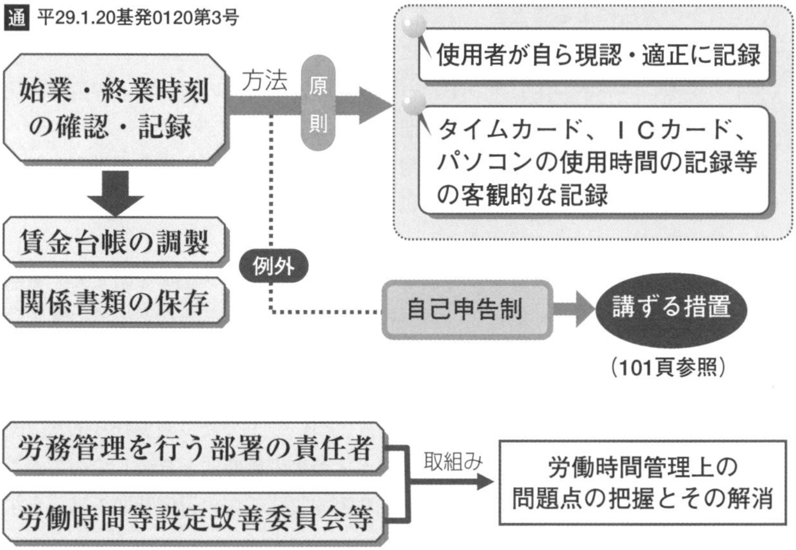

始業・終業時刻の確認・記録
方法
原則
使用者が自ら現認・適正に記録
タイムカード、ＩＣカード、パソコンの使用時間の記録等の客観的な記録
賃金台帳の調製
関係書類の保存
例外
自己申告制
講ずる措置
（101頁参照）
労務管理を行う部署の責任者
労働時間等設定改善委員会等
取組み
労働時間管理上の問題点の把握とその解消

ウ　参加することが業務上義務づけられている研修・教育訓練の受講や、使用者の指示により業務に必要な学習等を行っていた時間

ただし、これら以外の時間についても、使用者の指揮命令下に置かれていると評価される時間については労働時間として取り扱う。

なお、労働時間に該当するか否かは、労働契約、就業規則、労働協約等の定めのいかんによらず、労働者の行為が使用者の指揮命令下に置かれたものと評価することができるか否かにより客観的に定まる。また、客観的に見て使用者の指揮命令下に置かれていると評価されるかどうかは、労働者の行為が使用者から義務づけられ、またはこれを余儀なくされていた等の状況の有無等から、個別具体的に判断される（なお、94頁参照）。

3　使用者が講ずべき措置

⑴　始業・終業時刻の確認及び記録

使用者は、労働時間を適正に管理するため、労働者の労働日ごとの始業・終業時刻を確認し、これを記録すること。

⑵　始業・終業時刻の確認及び記録の原則的な方法

使用者が始業・終業時刻を確認し、記録する方法としては、原則として次のいずれかの方法によること。

ア　使用者が、自ら現認することにより確認し、適正に記録すること。

イ　タイムカード、ＩＣカード、パソコンの使用時間の記録等の客観的な記録を基礎として確認し、適正に記録すること。

⑶　自己申告制により始業・終業時刻の確認及び記録を行う場合の措置

上記⑵の方法によることなく、自己申告制によりこれを行わざるを得ない場合、使用者は次の措置を講ずること。

ア　自己申告制の対象となる労働者に対して、ガイドラインを踏まえ、労働時間の実態を正しく記録し、適正に自己申告を行うことなどについて十分な説明を行うこと。

イ　実際に労働時間を管理する者に対して、自己申告制の適正な運用を含め、ガイドラインに従い講ずべき措置について十分な説明を行うこと。

ウ　自己申告により把握した労働時間が実際の労働時間と合致しているか否かについて、必要に応じて実態調査を実施し、所要の労働時間の補正をすること。

図4-2-3　自己申告制によらざるを得ない場合に講ずべき措置

労働者に適正に自己申告を行うことなどを十分に説明する

労働時間の管理者に自己申告制の適正な運用、ガイドラインに従い講ずべき措置を十分に説明する

必要に応じて実態調査を行い、所要の労働時間の補正をする

事業場内にいた時間の分かるデータ
（入退場記録、パソコンの使用時間の記録等）

↔

労働者からの自己申告により把握した労働時間

著しくかい離しているとき

↓

実態調査が必要！

労働者からの報告が適正に行われているかを確認する

自己申告した労働時間を超えて事業場内にいる時間について、その理由等を労働者に報告させる場合には、その報告が適正に行われているかどうかを確認。

労働者による適正な申告を阻害するような措置はとらない

✕　自己申告できる時間外労働の時間数に上限を設け、上限を超える申告を認めない 等特に、入退場記録やパソコンの使用時間の記録など、事業場内にいた時間の分かるデータを有している場合に、労働者からの自己申告により把握した労働時間と当該データで分かった事業場内にいた時間との間に著しい乖離が生じているときには、実態調査を実施し、所要の労働時間の補正をすること。

エ　自己申告した労働時間を超えて事業場内にいる時間について、その理由等を労働者に報告させる場合には、当該報告が適正に行われているかについて確認すること。

その際、休憩や自主的な研修、教育訓練、学習等であるため労働時間ではないと報告されていても、実際には、使用者の指示により業務に従事しているなど使用者の指揮命令下に置かれていたと認められる時間については、労働時間として扱わなければならないこと。

オ　自己申告制は、労働者による適正な申告を前提として成り立つものである。このため、使用者は、労働者が自己申告できる時間外労働の時間数に上限を設け、上限を超える申告を認めない等、労働者による労働時間の適正な申告を阻害する措置を講じてはならないこと。

また、時間外労働時間の削減のための社内通達や時間外労働手当の定額払い等労働時間に係る事業場の措置が、労働者の労働時間の適正な申告を阻害する要因となっていないかについて確認するとともに、当該要因となっている場合においては、改善のための措置を講ずること。

さらに、労働基準法の定める法定労働時間や時間外・休日労働に関する労使協定（いわゆる36協定）による上限を遵守することは当然であるが、実際には延長することができる時間数を超えて労働しているにもかかわらず、記録上これを守っているようにすることが、実際に労働時間を管理する者や労働者等において、慣習的に行われていないかについても確認すること。

(4)　賃金台帳の適正な調製

使用者は、労働基準法第108条及び同法施行規則第54条により、労働者ごとに、労働日数、労働時間数、休日労働時間数、時間外労働時間数、深夜労働時間数といった事項を適正に記入しなければならないこと。

また、賃金台帳にこれらの事項を記入していない場合や、故意に賃金台帳に虚偽の労働時間数を記入した場合は、同法第120条第１号に基づき、30万円以下の罰金に処されること。

⑸　労働時間の記録に関する書類の保存

使用者は、労働者名簿、賃金台帳のみならず、出勤簿やタイムカード等の労働時間の記録に関する書類について、労働基準法第109条に基づき、３年間保存しなければならないこと。

⑹　労働時間を管理する者の職務

事業場において労務管理を行う部署の責任者は、当該事業場内における労働時間の適正な把握等労働時間管理の適正化に関する事項を管理し、労働時間管理上の問題点の把握及びその解消を図ること。

⑺　労働時間等設定改善委員会等の活用

使用者は、事業場の労働時間管理の状況を踏まえ、必要に応じ労働時間等設定改善委員会等の労使協議組織を活用し、労働時間管理の現状を把握の上、労働時間管理上の問題点及びその解消策等の検討を行うこと。

※労働時間等設定改善委員会…労働時間等の設定の改善に関する特別措置法において、事業場の労働時間等の設定を改善するための労使協議機関とされているもの。

図4-2-4　労働時間に関する記録の保存等

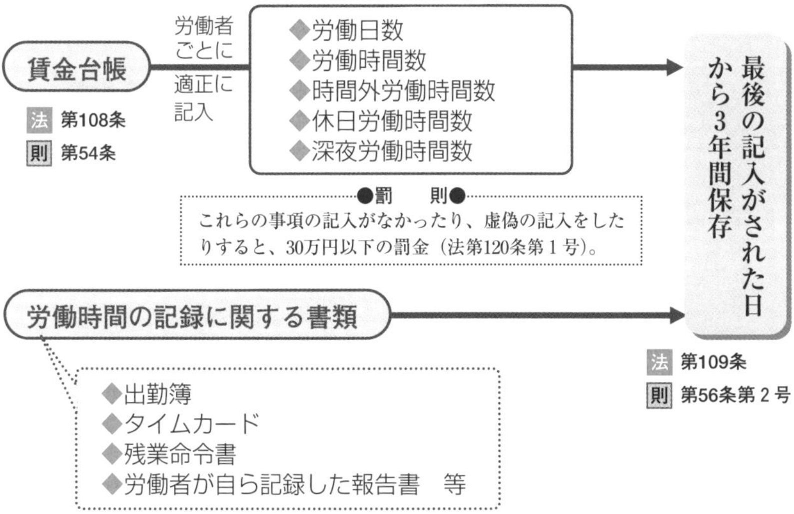
賃金台帳
法 第108条
則 第54条
労働者ごとに
適正に記入
◆労働日数
◆労働時間数
◆時間外労働時間数
◆休日労働時間数
◆深夜労働時間数
●罰　則●
これらの事項の記入がなかったり、虚偽の記入をしたりすると、30万円以下の罰金（法第120条第１号）。
最後の記入がされた日から３年間保存
法 第109条
則 第56条第２号
労働時間の記録に関する書類
◆出勤簿
◆タイムカード
◆残業命令書
◆労働者が自ら記録した報告書　等

参考 労働安全衛生法上の労働時間の状況把握義務

平成30年の法改正により、労働安全衛生法に、長時間労働者を対象とする面接指導を実施するため、事業者は労働者の労働時間の状況を把握しなければならないことが定められた（同法第66条の８の３）。同法では、休憩時間を除き、１週間当たり40時間を超えて労働させた場合におけるその超えた時間が一定時間を超える等の要件に該当する労働者については、医師による面接指導を実施することが義務づけられているが、この面接指導の実施要件となる労働時間を算定・把握する必要があるため、労働者の労働時間の状況の把握を事業者の義務として明確にしたものである。

労働時間の状況の把握方法は、タイムカードやICカード等の客観的な方法によることを原則とし、客観的な方法により把握し難い場合に限り自己申告制によることを認めている。この点は、前記の労働時間適正把握ガイドラインと共通しており、自己申告制による場合に講ずべき措置についても、同ガイドラインが示す100頁以下の措置とほぼ同様である。

しかし、労働安全衛生法上の労働時間の状況把握義務は、みなし労働時間制の適用者や管理監督者を含むすべての労働者を対象とし、「労働時間の状況」、すなわち、労働者がいかなる時間帯にどの程度の時間、労務を提供し得る状態にあったかを把握すべきとしている点で前記ガイドラインと異なる。

	労働時間の状況把握義務	労働時間適正把握ガイドライン
把握の対象	労働時間の状況 （労働者がいかなる時間帯にどの程度の時間、労務を提供し得る状態にあったか）	労働時間そのもの
対象となる労働者	すべての労働者 ※高度プロフェッショナル制度（226頁）の適用者は健康管理時間により把握	みなし労働時間制（事業場外労働（193頁）、裁量労働制（201頁））の適用者、管理監督者等（218頁）は対象とならない。

3　賃金不払残業の解消

Point

◎ 賃金不払残業とは、所定労働時間外に労働時間の一部または全部に対して所定の賃金または割増賃金を支払うことなく労働を行わせる、いわゆるサービス残業のことであるが、労働基準法に違反するものである。

◎「賃金不払残業の解消を図るために講ずべき措置等に関する指針」では、賃金不払残業の解消策として、以下のようなものをあげている。

① 使用者が労働時間の適正な把握に努める

② サービス残業を容認する職場風土を改革する

③ 適正な労働時間管理を行うためのシステムを整備する

④ 責任体制を明確にし、チェック体制を整備する

賃金不払残業の解消のために取り組むべき事項

賃金不払残業とは、所定労働時間外に労働時間の一部または全部に対して所定の賃金または割増賃金を支払うことなく労働を行わせることをいう。いわゆるサービス残業のことであるが、労働基準法に違反するものである。

賃金不払残業は、長時間労働や過重労働の温床ともなっており、その解消を図っていくことは、家族との触れ合いを含めた心豊かな生活を送っていくうえで、大変重要である。

賃金不払残業の解消を図るため、厚生労働省は、各企業において労使が各事業場における労働時間の管理の適正化と賃金不払残業の解消のために講ずべき事項を示した指針を定めている（平成15年５月23日基発第0523004号）。

事業場内において賃金不払残業の解消の実態を最もよく知るべき立場にある労使が、各々の果たすべき役割を認識し、協力して主体的に取り組むことが求められる。

① 労働時間適正把握ガイドライン（98頁参照）の遵守

② 職場風土の改革

ア 経営トップ自らによる決意表明や社内巡視等による実態の把握

イ 労使合意による賃金不払残業撲滅の宣言

ウ 企業内または労働組合内での教育

③ 適正に労働時間の管理を行うためのシステムの整備

ア 始業・終業時刻の確認及び記録は、使用者自らの現認またはタイムカード、ＩＣカード等の客観的な記録によることを原則とし、自己申告制はやむを得ない場合に限ること

イ 労働時間の管理のための制度等の見直しの検討

ウ 賃金不払残業の是正という観点を考慮した人事考課の実施

④ 労働時間を適正に把握するための責任体制の明確化とチェック体制の整備

ア 同じ指揮命令系統にない複数の者によるダブルチェックなど厳正に労働時間を把握できる体制の確立

イ 相談窓口の設置

ウ 労働組合における相談窓口の設置、労働組合としての必要な対応

図4-3 賃金不払残業解消に向けて労使が取り組むべき事項

労働時間適正把握ガイドラインの遵守

職場風土の改革

- ①経営トップの決意表明や、社内巡視等による実態の把握
- ②労使合意による賃金不払残業撲滅の宣言
- ③企業内または労働組合内での教育

適正に労働時間の管理を行うためのシステムの整備

①適正に労働時間の管理を行うためのシステムの確立

実態の把握

例えば
・出退勤時刻や入退室時刻の記録
・事業場内コンピュータシステムの入力記録　など

↓

労働時間管理システムの確立

例えば
・社内アンケート等により実態を把握したうえでの関係者の実施事項、マニュアル作成など

②労働時間の管理のための制度等の見直しの検討

検討事項

・現行の労働時間管理の制度とその運用
・仕事の進め方
・業務体制・業務指示のあり方
など

③賃金不払残業の是正という観点を考慮した人事考課の実施

労働時間を適正に把握するための責任体制の明確化とチェック体制の整備

①厳正に労働時間を把握できる体制の確立

例えば　同じ指揮命令系統にない複数の労働時間管理の責任者による牽制体制、ダブルチェック

②賃金不払残業の実態を積極的に把握できる体制の確立

例えば　相談窓口を設置する

③労働組合としての必要な対応

通 平15.5.23基発第0523004号

4 法定労働時間 第32条

Point
- 1週間の法定労働時間は、40時間が原則である。
- 1日の法定労働時間は、8時間が原則である。

◆条　文◆

（労働時間）
第三十二条　使用者は、労働者に、休憩時間を除き一週間について四十時間を超えて、労働させてはならない。
②　使用者は、一週間の各日については、労働者に、休憩時間を除き一日について八時間を超えて、労働させてはならない。

1 週40時間労働制の原則

労働基準法第32条第１項は、「使用者は、労働者に、休憩時間を除き１週間について40時間を超えて、労働させてはならない」とし、週40時間労働制の原則を明確に規定している。

この場合の１週間とは、就業規則その他に特段の定めがない限り、日曜日から土曜日までのいわゆる暦週をいう。

2 1日の法定労働時間

労働基準法第32条第２項は、「使用者は、１週間の各日については、労働者に、休憩時間を除き１日について８時間を超えて、労働させてはならない」とし、１日の法定労働時間は８時間としている。

この場合の１日とは、午前零時から午後12時までの暦日をいうものである。ただし、継続勤務が２暦日にわたる場合には、たとえ暦日を異にする場合でも１勤務として取り扱い、その勤務は始業時刻の属する日の労働とすることとされている。16時間隔日勤務の場合、時間外労働が午前零時を超えて翌日に及んだ場合などである。

図4-4-1 法定労働時間と特例措置

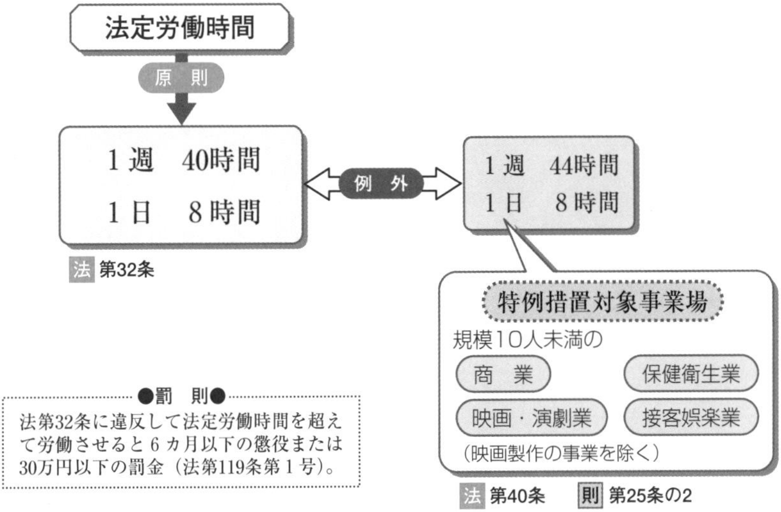
法定労働時間
原 則
1週 40時間
1日 8時間
法 第32条
例 外
1週 44時間
1日 8時間
特例措置対象事業場
規模10人未満の
商 業
保健衛生業
映画・演劇業
接客娯楽業
（映画製作の事業を除く）
法 第40条
則 第25条の2
●罰 則●
法第32条に違反して法定労働時間を超えて労働させると6カ月以下の懲役または30万円以下の罰金（法第119条第1号）。

図4-4-2 1日の法定労働時間の「1日」とは

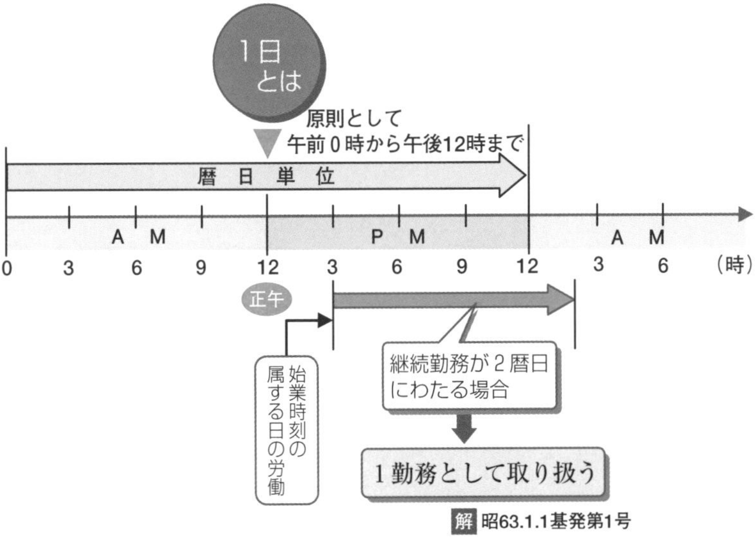
1日とは
原則として
午前0時から午後12時まで
暦 日 単 位
A M
P M
A M
0
3
6
9
12
3
6
9
12
3
6
（時）
正午
始業時刻の属する日の労働
継続勤務が2暦日にわたる場合
1勤務として取り扱う
解 昭63.1.1基発第1号

5　1カ月単位の変形労働時間制（第32条の2）

Point

◎　制度を採用するに当たっては、あらかじめ、①労使協定または就業規則その他これに準ずるものにより、②変形期間を1カ月以内とし、③変形期間内における法定労働時間の総枠の範囲内で、④各日、各週の労働時間を特定する――ことが必要である。

◆条　文◆

第三十二条の二　使用者は、当該事業場に、労働者の過半数で組織する労働組合がある場合においてはその労働組合、労働者の過半数で組織する労働組合がない場合においては労働者の過半数を代表する者との書面による協定により、又は就業規則その他これに準ずるものにより、一箇月以内の一定の期間を平均し一週間当たりの労働時間が前条第一項の労働時間を超えない定めをしたときは、同条の規定にかかわらず、その定めにより、特定された週において同項の労働時間又は特定された日において同条第二項の労働時間を超えて、労働させることができる。

②　使用者は、厚生労働省令で定めるところにより、前項の協定を行政官庁に届け出なければならない。

1 趣　旨

1カ月単位の変形労働時間制は、隔日勤務、夜間勤務等のために採用されるほか、月始め、月末、特定の週等によって業務の繁閑の差がある場合にも利用が可能である。

2 要　件

1カ月単位の変形労働時間制を採用する場合には、①労使協定または就業規則その他これに準ずるものにより、②変形期間を1カ月以内とし、③変形期間における法定労働時間の総枠の範囲内で、④各日、各週の労働時間を特定する、ことが必要である。

(1) 労使協定または就業規則その他これに準ずるものによる定め

1カ月単位の変形労働時間制を採用する場合には、労使協定または就業規則その他これに準ずるものにより、この制度に関する規定を設ける必要がある。

「就業規則その他これに準ずるもの」を選択した場合においては、就業規則の作成義務がある規模10人以上の事業場では必ず就業規則にこの定めをしなければならず、規模10人未満の事業場については就業規則に準ずるもので定めをすれば足りる。ただし、後者についても、労働基準法施行規則第12条により、その定めを労働者に周知しなければならない。

また、「労使協定」を選択した場合においては、労使協定は事業場の労働者で組織される労働組合（過半数労働組合）がある場合はその労働組合、そのような労働組合がない場合は事業場の労働者の過半数を代表する者（過半数代表者）が当事者とされる（過半数代表者については120頁参照）。

さらに、労働基準法第89条の規定により別途就業規則を作成または変更する必要があることに注意すべきである。

なお、労働基準法施行規則第12条の2の2では、協定には有効期間の定めをするものとされている。

このように、1カ月単位の変形労働時間制を採用またはその内容を変更する場合には、原則として、就業規則の変更が必要となるが、その変更については、過半数労働組合、これがなければ労働者の過半数代表者の意見を聴取したうえ

図4-5-1 制度の実施要件と導入手続き

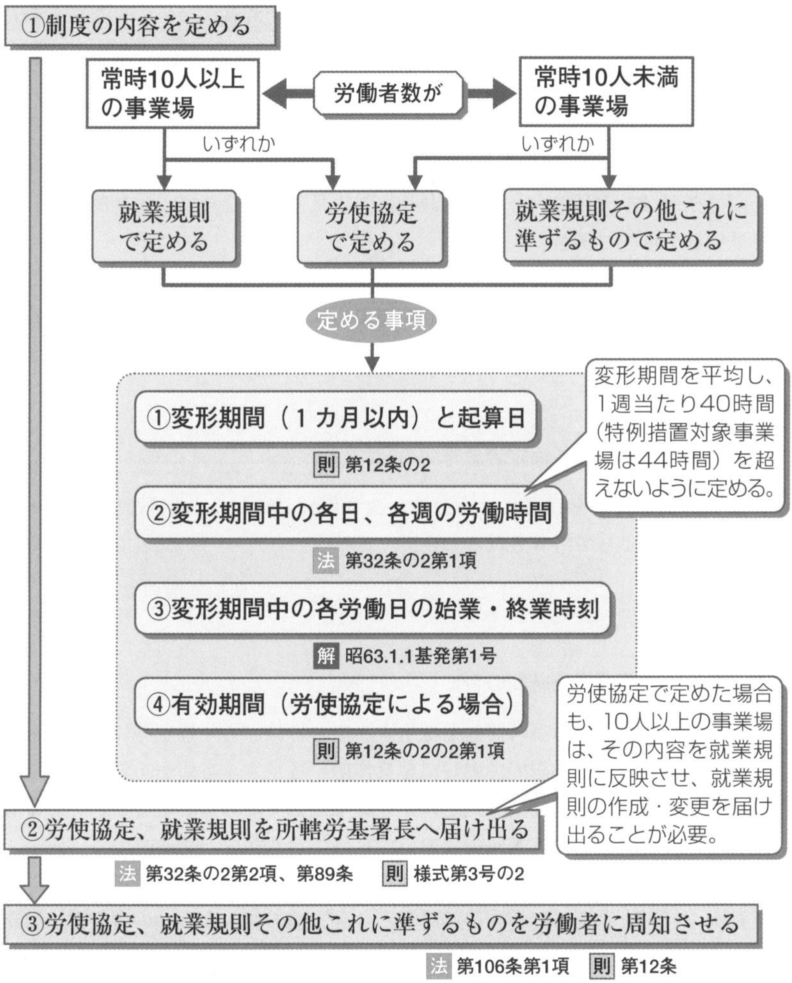
①制度の内容を定める
常時10人以上の事業場
労働者数が
常時10人未満の事業場
いずれか
いずれか
就業規則で定める
労使協定で定める
就業規則その他これに準ずるもので定める
定める事項
①変形期間（1カ月以内）と起算日
則 第12条の2
②変形期間中の各日、各週の労働時間
法 第32条の2第1項
③変形期間中の各労働日の始業・終業時刻
解 昭63.1.1基発第1号
④有効期間（労使協定による場合）
則 第12条の2の2第1項
変形期間を平均し、1週当たり40時間（特例措置対象事業場は44時間）を超えないように定める。
労使協定で定めた場合も、10人以上の事業場は、その内容を就業規則に反映させ、就業規則の作成・変更を届け出ることが必要。
②労使協定、就業規則を所轄労基署長へ届け出る
法 第32条の2第2項、第89条　則 様式第3号の2
③労使協定、就業規則その他これに準ずるものを労働者に周知させる
法 第106条第1項　則 第12条

●罰　則●

法第32条の２第１項の要件を満たさずに制度を実施し、１週または１日の法定労働時間を超えて労働させると、法第32条違反として６カ月以下の懲役または30万円以下の罰金（法第119条第１号）。
法第32条の２第２項に違反して労使協定を届け出なかった使用者は30万円以下の罰金（法第120条第１号）。

で、所轄労働基準監督署長へ届け出なければならない。

また、使用者は、１カ月単位の変形労働時間制を採用する場合には、育児を行う者、老人等の介護を行う者等特別の配慮を要する者について、これらの者が育児等に必要な時間を確保できるような配慮をしなければならない（労働基準法施行規則第12条の６）。

⑵　変形期間

変形期間は１カ月以内とされており、１カ月単位のほかに、４週間単位、20日単位等も可能である。

なお、労働基準法施行規則第12条の２第１項では、就業規則その他これに準ずるものまたは労使協定により変形期間の起算日を明らかにすることとされているので、変形期間の長さとともにその起算日も明らかになるように定めておく必要がある。

⑶　変形期間における法定労働時間の総枠

変形労働時間制を採用した場合の、変形期間における法定労働時間の総枠は、次の式によって計算される。

$$40\text{時間（特例措置対象事業場の場合は}44\text{時間）} \times \frac{\text{変形期間の暦日数}}{7}$$

⑷　各日、各週の労働時間の特定

１カ月単位の変形労働時間制を採用する場合には、労使協定等により、変形期間における各日、各週の労働時間を具体的に特定する必要がある。

また、労働基準法第89条の規定により就業規則で定めることとされているものについては、別途、就業規則において定めておく必要がある。

なお、業務の実態から月ごとに勤務割表を作成する必要がある場合には、就業規則では各直勤務の始業・終業時刻、各直勤務の組み合わせの考え方、勤務割表の作成手続き及びその周知方法等を定め、各月ごとの勤務割は変形期間の開始前までに具体的に定めればよいこととされている。

いずれにせよ、１カ月単位の変形労働時間制は、あらかじめ労使協定等で各日の労働時間が具体的に定められているものであり、使用者が業務の都合によって任意に労働時間を変更するようなものはこれに該当しない。

図4-5-2 各変形期間における法定労働時間の総枠

変形期間		法定労働時間	
		40時間の場合	44時間の場合 （特例措置対象事業場）
1カ月単位	30日の月	171.4時間	188.5時間
	31日の月	177.1時間	194.8時間
4週間単位		160.0時間	176.0時間
10日単位		57.1時間	62.8時間
1週間単位		40.0時間	44.0時間

例 1カ月単位の変形労働時間制の例

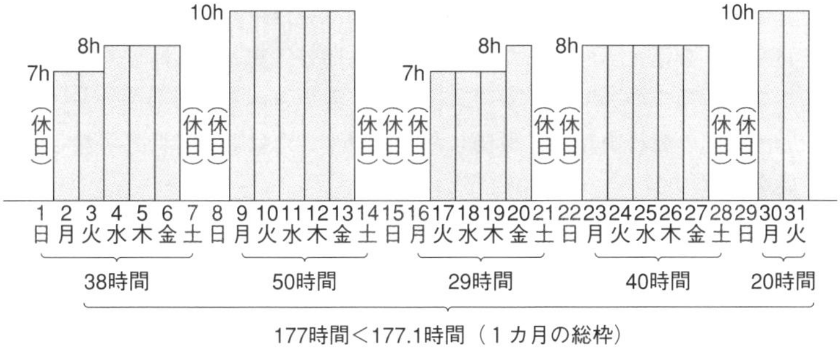

例 月末が忙しい事業場での1カ月単位の変形労働時間制の例

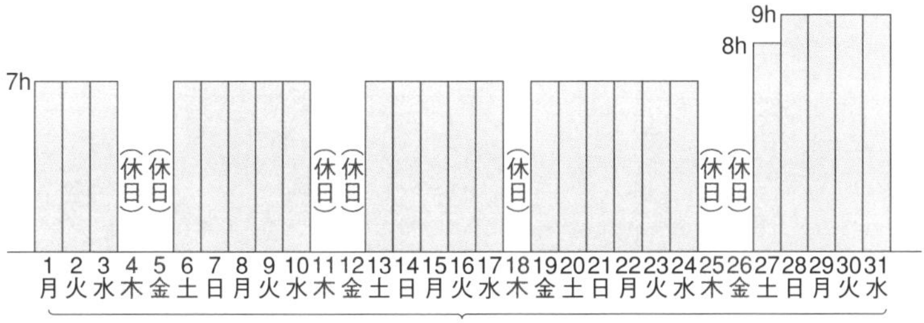

7時間×19日＝ 133時間
8時間× 1日＝ 8時間
9時間× 4日＝ 36時間
} 177時間＜177.1時間（1カ月の総枠）

3　制度を採用した場合

１カ月単位の変形労働時間制を採用した場合には、労使協定または就業規則その他これに準ずるもので定めたところにより、１日または１週の法定労働時間を超えて働かせることができる。

この場合に、時間外労働となるのは、次の時間である。

①　１日については、労使協定または就業規則その他これに準ずるものにより８時間を超える時間を定めた日はその時間、それ以外の日は８時間を超えて労働した時間

②　１週間については、労使協定または就業規則その他これに準ずるものにより40時間（特例措置対象事業場にあっては44時間）を超える時間を定めた週はその時間、それ以外の週は40時間（特例措置対象事業場にあっては44時間）を超えて労働した時間（①で時間外労働となる時間を除く）

③　変形期間については、次の式によって計算される変形期間における法定労働時間の総枠を超えて労働した時間（①または②で時間外労働となる時間を除く）

$$40時間（特例措置対象事業場の場合は44時間）\times \frac{変形期間の暦日数}{7}$$

図4-5-3　1カ月単位の変形労働時間制における時間外労働の考え方(例)

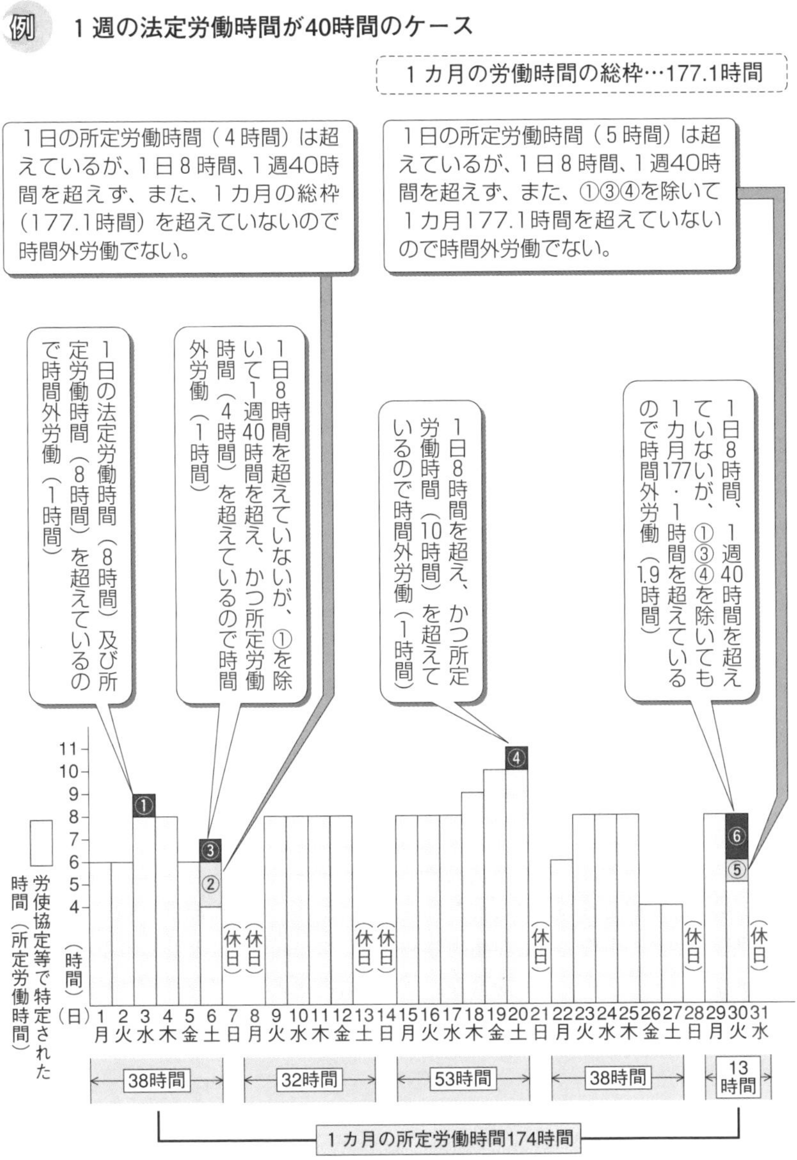

例　1週の法定労働時間が40時間のケース
1カ月の労働時間の総枠…177.1時間
1日の所定労働時間（4時間）は超えているが、1日8時間、1週40時間を超えず、また、1カ月の総枠（177.1時間）を超えていないので時間外労働でない。
1日の所定労働時間（5時間）は超えているが、1日8時間、1週40時間を超えず、また、①③④を除いて1カ月177.1時間を超えていないので時間外労働でない。
1日の法定労働時間（8時間）及び所定労働時間（8時間）を超えているので時間外労働（1時間）
1日8時間を超えていないが、①を除いて1週40時間を超え、かつ所定労働時間（4時間）を超えているので時間外労働（1時間）
1日8時間を超え、かつ所定労働時間（10時間）を超えているので時間外労働（1時間）
1日8時間、1週40時間を超えていないが、①③④を除いても1カ月177・1時間を超えているので時間外労働（1.9時間）
① ② ③ ④ ⑤ ⑥
11 10 9 8 7 6 5 4
（時間）
労使協定等で特定された時間（所定労働時間）
（休日）
（日）
1月 2火 3水 4木 5金 6土 7日 8月 9火 10水 11木 12金 13土 14日 15月 16火 17水 18木 19金 20土 21日 22月 23火 24水 25木 26金 27土 28日 29月 30火 31水
38時間
32時間
53時間
38時間
13時間
1カ月の所定労働時間174時間

4 労使協定等における過半数代表者

1カ月単位の変形労働時間制は、前記のとおり、就業規則その他これに準ずるものに定める方法によるほか、当該事業場に労働者の過半数で組織される労働組合（過半数労働組合）がある場合はその労働組合、これがない場合は労働者の過半数を代表する者（過半数代表者）との間で労使協定を締結することにより導入することができる。

このように、労働基準法には、上記の労働者側当事者と使用者側当事者との労使協定の締結を要件としているものがあり、例えば、時間外労働・休日労働に関する協定（36協定、労働基準法第36条第1項、170頁参照）などが挙げられる。

また、就業規則の作成・変更を行う場合に要件となっている意見聴取の労働者側当事者も、過半数労働組合、これがない場合は過半数代表者とされている（労働基準法第90条第1項、362頁）。

この過半数代表者については、次のいずれにも該当するものであることとされている（労働基準法施行規則第6条の2）。

① 労働基準法第41条第2号に規定する監督または管理の地位にある者（管理監督者）でないこと

② 労働基準法に規定する協定等をする者を選出することを明らかにして実施される投票、挙手等の方法による手続きにより選出されたものであって、使用者の意向に基づき選出されたものでないこと

また、過半数代表者であること、過半数代表者になろうとしたこと、過半数代表者として正当な行為をしたことを理由として不利益な取扱いをすることは禁止されている。

さらに、使用者は、過半数代表者がその事務を円滑に遂行することができるよう必要な配慮を行わなければならない。ここで、「必要な配慮」とは、例えば、過半数代表者が労働者の意見集約等を行うに当たって必要となる事務機器（イントラネットや社内メールを含む）や事務スペースの提供を行うことが含まれる。

図4-5-4　過半数代表者の要件、不利益取扱いの禁止等

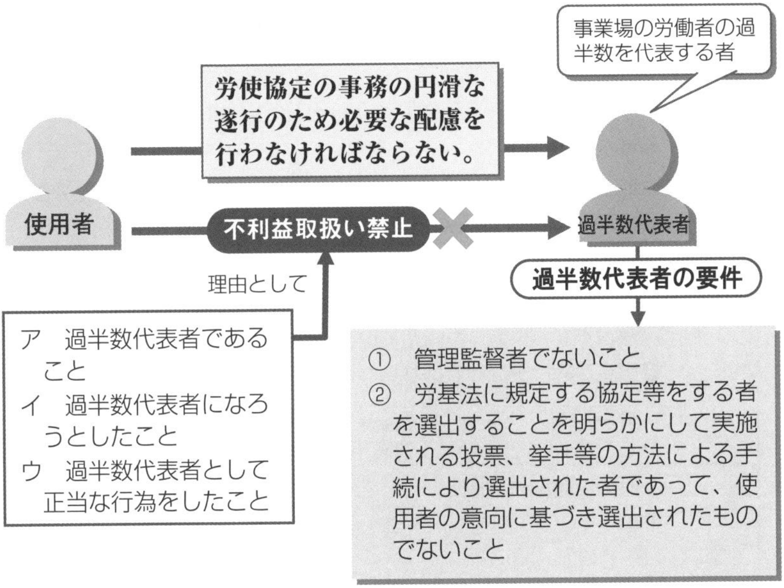

6　フレックスタイム制（第32条の3、32条の3の2）

Point

◎　3カ月以内の清算期間における総労働時間を定め、その範囲内で、出・退勤の時刻を労働者それぞれが自主的に決定し、労働する制度である。

◎　制度採用に当たっては、①就業規則等に出・退勤の時刻を労働者の決定にゆだねることを規定する、②労使協定で、対象労働者、清算期間、清算期間中の総労働時間その他の事項を協定する――ことが必要である。

◎　清算期間が1カ月を超える場合は、労使協定を所轄労働基準監督署長へ届け出なければならない。

◎　清算期間が1カ月を超える場合は、清算期間を1カ月ごとに区分した各期間を平均し1週間当たりの労働時間が50時間を超えた時間は時間外労働となり、この超えた時間については、清算期間の途中でも、各期間に対応した賃金支払日に割増賃金を支払わなければならない。

◆条　文◆

第三十二条の三　使用者は、就業規則その他これに準ずるものにより、その労働者に係る始業及び終業の時刻をその労働者の決定に委ねることとした労働者については、当該事業場の労働者の過半数で組織する労働組合がある場合においてはその労働組合、労働者の過半数で組織する労働組合がない場合においては労働者の過半数を代表する者との書面による協定により、次に掲げる事項を定めたときは、その協定で第二号の清算期間として定められた期間を平均し一週間当たりの労働時間が第三十二条第一項の労働時間を超えない範囲内において、同条の規定にかかわらず、一週間において同項の労働時間又は一日において同条第二項の労働時間を超えて、労働させることができる。

一　この項の規定による労働時間により労働させることができることとされる労働者の範囲

二　清算期間（その期間を平均し一週間当たりの労働時間

が第三十二条第一項の労働時間を超えない範囲内において労働させる期間をいい、三箇月以内の期間に限るものとする。以下この条及び次条において同じ。）

三　清算期間における総労働時間

四　その他厚生労働省令で定める事項

②　清算期間が一箇月を超えるものである場合における前項の規定の適用については、同項各号列記以外の部分中「労働時間を超えない」とあるのは「労働時間を超えず、かつ、当該清算期間をその開始の日以後一箇月ごとに区分した各期間（最後に一箇月未満の期間を生じたときは、当該期間。以下この項において同じ。）ごとに当該各期間を平均し一週間当たりの労働時間が五十時間を超えない」と、「同項」とあるのは「同条第一項」とする。

③　一週間の所定労働日数が五日の労働者について第一項の規定により労働させる場合における同項の規定の適用については、同項各号列記以外の部分（前項の規定により読み替えて適用する場合を含む。）中「第三十二条第一項の労働時間」とあるのは「第三十二条第一項の労働時間（当該事業場の労働者の過半数で組織する労働組合がある場合においてはその労働組合、労働者の過半数で組織する労働組合がない場合においては労働者の過半数を代表する者との書面による協定により、労働時間の限度について、当該清算期間における所定労働日数を同条第二項の労働時間に乗じて得た時間とする旨を定めたときは、当該清算期間における日数を七で除して得た数をもつてその時間を除して得た時間）」と、「同項」とあるのは「同条第一項」とする。

④　前条第二項の規定は、第一項各号に掲げる事項を定めた協定について準用する。ただし、清算期間が一箇月以内のものであるときは、この限りでない。

第三十二条の三の二　使用者が、清算期間が一箇月を超えるものであるときの当該清算期間中の前条第一項の規定により労働させた期間が当該清算期間より短い労働者について、当該労働させた期間を平均し一週間当たり四十時間を超えて労働させた場合においては、その超えた時間（第三十三条又は第三十六条第一項の規定により延長し、又は休日に労働させた時間を除く。）の労働については、第三十七条の規定の例により割増賃金を支払わなければならない。

1 趣　旨

フレックスタイム制というのは、清算期間において働くべき時間、コアタイム等をあらかじめ定めておき、労働者はその枠内で各日の始業及び終業の時刻を自ら選択して働く制度である。

これによって、労働者はその生活と業務との調和を図りながら効率的に働くことができる。

2 要　件

フレックスタイム制を採用する場合には、①就業規則その他これに準ずるものにより始業及び終業の時刻を労働者の決定にゆだねる旨を定めるとともに、②労使協定においてフレックスタイム制の基本的枠組みを定めることが必要である。

清算期間が1カ月を超えるものである場合には、当該労使協定に有効期間の定めをするとともに、所轄労働基準監督署長に届け出なければならない。なお、清算期間が1カ月以内の場合には、いずれも不要である。

⑴ 就業規則その他これに準ずるものの定め

フレックスタイム制は、各日の始業及び終業の時刻を労働者が決定できるという点にその本旨があるので、就業規則その他これに準ずるものによって、始業及び終業の時刻を労働者の決定にゆだねる旨を定めなければならない。

なお、始業及び終業の時刻の両方を労働者の決定にゆだねることが必要であり、例えば、始業時刻は固定されていて、終業時刻のみ労働者の決定にゆだねるものは、労働基準法でいうフレックスタイム制に当たらない。

また、清算期間、清算期間における総労働時間等は、労使協定で定めることとされているが、一面では労働者の始業及び終業の時刻に係る事項でもあるので、フレックスタイム制を採用する場合には、就業規則においてもこれらの事項について規定しておく必要がある。

⑵ 労使協定で基本的枠組みを定めること

この労使協定は、当該事業場に労働者の過半数で組織する労働組合がある場

図4-6-1 フレックスタイム制とは

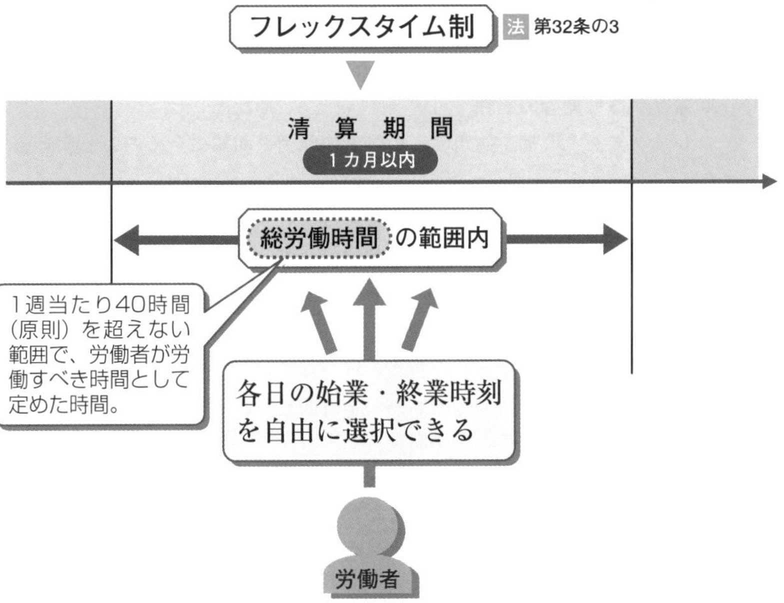
フレックスタイム制
法 第32条の3
清算期間
1カ月以内
総労働時間 の範囲内
1週当たり40時間（原則）を超えない範囲で、労働者が労働すべき時間として定めた時間。
各日の始業・終業時刻を自由に選択できる
労働者

例 フレックスタイム制のモデル例

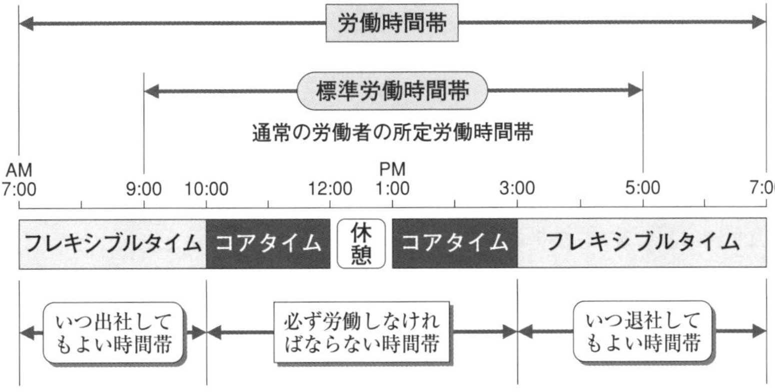
労働時間帯
標準労働時間帯
通常の労働者の所定労働時間帯
AM 7:00
9:00
10:00
12:00
PM 1:00
3:00
5:00
7:00
フレキシブルタイム
コアタイム
休憩
コアタイム
フレキシブルタイム
いつ出社してもよい時間帯
必ず労働しなければならない時間帯
いつ退社してもよい時間帯

合にはその労働組合、そのような労働組合がない場合には労働者の過半数を代表する者と締結するものである。

＊　労使協定等における過半数代表者の要件等（労働基準法施行規則第６条の２）については120頁参照。

労使協定で定めるべき基本的枠組みは、次のとおりである。

イ　対象となる労働者の範囲

フレックスタイム制を適用する労働者の範囲を明確に定めることが必要である。

ロ　清算期間（３カ月以内）

清算期間とは、フレックスタイム制において、契約上労働者が労働すべき時間を定める期間であり、３カ月以内とされている。３カ月単位のほかに、１カ月単位や１週間単位等も可能である。

ただし、清算期間が１カ月を超える場合には、当該清算期間を１カ月ごとに区分した各期間ごとに労働時間が一定時間数を超えないこととする、労使協定の届出が必要である（⑷参照）。

なお、清算期間については、長さとともに、その起算日も明らかになるように定めておく必要がある。

ハ　清算期間における総労働時間

清算期間における総労働時間とは、フレックスタイム制において、契約上労働者が労働すべき時間として定められた時間であり、清算期間を単位として決められることになる。

この時間は、次の式で計算される清算期間における法定労働時間の総枠の範囲内で定めなければならない。

$$40\text{時間}^{※}\times\frac{\text{清算期間の暦日数}}{7}$$

※清算期間が１カ月以内の制度を導入する特例措置対象事業場のみ44時間

ニ　標準となる１日の労働時間

フレックスタイム制において年次有給休暇を取得した場合等に、その日に労働したこととして取り扱われる時間を定めるものである。

ホ　コアタイム、フレキシブルタイムの開始及び終了の時刻

コアタイムは、労働者が必ず労働しなければならない時間帯であり、フレキシブルタイムは、労働者がその選択により労働することができる時間帯で

図4-6-2 フレックスタイム制の実施要件

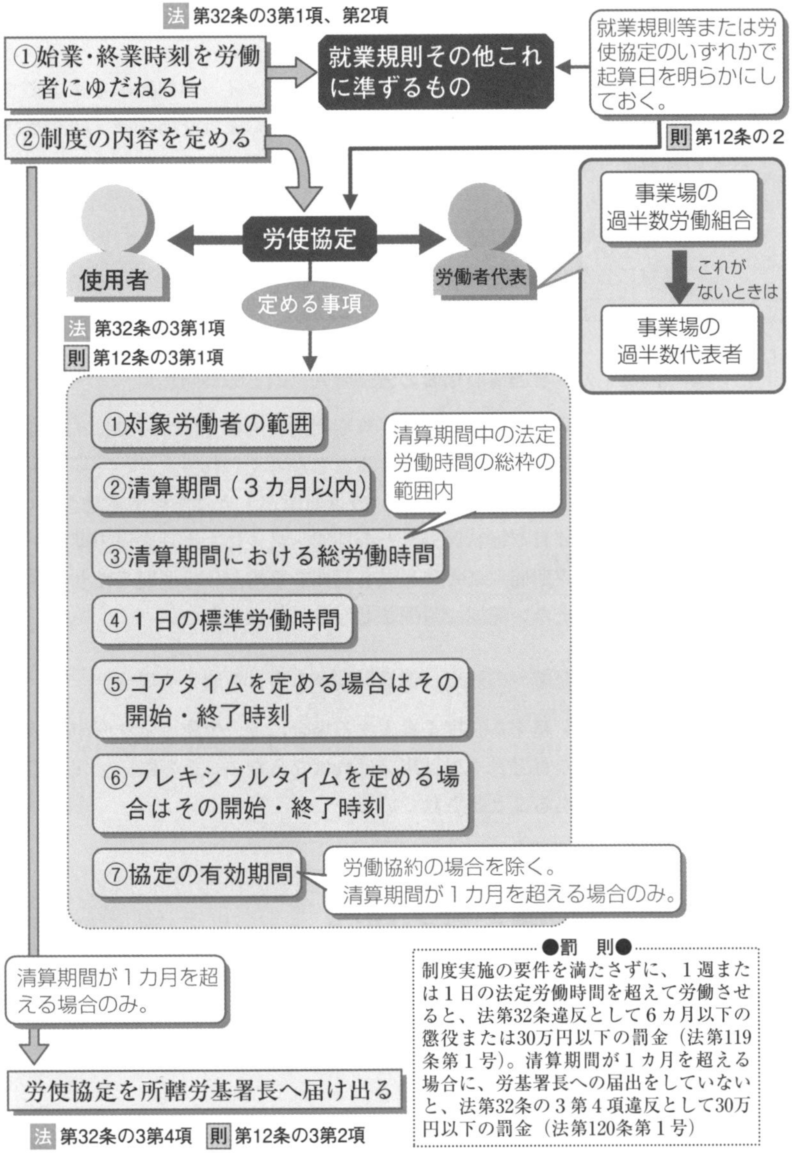
法 第32条の3第1項、第2項
①始業・終業時刻を労働者にゆだねる旨
就業規則その他これに準ずるもの
就業規則等または労使協定のいずれかで起算日を明らかにしておく。
則 第12条の2
②制度の内容を定める
使用者
労使協定
労働者代表
事業場の過半数労働組合
これがないときは
事業場の過半数代表者
定める事項
法 第32条の3第1項
則 第12条の3第1項
①対象労働者の範囲
②清算期間（3カ月以内）
清算期間中の法定労働時間の総枠の範囲内
③清算期間における総労働時間
④1日の標準労働時間
⑤コアタイムを定める場合はその開始・終了時刻
⑥フレキシブルタイムを定める場合はその開始・終了時刻
⑦協定の有効期間
労働協約の場合を除く。
清算期間が1カ月を超える場合のみ。
清算期間が1カ月を超える場合のみ。
労使協定を所轄労基署長へ届け出る
法 第32条の3第4項 則 第12条の3第2項
●罰　則●
制度実施の要件を満たさずに、1週または1日の法定労働時間を超えて労働させると、法第32条違反として6カ月以下の懲役または30万円以下の罰金（法第119条第1号）。清算期間が1カ月を超える場合に、労基署長への届出をしていないと、法第32条の3第4項違反として30万円以下の罰金（法第120条第1号）

ある。

これらについては、必ず設けなければならないものとはされていないが、設ける場合には必ず労使協定でその開始及び終了の時刻を定めなければならない。

なお、フレキシブルタイムが極端に短く、コアタイムの開始から終了までの時間と標準となる1日の労働時間がほぼ一致するような場合は、始業及び終業の時刻を労働者の決定にゆだねたことにならず、フレックスタイム制の趣旨に合致しない。

へ　協定の有効期間（清算期間が1カ月を超える場合）

この協定には労使委員会や労働時間等設定改善委員会の決議は含まれるが、労働協約による場合は除く。

(3)　清算期間が1カ月を超える場合の労働時間（過重労働防止）

清算期間が1カ月を超える場合、清算期間内の働き方によっては、各月における労働時間の長短の幅が大きくなることが考えられる。

そこで、過重労働を防止するため、清算期間が1カ月を超える場合には、当該清算期間を1カ月ごとに区分した各期間（最後に1カ月未満の期間を生じたときには、当該期間）ごとに当該各期間を平均し、1週間当たりの労働時間が50時間を超えない範囲で労働させなければならない。

(4)　所轄労働基準監督署への届出（清算期間が1カ月を超える場合）

清算期間が1カ月を超える制度を導入する場合には、労使協定を所定の様式により所轄労働基準監督署長へ届け出なければならない。その際、労使協定の写しを添付して届け出ることとされている。

3　時間外労働となる時間

フレックスタイム制を採用した場合に時間外労働となるのは、次の(1)及び(2)に示す労働時間である。

(1)　清算期間が1カ月以内の場合

清算期間における実労働時間数のうち、法定労働時間の総枠を超えた時間が

図4-6-3 フレックスタイム制において時間外労働となる時間

①清算期間が１カ月以内の場合

通 平30.9.7基発0907第1号

清算期間における実労働時間数 － 週の法定労働時間 × $\frac{\text{清算期間における暦日数}}{7}$

原則：40時間
［特例措置対象事業場：44時間］

②清算期間が１カ月を超え３カ月以内の場合

ア 清算期間を１カ月ごとに区分した各期間*における実労働時間のうち、各期間を平均し１週間当たり50時間を超えて労働させた時間

＋

イ 清算期間における総労働時間のうち、その清算期間の法定労働時間**の総枠を超えて労働させた時間（アで算定された時間を除く）

清算期間の途中でも、各期間に対応した賃金支払い日に割増賃金を支払う。

具体的な計算方法

＊最後に１カ月未満の期間を生じたときは当該期間
＊＊特例措置対象事業場も40時間

清算期間を１カ月ごとに区分した期間*における実労働時間数 － 50 × $\frac{\text{清算期間を１カ月ごとに区分した期間における暦日数}}{7}$

時間外労働となる時間のチェック

① １カ月ごとの**各区分期間**（最後の期間を除く）

清算期間を１カ月ごとに区分した各期間について、当該各期間を平均して１週間当たり50時間を超えて労働させた時間

② 最後の区分期間

(A)当該最終の期間を平均して１週間当たり50時間を超えて労働させた時間

(B) 当該清算期間における総実労働時間 － 当該清算期間の法定労働時間の総枠 － ①で時間外労働として取り扱った時間と(A)の時間

(A)＋(B)

実労働時間の絶対的上限（法36条６項２号・３号）を超えていないか否かに注意！

時間外労働となる。

⑵ 清算期間が１カ月を超え３カ月以内の場合

次のア及びイを合計した時間が時間外労働となる。

ア　清算期間を１カ月ごとに区分した各期間（最後に１カ月未満の期間を生じたときには、当該期間）における実労働時間のうち、各期間を平均し１週間当たり50時間を超えて労働させた時間

イ　清算期間における総労働時間のうち、当該清算期間の法定労働時間の総枠を超えて労働させた時間（ただし、上記アで算定された時間外労働時間を除く）。

具体的には、図**4-6-3**のとおりである。

なお、上記のような時間外労働をさせる必要がある場合には、36協定を締結して所轄労働基準監督署へ届け出なければならない（174頁参照）。また、時間外労働となる時間については、法第37条の規定に従い、割増賃金の支払いが必要となる。

4 清算期間が１カ月を超えるフレックスタイム制で労働させた期間が短い者の取扱い

清算期間が１カ月を超えるフレックスタイム制により労働させた期間がその清算期間よりも短い労働者※については、その労働させた期間を平均して１週間当たり40時間を超えて労働させた時間に対し、割増賃金を支払わなければならない。

5 完全週休２日制の場合の清算期間における労働時間の限度

完全週休２日制のもとで働く労働者（１週間の所定労働日数が５日の労働者）についてフレックスタイム制を適用する場合においては、従来、曜日のめぐり次第で、１日８時間相当の労働でも清算期間における法定労働時間の総枠を超

※　例えば、フレックスタイム制の清算期間の途中で入社・退職した場合のほか、当該フレックスタイム制が適用される事業場と適用されない事業場との間で異動した場合など。

図4-6-4 完全週休２日制の下での清算期間における労働時間の限度

１週間当たりの労働時間の限度

$$8\,(\text{時間}) \times \text{清算期間における所定労働日数} \div \frac{\text{清算期間における暦日数}}{7}$$

え得るという課題があった。この課題を解消するため、平成30年の改正により、このような場合の労働時間の限度の計算方法に関する規定が新たに設けられ、完全週休２日制の事業場において、労使協定により、所定労働日数に８時間を乗じた時間数を清算期間における法定労働時間の総枠とすることができることとされた。

7　1年単位の変形労働時間制（第32条の4　32条の4の2）

Point

- ◎　季節等によって業務に繁閑の差がある事業場が労働時間を効率的に配分し、総労働時間を短縮しようという制度である。
- ◎　制度実施に当たっては労使協定を締結し、所轄労働基準監督署長に届け出なければならない。
- ◎　1カ月単位の場合と異なり、週平均の労働時間は特例措置対象事業場にあっても40時間以下としなければならない。
- ◎　労働日数の限度（原則として1年当たり280日）、労働時間の限度（1日の上限は10時間、1週間の上限は52時間）、連続労働日数の限度（原則として6日）が定められている。

◆条　文◆

第三十二条の四　使用者は、当該事業場に、労働者の過半数で組織する労働組合がある場合においてはその労働組合、労働者の過半数で組織する労働組合がない場合においては労働者の過半数を代表する者との書面による協定により、次に掲げる事項を定めたときは、第三十二条の規定にかかわらず、その協定で第二号の対象期間として定められた期間を平均し一週間当たりの労働時間が四十時間を超えない範囲内において、当該協定（次項の規定による定めをした場合においては、その定めを含む。）で定めるところにより、特定された週において同条第一項の労働時間又は特定された日において同条第二項の労働時間を超えて、労働させることができる。

一　この条の規定による労働時間により労働させることができることとされる労働者の範囲

二　対象期間（その期間を平均し一週間当たりの労働時間が四十時間を超えない範囲内において労働させる期間をいい、一箇月を超え一年以内の期間に限るものとする。以下この条及び次条において同じ。）

三　特定期間（対象期間中の特に業務が繁忙な期間をいう。第三項において同じ。）

四　対象期間における労働日及び当該労働日ごとの労働時間（対象期間を一箇月以上の期間ごとに区分することとした場合においては、当該区分による各期間のうち当該対象期間の初日の属する期間（以下この条において「最初の期間」という。）における労働日及び当該労働日ごとの労働時間並びに当該最初の期間を除く各期間における労働日数及び総労働時間）

五　その他厚生労働省令で定める事項

② 使用者は、前項の協定で同項第四号の区分をし当該区分による各期間のうち最初の期間を除く各期間における労働日数及び総労働時間を定めたときは、当該各期間の初日の少なくとも三十日前に、当該事業場に、労働者の過半数で組織する労働組合がある場合においてはその労働組合、労働者の過半数で組織する労働組合がない場合においては労働者の過半数を代表する者の同意を得て、厚生労働省令で定めるところにより、当該労働日数を超えない範囲内において当該各期間における労働日及び当該総労働時間を超えない範囲内において当該各期間における労働日ごとの労働時間を定めなければならない。

③ 厚生労働大臣は、労働政策審議会の意見を聴いて、厚生労働省令で、対象期間における労働日数の限度並びに一日及び一週間の労働時間の限度並びに対象期間（第一項の協定で特定期間として定められた期間を除く。）及び同項の協定で特定期間として定められた期間における連続して労働させる日数の限度を定めることができる。

④ 第三十二条の二第二項の規定は、第一項の協定について準用する。

第三十二条の四の二　使用者が、対象期間中の前条の規定により労働させた期間が当該対象期間より短い労働者について、当該労働させた期間を平均し一週間当たり四十時間を超えて労働させた場合においては、その超えた時間（第三十三条又は第三十六条第一項の規定により延長し、又は休日に労働させた時間を除く。）の労働については、第三十七条の規定の例により割増賃金を支払わなければならない。

1　趣　旨

1年単位の変形労働時間制は、季節等によって業務に繁閑の差があり、繁忙期には相当の時間外労働が生じるが、閑散期には所定労働時間に見合うだけの業務量がない場合に、労働時間を効率的に配分し、総労働時間を短縮することを目的としたものである。

この制度は、あらかじめ業務の繁閑を見込んで、繁忙期に通常生じる時間外労働にも対応できるように労働時間を設定するものであるので、突発的に生じるものは別として、恒常的な時間外労働は生じないことを前提とした制度である。

2　要　件

1年単位の変形労働時間制を採用する場合には、労使協定において①～④を定め、当該労使協定を所轄労働基準監督署長に届け出ることが必要である。

① 対象労働者の範囲
② 対象期間（1カ月を超え1年以内）
③ 対象期間における労働日、労働日ごとの労働時間（対象期間を平均して1週40時間を超えない範囲内で、かつ労働日数の限度、労働時間の限度及び連続労働日数の限度に適合するように定める）
④ 協定の有効期間

⑴　労使協定の締結

1年単位の変形労働時間制を採用する場合には、当該事業場に労働者の過半数で組織する労働組合がある場合にはその労働組合、そのような労働組合がない場合には労働者の過半数を代表する者と書面による協定を締結することが必要である。

＊　労使協定等における過半数代表者の要件等については120頁参照。

⑵　対象労働者

対象労働者は、対象期間に入ってから採用された労働者や対象期間の途中で労働契約期間が満了したり、定年により退職することが予定されている労働者

図4-7-1 1年単位の変形労働時間制の趣旨

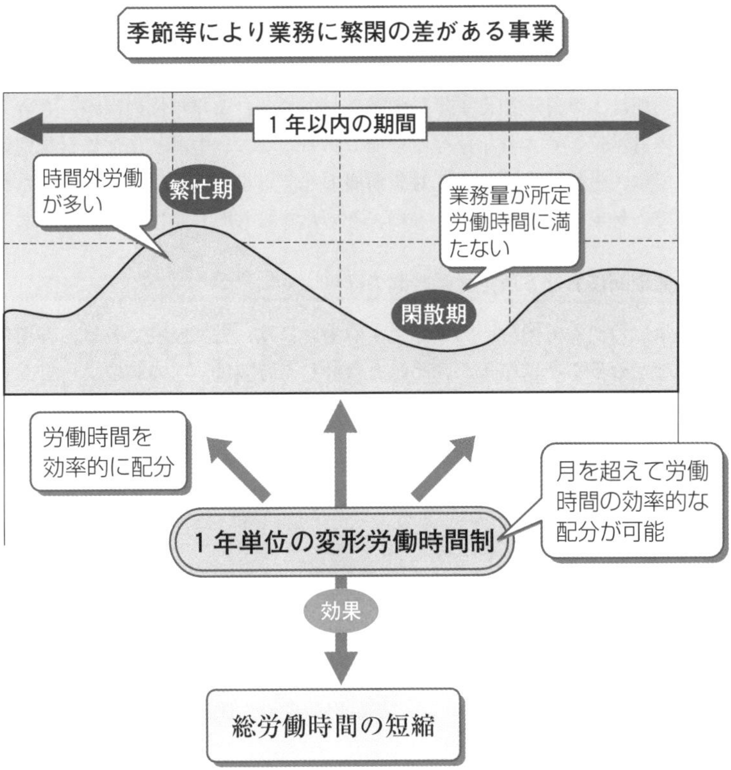

も含まれるが、対象期間より短い期間労働した者に関しては、対象期間内の実勤務期間を平均し、週40時間を超えた時間に対して割増賃金を支払わなければならない。

⑶　対象期間

対象期間は１カ月を超え１年以内とされており、１年単位のほか、３カ月単位、４カ月単位、６カ月単位等も可能である。なお、労働基準法施行規則第12条の２では、労使協定等により対象期間の起算日を明らかにすることとされているので、対象期間の長さとともに、その起算日も明らかにする必要がある。

⑷　対象期間における所定労働時間の総枠

１年単位の変形労働時間制を採用する場合には、労使協定で各日、各週の労働時間を定めることになるが、それを合計した時間は、次の式によって計算される法定労働時間の総枠の範囲内でなければならない。

$$40\text{時間} \times \frac{\text{対象期間の暦日数}}{7}$$

⑸　労働日数・労働時間の限度

対象期間が３カ月を超える場合の所定労働日数の限度は、原則として１年当たり280日とされている。１年の場合が280日なので、対象期間が６カ月のときは140日と按分し、割り切れない場合、例えば７カ月の場合は163.33…となるが、164日では限度を超えるので、結果的に163日が限度となる（労働基準法施行規則第12条の４第３項）。

ただし、次の２つのどちらにも該当する場合については、「１年当たり280日」と「前回の変形労働時間制による１年当たりの総所定労働日数から１日を差し引いた日数」のいずれか少ない日数が、限度となる。

①　今度導入する変形労働時間制の初日の前１年以内に、対象期間が３カ月を超える変形労働時間制を実施していること。

②　今度導入する変形労働時間制では、１日の最長の所定労働時間について、①の変形労働時間制のときの１日の最長所定労働時間または１日９時間のどちらか長い時間を超える時間を定めること、または、週の最長の所定労働時間について、①の変形労働時間制のときの週の最長所定労働時間または週48時間のどちらか長い時間を超える時間を定めること。

図4-7-2 制度の実施要件と導入手続き

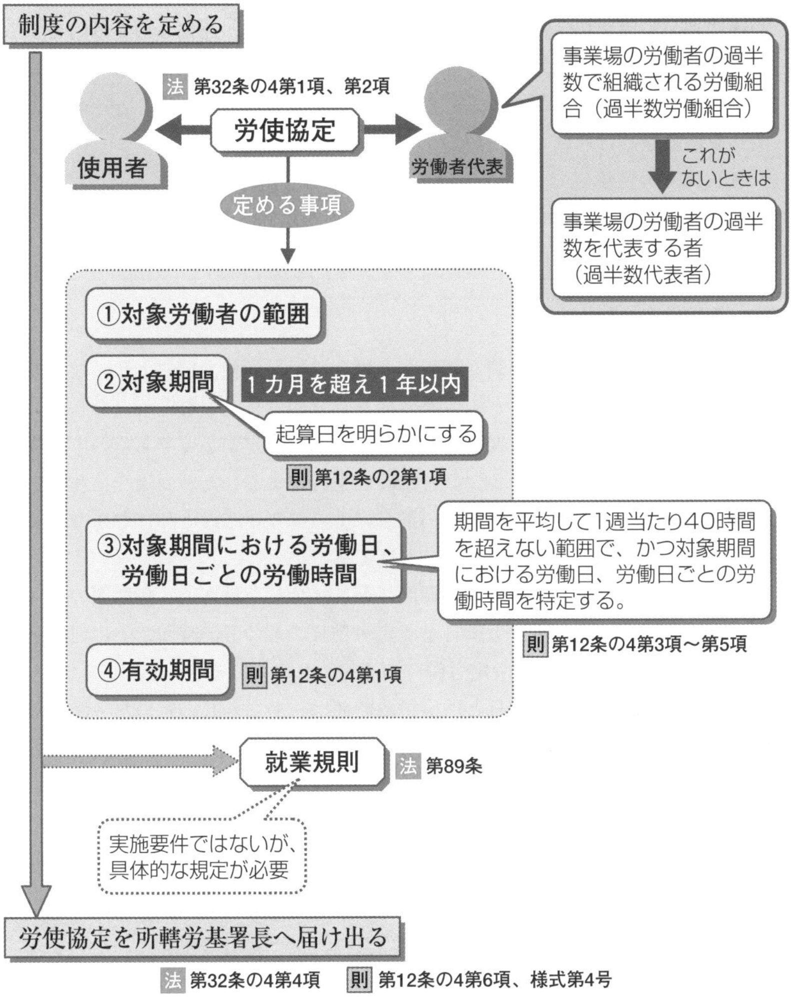

制度の内容を定める
法 第32条の4第1項、第2項
労使協定
使用者
労働者代表
事業場の労働者の過半数で組織される労働組合（過半数労働組合）
これがないときは
事業場の労働者の過半数を代表する者（過半数代表者）
定める事項
①対象労働者の範囲
②対象期間
1カ月を超え1年以内
起算日を明らかにする
則 第12条の2第1項
③対象期間における労働日、労働日ごとの労働時間
期間を平均して1週当たり40時間を超えない範囲で、かつ対象期間における労働日、労働日ごとの労働時間を特定する。
則 第12条の4第3項～第5項
④有効期間
則 第12条の4第1項
就業規則
法 第89条
実施要件ではないが、具体的な規定が必要
労使協定を所轄労基署長へ届け出る
法 第32条の4第4項　則 第12条の4第6項、様式第4号

●罰　則●

法第32条の４の要件を満たさずに制度を実施し、１週または１日の法定労働時間を超えて労働させると、法第32条違反として６カ月以下の懲役または30万円以下の罰金（法第119条第１号）。法第32条の４第４項に違反して協定の届出を怠ると、30万円以下の罰金（法第120条第１号）。

労使協定で定める各日の労働時間は、1日10時間を超えてはならず、各週の労働時間は1週52時間を超えてはならない。また、対象期間が3カ月を超える場合には、この限度時間の設定の範囲には制限があり、具体的には、①対象期間内に週48時間を超える所定労働時間を設定するのは、連続3週間以内とすること、②対象期間を起算日から3カ月ごとに区切った各期間において、週48時間を超える所定労働時間を設定した週の初日が3日以内であること、の両方の条件を満たさなければならない。

さらに、労使協定で定める労働日は連続6日が限度となっている。ただし、労使協定で特に業務が繁忙な期間として定めた期間（特定期間）については、1週間に1日の休日が確保される日数とすることができる。

⑹ 労働時間の特定

1年単位の変形労働時間制を採用する場合には、労使協定により、対象期間における労働日と労働日ごとの労働時間を具体的に特定しなければならない。

このように、労働日と労働日ごとの労働時間の特定が必要であるので、業務の性質上あらかじめ各日、各週の労働時間を特定することが困難な業務や労使協定で定めた時間をしばしば業務の都合によって変更しなければならないような業務では、この制度を採用することはできない。

なお、対象期間を1カ月以上の期間ごとに区分した場合は、各期間のうちの最初の期間についての所定労働日と所定労働日ごとの労働時間、その他の区分期間ごとの労働日数と、総所定労働時間を定めれば足りる。ただし、この場合、残りの各期間における労働日と所定労働時間は、あらかじめ定めた労働日数と総所定労働時間の範囲内で各期間の初日の少なくとも30日前までに、過半数労働組合または労働者の過半数代表者の同意を得て、書面で定めなければならない。

労働基準法第89条は、就業規則で始業及び終業の時刻を定めることとしているので、労使協定で労働日と労働日ごとの労働時間を特定するとともに、就業規則において各日の始業及び終業時刻を定めておく必要がある。

⑺ 有効期間の定め

労使協定は、その有効期間の定めをしなければならない。

図4-7-3 週48時間を超える所定労働時間の設定の限度

条件① 48時間を超える所定労働時間を設定した週が連続３週間以内であること。

条件② 起算日から３カ月ごとに区切った１期間に、48時間を超える週の初日が３日以内であること。

例 具体例

１年は52週と仮定。年間所定労働時間数は2085時間

条件を満たさない例

連続４回の設定となるので ×

時間	40h	40h	40h	40h	32h	16h	40h	40h	40h	40h	40h	49h	50h	52h	50h	40h	40h	32h	16h	32h	32h	40h	40h	49h	40h	40h
週	1	2	3	4	5	6	7	8	9	10	11	12	13	14	15	16	17	18	19	20	21	22	23	24	25	26
	最初の３カ月													２回目の３カ月												

１期間に３回を超える設定となるため ×

時間	32h	48h	38h	40h	40h	32h	49h	32h	32h	50h	49h	48h	50h	32h	40h	40h	40h	50h	52h	32h	32h	32h	50h	49h	48h	38h
週	27	28	29	30	31	32	33	34	35	36	37	38	39	40	41	42	43	44	45	46	47	48	49	50	51	52
	３回目の３カ月													４回目の３カ月												

３回目の３カ月が条件を満たせないのは、50時間の所定労働時間を設定した39週の初日が３回目の３カ月の期間に含まれるので、この１期間において、週48時間を超える所定労働時間を設定した週は、33週、36週、37週、39週の４となってしまうため。

条件をすべて満たす例

連続３回以内の設定なので ○

時間	40h	40h	40h	40h	32h	16h	40h	40h	40h	40h	40h	49h	50h	40h	52h	50h	49h	32h	16h	32h	32h	40h	40h	40h	40h	40h
週	1	2	3	4	5	6	7	8	9	10	11	12	13	14	15	16	17	18	19	20	21	22	23	24	25	26
	最初の３カ月													２回目の３カ月												

１期間に３回までの設定なので ○

時間	48h	48h	50h	49h	40h	32h	32h	32h	40h	40h	40h	40h	49h	32h	40h	40h	40h	50h	52h	32h	32h	32h	48h	49h	48h	40h
週	27	28	29	30	31	32	33	34	35	36	37	38	39	40	41	42	43	44	45	46	47	48	49	50	51	52
	３回目の３カ月													４回目の３カ月												

４回目の３カ月が条件を満たしているのは、３回目の３カ月との境界の週である39週（49時間の所定労働時間を設定）の初日が３回目の３カ月に含まれるため。したがって、週48時間を超える所定労働時間を設定した週は、３回目の３カ月は29週、30週、39週の３となり、４回目の３カ月は44週、45週、50週の３となっている。

⑻　労使協定の届出

労使協定は、所定の様式によって、所轄労働基準監督署長に届け出なければならない。

⑼　育児、老人等の介護等を行う者への配慮

使用者は、１年単位の変形労働時間制を採用する場合には、育児を行う者、老人等の介護を行う者等特別の配慮を要する者について、これらの者が育児等に必要な時間を確保できるような配慮をしなければならない（労働基準法施行規則第12条の６）。

3　制度を採用した場合

１年単位の変形労働時間制を採用した場合には、労使協定に定めたところによって、１日または１週間の法定労働時間を超えて労働させることができる。

この制度を採用している場合に36協定の締結・届出や労働基準法第37条第１項の規定に基づく割増賃金の支払いが必要となる時間外労働となるのは、次の時間である。

①　１日については、労使協定により８時間を超える時間を定めた日はその時間、それ以外の日は８時間を超えて労働した時間

②　１週間については、労使協定により40時間を超える時間を定めた週はその時間、それ以外の週は40時間を超えて労働した時間（①で時間外労働となる時間を除く）

③　対象期間については、次の式によって計算される対象期間における法定労働時間の総枠を超えて労働した時間（①または②で時間外労働となる時間を除く）

$$40\text{時間}\times\frac{\text{対象期間の暦日数}}{7}$$

また、対象期間より短い期間１年単位の変形労働時間制のもとで労働した労働者については、当該労働した期間を平均して週40時間を超えた時間（労働基準法第37条第１項の規定により割増賃金の支払いをすべき時間を除く）について、労働基準法第32条の４の２の規定に基づく割増賃金の支払いが必要である。

図4-7-4　1年単位の変形労働時間制と時間外労働

解　平6.1.4基発第1号
平9.3.25基発第195号

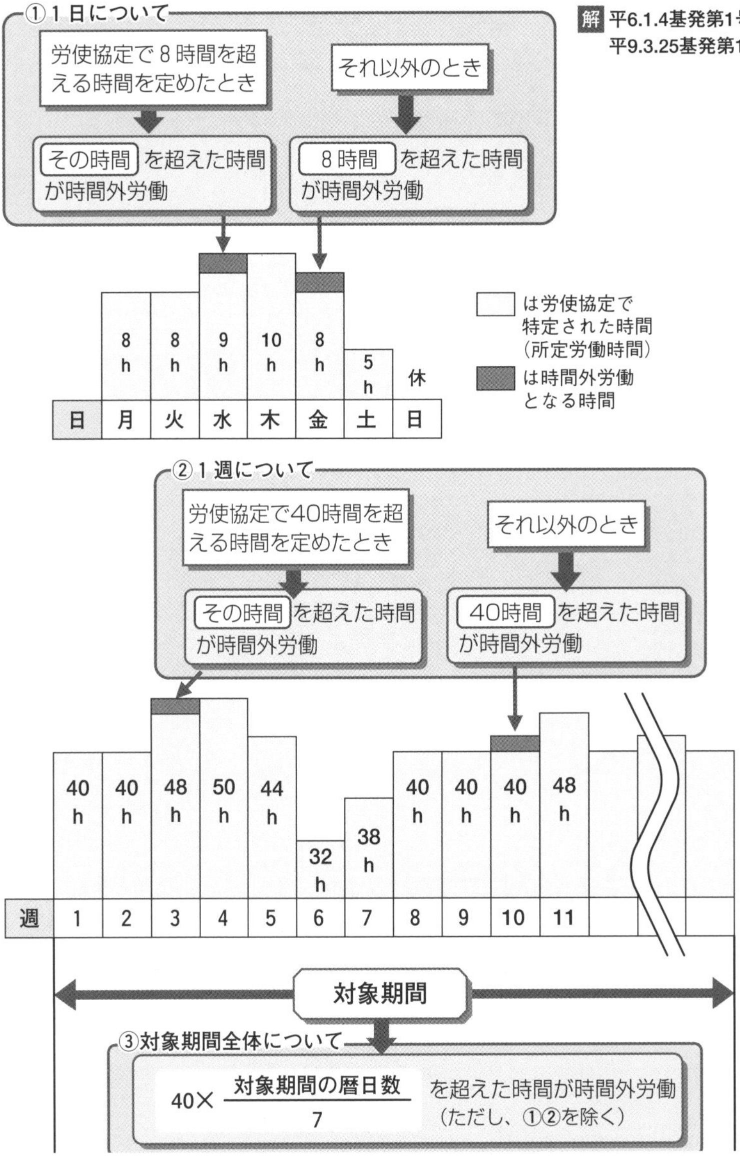
①1日について
労使協定で8時間を超える時間を定めたとき
その時間を超えた時間が時間外労働
それ以外のとき
8時間を超えた時間が時間外労働
8h
8h
9h
10h
8h
5h
休
日
月
火
水
木
金
土
日
は労使協定で特定された時間（所定労働時間）
は時間外労働となる時間
②1週について
労使協定で40時間を超える時間を定めたとき
その時間を超えた時間が時間外労働
それ以外のとき
40時間を超えた時間が時間外労働
40h
40h
48h
50h
44h
32h
38h
40h
40h
40h
48h
週
1
2
3
4
5
6
7
8
9
10
11
対象期間
③対象期間全体について
40×対象期間の暦日数/7を超えた時間が時間外労働
（ただし、①②を除く）

なお、１年単位の変形労働時間制が恒常的な時間外労働はないことを前提としていることを受けて、対象期間が３カ月超の変形労働時間制に従事する労働者については、時間外労働の限度時間が通常の労働者に比べて短く定められている（176頁参照）。

8　1週間単位の非定型的変形労働時間制（第32条の5）

Point

◎　制度を採用できるのは、規模30人未満の小売業、旅館、料理店、飲食店だけである。

◎　実施に当たっては、労使協定の締結・届出が必要である。

◎　1週間の所定労働時間は40時間、1日の上限は10時間である。

◆条　文◆

第三十二条の五　使用者は、日ごとの業務に著しい繁閑の差が生ずることが多く、かつ、これを予測した上で就業規則その他これに準ずるものにより各日の労働時間を特定することが困難であると認められる厚生労働省令で定める事業であつて、常時使用する労働者の数が厚生労働省令で定める数未満のものに従事する労働者については、当該事業場に、労働者の過半数で組織する労働組合がある場合においてはその労働組合、労働者の過半数で組織する労働組合がない場合においては労働者の過半数を代表する者との書面による協定があるときは、第三十二条第二項の規定にかかわらず、一日について十時間まで労働させることができる。

②　使用者は、前項の規定により労働者に労働させる場合においては、厚生労働省令で定めるところにより、当該労働させる一週間の各日の労働時間を、あらかじめ、当該労働者に通知しなければならない。

③　第三十二条の二第二項の規定は、第一項の協定について準用する。

1 趣　旨

1週間単位の非定型的変形労働時間制は、日ごとの業務に著しい繁閑の差が生じることが多いが、その業務の繁閑が定型的に定まっていないために1カ月単位の変形労働時間制等によって対応することができない場合について、1週間を単位として、あらかじめ就業規則等で特定することなく変形労働時間制によって労働させることができることとし、そのような事業場において、全体としての労働時間を短縮することを目的としたものである。

2 要　件

1週間単位の非定型的変形労働時間制は、

① 常時使用する労働者数が30人未満の小売業、旅館、料理店、飲食店において採用することができ、

② 労使協定を締結し、

③ 1週間の所定労働時間を40時間以内とするとともに、

④ 当該労使協定を所轄労働基準監督署長に届け出る

ことが必要である。

(1) 対象事業場

1週間単位の非定型的変形労働時間制は、日ごとの業務に著しい繁閑の差が生じることが多く、かつ、これを予測したうえで就業規則等により各日の労働時間を特定することが困難な事業の小規模な事業場、具体的には、規模30人未満の小売業、旅館、料理店、飲食店に限り採用できる。

したがって、業種及び規模がこれに該当しない事業場でこの制度を採用することはできない。

(2) 労使協定の締結

1週間単位の非定型的変形労働時間制を採用する場合には、当該事業場の過半数で組織する労働組合がある場合にはその労働組合、そのような労働組合がない場合には労働者の過半数を代表する者と書面による協定を締結することが必要である。

図4-8-1 1週間単位の非定型的変形労働時間制の趣旨

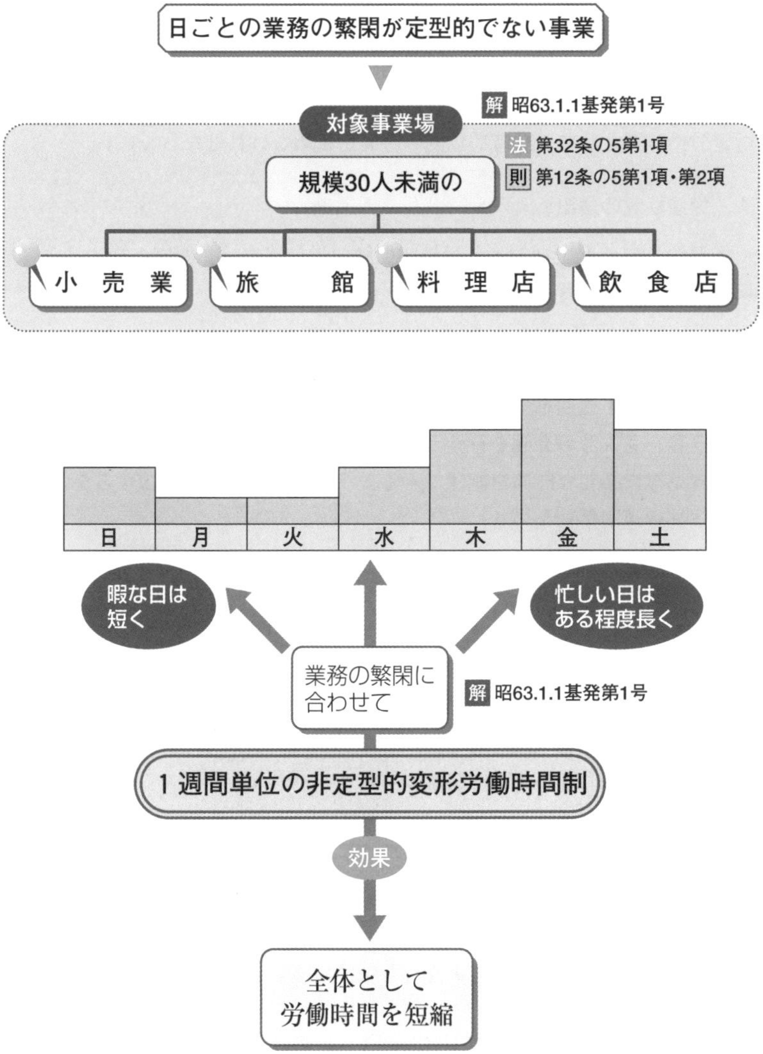
日ごとの業務の繁閑が定型的でない事業
解 昭63.1.1基発第1号
対象事業場
法 第32条の5第1項
則 第12条の5第1項・第2項
規模30人未満の
小　売　業
旅　　館
料　理　店
飲　食　店
日
月
火
水
木
金
土
暇な日は短く
忙しい日はある程度長く
業務の繁閑に合わせて
解 昭63.1.1基発第1号
1週間単位の非定型的変形労働時間制
効果
全体として労働時間を短縮

＊　労使協定等における過半数代表者の要件等（労働基準法施行規則第６条の２）については120頁参照。

⑶　１週間の所定労働時間

１週間単位の非定型的変形労働時間制を採用する場合には、規模10人未満の特例措置対象事業場であっても特例措置の適用がなく、労使協定で、１週間の所定労働時間として、40時間以内の時間を定めなければならない。

⑷　労使協定の届出

１週間単位の非定型的変形労働時間制の労使協定は、所定の様式によって、所轄労働基準監督署長に届け出なければならない。

⑸　育児、老人等の介護を行う者への配慮

使用者は、１週間単位の非定型的変形労働時間制を採用する場合には、育児を行う者、老人等の介護を行う者等特別の配慮を要する者について、これらの者が育児等に必要な時間を確保できるような配慮をしなければならない（労働基準法施行規則第12条の６）。

3　制度を採用した場合

１週間単位の非定型的変形労働時間制を採用した場合には、

①　原則として前週末までに事前通知したところにより、

②　１日10時間を上限として、

１日の法定労働時間を超えて労働させることができる。

⑴　事前通知

１週間単位の非定型的変形労働時間制を採用した場合には、あらかじめ１週間の各日の労働時間を通知することになるが、この通知は、少なくとも、当該１週間が始まる前に、書面により行わなければならないこととされている。

例えば、日曜から土曜までの暦週を単位としている場合には、遅くとも、前週末の土曜日までには、次の１週間の各日の労働時間が通知されている必要がある。

この通知した労働時間は、緊急でやむを得ない事由があれば、前日までに書

図4-8-2 制度実施の要件

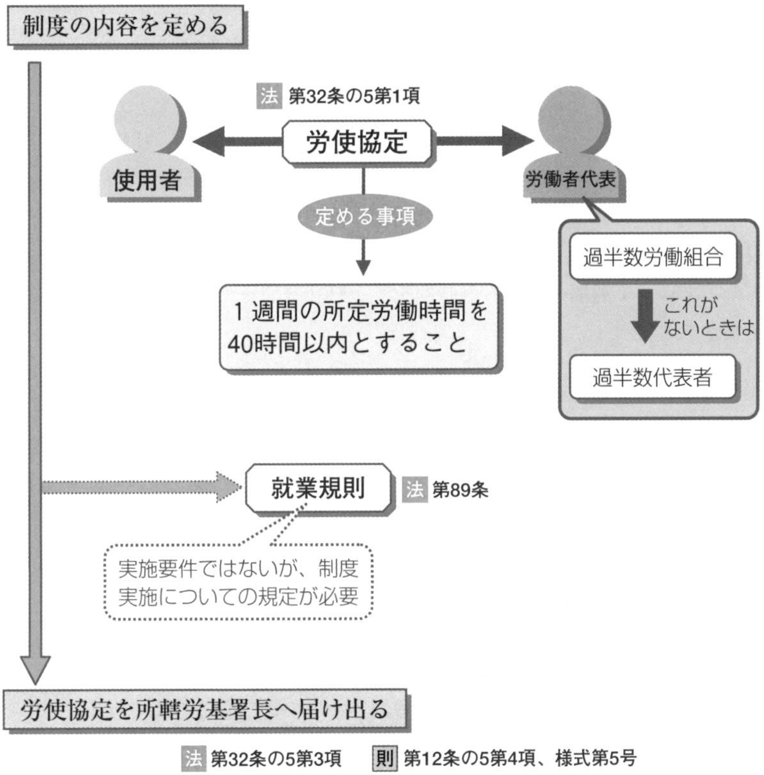
制度の内容を定める
法 第32条の5第1項
労使協定
使用者
労働者代表
定める事項
1週間の所定労働時間を
40時間以内とすること
過半数労働組合
これが
ないときは
過半数代表者
就業規則
法 第89条
実施要件ではないが、制度
実施についての規定が必要
労使協定を所轄労基署長へ届け出る
法 第32条の5第3項
則 第12条の5第4項、様式第5号

●罰　則●

法第32条の5の要件を満たさずに制度を実施し、1週または1日の法定労働時間を超えて労働させると、法第32条違反として6カ月以下の懲役または30万円以下の罰金（法第119条第1号）。法第32条の5第3項に違反して協定の届出を怠ると、30万円以下の罰金（法第120条第1号）。

面により通知することによって、変更することができることとされている。この緊急でやむを得ない事由とは、使用者の主観的な必要性ではなく、天候の急変など客観的な事実により、当初想定した業務の繁閑に大幅な変更が生じた場合などである。

例えば、このような事由があって水曜日以降の労働時間を変更しようとするのであれば、火曜日までに労働者に書面で通知することが必要となる。

⑵ 1日10時間

1週間単位の非定型的変形労働時間制を採用した場合の1日の労働時間の上限は、10時間とされている。したがって、1週間の各日の労働時間を定めるに当たっては、1週間の所定労働時間を、1日10時間を超えないように割り振る必要がある。

⑶ 労働者の意思の尊重

1週間単位の非定型的変形労働時間制を採用した場合には、各週ごとに各日の労働時間を定めることになるが、その際には、業務の都合ばかりを考えるのではなく、事前に労働者の都合を聴くなど、労働者の意思も尊重するように努めなければならないこととされている。

4 時間外労働となる時間

この制度を採用した場合に時間外労働となるのは、次の時間である。

① 1日については、1日8時間を超える時間が通知された日には、その通知された時間、それ以外の日には8時間を超えて労働した時間

② 1週間については、40時間を超えた時間（①で時間外労働となる時間を除く）

図4-8-3 制度を運用する際の留意点

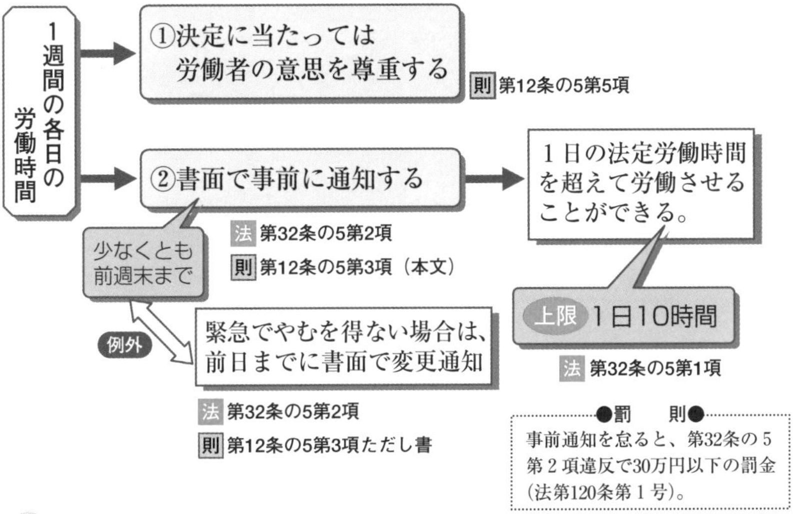
1週間の各日の労働時間
①決定に当たっては
労働者の意思を尊重する
則 第12条の5第5項
②書面で事前に通知する
法 第32条の5第2項
則 第12条の5第3項（本文）
少なくとも
前週末まで
例外
緊急でやむを得ない場合は、
前日までに書面で変更通知
法 第32条の5第2項
則 第12条の5第3項ただし書
1日の法定労働時間
を超えて労働させる
ことができる。
上限 1日10時間
法 第32条の5第1項
●罰　則●
事前通知を怠ると、第32条の5
第2項違反で30万円以下の罰金
(法第120条第1号)。

例 労働時間の事前通知の具体例

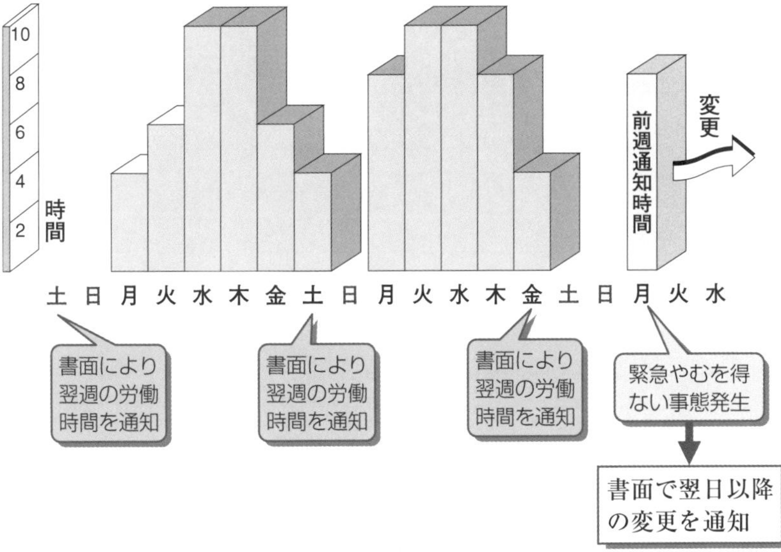
10
8
6
4
2
時間
前週通知時間
変更
土 日 月 火 水 木 金 土 日 月 火 水 木 金 土 日 月 火 水
書面により
翌週の労働
時間を通知
書面により
翌週の労働
時間を通知
書面により
翌週の労働
時間を通知
緊急やむを得
ない事態発生
書面で翌日以降
の変更を通知

9　労働時間の特例　第40条

Point
◎　公衆の不便を避けるため、一定の事業について、労働基準法第32条～第32条の5の労働時間及び第34条の休憩に関する規定の特例が定められている。

◆条　文◆

（労働時間及び休憩の特例）

第四十条　別表第一第一号から第三号まで、第六号及び第七号に掲げる事業以外の事業で、公衆の不便を避けるために必要なものその他特殊の必要あるものについては、その必要避くべからざる限度で、第三十二条から第三十二条の五までの労働時間及び第三十四条の休憩に関する規定について、厚生労働省令で別段の定めをすることができる。

②　前項の規定による別段の定めは、この法律で定める基準に近いものであつて、労働者の健康及び福祉を害しないものでなければならない。

※　別表第一については21頁参照

労働基準法の労働時間、休憩の規定は、原則としてすべての事業に適用されることとなっているが、業種、業態によってはこれをそのまま適用すると公衆に不便をもたらす等の不都合を生じることがある。そこで、労働基準法第40条では、一定の事業で、公衆の不便を避けるために必要なものその他特殊の必要あるものについて、必要避くべからざる限度で特例を定めることができることとしている。

労働時間及び休憩に関する特例は、具体的には、労働基準法施行規則第25条の2から第33条までに定められている。

ここでは、労働時間に関する特例について説明し、休憩に関する特例については「休憩時間」の項（157頁以下）を参照されたい。

1 商業・サービス業

次に掲げる業種の事業であって、規模10人未満のものについては、法定労働時間は1週44時間、1日8時間とされている。

① 商業
② 映画・演劇業（映画の製作の事業を除く）
③ 保健衛生業
④ 接客娯楽業

これらの事業においては、この特例による法定労働時間を基準として、1カ月単位の変形労働時間制及びフレックスタイム制を採用することができる。

なお、これらの事業において、1年単位の変形労働時間制及び1週間単位の非定型的変形労働時間制を採用する場合には、労働時間に関する特例の適用はなく、労働基準法第32条、第32条の4、第32条の5の規定がそのまま適用される。

2 運輸交通業の予備勤務者

運輸交通業において列車、気動車、電車に乗務する労働者で予備の勤務に就く者については、あらかじめ各日の労働時間の特定を要しない1カ月単位の変形労働時間制が認められている。

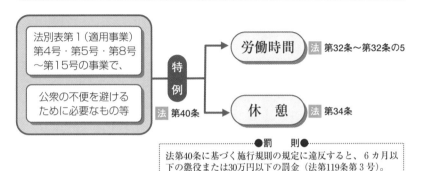

図4-9-1　労働時間及び休憩の特例

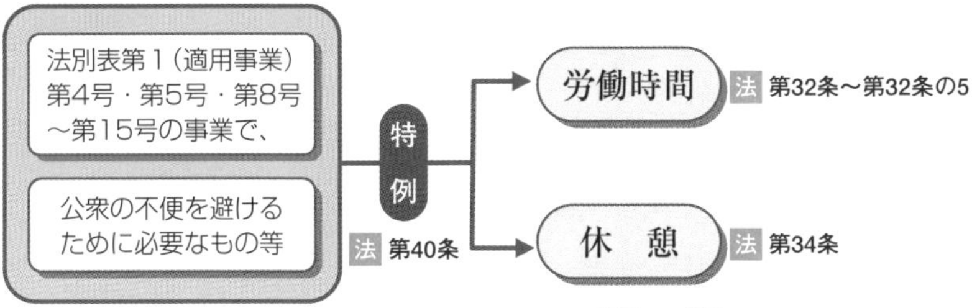
法別表第1（適用事業）第4号・第5号・第8号～第15号の事業で、
公衆の不便を避けるために必要なもの等
特例
法 第40条
労働時間
法 第32条～第32条の5
休　憩
法 第34条

●罰　則●

法第40条に基づく施行規則の規定に違反すると、6カ月以下の懲役または30万円以下の罰金（法第119条第3号）。

図4-9-2　商業・サービス業の特例

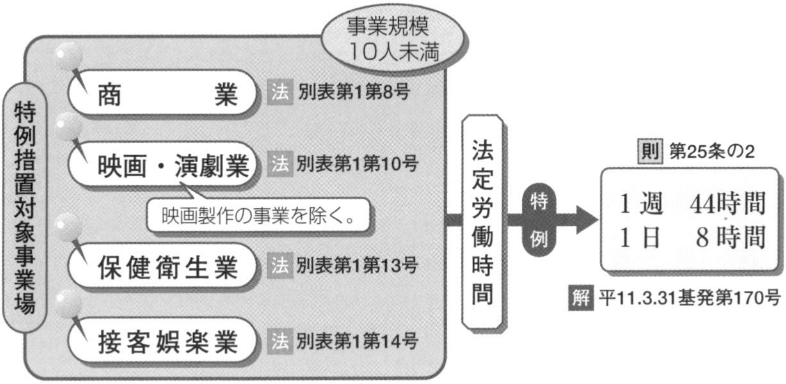
事業規模
10人未満
特例措置対象事業場
商　業
法 別表第1第8号
映画・演劇業
法 別表第1第10号
映画製作の事業を除く。
保健衛生業
法 別表第1第13号
接客娯楽業
法 別表第1第14号
法定労働時間
特例
則 第25条の2
1週　44時間
1日　8時間
解 平11.3.31基発第170号

図4-9-3　運輸交通業の予備勤務者の特例

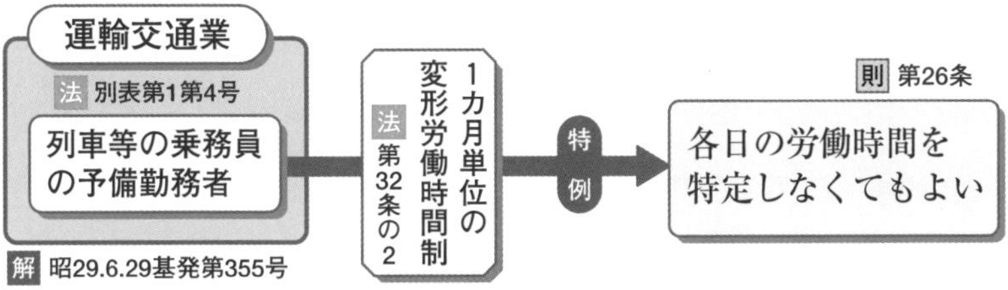
運輸交通業
法 別表第1第4号
列車等の乗務員の予備勤務者
1カ月単位の変形労働時間制
法 第32条の2
特例
則 第26条
各日の労働時間を特定しなくてもよい
解 昭29.6.29基発第355号

10　休憩時間　（第34、40条）

Point

◎　休憩時間は、労働時間が6時間を超える場合は45分以上、8時間を超える場合は1時間以上、その途中に与えなければならない。

◎　休憩時間は原則として一斉に与え、また、自由に利用させなければならない。

◆条　文◆

（休憩）

第三十四条　使用者は、労働時間が六時間を超える場合においては少くとも四十五分、八時間を超える場合においては少くとも一時間の休憩時間を労働時間の途中に与えなければならない。

②　前項の休憩時間は、一斉に与えなければならない。ただし、当該事業場に、労働者の過半数で組織する労働組合がある場合においてはその労働組合、労働組合がない場合においては労働者の過半数を代表する者との書面による協定があるときは、この限りでない。

③　使用者は、第一項の休憩時間を自由に利用させなければならない。

（労働時間及び休憩の特例）

第四十条　別表第一第一号から第三号まで、第六号及び第七号に掲げる事業以外の事業で、公衆の不便を避けるために必要なものその他特殊の必要あるものについては、その必要避くべからざる限度で、第三十二条から第三十二条の五までの労働時間及び第三十四条の休憩に関する規定について、厚生労働省令で別段の定めをすることができる。

②　前項の規定による別段の定めは、この法律で定める基準に近いものであつて、労働者の健康及び福祉を害しないものでなければならない。

※　別表第一については21頁参照

1 休憩時間の意義

休憩時間とは、拘束時間のうち、労働者が権利として労働することから離れることを保障されている時間である。いつでも就労できるように待機している手待時間は、休憩時間ではない。

2 休憩時間の長さ

労働時間が６時間を超える場合には少なくとも45分、８時間を超える場合には少なくとも60分の休憩時間を、労働時間の途中に与えなければならない。

所定労働時間が８時間以内で、休憩時間を45分としている場合には、時間外労働によりその日の労働時間が８時間を超えるときは、さらに15分の休憩を与えることが必要となる。

労働時間が８時間を超える場合には、それが何時間であっても、60分の休憩時間を与えれば法律上は差し支えないが、変形労働時間制で１日の所定労働時間が長い場合、時間外労働時間が長くなる場合等には、適切な長さの休憩時間を付与することが望ましい。

また、休憩時間の最長限度についての定めはないが、休憩時間があまり長くなると、拘束時間が長くなるので、適切な長さのものとする必要がある。

なお、次の者については、休憩を付与しなくてもよいものとされている。

① 列車、気動車、電車、自動車、船舶または航空機に乗務する乗務員で、長距離にわたり継続して乗務する者

② 長距離にわたり継続して乗務する者以外の乗務員で、停車時間、折返しによる待合せ時間の合計が労働基準法第34条による休憩時間に相当する者

③ 屋内勤務者30人未満の郵便局で、郵便、電信または電話の業務に従事する者

図4-10-1 休憩時間の意義とその与え方

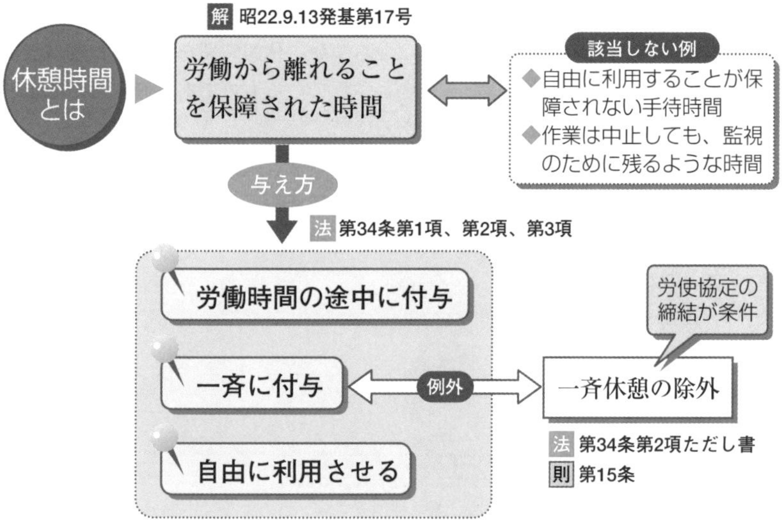
解 昭22.9.13発基第17号
休憩時間とは
労働から離れることを保障された時間
該当しない例
◆自由に利用することが保障されない手待時間
◆作業は中止しても、監視のために残るような時間
与え方
法 第34条第1項、第2項、第3項
労働時間の途中に付与
一斉に付与
自由に利用させる
例外
一斉休憩の除外
労使協定の締結が条件
法 第34条第2項ただし書
則 第15条

●罰 則●

法第34条に違反して、①休憩を与えなかった場合、②一斉に与えなかった場合、③自由に利用させなかった場合は、6カ月以下の懲役または30万円以下の罰金（法第119条第1号）。

図4-10-2 休憩時間の長さ

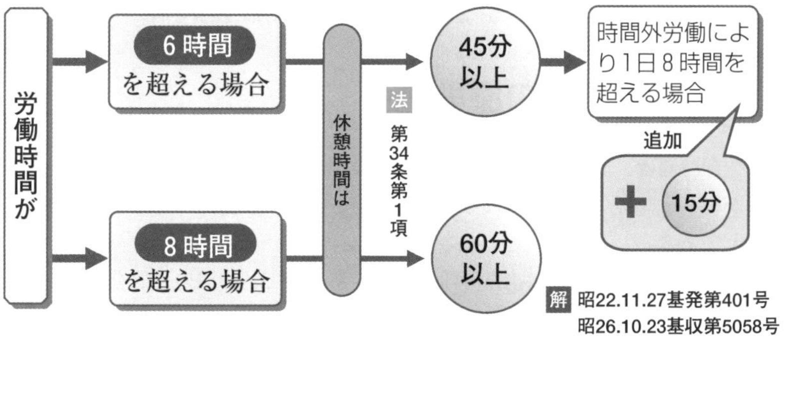
労働時間が
6時間
を超える場合
8時間
を超える場合
休憩時間は
法
第34条第1項
45分以上
60分以上
時間外労働により1日8時間を超える場合
追加
＋ 15分
解 昭22.11.27基発第401号
昭26.10.23基収第5058号

3 一斉休憩の原則

休憩時間は、一斉に付与しなければならない。休憩時間を実効あるものとするため、一斉に与えなければならないとされているものである。なお、休憩を一斉に与える範囲は、事業場単位である。

業種によっては、一斉休憩の原則を適用すると公衆の不便を生ずる等のため不適当な場合があるので、労働基準法第40条に基づく休憩時間に関する特例として、次に掲げる業種の事業については、休憩時間を一斉に付与しなくてもよいこととされている。

① 運輸交通業
② 商業
③ 金融広告業
④ 映画・演劇業
⑤ 通信業
⑥ 保健衛生業
⑦ 接客娯楽業
⑧ 官公署

また、この他の業種であっても労使協定で、①一斉に与えないこととする労働者の範囲、②一斉休憩の適用を除外する労働者に対する休憩の与え方、を定めた場合は、一斉付与の義務が適用除外される。

＊　労使協定等における過半数代表者の要件等については120頁参照。

4 自由利用の原則

休憩時間は、労働者に自由に利用させなければならない。休憩時間は、労働者が権利として労働から離れることを保障されている時間であるので、当然のことである。

ところで、休憩時間は拘束時間の一部であるので、休憩の目的を損わない限り、施設管理あるいは規律保持の観点から必要な制約を設けること、休憩時間中の外出を許可制とすることは差し支えない。

なお、警察官、消防職員・准救急隊員のほか、児童自立支援施設、乳児院、

図4-10-3 休憩時間の原則と例外

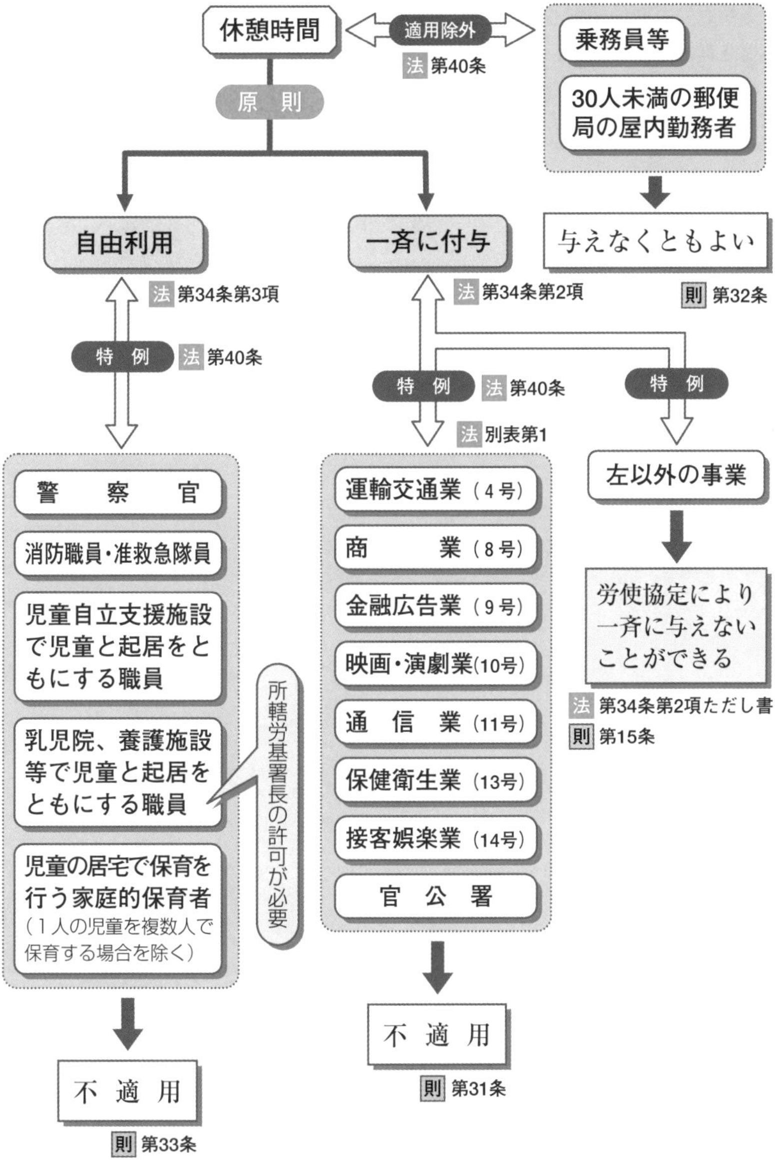
休憩時間
適用除外
法 第40条
乗務員等
30人未満の郵便局の屋内勤務者
与えなくともよい
則 第32条
原　則
自由利用
法 第34条第3項
一斉に付与
法 第34条第2項
特　例
法 第40条
特　例
法 第40条
法 別表第1
特　例
警　察　官
消防職員・准救急隊員
児童自立支援施設で児童と起居をともにする職員
乳児院、養護施設等で児童と起居をともにする職員
児童の居宅で保育を行う家庭的保育者（1人の児童を複数人で保育する場合を除く）
所轄労基署長の許可が必要
不　適　用
則 第33条
運輸交通業（4号）
商　業（8号）
金融広告業（9号）
映画・演劇業（10号）
通　信　業（11号）
保健衛生業（13号）
接客娯楽業（14号）
官　公　署
不　適　用
則 第31条
左以外の事業
労使協定により一斉に与えないことができる
法 第34条第2項ただし書
則 第15条

養護施設等に勤務する職員で児童と起居をともにする者、居宅訪問型保育事業に使用される労働者のうち児童の居宅で保育を行う家庭的保育者（１人の児童を複数の家庭的保育者が同時に保育する場合を除く）には自由利用の原則は適用されない。ただし、乳児院、養護施設等の職員については、所轄労働基準監督署長の許可を受けることが必要である。

11 休　日 第35条

Point

◎ 休日は、週1回以上与えなければならない。

◎ 週休制をとることが難しい場合は、4週4日の枠内で休日を与えてもよく、これを変形休日制という。

◎ 「休日の振替」は、所定休日と他の勤務日を振り替えるものであり、休日労働の代償として与える「代休」と混同されやすいので注意が必要である。

◆条　文◆

（休日）

第三十五条 使用者は、労働者に対して、毎週少くとも一回の休日を与えなければならない。

② 前項の規定は、四週間を通じ四日以上の休日を与える使用者については適用しない。

1 休日の意義

休日とは、労働契約において労働義務がないとされている日のことである。

労働基準法にいう休日は、原則として暦日、すなわち午前零時から午後12時までの24時間をいう。午前零時から午後12時までの間に勤務しない場合が休日であり、所定休日とされている日でも前日の労働が延長されて午前零時を超えて労働した場合などは、休日を与えたことにならない。

ただし、3交替制勤務等で暦日をまたがる勤務がある場合には、暦日休日制の原則を適用すると、1週2暦日の休日を与えなければならないこととなり、週休制をとった立法趣旨に合致しないこととなるので、次のいずれにも該当するときは、継続24時間をもって休日とすることで差し支えないとされている。

① 番方編成による交替制をとることが就業規則等により定められており、制度として運用されていること

② 各番方の交替が規則的に定められているものであって、勤務割表等によりその都度設定されるものではないこと

2 週休制の原則

労働基準法第35条第1項は、「使用者は、労働者に対して、毎週少くとも1回の休日を与えなければならない」とし、週休制の原則を規定している。

労働基準法で義務づけられているのは、1週間に1日の休日（法定休日）の確保であるが、週の法定労働時間が40時間とされたことに伴い、週休2日制を拡大していくことが必要となる。

また、国民の祝日については、「国民の祝日に関する法律」において、国民こぞって祝い、感謝し、または記念する日とされているので、その趣旨に則って休日とすることが望ましい。

図4-11-1 休日の意義等

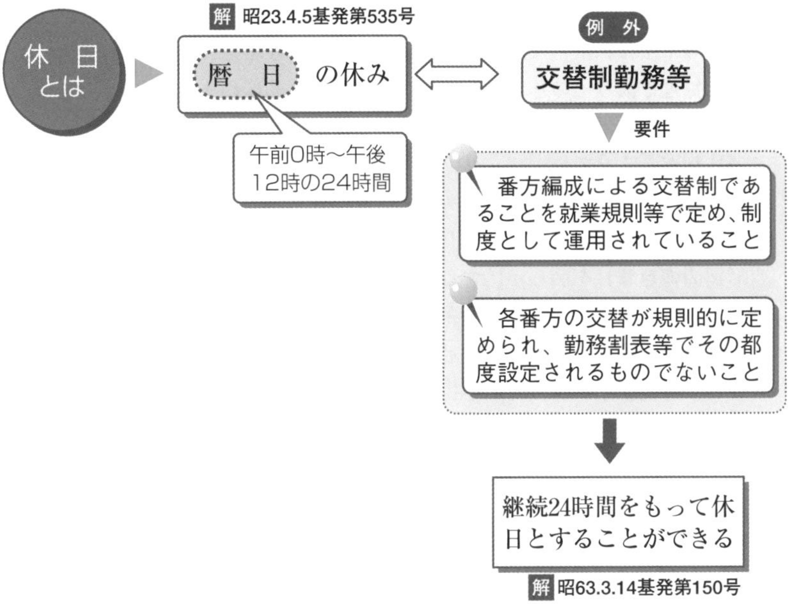
休日とは
解 昭23.4.5基発第535号
暦日の休み
午前0時～午後12時の24時間
例外
交替制勤務等
要件
番方編成による交替制であることを就業規則等で定め、制度として運用されていること
各番方の交替が規則的に定められ、勤務割表等でその都度設定されるものでないこと
継続24時間をもって休日とすることができる
解 昭63.3.14基発第150号

図4-11-2 休日の与え方

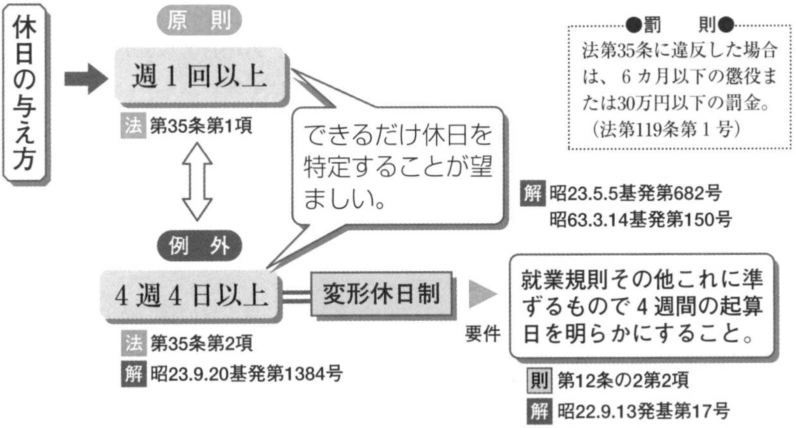
休日の与え方
原則
週1回以上
法 第35条第1項
できるだけ休日を特定することが望ましい。
解 昭23.5.5基発第682号
昭63.3.14基発第150号
例外
4週4日以上
変形休日制
法 第35条第2項
解 昭23.9.20基発第1384号
要件
就業規則その他これに準ずるもので4週間の起算日を明らかにすること。
則 第12条の2第2項
解 昭22.9.13発基第17号

●罰　則●
法第35条に違反した場合は、6カ月以下の懲役または30万円以下の罰金。（法第119条第1号）

3 変形週休制

労働基準法は、厳格な週休制をとることが困難な業種、業態があることを考慮し、毎週1回以上の休日を与える代わりに、4週間に4日以上の休日を与えることができることとしている。いわゆる変形週休制である。

週休制があくまで原則であり、変形週休制は、週休制によることが困難な場合に例外的に認められる制度であると位置づけられている。

変形週休制を採用する場合には、就業規則その他これに準ずるものにより、変形期間の起算日を明らかにすることとされている。また、休日を特定することは義務づけられていないが、変形労働時間制の場合と同様に、就業規則その他これに準ずるものにおいて特定することが望ましい。

なお、労働基準法施行規則第12条により、常時10人に満たない労働者を使用する使用者は、変形週休制の定めをした場合には、これを労働者に周知しなければならない。

4 休日の特定と振替、代休

労働基準法は、休日についてあらかじめ特定することは要求していないが、労働者保護の観点から特定されていることが望ましいことはいうまでもなく、できる限り就業規則等において具体的に一定の日を休日として定めるようにすることが望ましい。休日を特定した場合には、原則としてその日に労働させることはできないが、業務の都合等によってあらかじめ休日とされた日を労働日とし、その代わりに他の労働日を休日とすることは可能である。いわゆる休日の振替である。

休日の振替をする場合には、就業規則等において、休日振替の具体的事由と振り替えるべき日を規定しておくことが望ましい。就業規則等で振り替えるべき日を規定できない場合でも、振替に際しては、あらかじめ振り替えて休日とする日を指定することが必要である。

なお、休日の振替をする場合には、少なくとも4週4日の休日が確保されるようにしなければならず、また、振替によってその週の労働時間が法定労働時間を超えることになるときは、その時間は時間外労働となるので注意が必要である。

図4-11-3 休日の振替と代休

解 昭23.4.19基発第1397号　昭63.3.14基発第150号

休日の振替とは ▶ 事前に他の出勤日に休日を振り替えること

例

	日	月	火	水	木	金	土
当初	休	出勤	出勤	出勤	出勤	出勤	休

あらかじめ休日とされた日を労働日とし、他の労働日を休日とする。

	日	月	火	水	木	金	土
変更後	出勤	出勤	休	出勤	出勤	出勤	休

事前に労働日に変更したので、休日労働にはならない。

留意点

- 就業規則等に規定を設けること。
- 事前に振替日を指定のうえ、労働者に通知すること。
- できる限り近接した日に振り替えることが望ましい。

解 昭23.7.5基発第968号
昭63.3.14基発第150号

注意！

解 昭22.11.27基発第401号
昭63.3.14基発第150号

振替の結果、その週の労働時間が法定労働時間を超える場合は、その超えた時間は時間外労働となることに注意。

代　休とは ▶ 休日労働をした後で、その代償として他の出勤日を休みとすること

例

	日	月	火	水	木	金	土
当初	休	出勤	出勤	出勤	出勤	出勤	休

日：出勤させる → 事後に、他の出勤日を休みにする（火 → 休）

この日は **休日労働** となるので、割増賃金の支払いが必要。

あらかじめ休日を振り替えることなくその休日に労働させ、事後に特定の労働日の労働を免除する場合は、この休日の振替に当たらない。いわゆる代休であり、代休の場合には休日労働の事実がなくなるわけではない。よって休日に労働させた時間については、割増賃金が発生することになる。

12 労使協定による時間外・休日労働 第36条

Point

- 時間外・休日労働をさせる場合には、過半数労働組合等との書面による協定の締結と、協定の行政官庁への届出が必要である。
- 時間外労働の上限は、原則として月45時間かつ年360時間（限度時間）である。臨時的な特別の事情により特別条項付き協定を締結する場合でも、時間外労働は年720時間以内、時間外労働と休日労働の合計が月100時間未満及び時間外労働が月の限度時間を超える回数は年６回までである。
- 協定の定めるところにより時間外労働等をさせる場合であっても、時間外労働と休日労働の合計は、単月で100時間未満、複数月平均で80時間以内としなければならない。
- 労働者に時間外・休日労働を命じるには、労働協約、就業規則、または労働契約に超過労働の義務規定を置かなければならない。

◆条　文◆

（時間外及び休日の労働）

第三十六条　使用者は、当該事業場に、労働者の過半数で組織する労働組合がある場合においてはその労働組合、労働者の過半数で組織する労働組合がない場合においては労働者の過半数を代表する者との書面による協定をし、厚生労働省令で定めるところによりこれを行政官庁に届け出た場合においては、第三十二条から第三十二条の五まで若しくは第四十条の労働時間（以下この条において「労働時間」という。）又は前条の休日（以下この条において「休日」という。）に関する規定にかかわらず、その協定で定めるところによつて労働時間を延長し、又は休日に労働させることができる。

②　前項の協定においては、次に掲げる事項を定めるものとする。

一　この条の規定により労働時間を延長し、又は休日に労働させることができることとされる労働者の範囲

二　対象期間（この条の規定により労働時間を延長し、又は休日に労働させることができる期間をいい、一年間に限るものとする。第四号及び第六項第三号において同じ。）

三　労働時間を延長し、又は休日に労働させることができる場合

四　対象期間における一日、一箇月及び一年のそれぞれの期間について労働時間を延長して労働させることができる時間又は労働させることができる休日の日数

五　労働時間の延長及び休日の労働を適正なものとするために必要な事項として厚生労働省令で定める事項

③　前項第四号の労働時間を延長して労働させることができる時間は、当該事業場

の業務量、時間外労働の動向その他の事情を考慮して通常予見される時間外労働の範囲内において、限度時間を超えない時間に限る。

④　前項の限度時間は、一箇月について四十五時間及び一年について三百六十時間（第三十二条の四第一項第二号の対象期間として三箇月を超える期間を定めて同条の規定により労働させる場合にあつては、一箇月について四十二時間及び一年について三百二十時間）とする。

⑤　第一項の協定においては、第二項各号に掲げるもののほか、当該事業場における通常予見することのできない業務量の大幅な増加等に伴い臨時的に第三項の限度時間を超えて労働させる必要がある場合において、一箇月について労働時間を延長して労働させ、及び休日において労働させることができる時間（第二項第四号に関して協定した時間を含め百時間未満の範囲内に限る。）並びに一年について労働時間を延長して労働させることができる時間（同号に関して協定した時間を含め七百二十時間を超えない範囲内に限る。）を定めることができる。この場合において、第一項の協定に、併せて第二項第二号の対象期間において労働時間を延長して労働させる時間が一箇月について四十五時間（第三十二条の四第一項第二号の対象期間として三箇月を超える期間を定めて同条の規定により労働させる場合にあつては、一箇月について四十二時間）を超えることができる月数（一年について六箇月以内に限る。）を定めなければならない。

⑥　使用者は、第一項の協定で定めるところによつて労働時間を延長して労働させ、又は休日において労働させる場合であつても、次の各号に掲げる時間について、当該各号に定める要件を満たすものとしなければならない。

一　坑内労働その他厚生労働省令で定める健康上特に有害な業務について、一日について労働時間を延長して労働させた時間　二時間を超えないこと。

二　一箇月について労働時間を延長して労働させ、及び休日において労働させた時間　百時間未満であること。

三　対象期間の初日から一箇月ごとに区分した各期間に当該各期間の直前の一箇月、二箇月、三箇月、四箇月及び五箇月の期間を加えたそれぞれの期間における労働時間を延長して労働させ、及び休日において労働させた時間の一箇月当たりの平均時間　八十時間を超えないこと。

⑦　厚生労働大臣は、労働時間の延長及び休日の労働を適正なものとするため、第一項の協定で定める労働時間の延長及び休日の労働について留意すべき事項、当該労働時間の延長に係る割増賃金の率その他の必要な事項について、労働者の健康、福祉、時間外労働の動向その他の事情を考慮して指針を定めることができる。

⑧　第一項の協定をする使用者及び労働組合又は労働者の過半数を代表する者は、当該協定で労働時間の延長及び休日の労働を定めるに当たり、当該協定の内容が前項の指針に適合したものとなるようにしなければならない。

⑨　行政官庁は、第七項の指針に関し、第一項の協定をする使用者及び労働組合又は労働者の過半数を代表する者に対し、必要な助言及び指導を行うことができる。

⑩　前項の助言及び指導を行うに当たつては、労働者の

健康が確保されるよう特に配慮しなければならない。

⑪　第三項から第五項まで及び第六項（第二号及び第三号に係る部分に限る。）の規定は、新たな技術、商品又は役務の研究開発に係る業務については適用しない。

第百三十九条　工作物の建設の事業（災害時における復旧及び復興の事業に限る。）その他これに関連する事業として厚生労働省令で定める事業に関する第三十六条の規定の適用については、当分の間、同条第五項中「時間（第二項第四号に関して協定した時間を含め百時間未満の範囲内に限る。）」とあるのは「時間」と、「同号」とあるのは「第二項第四号」とし、同条第六項（第二号及び第三号に係る部分に限る。）の規定は適用しない。

②　前項の規定にかかわらず、工作物の建設の事業その他これに関連する事業として厚生労働省令で定める事業については、平成三十六年〔編注：令和六年〕三月三十一日（同日及びその翌日を含む期間を定めている第三十六条第一項の協定に関しては、当該協定に定める期間の初日から起算して一年を経過する日）までの間、同条第二項第四号中「一箇月及び」とあるのは、「一日を超え三箇月以内の範囲で前項の協定をする使用者及び労働組合若しくは労働者の過半数を代表する者が定める期間並びに」とし、同条第三項から第五項まで及び第六項（第二号及び第三号に係る部分に限る。）の規定は適用しない。

第百四十条　一般乗用旅客自動車運送事業（道路運送法（昭和二十六年法律第百八十三号）第三条第一号ハに規定する一般乗用旅客自動車運送事業をいう。）の業務、貨物自動車運送事業（貨物自動車運送事業法（平成元年法律第八十三号）第二条第一項に規定する貨物自動車運送事業をいう。）の業務その他の自動車の運転の業務として厚生労働省令で定める業務に関する第三十六条の規定の適用については、当分の間、同条第五項中「時間（第二項第四号に関して協定した時間を含め百時間未満の範囲内に限る。）並びに一年について労働時間を延長して労働させることができる時間（同号に関して協定した時間を含め七百二十時間を超えない範囲内に限る。）を定めることができる。この場合において、第一項の協定に、併せて第二項第二号の対象期間において労働時間を延長して労働させる時間が一箇月について四十五時間（第三十二条の四第一項第二号の対象期間として三箇月を超える期間を定めて同条の規定により労働させる場合にあつては、一箇月について四十二時間）を超えることができる月数（一年について六箇月以内に限る。）を定めなければならない」とあるのは、「時間並びに一年について労働時間を延長して労働させることができる時間（第二項第四号に関して協定した時間を含め九百六十時間を超えない範囲内に限る。）を定めることができる」とし、同条第六項（第二号及び第三号に係る部分に限る。）の規定は適用しない。

②　前項の規定にかかわらず、同項に規定する業務については、平成三十六年三月三十一日（同日及びその翌日を含む期間を定めている第三十六条第一項の協定に関しては、当該協定に定める期間の初日から起算して一年を経過する日）までの間、同条第二項第四号中「一箇月及び」とあるのは、「一日を超え三箇月以内の範囲

で前項の協定をする使用者及び労働組合若しくは労働者の過半数を代表する者が定める期間並びに」とし、同条第三項から第五項まで及び第六項（第二号及び第三号に係る部分に限る。）の規定は適用しない。

第百四十一条　医業に従事する医師（医療提供体制の確保に必要な者として厚生労働省令で定める者に限る。）に関する第三十六条の規定の適用については、当分の間、同条第二項第四号中「における一日、一箇月及び一年のそれぞれの期間について」とあるのは「における」とし、同条第三項中「限度時間」とあるのは「限度時間並びに労働者の健康及び福祉を勘案して厚生労働省令で定める時間」とし、同条第五項及び第六項（第二号及び第三号に係る部分に限る。）の規定は適用しない。

②　前項の場合において、第三十六条第一項の協定に、同条第二項各号に掲げるもののほか、当該事業場における通常予見することのできない業務量の大幅な増加等に伴い臨時的に前項の規定により読み替えて適用する同条第三項の厚生労働省令で定める時間を超えて労働させる必要がある場合において、同条第二項第四号に関して協定した時間を超えて労働させることができる時間（同号に関して協定した時間を含め、同条第五項に定める時間及び月数並びに労働者の健康及び福祉を勘案して厚生労働省令で定める時間を超えない範囲内に限る。）その他厚生労働省令で定める事項を定めることができる。

③　使用者は、第一項の場合において、第三十六条第一項の協定で定めるところによつて労働時間を延長して労働させ、又は休日において労働させる場合であつても、同条第六項に定める要件並びに労働者の健康及び福祉を勘案して厚生労働省令で定める時間を超えて労働させてはならない。

④　前三項の規定にかかわらず、医業に従事する医師については、平成三十六年三月三十一日（同日及びその翌日を含む期間を定めている第三十六条第一項の協定に関しては、当該協定に定める期間の初日から起算して一年を経過する日）までの間、同条第二項第四号中「一箇月及び」とあるのは、「一日を超え三箇月以内の範囲で前項の協定をする使用者及び労働組合若しくは労働者の過半数を代表する者が定める期間並びに」とし、同条第三項から第五項まで及び第六項（第二号及び第三号に係る部分に限る。）の規定は適用しない。

⑤　第三項の規定に違反した者は、六箇月以下の懲役又は三十万円以下の罰金に処する。

第百四十二条　鹿児島県及び沖縄県における砂糖を製造する事業に関する第三十六条の規定の適用については、平成三十六年三月三十一日（同日及びその翌日を含む期間を定めている同条第一項の協定に関しては、当該協定に定める期間の初日から起算して一年を経過する日）までの間、同条第五項中「時間（第二項第四号に関して協定した時間を含め百時間未満の範囲内に限る。）」とあるのは「時間」と、「同号」とあるのは「第二項第四号」とし、同条第六項（第二号及び第三号に係る部分に限る。）の規定は適用しない。

1 趣　　旨

労働基準法は、１週40時間・１日８時間労働制、週休制の原則を定めているが、同法第36条は、労使協定（36協定）を締結し、所轄労働基準監督署長に届け出ることを要件として、法定労働時間を超える時間外労働、法定休日における休日労働を認めている。

労使協定の締結・届出が必要なのは、法定労働時間を超える時間外労働及び法定休日における休日労働である。したがって、所定労働時間を超えて労働させる場合であっても、法定労働時間を超えない限り、労使協定の締結・届出は必要ない

2 労使協定の締結・届出の効果

労使協定を締結し、所轄労働基準監督署長に届け出た場合には、その協定の範囲内で、時間外・休日労働をさせることができる。

この労使協定の効力は、その協定の定めるところによって労働させても労働基準法違反とならないという刑事法上の効果に限られる。すなわち、労働者が時間外・休日労働をする民事法上の義務については、労働協約、就業規則等の根拠が必要であり、労使協定から直接生じるものではない。

また、労使協定の刑事法上の効果は、労使協定の範囲内に限られるものであり、当該協定で定める限度を超えて労働させた場合や、当該協定で定める手続き等の要件に反して時間外・休日労働をさせた場合には労働基準法違反となる。

例えば、労使協定で時間外労働の限度を１日２時間と定めたときに３時間の時間外労働をさせること、労使協定で時間外・休日労働をさせる場合には事前に労働組合に通知すると定めたときに通知をせずに時間外・休日労働をさせることなどは許されない。

＊　労使協定等における過半数代表者の要件等（労働基準法施行規則第６条の２）については120頁参照。

図4-12-1 36協定の締結・届出

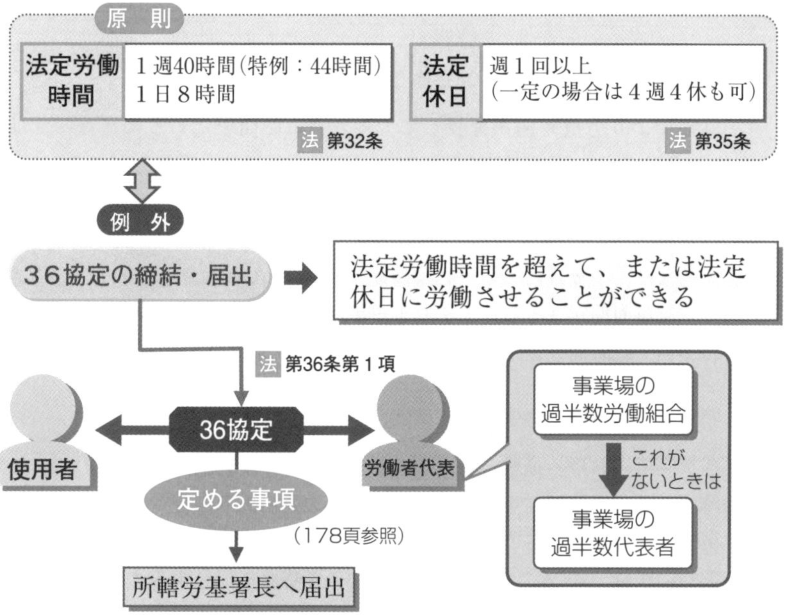

原　則
法定労働時間
1週40時間（特例：44時間）
1日8時間
法 第32条
法定休日
週1回以上
（一定の場合は4週4休も可）
法 第35条
例　外
36協定の締結・届出
法定労働時間を超えて、または法定休日に労働させることができる
法 第36条第1項
使用者
36協定
労働者代表
事業場の過半数労働組合
これがないときは
事業場の過半数代表者
定める事項
（178頁参照）
所轄労基署長へ届出

●罰　則●

協定の届出を怠り、または協定の範囲を超えて時間外・休日労働をさせた場合はそれぞれ、法第32条、第35条、第40条違反として罰則が適用される。

図4-12-2 36協定の締結・届出の効果

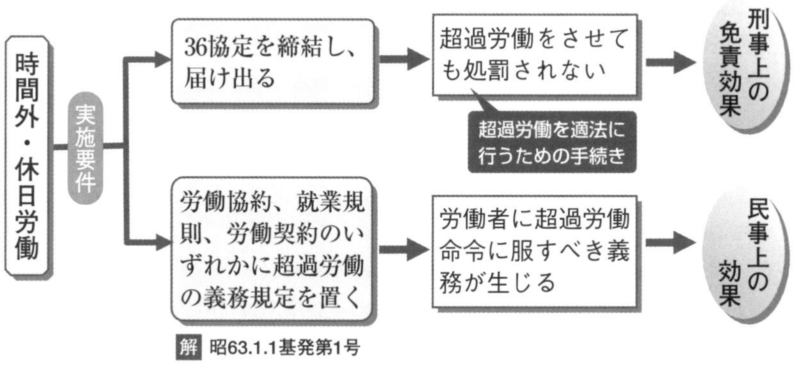

時間外・休日労働
実施要件
36協定を締結し、届け出る
超過労働をさせても処罰されない
超過労働を適法に行うための手続き
刑事上の免責効果
労働協約、就業規則、労働契約のいずれかに超過労働の義務規定を置く
労働者に超過労働命令に服すべき義務が生じる
民事上の効果

解 昭63.1.1基発第1号

3 時間外労働の上限規制

⑴ 限度時間（労働基準法第36条第３項・第４項）

36協定により労働時間を延長して労働させる時間を定めるに当たっては、「当該事業場の業務量、時間外労働の動向その他の事情を考慮して通常予見される時間外労働の範囲内」において、「限度時間」を超えない範囲に限るとされている。

具体的には、１カ月について45時間及び１年について360時間となっている。

なお、対象期間が３カ月を超える１年単位の変形時間制をとる場合には、１カ月について42時間及び１年について320時間が「限度時間」とされている。

⑵ 特別条項の要件（労働基準法第36条第５項）

当該事業場における通常予見することのできない業務量の大幅な増加等に伴い臨時的に「限度時間」を超えて労働させる必要がある場合、①１カ月について、労働時間を延長することができる時間数及び休日に労働させることができる時間数の合計、並びに②１年について、労働時間を延長することができる時間数を、36協定で定めることができる。

ただし、それぞれについて上限が設けられており、①の時間外労働及び休日労働の時間数の合計については、協定した時間を含め１カ月100時間未満の範囲内、②の時間外労働時間数については、協定した時間を含め１年720時間以内の範囲で定めなければならない。

加えて、時間外労働が月45時間（対象期間が３カ月を超える１年単位の変形労働時間制をとる場合は42時間）を超えることができる月数（回数）は、１年について６カ月（６回）以内に限るとされている。

⑶ 時間外・休日労働の実労働時間の上限（労働基準法第36条第６項）

使用者が36協定によって定めるところにより時間外·休日労働を行わせる場合であっても、次の①～③の要件を満たすものとしなければならない。この要件を満たさないで労働させると、罰則が適用される。

① 坑内労働その他厚生労働省令で定める健康上特に有害な業務について、１日の時間外労働時間数は、２時間を超えないこと（182頁参照）

図4-12-3 時間外労働の上限規制

協定時間の上限

原則 一般の協定 限度時間を超えない （通常予見される時間外労働の範囲内）	例外 特別条項 限度時間を超える場合 （臨時的な特別の事情）
限度時間 1カ月　45時間　〔42時間〕 かつ 1年　360時間〔320時間〕 時間外労働のみ 法 第36条第3項・第4項	■時間外労働＋休日労働 月100時間未満 ■時間外労働のみ 年720時間以内 ■限度時間（月45時間〔42時間〕）を上回る月数は年6カ月まで 法 第36条第5項

↑　協定に従って労働させる場合でも絶対に超えてはならない上限　↑

実労働時間の絶対的上限

時間外労働＋休日労働

■単月で100時間未満

■2～6カ月平均で80時間以内

法 第36条第6項 第2号・第3号

〔　　〕内は対象期間が3カ月を超える1年単位の変形労働時間制をとる場合

例 「2～6カ月平均で80時間以内」の例

	4月	5月	6月	7月	8月	9月
時間外労働	80	60	45	35	35	80
休日労働		20	15	10		
合計	80.0	80.0	60.0	45.0	35.0	80.0

（単位：時間）

例えば、9月については、前月までの実績をもとに2～6カ月平均を算出。

算定期間	平均値	
2カ月平均	57.5	…8～9月の平均
3カ月平均	53.3	…7～9月の平均
4カ月平均	55.0	…6～9月の平均
5カ月平均	60.0	…5～9月の平均
6カ月平均	63.3	…4～9月の平均

連続するどの2～6カ月平均をとっても80時間を超えないこと

② 1カ月における時間外労働時間数と休日労働時間数の合計時間が、100時間未満であること

③ 対象期間の初日から1カ月ごとに区分した各期間の直前の1カ月、2カ月、3カ月、4カ月及び5カ月の期間を加えたそれぞれの期間における時間外労働時間数と休日労働時間数の合計時間が、1カ月当たりの平均で80時間を超えないこと（時間外・休日労働が2～6カ月平均で月80時間を超えないこと）

4 協定で定める事項

⑴ 一般の協定事項

限度時間を超えない通常の36協定及び後記⑵で述べる特別条項付き協定に共通して定める事項は、次の①～⑦の事項である。

① 労働者の範囲（業務の種類、労働者数）

② 対象期間（1年間）

③ 労働時間を延長または休日に労働させることができる場合

④ 1日、1カ月及び1年のそれぞれについて、労働時間を延長して労働させることができる時間または労働させることができる休日の日数

⑤ 協定の有効期間

⑥ 対象期間（1年間）の起算日

⑦ 時間外・休日労働時間は、月100時間未満、2～6カ月平均で80時間以内であること

⑵ 特別条項付き協定における協定事項

事業場における通常予見することのできない業務量の大幅な増加等に伴い臨時的に「限度時間」を超えて労働させる必要がある場合には、前記⑴の事項に加え、次の①～⑦の事項を定める必要がある。

① 1カ月について、延長することができる時間数及び休日に労働させることができる時間数

② 1年について延長することができる時間数

③ 限度時間を超えて労働させることができる月数

④ 限度時間を超えて労働させることができる場合

図4-12-4　36協定で定める事項

法 第36条第2項・第5項　則 第17条第1項

1 一般の協定で定める事項

①労働者の範囲（業務の種類、労働者数）
（業務の区分を細分化することにより、当該業務の範囲を明確にすること）

②対象期間（１年間）

③労働時間をし、延長または休日に労働させることができる場合

④１日、１カ月及び１年のそれぞれについて、労働時間を延長して労働させることができる時間または労働させることができる休日の日数

⑤協定の有効期間（労働協約の場合を除く。1年とすることが望ましい）

⑥対象期間（１年間）の起算日

⑦時間外・休日労働時間は、月100時間未満、２～６カ月平均で80時間以内であること

36協定届出様式（第９号、第９号の２等）のチェックボックス欄にチェックを入れる。

2 特別条項で定める事項

❶１か月についての時間外労働時間数と休日労働時間数の合計（100時間未満で定める）

❷１年についての時間外労働時間数（720時間以内で定める）

❸限度時間を超えて労働させることができる月数（年６カ月まで）

❹限度時間を超えて労働させることができる場合（できる限り具体的に）

❺限度時間を超えて労働させる労働者に対する健康福祉確保措置

▼次のうちから選択することが望ましい

①医師による面接指導　②深夜業（22時～５時）の回数制限　③終業から始業までの休息時間の確保（勤務間インターバル）　④代償休日・特別な休暇の付与　⑤健康診断　⑥連続休暇の取得　⑦心とからだの相談窓口の設置　⑧配置転換　⑨産業医等による助言・指導や保健指導　⑩その他

❻限度時間を超えた労働に係る割増賃金率（法定を超える率とするよう努める）

❼限度時間を超えて労働させる場合の手続き

◆限度時間を超えない一般の協定→様式第９号

◆限度時間を超える場合（特別条項付き協定）→様式第９号の２（１枚目は一般の協定について記載、２枚目は限度時間を超える場合に関する事項を記載）

※適用猶予事業等（次頁）の場合は別の様式（第９号の３～第９号の７）により届出

⑤　限度時間を超えて労働させる労働者に対する健康福祉確保措置
⑥　限度時間を超えた労働に係る割増賃金率
⑦　限度時間を超えて労働させる場合の手続き

5　36指針と36協定に係る留意事項等

労働基準法（第36条第７項）上、厚生労働大臣は、36協定で定める労働時間の延長及び休日の労働について留意すべき事項、当該労働時間の延長に係る割増賃金の率その他の必要な事項について、労働者の健康、福祉、時間外労働の動向その他の事情を考慮して、指針を定めることができる規定が設けられ、この根拠規定に基づいて、「労働基準法第36条第１項の協定で定める労働時間の延長及び休日の労働について留意すべき事項等に関する指針」（平成30年９月７日厚生労働省告示第323号）が策定された。

労使当事者は、36協定の内容がこの指針に適合したものとなるようにしなければならず、また、行政官庁（労働基準監督署長）は、この指針に関し、労使当事者に必要な助言及び指導を行うこととされ、労働者の健康が確保されるよう特に配慮しなければならないとされている。

この指針には、①目的、②労使当事者の責務、③使用者の責務、④業務区分の細分化、⑤限度時間を超えて延長時間を定めるに当たっての留意事項、⑥１カ月に満たない期間において労働する労働者についての延長時間の目安、⑦休日の労働を定めるに当たっての留意すべき事項、⑧健康福祉確保措置、⑨適用除外が定められている。

6　上限規制の適用除外・猶予業務等

⑴　適用除外

「新たな技術、商品又は役務の研究開発に係る業務」については、専門的、科学的な知識、技術を有する者が従事する新たな技術、商品又は役務の研究開発に係る業務の特殊性が存在する。このため、この業務については、限度時間、36協定に特別条項を設ける場合の要件、１カ月について労働時間を延長して労働させ、及び休日において労働させた時間の上限は適用されない（労働基準法第36条第11項）。

図4-12-5　36指針が示す留意事項の概要

法 第36条第7項　告 平30厚生労働省告示323号（36指針）

労使当事者の責務	下記の点に十分留意して協定をするよう努める。 ◆労働時間の延長、休日労働は必要最小限にとどめる ◆労働時間の延長は原則として限度時間を超えない
使用者の責務	◆36協定で定めた範囲で労働させた場合であっても、安全配慮義務（労働契約法5条、424頁）を負うことに留意する。 ◆使用者は、脳・心臓疾患等（過労死等）の労災認定基準で示される労働時間の目安（187頁の図**4-12-9**）に留意する。
業務の細分化	179頁の図**4-12-4**の①参照
限度時間を超えて延長時間を定める場合	◆臨時的に限度時間を超えて労働させる必要がある場合をできる限り具体的に定める。 ◆特別条項付き協定で労働時間の延長時間を定める場合は、できる限り限度時間に近づけるようにする。 ◆限度時間を超える時間に係る割増賃金率は、法定を上回る率とするよう努める。
短期間労働する者の延長時間の目安	1カ月未満の期間労働する労働者の延長時間は下記を超えない 1週間：15時間　2週間：27時間　4週間：43時間
健康福祉確保措置	179頁の図**4-12-4**の❺参照
休日労働	休日労働の日数はできる限り少なく、休日労働の時間をできる限り短くするよう努める。

図4-12-6　上限規制の適用が猶予される事業・業務

法 第139条～第142条　則 第69条・第71条　告 36指針附則第3項

事業・業務	令和6年3月31日まで	令和6年4月1日以降
建設事業（この事業における交通誘導業務を含む）	上限規制は適用されない **［適用されない上限規制の内容］** ①限度時間 ②特別条項を設ける場合の要件 ③時間外・休日労働が月100時間未満、2～6カ月平均で80時間以内	・災害の復旧・復興の事業を除き、上限規制をすべて適用。 ・災害の復旧・復興の事業には、左の③の規制が適用されない。
自動車運転の業務		・特別条項付き36協定を締結する場合の時間外労働の上限は年960時間。 ・左の③の規制が適用されない。 ・「時間外労働が月の限度時間を超えることができるのは年6カ月まで」の規制が適用されない。
医師		・具体的な上限時間は今後、省令で定める。
鹿児島県・沖縄県の砂糖製造業	上記③の規制が適用されない	・上限規制がすべて適用される。

ただし、医師の面接指導、代替休暇の付与等の健康確保措置を講じなければならない。

(2) 適用猶予

①工作物の建設等の事業（建設の事業）、②自動車運転の業務、③医業に従事する医師、④鹿児島県及び沖縄県における砂糖製造業については、その性質上、直ちには時間外労働の上限規制になじまないものとして、改正法施行（平成31年４月１日）から５年間（令和６年３月31日まで）、時間外労働の上限規制の適用猶予の措置が設けられている。

7 有害業務の時間外労働の制限

次に掲げる有害業務については、当該業務に従事する時間が、1日についての法定労働時間に２時間を加えた時間（通常は最長10時間）を超えてはならない（労働基準法第36条第６項第１号、労働基準法施行規則第18条）。

① 坑内労働
② 多量の高熱物体を取り扱う業務及び著しく暑熱な場所における業務
③ 多量の低温物体を取り扱う業務及び著しく寒冷な場所における業務
④ ラジウム放射線、エックス線その他の有害放射線にさらされる業務
⑤ 土石、獣毛等のじんあいまたは粉末を著しく飛散する場所における業務
⑥ 異常気圧下における業務
⑦ 削岩機、鋲《びょう》打機等の使用によって身体に著しい振動を与える業務
⑧ 重量物の取扱い等重激なる業務
⑨ ボイラー製造等強烈な騒音を発する場所における業務
⑩ 鉛、水銀、クロム、砒《ひ》素、黄りん、弗《ふっ》素、塩素、塩酸、硝酸、亜硫酸、硫酸、一酸化炭素、二硫化炭素、青酸、ベンゼン、アニリン、その他これに準ずる有害物の粉じん、蒸気またはガスを発散する場所における業務
⑪ ①～⑩のほか、厚生労働大臣の指定する業務（現在は指定されていない）

図4-12-7　有害業務の時間外労働と1日2時間制限の考え方

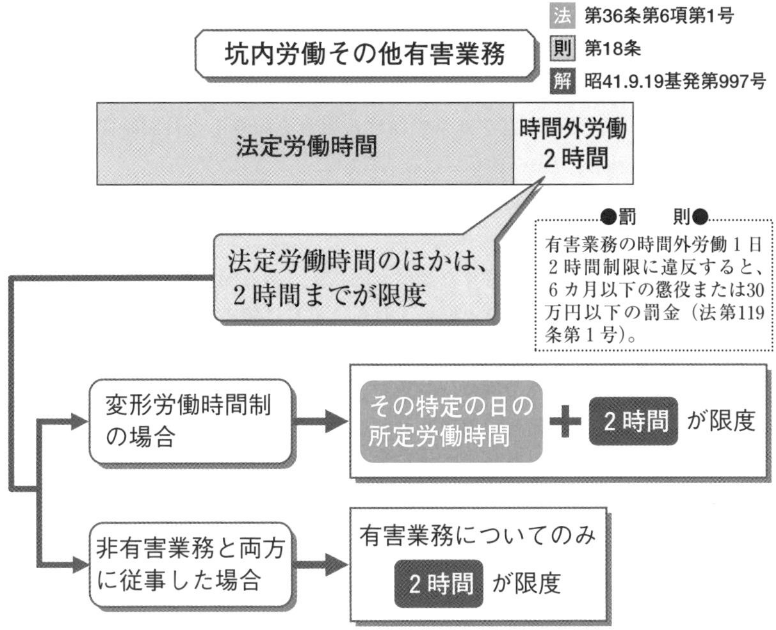

法　第36条第6項第1号
則　第18条
解　昭41.9.19基発第997号
坑内労働その他有害業務
法定労働時間
時間外労働 2時間
法定労働時間のほかは、2時間までが限度
●罰　則●
有害業務の時間外労働1日2時間制限に違反すると、6カ月以下の懲役または30万円以下の罰金（法第119条第1号）。
変形労働時間制の場合
その特定の日の所定労働時間
＋
2時間
が限度
非有害業務と両方に従事した場合
有害業務についてのみ
2時間
が限度

例　法違反となるケース（法定労働時間：8時間）

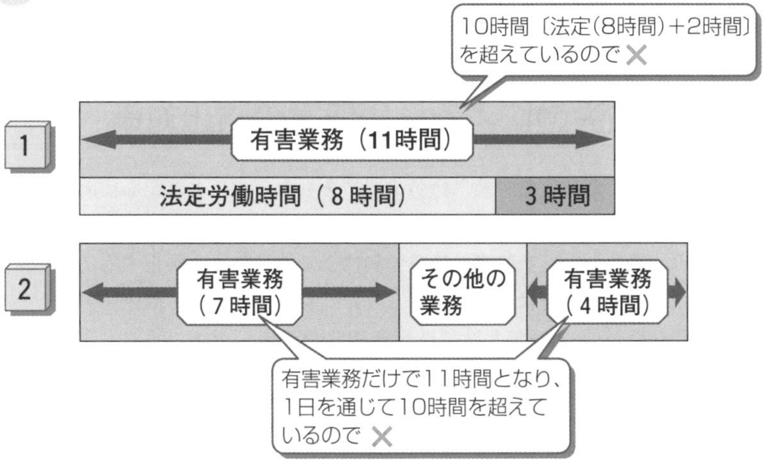

10時間〔法定(8時間)＋2時間〕を超えているので ✕
1
有害業務（11時間）
法定労働時間（8時間）
3時間
2
有害業務（7時間）
その他の業務
有害業務（4時間）
有害業務だけで11時間となり、1日を通じて10時間を超えているので ✕

8　育児・介護を行う労働者の時間外労働の制限

育児休業、介護休業等育児又は家族介護を行う労働者の福祉に関する法律（育児・介護休業法）では、育児及び家族介護を行う男女労働者について、その請求により、事業の正常な運営を妨げる場合を除き１カ月24時間、１年150時間を超える時間外労働をさせてはならないこととされている。

制度の概要は、次のとおりである。

①　請求できる労働者

小学校就学前の子の養育または要介護状態にある配偶者、父母等の対象家族の介護を行う労働者（日々雇い入れられる者は請求できないが、期間を定めて雇用される者は請求できる）

ただし、次のような労働者は請求できない。

・その事業主に継続して雇用された期間が１年に満たない労働者

・１週間の所定労働日数が２日以下の労働者

②　制限時間

上記①に該当する労働者が請求したときは、事業主は原則として、１カ月24時間、１年150時間を超える時間外労働をさせることができない。

③　請求方法

時間外労働の制限の請求は、１回につき、１カ月以上１年以内の期間について、その開始の日及び終了の日を明らかにし、原則として制限開始予定日の１カ月前までにしなければならない。

9　過重労働による健康障害の防止対策

長時間にわたる過重な労働は疲労の蓄積をもたらす最も重要な要因と考えられ、さらには、脳・心臓疾患の発症との関連性が強いという医学的知見も得られている。このため、長時間の過重労働による健康障害を防止することを目的として、厚生労働省では、平成18年３月に「過重労働による健康障害防止のための総合対策」（平成18年３月17日基発第0317008号。改正：平成31年４月１日基発0401第41号、雇均発0401第36号）を策定し、その中で事業者が講ずべき措置を示している。

ここでは、この通達が示す「過重労働による健康障害を防止するため事業者

図4-12-8 育児・介護を行う労働者の時間外労働の制限

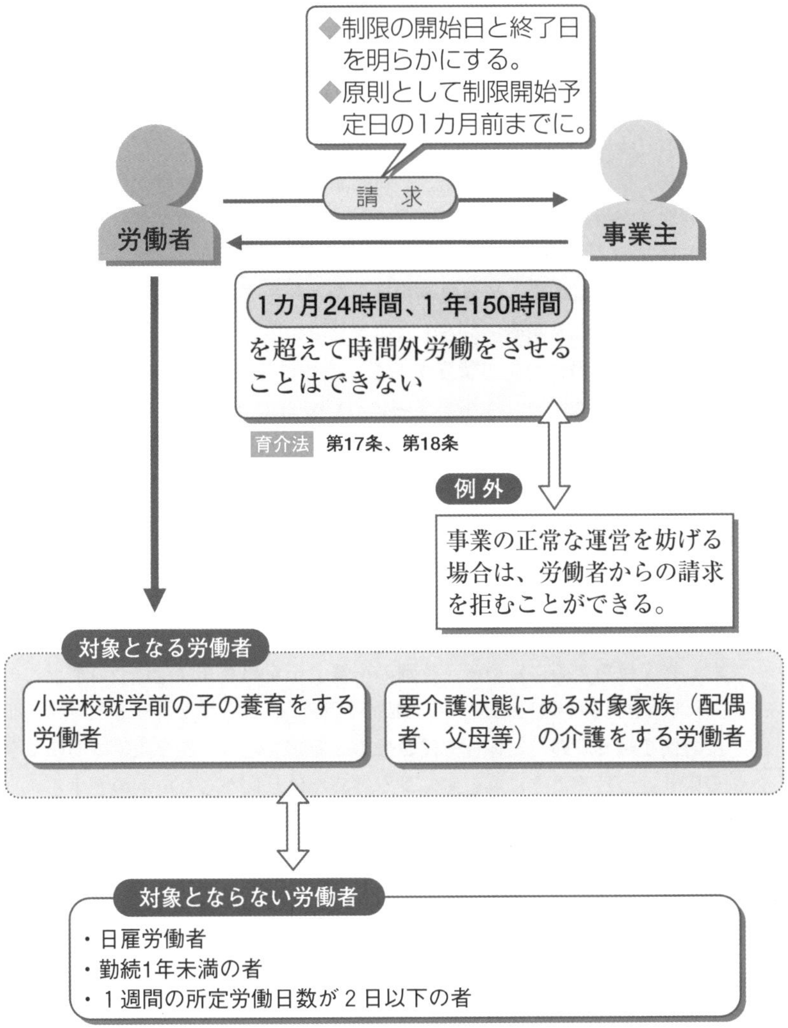

◆制限の開始日と終了日を明らかにする。
◆原則として制限開始予定日の1カ月前までに。
請 求
労働者
事業主
1カ月24時間、1年150時間
を超えて時間外労働をさせることはできない
育介法 第17条、第18条
例外
事業の正常な運営を妨げる場合は、労働者からの請求を拒むことができる。
対象となる労働者
小学校就学前の子の養育をする労働者
要介護状態にある対象家族（配偶者、父母等）の介護をする労働者
対象とならない労働者
・日雇労働者
・勤続1年未満の者
・1週間の所定労働日数が2日以下の者

が講ずべき措置」のうち、労働時間等の対策に関する部分を、以下のとおり抜粋して掲載する。

2　時間外・休日労働時間等の削減

⑴　時間外労働は本来臨時的な場合に行われるものであり、また、時間外・休日労働時間（休憩時間を除き１週間当たり40時間を超えて労働させた場合におけるその超えた時間をいう。以下同じ。）が１月当たり45時間を超えて長くなるほど、業務と脳・心臓疾患の発症との関連性が強まるとの医学的知見が得られている。このようなことを踏まえ、事業者は、労基法第36条に基づく協定（以下「36協定」という。）の締結に当たっては、労働者の過半数で組織する労働組合又は労働者の過半数を代表する者とともにその内容が「労働基準法第三十六条第一項の協定で定める労働時間の延長及び休日の労働について留意すべき事項等に関する指針」（平成30年厚生労働省告示第323号）（中小事業主については、「労働基準法第三十六条第一項の協定で定める労働時間の延長の限度等に関する基準」（平成10年労働省告示第154号））に適合したものとなるようにするものとする。

また、限度時間を超えて時間外・休日労働をさせることができる場合をできる限り具体的に定めなければならず、「業務の都合上必要な場合」、「業務上やむを得ない場合」など恒常的な長時間労働を招くおそれがあるものを定めることは認められない（中小事業主については、限度基準第３条ただし書又は第４条に定める「特別の事情」を定めた36協定について、この「特別の事情」が臨時的なものに限られる）ことに留意するとともに、限度時間を超え時間外・休日労働させることができる時間を限度時間にできる限り近づけるように協定するよう努めなければならないものとする。

さらに、１月当たり45時間を超えて時間外労働を行わせることが可能である場合であっても、事業者は、実際の時間外労働を１月当たり45時間以下とするよう努めるものとする。

加えて、事業者は、休日労働についても削減に努めるものとする。

⑵　事業者は、「労働時間の適正な把握のために使用者が講ずべき措置に関するガイドライン」に基づき、労働時間の適正な把握を行うものとする。

⑶　事業者は、労基法第41条の２第１項の規定により労働する労働者（以下「高度プロフェッショナル制度適用者」という。）を除き、裁量労働制の適用者や労基法第41条各号に掲げる労働者（以下「管理監督者等」という。）

図4-12-9 過重労働による健康障害防止対策

（脳・心臓疾患に係る労災認定基準の考え方の基礎となった医学的知見を踏まえたもの）

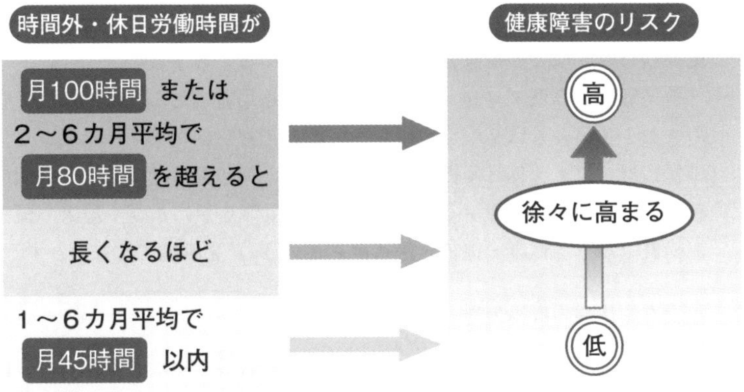

※時間外・休日労働時間……休憩時間を除き１週間当たり40時間を超えて労働させた場合におけるその超えた時間

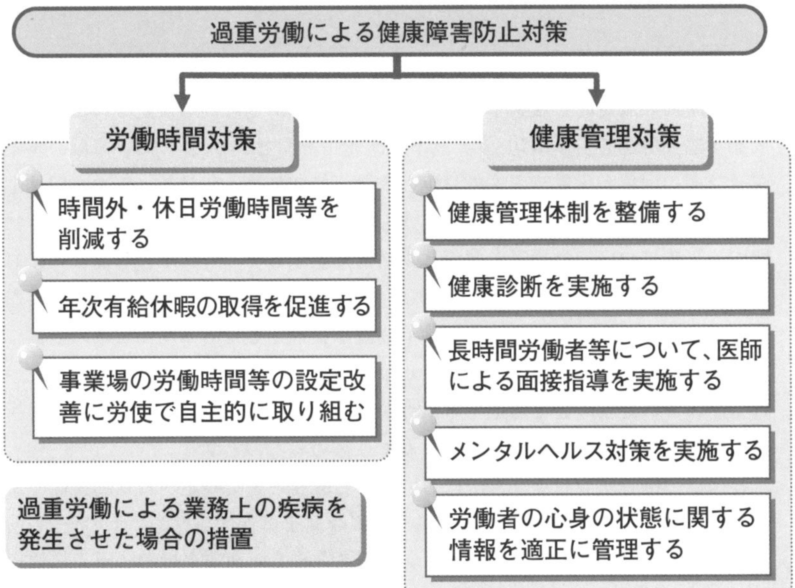

通 平18.３.17基発第0317008号、平31.4.1基発0401第41号、雇均発0401第36号

を含む全ての労働者について、安衛法第66条の８の３の規定により労働時間の状況を把握し、同法第66条の８第１項又は第66条の８の２第１項に基づく医師による面接指導を実施するなど健康確保のための責務があることなどに十分留意し、当該労働者に対し、過重労働とならないよう十分な注意喚起を行うなどの措置を講ずるよう努めるものとする。

⑷　事業者は、高度プロフェッショナル制度適用者に対して、労基法第41条の２第１項第３号に基づく健康管理時間の把握、同項第４号に基づく休日確保措置（以下「休日確保措置」という。）、同項第５号に基づく選択的措置（以下「選択的措置」という。）及び同項第６号に基づく健康・福祉確保措置（以下「健康・福祉確保措置」という。）を実施するものとする。

3　年次有給休暇の取得促進

事業者は、労基法第39条第７項に基づき、年５日間の年次有給休暇について時季を指定し確実に取得させるとともに、年次有給休暇を取得しやすい職場環境づくり、同条第６項に基づく年次有給休暇の計画的付与制度の活用等により年次有給休暇の取得促進を図るものとする。

4　労働時間等の設定の改善

労働時間等設定改善法第４条第１項に基づく、労働時間等設定改善指針（平成20年厚生労働省告示第108号。以下「改善指針」という。）においては、事業主及びその団体が労働時間等の設定の改善（労働時間、休日数、年次有給休暇を与える時季、深夜業の回数、終業から始業までの時間その他の労働時間等に関する事項について労働者の健康と生活に配慮するとともに多様な働き方に対応したものへと改善することをいう。）について適切に対処するために必要な事項を定めている。今般の働き方改革関連を推進するための関係法律の整備に関する法律の施行に伴い、改善指針が改正されたところであり、事業者は、過重労働による健康障害を防止する観点から、労働時間等設定改善法及び改善指針に留意しつつ、必要な措置を講じるよう努めるものとする。

特に、労働時間等設定改善法において努力義務として規定された勤務間インターバル制度は、労働者の生活時間や睡眠時間を確保するためのものであり、過重労働による健康障害の防止にも資することから、事業者はその導入に努めるものとする。

13　非常時等の時間外・休日労働　第33条

Point

◎　災害その他避けることができない事由により、臨時に時間外・休日労働をさせることが必要となった場合には、労使協定によることなく、行政官庁の許可によりその必要限度まで労働させることができる。

◎　官公署の公務員については、単に公務のために臨時の必要があれば足り、行政官庁の許可を必要としない。

◆条　文◆

（災害等による臨時の必要がある場合の時間外労働等）

第三十三条　災害その他避けることのできない事由によつて、臨時の必要がある場合においては、使用者は、行政官庁の許可を受けて、その必要の限度において第三十二条から前条まで若しくは第四十条の労働時間を延長し、又は第三十五条の休日に労働させることができる。ただし、事態急迫のために行政官庁の許可を受ける暇がない場合においては、事後に遅滞なく届け出なければならない。

②　前項ただし書の規定による届出があつた場合において、行政官庁がその労働時間の延長又は休日の労働を不適当と認めるときは、その後にその時間に相当する休憩又は休日を与えるべきことを、命ずることができる。

③　公務のために臨時の必要がある場合においては、第一項の規定にかかわらず、官公署の事業（別表第一に掲げる事業を除く。）に従事する国家公務員及び地方公務員については、第三十二条から前条まで若しくは第四十条の労働時間を延長し、又は第三十五条の休日に労働させることができる。

※　別表第一については21頁参照

災害その他避けることができない事由によって臨時の必要がある場合、公務のために臨時の必要がある場合には、労使協定によることなく、法定労働時間を超える時間外労働、法定休日における休日労働が認められる。

1 災害その他避けることができない事由によって臨時の必要がある場合

災害その他避けることのできない事由とは、事業場内において通常予測される事由の範囲を超えて、客観的に避けることができない事由をいうものである。

労働基準法第33条第1項は、災害、緊急、不可抗力その他客観的に避けることのできない場合の規定であるからその臨時の必要の限度において厳格に運用すべきものであって、その許可又は事後の承認は、概ね次の基準によって取り扱うものとされる。

① 単なる業務の繁忙その他これに準ずる経営上の必要は認めないこと

② 地震、津波、風水害、雪害、爆発、火災等の災害への対応（差し迫った恐れがある場合における事前の対応を含む）、急病への対応その他の人命又は公益を保護するための必要は認めること。例えば、災害その他避けることのできない事由により被害を受けた電気、ガス、水道等のライフラインや安全な道路交通の早期復旧のための対応、大規模なリコール対応は含まれること

③ 事業の運営を不可能ならしめるような突発的な機械·設備の故障の修理、保安やシステム障害の復旧は認めるが、通常予見される部分的な修理、定期的な保安は認めないこと。例えば、サーバーへの攻撃によるシステムダウンへの対応は含まれること

④ 上記②及び③の基準については、他の事業場からの協力要請に応じる場合においても、人命又は公益の確保のために協力要請に応じる場合や協力要請に応じないことで事業運営が不可能となる場合には、認めること。

また、この事由に該当する場合でも、時間外·休日労働が無制限に認められるものではなく、それぞれ公共の秩序の維持、企業の防衛などの観点から現に差し迫って必要な範囲に限られる。

これらの要件に該当するかどうかを審査するため、この規定に基づいて時間外·休日労働をさせるためには、原則として事前に所轄労働基準監督署長の許可を受けることが必要とされている。事態急迫のため許可を受ける暇がない場

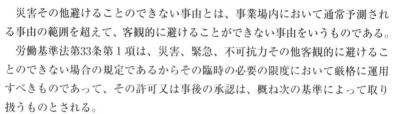

図4-13-1 非常時等の時間外・休日労働

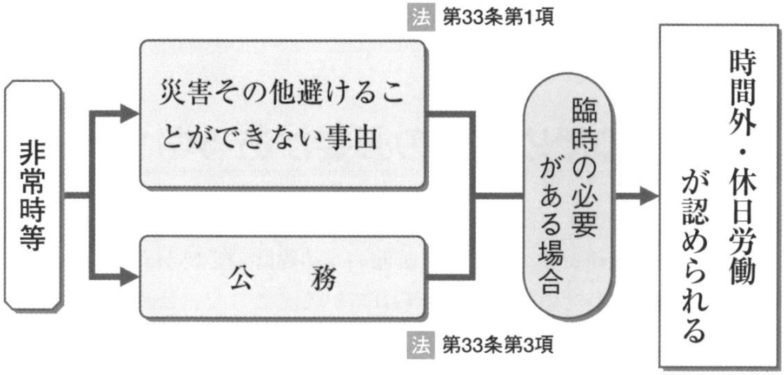

法 第33条第1項
非常時等
災害その他避けることができない事由
公　務
法 第33条第3項
臨時の必要がある場合
時間外・休日労働が認められる

図4-13-2 災害その他避けることができない事由による場合

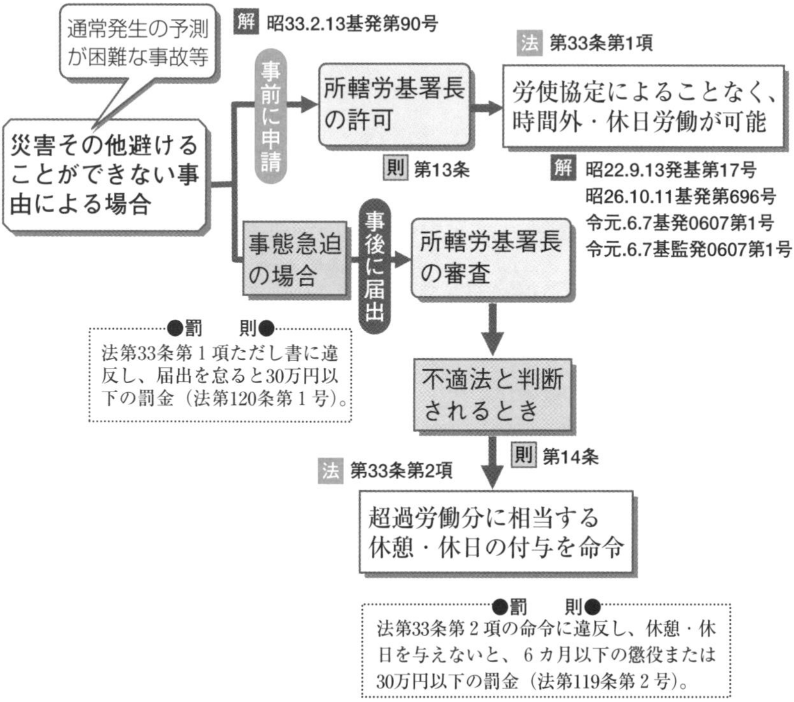

通常発生の予測が困難な事故等
災害その他避けることができない事由による場合
解 昭33.2.13基発第90号
事前に申請
所轄労基署長の許可
則 第13条
法 第33条第1項
労使協定によることなく、時間外・休日労働が可能
解 昭22.9.13発基第17号
昭26.10.11基発第696号
令元.6.7基発0607第1号
令元.6.7基監発0607第1号
事態急迫の場合
事後に届出
所轄労基署長の審査
●罰　則●
法第33条第1項ただし書に違反し、届出を怠ると30万円以下の罰金（法第120条第1号）。
不適法と判断されるとき
則 第14条
法 第33条第2項
超過労働分に相当する休憩・休日の付与を命令
●罰　則●
法第33条第2項の命令に違反し、休憩・休日を与えないと、6カ月以下の懲役または30万円以下の罰金（法第119条第2号）。

合には、事後の届出によることができるが、この場合には、所轄労働基準監督署長が審査のうえ、不適当と認めるときは、その時間外・休日労働に相当する休憩または休日の付与を命ずることができる。

2 公務のため臨時の必要がある場合

労働基準法別表第1（21頁参照）に掲げる事業以外の官公署に勤務する国家公務員及び地方公務員については、公務のため臨時の必要がある場合に、時間外・休日労働を行わせることが認められている。ここで、公務というのは、国または地方公共団体の事務のすべてをいい、臨時の必要があるかどうかの認定については、使用者たる国または地方公共団体の判断にゆだねられている。

図4-13-3 公務のために臨時の必要がある場合

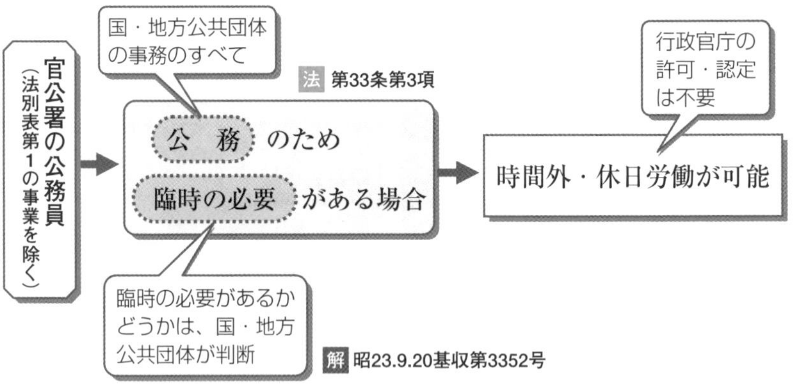

14 事業場外労働のみなし労働時間制 （第38条の2）

Point

◎ 労働者が事業場外で労働し、労働時間の算定が困難な場合は、所定労働時間労働したものとみなされる。

◎ 通常所定労働時間を超える労働については、「当該業務の遂行に通常必要とされる時間」または労使協定で定めた時間労働したものとみなされる。

◆条 文◆

第三十八条の二 労働者が労働時間の全部又は一部について事業場外で業務に従事した場合において、労働時間を算定し難いときは、所定労働時間労働したものとみなす。ただし、当該業務を遂行するためには通常所定労働時間を超えて労働することが必要となる場合においては、当該業務に関しては、厚生労働省令で定めるところにより、当該業務の遂行に通常必要とされる時間労働したものとみなす。

② 前項ただし書の場合において、当該業務に関し、当該事業場に、労働者の過半数で組織する労働組合があるときはその労働組合、労働者の過半数で組織する労働組合がないときは労働者の過半数を代表する者との書面による協定があるときは、その協定で定める時間を同項ただし書の当該業務の遂行に通常必要とされる時間とする。

③ 使用者は、厚生労働省令で定めるところにより、前項の協定を行政官庁に届け出なければならない。

1 趣　　旨

事業場外で業務に従事し、労働時間の算定が困難な場合については、かつては、「通常の時間」労働したものとみなされることとされ、この「通常の時間」は所定労働時間とされていたため、すべて所定労働時間労働したものとみなされてきた。

しかし、実際にはその業務を遂行するためには所定労働時間を超えて労働することが必要な場合も多いので、実態に即して労働時間の算定が行われるようにするため、昭和62年の労働基準法改正により規定の整備が行われた。

2 事業場外労働時間の範囲

事業場外労働のみなし労働時間制の対象となるのは、労働者が労働時間の全部または一部について事業場外で業務に従事した場合で、労働時間を算定し難いときである。

事業場外で業務に従事している場合であっても、使用者の具体的な指揮監督が及んでいる場合には、労働時間の算定が可能であり、みなし労働時間制の適用はない。

例えば、次のような場合には、みなし労働時間制の適用はない。

①　何人かのグループで事業場外労働に従事する場合で、そのメンバーの中に労働時間の管理をする者がいる場合

②　事業場外で業務に従事するが、無線や携帯電話等によっていつでも連絡がとれる状態にあり、随時使用者の指示を受けながら労働している場合

③　事業場において、訪問先、帰社時刻等当日の業務の具体的指示を受けたのち、事業場外で指示どおりに業務に従事し、その後事業場に戻る場合

図4-14-1 事業場外のみなし労働時間制の趣旨

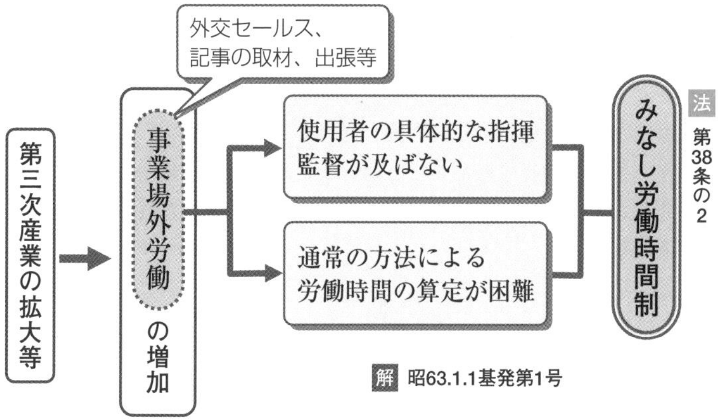

外交セールス、
記事の取材、出張等
第三次産業の拡大等
事業場外労働の増加
使用者の具体的な指揮監督が及ばない
通常の方法による労働時間の算定が困難
みなし労働時間制
法 第38条の2
解 昭63.1.1基発第1号

図4-14-2 事業場外労働の範囲

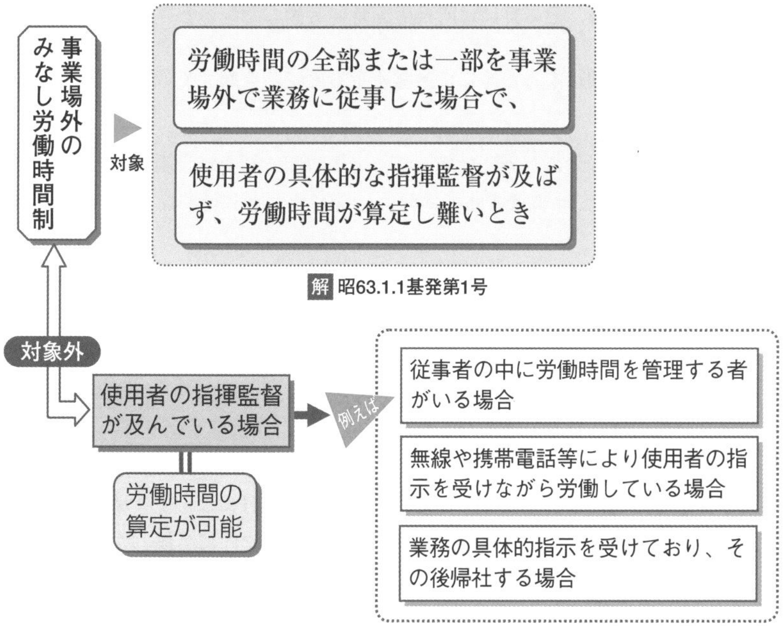

事業場外のみなし労働時間制
対象
労働時間の全部または一部を事業場外で業務に従事した場合で、
使用者の具体的な指揮監督が及ばず、労働時間が算定し難いとき
解 昭63.1.1基発第1号
対象外
使用者の指揮監督が及んでいる場合
労働時間の算定が可能
例えば
従事者の中に労働時間を管理する者がいる場合
無線や携帯電話等により使用者の指示を受けながら労働している場合
業務の具体的指示を受けており、その後帰社する場合

3　労働時間の算定方法

事業場外労働で労働時間の算定が困難な場合には、労働時間は次のように算定される。

① 原則として所定労働時間労働したものとみなす。

② 当該業務を遂行するためには通常所定労働時間を超えて労働することが必要となる場合には、当該業務の遂行に通常必要とされる時間労働したものとみなす。

③ ②の場合であって、労使協定が締結されている場合には、その協定で定める時間労働したものとみなす。

(1) 原　則

おおむね所定労働時間労働している場合には、所定労働時間労働したものとみなされる。

労働時間の一部を事業場内で業務に従事した場合には、事業場内で業務に従事した時間も含め、その日には所定労働時間労働したものとみなされる。

(2) 当該業務を遂行するためには通常所定労働時間を超えて労働することが必要となる場合

当該業務を遂行するためには通常所定労働時間を超えて労働させることが必要となる場合には、「当該業務の遂行に通常必要とされる時間」労働したものとみなされる。

「当該業務の遂行に通常必要とされる時間」とは、通常の状態でその業務を遂行するために客観的に必要とされる時間である。ある業務について、その日の状況や従事する労働者によって、実際に必要とされる時間に多少の差異はあるとしても、平均してみれば9時間である場合には、その業務に従事した労働者は9時間労働したものとみなされる。

なお、労働時間の一部を事業場内で業務に従事する場合には、事業場内で業務に従事した時間は別途把握する必要があり、その日には、事業場外における業務の遂行に通常必要とされる時間と、事業場内で実際に労働した時間とを加えた時間労働したものとみなされることになる。

図4-14-3　事業場外労働の労働時間の算定方法

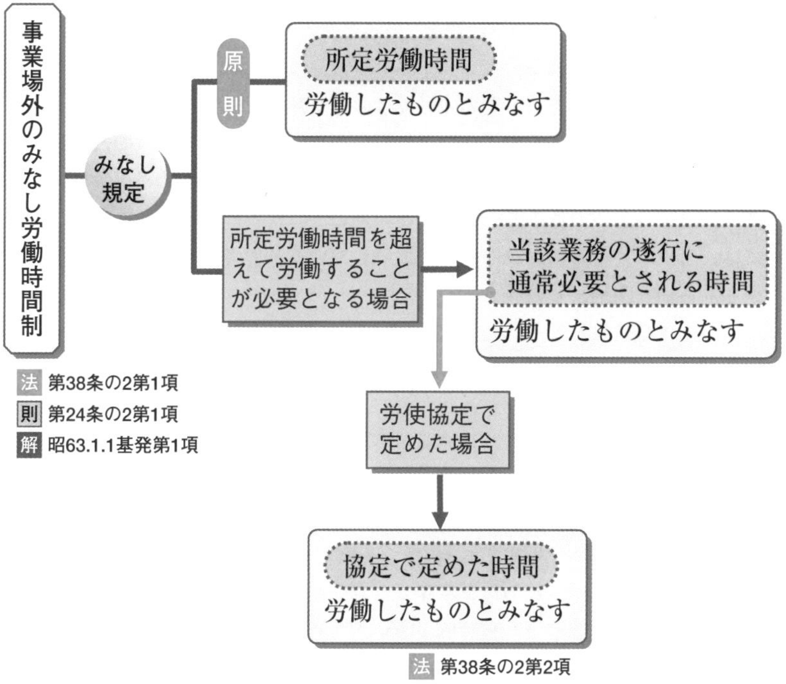

事業場外のみなし労働時間制
みなし規定
原則
所定労働時間
労働したものとみなす
所定労働時間を超えて労働することが必要となる場合
当該業務の遂行に通常必要とされる時間
労働したものとみなす
労使協定で定めた場合
協定で定めた時間
労働したものとみなす
法 第38条の2第1項
則 第24条の2第1項
解 昭63.1.1基発第1項
法 第38条の2第2項

(3) 労使協定がある場合

「当該業務の遂行に通常必要とされる時間」について労使協定が締結された場合には、当該協定で定めた時間を「当該業務の遂行に通常必要とされる時間」とすることとされている。

この労使協定は、当該事業場の労働者の過半数で組織する労働組合がある場合にはその労働組合、そのような労働組合がない場合には労働者の過半数を代表する者と書面により行うことが必要である。労使協定の締結当事者は、このように事業場全体の労働者の代表者ということになるが、協定の締結に当たっては、当該事業場外における業務に従事している労働者の意見を聴く機会が確保されることが望ましい。

このような仕組みとされたのは、「当該業務の遂行に通常必要とされる時間」は、業務の実態が最もよく分かっている労使間でその実態を踏まえて協議したうえで決めることが適当とされたものであり、たまたま必要となるようなものは別として、常態として行われている事業場外労働については、できる限り労使協定を締結することが望ましい。

「当該業務の遂行に通常必要とされる時間」は、一般的には、時とともに変化するものであり、一定期間ごとに協定の内容を見直すことが適当であるので、労使協定では、労働協約の場合を除き、有効期間を設けることとされている。

また、この労使協定は、当該協定で定める時間が法定労働時間以下である場合を除き、所定の様式によって、所轄労働基準監督署長に届け出なければならないこととされている。この届出義務には、罰則が付されている。

＊　労使協定等における過半数代表者については120頁参照。

4 みなし労働時間制の適用範囲

事業場外労働に関するみなし労働時間制は、労働時間に関する規定の適用に関する労働時間の長さの算定についての規定であり、これによって労働時間を算定する場合であっても、休憩時間、深夜業に関する規定の適用はある。したがって、使用者は、それぞれの規定を遵守することが必要である。

図4-14-4 事業場外労働に関する労使協定の締結・届出

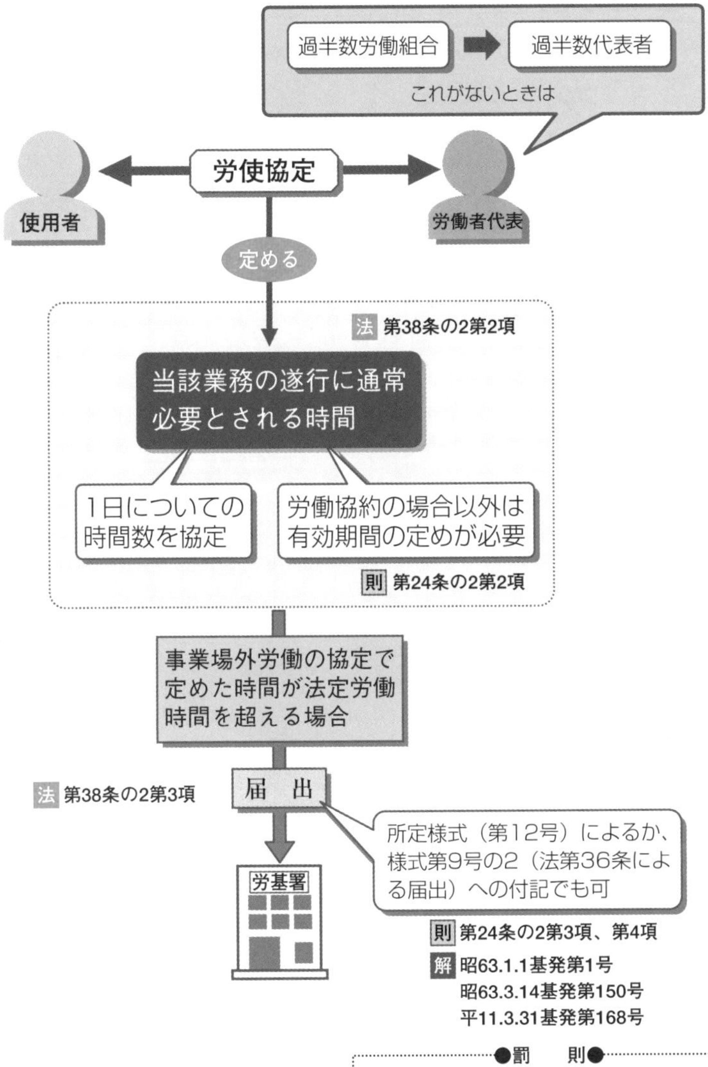

●罰　則●

法第38条の２第３項の届出を怠ると、30万円以下の罰金（法第120条第１号）。

15 専門業務型裁量労働制 第38条の3

Point

◎ 専門業務型裁量労働制の対象となる業務は、研究開発の業務等その性質上、業務の遂行の手段や時間の配分などに関し、具体的な指示をしない業務である。

◎ 専門業務型裁量労働制については労使協定の締結・届出が必要で、当該業務、業務に必要な時間等を協定した場合、その業務に従事した労働者は協定で定めた時間労働したものとみなされる。

◆条　文◆

第三十八条の三　使用者が、当該事業場に、労働者の過半数で組織する労働組合があるときはその労働組合、労働者の過半数で組織する労働組合がないときは労働者の過半数を代表する者との書面による協定により、次に掲げる事項を定めた場合において、労働者を第一号に掲げる業務に就かせたときは、当該労働者は、厚生労働省令で定めるところにより、第二号に掲げる時間労働したものとみなす。

一　業務の性質上その遂行の方法を大幅に当該業務に従事する労働者の裁量にゆだねる必要があるため、当該業務の遂行の手段及び時間配分の決定等に関し使用者が具体的な指示をすることが困難なものとして厚生労働省令で定める業務のうち、労働者に就かせることとする業務（以下この条において「対象業務」という。）

二　対象業務に従事する労働者の労働時間として算定される時間

三　対象業務の遂行の手段及び時間配分の決定等に関し、当該対象業務に従事する労働者に対し使用者が具体的な指示をしないこと。

四　対象業務に従事する労働者の労働時間の状況に応じた当該労働者の健康及び福祉を確保するための措置を当該協定で定めるところにより使用者が講ずること。

五　対象業務に従事する労働者からの苦情の処理に関する措置を当該協定で定めるところにより使用者が講ずること。

六　前各号に掲げるもののほか、厚生労働省令で定める事項

②　前条第三項の規定は、前項の協定について準用する。

1 趣　旨

近年の技術革新の進展、経済のサービス化・情報化等に伴い、業務の性質上その業務の具体的な遂行については労働者の裁量にゆだねる必要があるため、使用者の具体的な指揮監督になじまず、通常の方法による労働時間の算定が適切でない業務が増加している。

このような業務において、その業務の実態に即して適切に労働時間の算定が行われるようにするため、労使協定による専門業務型裁量労働制が設けられている。

2 専門業務型裁量労働制の対象業務

専門業務型裁量労働制の対象となるのは、業務の性質上その遂行の方法を大幅に労働者の裁量にゆだねる必要があるため、当該業務の遂行の手段及び時間配分の決定等に関し具体的な指示をすることが困難なものとして厚生労働省令で定める19業務である。

具体的には、次に掲げるような業務であって、これらの業務に従事する労働者が対象となる。

① 新商品、新技術の研究開発等の業務
② 情報処理システムの分析、設計の業務
③ 記事、放送番組の取材、編集の業務
④ デザイナーの業務
⑤ プロデューサー、ディレクターの業務
⑥ コピーライターの業務
⑦ システムコンサルタントの業務
⑧ インテリアコーディネーターの業務
⑨ ゲーム用ソフトウェアの創作の業務
⑩ 証券アナリストの業務
⑪ 金融商品開発の業務
⑫ 大学における教授研究の業務（主として研究に従事するものに限る）
⑬ 公認会計士の業務

図4-15-1 専門業務型裁量労働制の趣旨

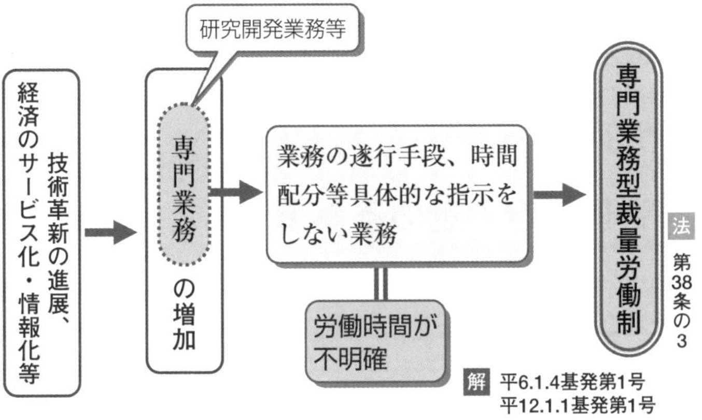
研究開発業務等
技術革新の進展、
経済のサービス化・情報化等
専門業務
の増加
業務の遂行手段、時間配分等具体的な指示をしない業務
労働時間が不明確
専門業務型裁量労働制
法
第38条の3
解
平6.1.4基発第1号
平12.1.1基発第1号

図4-15-2 専門業務型裁量労働制の対象業務

対象19業務

新商品・新技術の研究開発等	情報処理システムの分析・設計	記事・放送番組の取材・編集	デザイナー	プロデューサー・ディレクター
コピーライター	システムコンサルタント	インテリアコーディネーター	ゲーム用ソフトウェアの創作	証券アナリスト
金融商品の開発	大学における教授研究（主として研究に従事）	公認会計士	弁　護　士	建　築　士
不動産鑑定士	弁　理　士	税　理　士	中小企業診断士	

（白枠）▶ 則 第24条の2の2第２項

（灰枠）▶ 告 平9.2.14労働省告示第7号
（改正：平15.10.22厚生労働省告示第354号）

⑭　弁護士の業務

⑮　建築士の業務

⑯　不動産鑑定士の業務

⑰　弁理士の業務

⑱　税理士の業務

⑲　中小企業診断士の業務

3　労使協定で定める事項

労使協定において、専門業務型裁量労働制を適用する業務を定め、当該業務の遂行に必要とされる時間を定めた場合には、当該業務に従事した労働者は、当該協定で定める時間労働したものとみなされる。この労使協定においては、次の事項の定めをするとともに、所定の様式によって所轄労働基準監督署長に届け出なければならない。

①　対象業務の範囲

②　1日のみなし労働時間

③　業務の遂行方法、時間配分などについて従事する労働者に具体的な指示をしない旨

④　労使協定の有効期間（3年以内とすることが望ましい）

⑤　対象業務に従事する労働者の労働時間の状況に応じた健康・福祉確保措置

⑥　対象業務に従事する労働者からの苦情処理に関する措置

⑦　⑤⑥の措置を講じた労働者ごとの記録を、④の有効期間中及びその有効期間の満了後3年間保存すること

＊　労使協定等における過半数代表者の要件等については120頁参照。

図4-15-3 専門業務型裁量労働制に関する労使協定

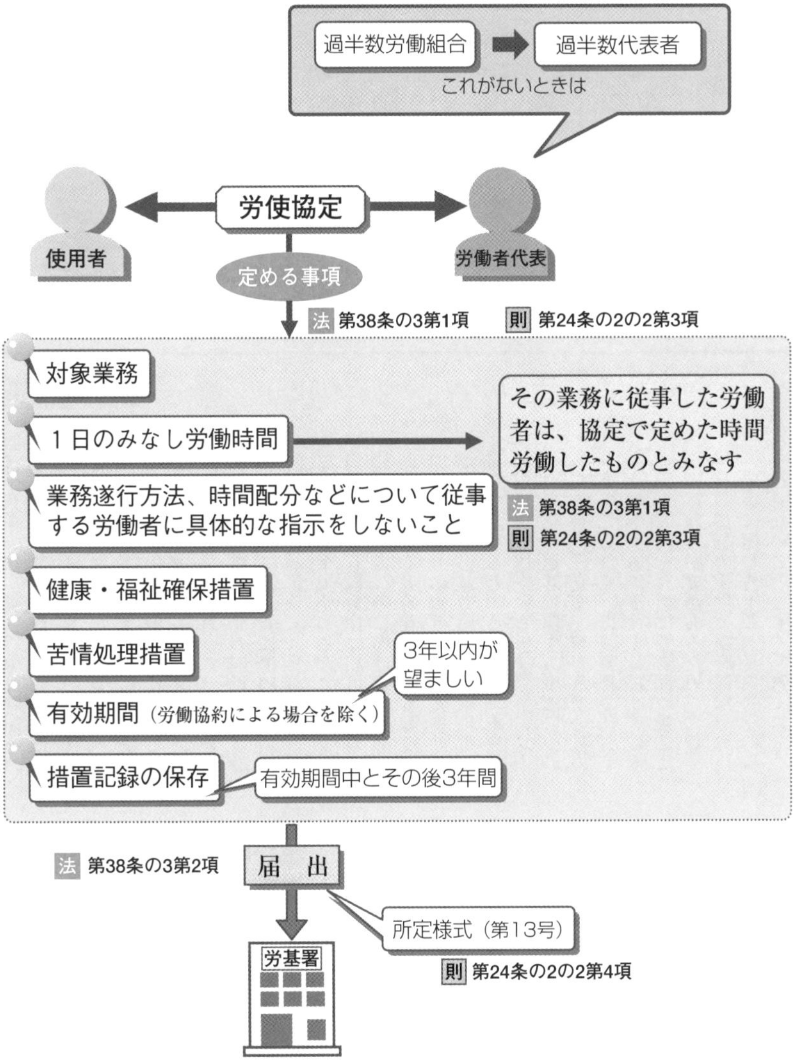

過半数労働組合
過半数代表者
これがないときは
労使協定
使用者
労働者代表
定める事項
法 第38条の3第1項
則 第24条の2の2第3項
対象業務
1日のみなし労働時間
その業務に従事した労働者は、協定で定めた時間労働したものとみなす
法 第38条の3第1項
則 第24条の2の2第3項
業務遂行方法、時間配分などについて従事する労働者に具体的な指示をしないこと
健康・福祉確保措置
苦情処理措置
3年以内が望ましい
有効期間（労働協約による場合を除く）
措置記録の保存
有効期間中とその後3年間
法 第38条の3第2項
届出
所定様式（第13号）
則 第24条の2の2第4項
労基署

●罰　則●

法第38条の３第２項の届出を怠ると、30万円以下の罰金（法第120条第１号）。

16　企画業務型裁量労働制　（第38条の4）

Point

◎　企画業務型裁量労働制は、事業場において、事業の運営に関する企画、立案、調査及び分析の業務であって、この業務の性質上、その遂行方法を大幅に労働者の裁量にゆだねる必要がある場合に導入できる。

◎　企画業務型裁量労働制を実施するためには、一定の要件を満たした労使委員会において委員の5分の4以上の多数による議決により決議することが必要となっている。

◆条　文◆

第三十八条の四　賃金、労働時間その他の当該事業場における労働条件に関する事項を調査審議し、事業主に対し当該事項について意見を述べることを目的とする委員会（使用者及び当該事業場の労働者を代表する者を構成員とするものに限る。）が設置された事業場において、当該委員会がその委員の五分の四以上の多数による議決により次に掲げる事項に関する決議をし、かつ、使用者が、厚生労働省令で定めるところにより当該決議を行政官庁に届け出た場合において、第二号に掲げる労働者の範囲に属する労働者を当該事業場における第一号に掲げる業務に就かせたときは、当該労働者は、厚生労働省令で定めるところにより、第三号に掲げる時間労働したものとみなす。

一　事業の運営に関する事項についての企画、立案、調査及び分析の業務であつて、当該業務の性質上これを適切に遂行するにはその遂行の方法を大幅に労働者の裁量にゆだねる必要があるため、当該業務の遂行の手段及び時間配分の決定等に関し使用者が具体的な指示をしないこととする業務（以下この条において「対象業務」という。）

二　対象業務を適切に遂行するための知識、経験等を有する労働者であつて、当該対象業務に就かせたときは当該決議で定める時間労働したものとみなされることとなるものの範囲

三　対象業務に従事する前号に掲げる労働者の範囲に属する労働者の労働時間として算定される時間

四　対象業務に従事する第二号に掲げる労働者の範囲に属する労働者の労働時間の状況に応じた当該労働者の健康及び福祉を確保するための措置を当該決議で定めるところにより使用者が講ずること。

五　対象業務に従事する第二号に掲げる労働者の範囲に属する労働者からの苦情の処理に関する措置を当該決議で定めるところにより使用者が講ずること。

六　使用者は、この項の規定により第二号に掲げる労働者の範囲に属する労働者を対象業務に就かせたときは第三号に掲げる時間労働したものとみなすことについて当該労働者の同意を得なければならないこと及び当該同意をしなかつた

当該労働者に対して解雇その他不利益な取扱いをしてはならないこと。

七　前各号に掲げるもののほか、厚生労働省令で定める事項

② 前項の委員会は、次の各号に適合するものでなければならない。

一　当該委員会の委員の半数については、当該事業場に、労働者の過半数で組織する労働組合がある場合においてはその労働組合、労働者の過半数で組織する労働組合がない場合においては労働者の過半数を代表する者に厚生労働省令で定めるところにより任期を定めて指名されていること。

二　当該委員会の議事について、厚生労働省令で定めるところにより、議事録が作成され、かつ、保存されるとともに、当該事業場の労働者に対する周知が図られていること。

三　前二号に掲げるもののほか、厚生労働省令で定める要件

③ 厚生労働大臣は、対象業務に従事する労働者の適正な労働条件の確保を図るために、労働政策審議会の意見を聴いて、第一項各号に掲げる事項その他同項の委員会が決議する事項について指針を定め、これを公表するものとする。

④ 第一項の規定による届出をした使用者は、厚生労働省令で定めるところにより、定期的に、同項第四号に規定する措置の実施状況を行政官庁に報告しなければならない。

⑤ 第一項の委員会においてその委員の五分の四以上の多数による議決により第三十二条の二第一項、第三十二条の三第一項、第三十二条の四第一項及び第二項、第三十二条の五第一項、第三十四条第二項ただし書、第三十六条第一項、第二項及び第五項、第三十七条第三項、第三十八条の二第二項、前条第一項並びに次条第四項、第六項及び第九項ただし書に規定する事項について決議が行われた場合における第三十二条の二第一項、第三十二条の三第一項、第三十二条の四第一項から第三項まで、第三十二条の五第一項、第三十四条第二項ただし書、第三十六条、第三十七条第三項、第三十八条の二第二項、前条第一項並びに次条第四項、第六項及び第九項ただし書の規定の適用については、第三十二条の二第一項中「協定」とあるのは「協定若しくは第三十八条の四第一項に規定する委員会の決議（第百六条第一項を除き、以下「決議」という。）」と、第三十二条の三第一項、第三十二条の四第一項から第三項まで、第三十二条の五第一項、第三十四条第二項ただし書、第三十六条第二項及び第五項から第七項まで、第三十七条第三項、第三十八条の二第二項、前条第一項並びに次条第四項、第六項及び第九項ただし書中「協定」とあるのは「協定又は決議」と、第三十二条の四第二項中「同意を得て」とあるのは「同意を得て、又は決議に基づき」と、第三十六条第一項中「届け出た場合」とあるのは「届け出た場合又は決議を行政官庁に届け出た場合」と、「その協定」とあるのは「その協定又は決議」と、同条第八項中「又は労働者の過半数を代表する者」とあるのは「若しくは労働者の過半数を代表する者又は同項の決議をする委員」と、「当該協定」とあるのは「当該協定又は当該決議」と、同条第九項中「又は労働者の過半数を代表する者」とあるのは「若しくは労働者の過半数を代表する者又は同項の決議をする委員」とする。

1 企画業務型裁量労働制を導入できる事業場

企画業務型裁量労働制を導入できる事業場は、「事業運営上の重要な決定が行われる事業場」とされていたが、平成15年の労働基準法の改正により、本社等に限定されないことになった。ただし、いかなる事業場においても企画業務型裁量労働制を実施できるということではなく、下記2の対象業務が存在する事業場においてのみ実施することができるとされている。

対象事業場とは、具体的には、次のような事業場である。

① 本社・本店である事業場

② ①に掲げる事業場以外の事業場であって次のいずれかに掲げるもの

イ 当該事業場の属する企業等に係る事業の運営に大きな影響を及ぼす決定が行われる事業場

ロ 本社・本店である事業場の具体的な指示を受けることなく独自に、当該事業場に係る事業の運営に大きな影響を及ぼす事業計画や営業計画の決定を行っている支社・支店等である事業場

2 企画業務型裁量労働制の対象となる業務

次の①〜③のすべてを満たす業務が対象業務となる。

① 業務が所属する事業場の事業の運営に関するものであること（例えば、対象事業場の属する企業等に係る事業の運営に影響を及ぼすもの、事業場独自の事業戦略に関するものなど）

② 企画、立案、調査及び分析の業務であること

③ 業務遂行の方法を大幅に労働者の裁量にゆだねる必要があると、「業務の性質に照らして客観的に判断される」業務であること

④ 企画・立案・調査・分析という相互に関連し合う作業を、いつ、どのように行うか等についての広範な裁量が労働者に認められている業務であること

なお、対象業務を行う者は、対象業務に常態として従事しており、対象業務を適切に遂行するための知識・経験等を有する労働者である。適用に当たっては、本人の書面などによる同意が必要である。

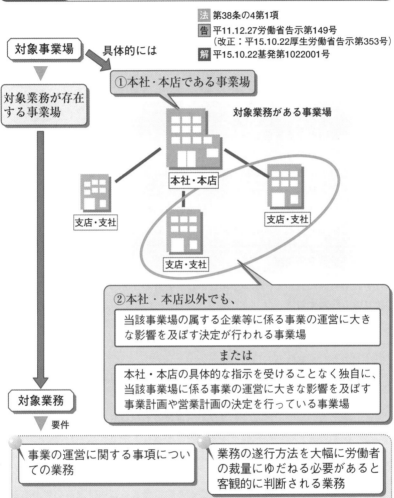

図4-16-1 企画業務型裁量労働制の対象事業場・対象業務

法 第38条の4第1項
告 平11.12.27労働省告示第149号
（改正：平15.10.22厚生労働省告示第353号）
解 平15.10.22基発第1022001号

対象事業場

▼

対象業務が存在する事業場

具体的には

①本社・本店である事業場

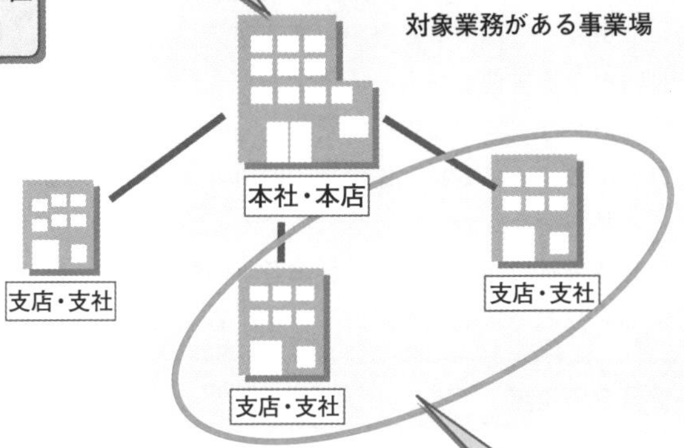

対象業務がある事業場
本社・本店
支店・支社
支店・支社
支店・支社

②本社・本店以外でも、

当該事業場の属する企業等に係る事業の運営に大きな影響を及ぼす決定が行われる事業場

または

本社・本店の具体的な指示を受けることなく独自に、当該事業場に係る事業の運営に大きな影響を及ぼす事業計画や営業計画の決定を行っている事業場

対象業務

▼ 要件

- 事業の運営に関する事項についての業務
- 業務の遂行方法を大幅に労働者の裁量にゆだねる必要があると客観的に判断される業務
- 企画・立案・調査・分析の業務
- 業務の遂行手段及び時間配分の決定等に関し使用者が具体的な指示をしないこととする業務

法 第38条の4第1項第1号
告 平11.12.27労働省告示第149号
（改正：平15.10.22厚生労働省告示第353号）

3 実施の要件

上記②の業務を企画業務型裁量労働制の対象にするためには、以下の要件が必要とされる。

(1) 労使委員会の設置

事業場に、労働条件に関する事項を調査審議し、事業主に対して意見を述べることを目的とする労使委員会を設置する。

この労使委員会は、次の要件を満たしたものでなければならない。

① 委員の半数については、過半数労働組合または労働者の過半数を代表する者により任期を定めて指名されていること

② 委員会議事録の作成、保存、労働者への周知が図られていること

③ 労使委員会の運営規程が定められていること

(2) 労使委員会の決議

労使委員会において、次の事項について委員の5分の4以上の多数による議決により決議する。

① 対象業務

② 対象労働者

③ みなし労働時間

④ 労働時間の状況に応じた対象労働者の健康・福祉確保のための措置

⑤ 対象労働者からの苦情処理に関する措置

⑥ 労働者の同意を得ること及び不同意者の不利益取扱いの禁止

⑦ 決議の有効期間の定め（3年以内とすることが望ましい）

⑧ ④⑤⑥に関する労働者ごとの記録を決議の有効期間及びその後3年間保存すること

また、労使委員会の決議は、所轄労働基準監督署長に届け出る必要がある。

図4-16-2 企画業務型裁量労働制の実施要件と手続き

労使委員会を設置し、制度の内容を決議する

法 第38条の4第2項　則 第24条の2の4
解 平11.1.29基発第45号
平15.12.26基発第1226002号

使用者代表委員　**労使委員会**　労働者代表委員

要件
- 委員の半数は、過半数労働組合または過半数代表者に任期を定めて指名されていること
- 委員会の議事録が作成・保存され労働者に周知されていること
- 委員会の運営規程が定められていること

5分の4以上の多数による決議

定める事項

① 対象業務の範囲
② 対象労働者の範囲
③ みなし労働時間
④ 健康・福祉確保措置
⑤ 苦情処理に関する措置
⑥ 労働者の同意の取得及び不同意者の不利益取扱いの禁止
⑦ 有効期間（3年以内が望ましい）
⑧ ④⑤⑥に関する労働者ごとの記録の保存（有効期間中とその後3年間）

法 第38条の4第1項
則 第24条の2の3第3項

↓

労使委員会の決議を所轄労基署長へ届け出る　法 第38条の4第1項

↓

対象労働者の同意を得る

↓

制度を実施する

決議から6カ月以内ごとに1回、労働時間の状況、健康・福祉確保措置の実施状況を定期的に所轄労基署長に報告する。

解 第38条の4第4項
則 第24条の2の5
附則第66条の2

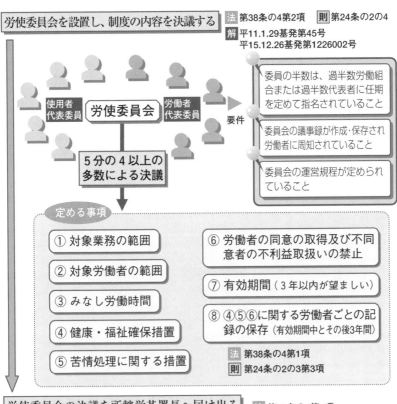

4 実施状況報告

企画業務型裁量労働制の実施状況について、労使委員会の決議が行われた日から起算して6カ月以内ごとに1回、次の事項について所定の様式により所轄労働基準監督署長に報告しなければならない。

① 労働時間の状況

② 労働者の健康及び福祉を確保するための措置の実施状況

17　労働時間の通算、坑内労働　第38条

Point

- ◎　1日にいくつかの異なる事業場で働いた場合でも、労働時間は通算される。
- ◎　坑内労働については、労働者が坑口に入った時刻から坑口を出た時刻までが、休憩時間を含め労働時間とみなされる。この場合、休憩時間の一斉付与と自由利用は適用除外とされている。

◆条　文◆

（時間計算）

第三十八条　労働時間は、事業場を異にする場合においても、労働時間に関する規定の適用については通算する。

②　坑内労働については、労働者が坑口に入つた時刻から坑口を出た時刻までの時間を、休憩時間を含め労働時間とみなす。但し、この場合においては、第三十四条第二項及び第三項の休憩に関する規定は適用しない。

1　事業場を異にする場合の労働時間の算定

労働時間の算定に当たっては、事業場を異にする場合においても通算する。

例えば、労働者がA事業場で4時間労働した後、B事業場で4時間労働した場合には、その労働者のその1日の労働時間は通算して8時間となる。この場合において、B事業場で5時間労働させた場合には通算して9時間となり、B事業場では1時間の時間外労働をさせたことになる。

なお、これには、同一事業主に属する異なった事業場で労働する場合だけでなく、事業主を異にする事業場で労働する場合も含まれる。

2　坑内労働の時間計算

鉱山等における坑内労働については、労働者が坑口に入った時刻から坑口を出るまでの時間を、休憩時間を含め労働時間とみなす。なお、坑内労働における休憩については、その性質上、休憩時間の一斉付与及び休憩時間の自由利用は、適用除外とされている。

労働者が一団として入坑し、出坑する場合には、入坑終了から出坑終了までの時間がその団体に属する労働者の労働時間とみなされる。しかし、この場合には、労働者の不利とならないように、その入坑開始から入坑終了までの時間について所轄労働基準監督署長の許可を受けなければならない。その許可基準は、次のとおりである。

① 20人以下の団体入坑は許可しないこと

② 徒歩で出入坑する場合には、所要時間が30分以内のものに限ること

③ 人車またはケージによって出入坑する場合には、合理的所要時間（1回の乗降時間としてケージの場合は30秒、人車の場合は3分とし、これに通常の運転時間を加えて算出する）に3割を加えた時間以内のものに限ること

図4-17-1 事業場が異なる場合の労働時間の通算

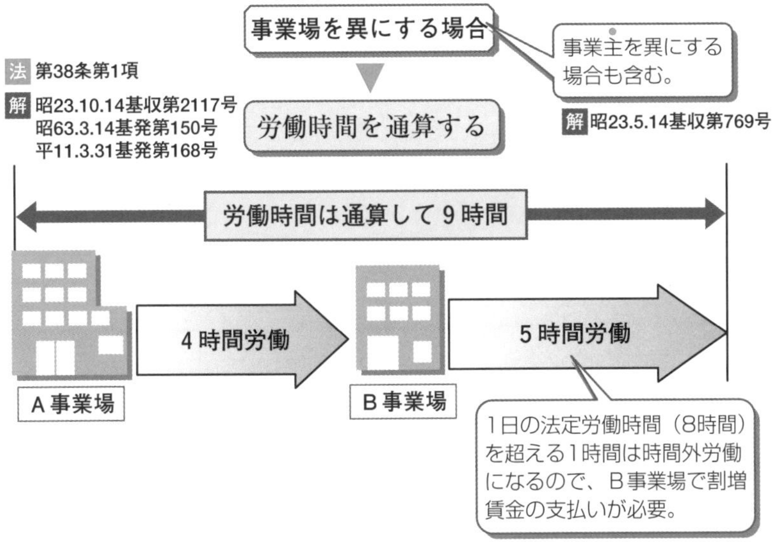
事業場を異にする場合
事業主を異にする場合も含む。
法 第38条第1項
解 昭23.10.14基収第2117号
昭63.3.14基発第150号
平11.3.31基発第168号
労働時間を通算する
解 昭23.5.14基収第769号
労働時間は通算して 9 時間
4 時間労働
5 時間労働
A 事業場
B 事業場
1日の法定労働時間（8時間）を超える1時間は時間外労働になるので、B 事業場で割増賃金の支払いが必要。

図4-17-2 坑内労働の労働時間

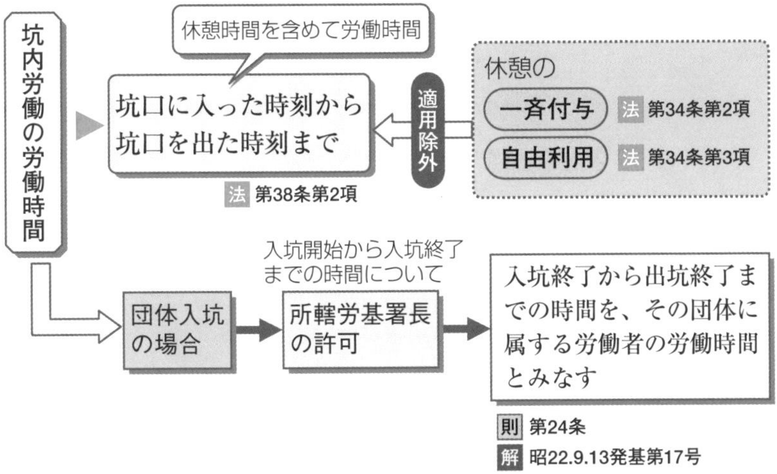
坑内労働の労働時間
休憩時間を含めて労働時間
坑口に入った時刻から坑口を出た時刻まで
法 第38条第2項
適用除外
休憩の
一斉付与
法 第34条第2項
自由利用
法 第34条第3項
入坑開始から入坑終了までの時間について
団体入坑の場合
所轄労基署長の許可
入坑終了から出坑終了までの時間を、その団体に属する労働者の労働時間とみなす
則 第24条
解 昭22.9.13発基第17号

18 適用除外 第41条

◎ 労働基準法は、①農水産業従事者、②管理監督者等、③監視断続的労働従事者、④宿日直勤務者――については労働時間、休憩、休日に関する規定は適用しないこととしている。

◆条 文◆

（労働時間等に関する規定の適用除外）

第四十一条 この章、第六章及び第六章の二で定める労働時間、休憩及び休日に関する規定は、次の各号の一に該当する労働者については適用しない。

一 別表第一第六号（林業を除く。）又は第七号に掲げる事業に従事する者

二 事業の種類にかかわらず監督若しくは管理の地位にある者又は機密の事務を取り扱う者

三 監視又は断続的労働に従事する者で、使用者が行政官庁の許可を受けたもの

労働基準法は、①農水産業従事者、②管理監督者等、③監視断続的労働従事者、④宿日直勤務者について、労働時間、休憩、休日に関する規定は適用しないこととしている。したがって、これらに該当する者については、これまで第４部で説明してきた事項については、すべて適用されない。

なお、これらに該当する者であっても、深夜業に関する割増賃金の支払いと年次有給休暇に関する規定は、一般の労働者と同様に適用されることに注意を要する。

1 農水産業従事者

農業、畜産、養蚕または水産の事業に従事する労働者については、天候などの自然条件に左右される業務であるため、労働時間等の規制を適用することは適当ではないことから、労働時間等の規制は適用除外となる。

2 管理監督者等

監督または管理の地位にある者及び機密の事務を取り扱う者については、経営者と一体となって仕事をする必要があることから、労働時間等の規制は適用除外となる。

管理監督者とは、一般的に部長、工場長等労働条件の決定その他労務管理について経営者と一体的な立場にある者であり、名称にとらわれず、労働時間等に関する規制を適用することがなじまないものについて実態的に判断する。

具体的には、企業が人事管理上あるいは営業政策上の必要等から任命する職制上の役付者であれば、すべてがこれに該当するものではなく、これらの職制上の役付者のうち、労働時間等に関する規制の枠を超えて活動することが要請されざるを得ない重要な職務と責任を有し、現実の勤務態様も労働時間等の規制になじまないような立場の者に限られる。

また、待遇面においても、その地位にふさわしい待遇がなされていることが必要であるが、役付手当等が支払われていれば、実態のない者まですべて管理監督者になるわけではない。

ところで、近年「名ばかり管理職」が問題となったことから、通達で多店舗展開する小売業、飲食業等の店舗の店長等の管理監督者性を否定する判断要素が示された（平成20年９月９日基発第0909001号）。この通達は、管理監督者性を否定する要素として次の事項を示している。

図4-18-1 適用の除外

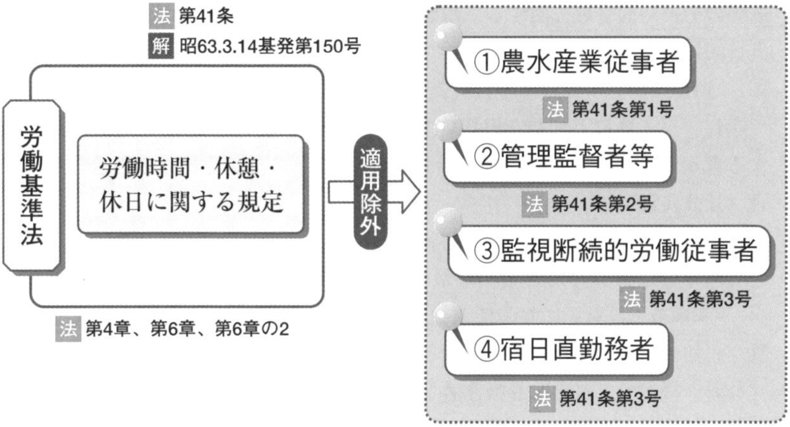

図4-18-2 適用除外となる管理監督者等の範囲

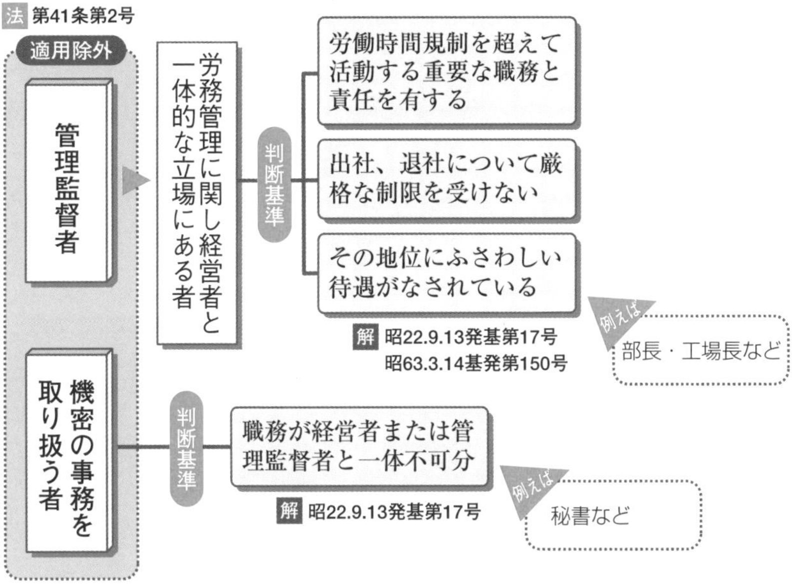

① 「職務内容、責任と権限」についての判断要素

店舗のアルバイト・パート等の採用、解雇、部下の人事考課、勤務割表の作成等の労働時間管理に関する事項が職務内容に含まれておらず、権限と責任が実質的にない場合（重要な要素）

② 「勤務態様」についての判断要素

遅刻、早退等に不利益な取扱いをされる場合（重要な要素）、労働時間に関する裁量がほとんどない場合（補強要素）、部下の勤務態様との相違がない場合（補強要素）

③ 「賃金等の待遇」についての判断要素

時間単価に換算した賃金額が最低賃金額に満たない場合（極めて重要な要素）、基本給・役職手当等の優遇措置が十分でない場合（補強要素）、１年間の賃金総額が当該企業の一般労働者と同程度以下である場合（補強要素）

なお、機密の事務を取り扱う者とは、秘書その他職務が経営者または管理監督者の活動と一体不可分であって、厳格な労働時間管理になじまない者である。

参考　多店舗展開型の小売・飲食業等の店舗における店長等の管理監督者性の判断要素

多店舗展開型の小売・飲食業等の店舗にみられる特徴的な要素を捉え、従来の解釈例規を前提に、これら店舗における管理監督者性を否定する要素を整理

↓

	管理監督者性を否定する重要な要素	管理監督者性を否定する補強要素
職務内容、責任と権限	①アルバイト・パート等の採用について責任と権限がない ②アルバイト・パート等の解雇について職務内容に含まれず、実質的にも関与せず ③部下の人事考課について職務内容に含まれず、実質的にも関与せず ④勤務割表の作成、所定時間外労働の命令について責任と権限がない	
勤務態様	①遅刻、早退等により減給の制裁、人事考課での負の評価など不利益な取扱いがされる	①長時間労働を余儀なくされるなど、実際には労働時間に関する裁量がほとんどない ②労働時間の規制を受ける部下と同様の勤務態様が労働時間の大半を占める
賃金等の待遇	①時間単価換算した場合にアルバイト・パート等の賃金額に満たない ②時間単価換算した場合に最低賃金額に満たない　**極めて重要な要素**	①基本給､役職手当等の優遇措置が割増賃金が支払われないことを考慮すると十分でなく労働者の保護に欠ける ②年間の賃金総額が一般労働者と比べ同程度以下である

↓

- **管理監督者性を否定する要素に１つでも当たると、管理監督者に該当しない可能性が高い。**
- **否定要素をすべてクリアできたからといって必ずしも管理監督者に該当するとはいえず、従来の解釈例規に従って、実態判断する。**

解　昭22.9.13発基第17号
昭63.3.14基発第150号
平20.9.9基発第0909001号

3　監視または断続的労働従事者

監視または断続的労働に従事する者については、通常の労働者と比較して労働密度がうすく、労働時間等の規制を適用しなくても必ずしも労働者の保護に欠けることがないので、労働時間等に関する規制は適用除外とされている。監視または断続的労働として、労働時間等に関する規制が適用除外とされるためには、所轄労働基準監督署長の許可が必要である。

監視に従事する者とは、原則として、一定部署にあって監視するのを本来の業務とする者であるが、次のような者は許可の対象とならない。

イ　交通関係の監視、車両誘導を行う駐車場等の監視等精神的緊張の高い業務
ロ　プラント等における計器類を常態として監視する業務
ハ　危険または有害な場所における業務

断続的労働に従事する者とは、本来作業が間歇的に行われ、作業時間が長く継続することがなく、手待時間が多い者であり、その許可基準は次のとおりである。

①　修繕係等通常は業務閑散であるが、事故発生に備えて待機するものは許可すること。
②　寄宿舎の賄人等については、その者の勤務時間を基礎として作業時間と手待時間折半の程度まで許可すること。ただし、実労働時間の合計が8時間を超えるときは許可すべき限りではない。
③　鉄道踏切番等については、1日交通量10往復程度まで許可すること。
④　その他特に危険な業務に従事する者については許可しないこと。

監視または断続的労働は、その業務が常態としてこれに該当することが必要であり、日によって、監視または断続的労働と通常労働とを交互に繰り返すようなものはこれに該当せず、許可の対象とはならない。

また、許可に際しては、労働者の健康と福祉が害されることがないよう、種々の附款がつけられることがあるが、附款がつけられた場合には、その範囲内で労働させなければならない。

図4-18-3 適用除外となる監視・断続的労働従事者の範囲等

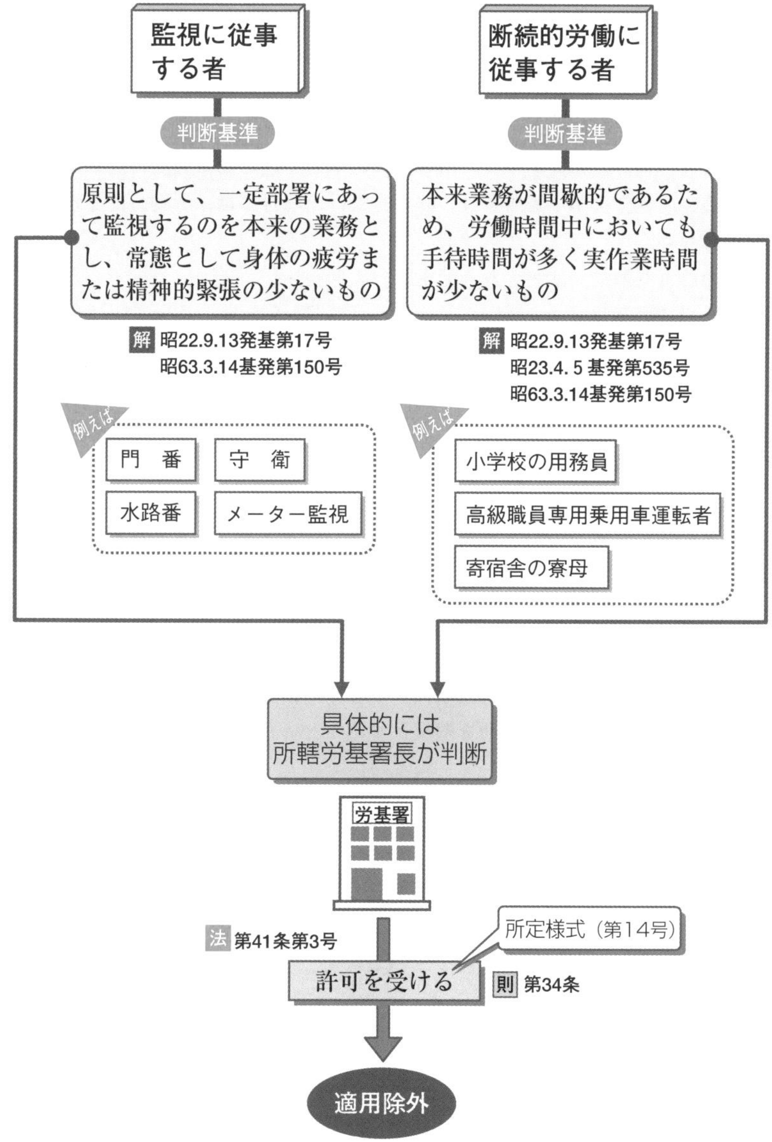

監視に従事する者
判断基準
原則として、一定部署にあって監視するのを本来の業務とし、常態として身体の疲労または精神的緊張の少ないもの
解 昭22.9.13発基第17号
昭63.3.14基発第150号
例えば
門 番
守 衛
水路番
メーター監視
断続的労働に従事する者
判断基準
本来業務が間歇的であるため、労働時間中においても手待時間が多く実作業時間が少ないもの
解 昭22.9.13発基第17号
昭23.4. 5 基発第535号
昭63.3.14基発第150号
例えば
小学校の用務員
高級職員専用乗用車運転者
寄宿舎の寮母
具体的には
所轄労基署長が判断
労基署
法 第41条第3号
所定様式（第14号）
許可を受ける
則 第34条
適用除外

4 宿日直勤務者

宿日直とは、仕事の終了から翌日の仕事の開始までの時間や休日について、労働者を事業場で待機させ、電話の応対、火災等の予防のための巡視、非常事態発生時の連絡等に当たらせるものである。

これらの宿日直については、宿日直に従事している間は労働密度がうすいことから、所轄労働基準監督署長の許可を受けた場合には、労働時間等の規制は適用しない。

その許可基準は、次のとおりである。

① 勤務の態様

常態として、ほとんど労働をする必要のない勤務のみを認めるものであり、定時的巡視、緊急の文書または電話の収受、非常事態に備えての待機等を目的とするものに限ること。すなわち、原則として、通常の労働の継続は許可されない。

② 宿日直手当

宿直手当または日直手当の最低額は、宿直または日直の勤務に就く労働者の賃金（割増賃金の基礎となる賃金）の１人１日平均額の３分の１を下らないものであること。

③ 宿日直の回数

宿直または日直の勤務回数については、宿直勤務については週１回、日直勤務については月１回を限度とすること。

④ その他

宿直勤務については、相当の睡眠設備の設置を条件とするものであること。

図4-18-4 適用除外となる宿日直勤務者の範囲等

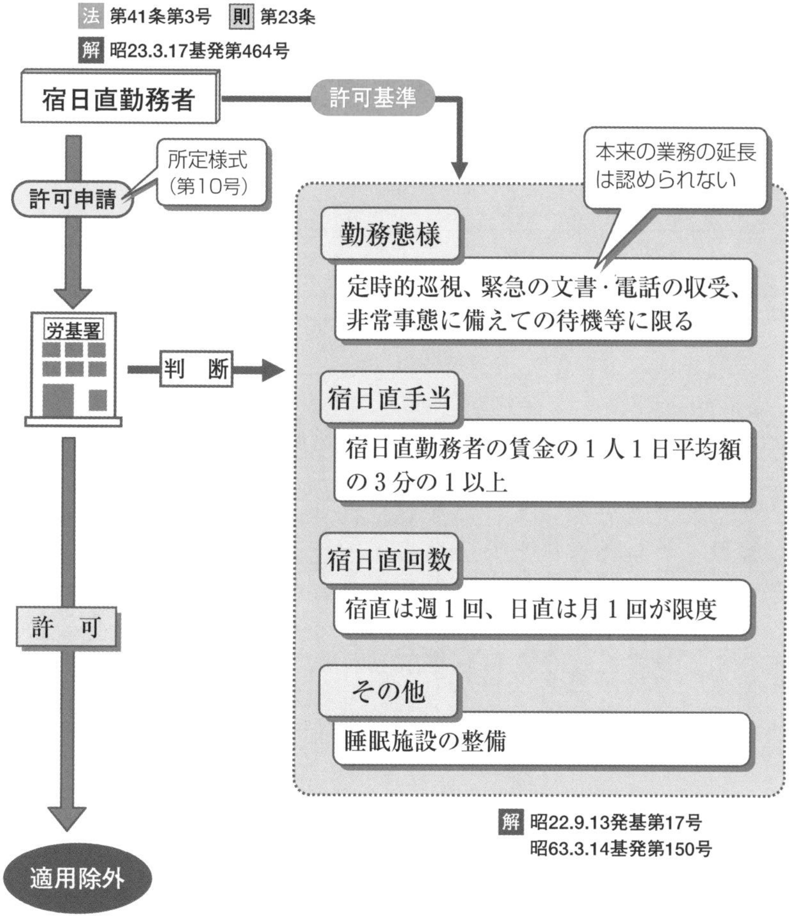

法 第41条第3号 則 第23条
解 昭23.3.17基発第464号
宿日直勤務者
許可基準
許可申請
所定様式（第10号）
労基署
判 断
許 可
適用除外
本来の業務の延長は認められない
勤務態様
定時的巡視、緊急の文書・電話の収受、非常事態に備えての待機等に限る
宿日直手当
宿日直勤務者の賃金の1人1日平均額の3分の1以上
宿日直回数
宿直は週1回、日直は月1回が限度
その他
睡眠施設の整備
解 昭22.9.13発基第17号
昭63.3.14基発第150号

19 高度プロフェッショナル制度（第41条の2）

Point

◎ 高度プロフェッショナル制度は、職務の範囲が明確で高度な職業能力を有し一定の年収要件を満たす労働者を対象として、一定の手続きや健康確保措置を講ずることを要件として、労働時間、休憩、休日、深夜の割増賃金に関する規定を適用除外とするものである。

◆条　文◆

第四十一条の二　賃金、労働時間その他の当該事業場における労働条件に関する事項を調査審議し、事業主に対し当該事項について意見を述べることを目的とする委員会（使用者及び当該事業場の労働者を代表する者を構成員とするものに限る。）が設置された事業場において、当該委員会がその委員の五分の四以上の多数による議決により次に掲げる事項に関する決議をし、かつ、使用者が、厚生労働省令で定めるところにより当該決議を行政官庁に届け出た場合において、第二号に掲げる労働者の範囲に属する労働者（以下この項において「対象労働者」という。）であつて書面その他の厚生労働省令で定める方法によりその同意を得たものを当該事業場における第一号に掲げる業務に就かせたときは、この章で定める労働時間、休憩、休日及び深夜の割増賃金に関する規定は、対象労働者については適用しない。ただし、第三号から第五号までに規定する措置のいずれかを使用者が講じていない場合は、この限りでない。

一　高度の専門的知識等を必要とし、その性質上従事した時間と従事して得た成果との関連性が通常高くないと認められるものとして厚生労働省令で定める業務のうち、労働者に就かせることとする業務（以下この項において「対象業務」という。）

二　この項の規定により労働する期間において次のいずれにも該当する労働者であつて、対象業務に就かせようとするものの範囲

イ　使用者との間の書面その他の厚生労働省令で定める方法による合意に基づき職務が明確に定められていること。

ロ　労働契約により使用者から支払われると見込まれる賃金の額を一年間当たりの賃金の額に換算した額が基準年間平均給与額（厚生労働省において作成する毎月勤労統計における毎月きまつて支給する給与の額を基礎として厚生労働省令で定めるところにより算定した労働者一人当たりの給与の平均額をいう。）の三倍の額を相当程度上回る水準として厚生労働省令で定める額以上であること。

三　対象業務に従事する対象労働者の健康管理を行うために当該対象労働者が事業場内にいた時間（この項の委員会が厚生労働省令で定める労働

時間以外の時間を除くことを決議したときは、当該決議に係る時間を除いた時間）と事業場外において労働した時間との合計の時間（第五号ロ及びニ並びに第六号において「健康管理時間」という。）を把握する措置（厚生労働省令で定める方法に限る。）を当該決議で定めるところにより使用者が講ずること。

四　対象業務に従事する対象労働者に対し、一年間を通じ百四日以上、かつ、四週間を通じ四日以上の休日を当該決議及び就業規則その他これに準ずるもので定めるところにより使用者が与えること。

五　対象業務に従事する対象労働者に対し、次のいずれかに該当する措置を当該決議及び就業規則その他これに準ずるもので定めるところにより使用者が講ずること。

イ　労働者ごとに始業から二十四時間を経過するまでに厚生労働省令で定める時間以上の継続した休息時間を確保し、かつ、第三十七条第四項に規定する時刻の間において労働させる回数を一箇月について厚生労働省令で定める回数以内とすること。

ロ　健康管理時間を一箇月又は三箇月についてそれぞれ厚生労働省令で定める時間を超えない範囲内とすること。

ハ　一年に一回以上の継続した二週間（労働者が請求した場合においては、一年に二回以上の継続した一週間）（使用者が当該期間において、第三十九条の規定による有給休暇を与えたときは、当該有給休暇を与えた日を除く。）について、休日を与えること。

ニ　健康管理時間の状況その他の事項が労働者の健康の保持を考慮して厚生労働省令で定める要件に該当する労働者に健康診断（厚生労働省令で定める項目を含むものに限る。）を実施すること。

六　対象業務に従事する対象労働者の健康管理時間の状況に応じた当該対象労働者の健康及び福祉を確保するための措置であつて、当該対象労働者に対する有給休暇（第三十九条の規定による有給休暇を除く。）の付与、健康診断の実施その他の厚生労働省令で定める措置のうち当該決議で定めるものを使用者が講ずること。

七　対象労働者のこの項の規定による同意の撤回に関する手続

八　対象業務に従事する対象労働者からの苦情の処理に関する措置を当該決議で定めるところにより使用者が講ずること。

九　使用者は、この項の規定による同意をしなかつた対象労働者に対して解雇その他不利益な取扱いをしてはならないこと。

十　前各号に掲げるもののほか、厚生労働省令で定める事項

②　前項の規定による届出をした使用者は、厚生労働省令で定めるところにより、同項第四号から第六号までに規定する措置の実施状況を行政官庁に報告しなければならない。

③　第三十八条の四第二項、第三項及び第五項の規定は、第一項の委員会について準用する。

④　第一項の決議をする委員は、当該決議の内容が前項において準用する第三十八条の四第三項の指針に適合したものとなるようにしなければならない。

⑤　行政官庁は、第三項において準用する第三十八条の四第三項の指針に関し、第一項の決議をする委員に対し、必要な助言及び指導を行うことができる。

1　趣　旨

高度プロフェッショナル制度は、高度の専門的知識等を有し、職務の範囲が明確で一定の年収要件を満たす労働者を対象として、一定の手続きや健康確保措置を講ずることを要件として、労働時間、休憩、休日、深夜の割増賃金に関する規定の適用を除外するものである。

◆高度プロフェッショナル制度に関する指針

高度プロフェッショナル制度については、労働基準法、労働基準法施行規則のほか、労働基準法第41条の２第３項の規定に基づき策定された指針「労働基準法第41条の２第１項の規定により同項第１号の業務に従事する労働者の適正な労働条件の確保を図るための指針」（平成31年３月25日厚生労働省告示第88号。以下「高プロ指針」という）において、労働基準法第41条の２第１項の委員会（以下「労使委員会」という）での決議事項に関する具体的内容や、制度の実施に関し、使用者や当該事業場の労働者、労使委員会の委員等の関係者が留意すべき事項等が示されている。

労使委員会の委員は、決議の内容がこの指針に適合したものになるようにしなければならない（労働基準法第41条の２第４項）。また、行政官庁（所轄労働基準監督署長）は、この指針に関し、決議をする労使委員会の委員に対し、必要な助言及び指導を行うことができるものとされている（同条第５項）。

2　実施の要件（労使委員会の設置・決議、届出等）

(1)　労使委員会

高度プロフェッショナル制度を導入するに当たっては、労使委員会がその委員の５分の４以上の多数による議決により、後記3の決議をし、その決議を行政官庁（所轄労働基準監督署長）に届け出なければならない。

イ　労使委員会の設置に先立つ話合い

対象事業場の使用者及び過半数代表者または過半数労働組合は、労使委員会の設置に先立って、設置日程や手順、使用者による一定の便宜の供与がなされる場合はそのあり方等について十分に話し合い、定めておくことが望ま

図4-19-1 高度プロフェッショナル制度導入のイメージ

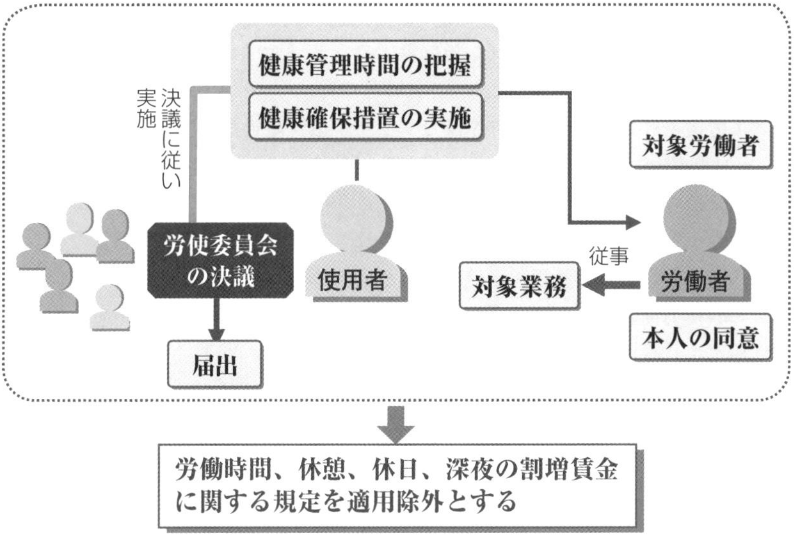
健康管理時間の把握
健康確保措置の実施
決議に従い実施
対象労働者
労使委員会の決議
使用者
従事
対象業務
労働者
本人の同意
届出
労働時間、休憩、休日、深夜の割増賃金に関する規定を適用除外とする

図4-19-2 労使委員会の設置要件

法 第41条の2第3項→第38条の4第2項・5項準用 則 第34条の2の3→第24条の2の4準用

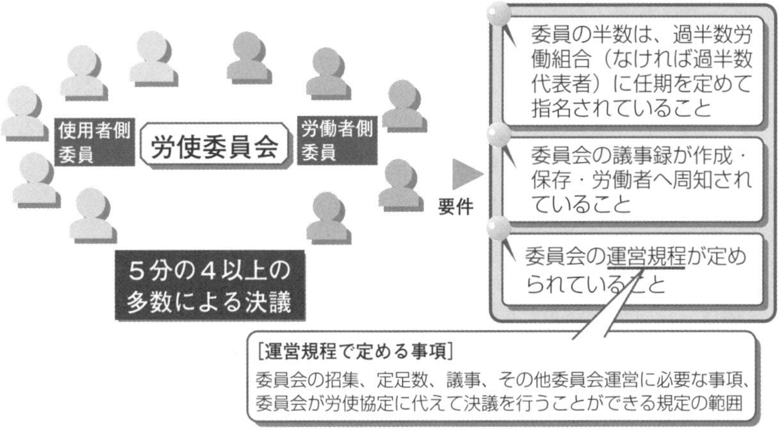
使用者側委員
労使委員会
労働者側委員
5分の4以上の多数による決議
要件
委員の半数は、過半数労働組合（なければ過半数代表者）に任期を定めて指名されていること
委員会の議事録が作成・保存・労働者へ周知されていること
委員会の運営規程が定められていること
[運営規程で定める事項]
委員会の招集、定足数、議事、その他委員会運営に必要な事項、委員会が労使協定に代えて決議を行うことができる規定の範囲

しいとされている（高プロ指針第４の１）

また、特に、過半数労働組合がない場合において、使用者は、過半数代表者が必要な手続きを円滑に実施できるよう十分に話し合い、必要な配慮を行うことが適当である（高プロ指針第４の１）。

ロ　労使委員会の要件

労使委員会は、次の要件を満たすことが必要である。

① 委員の半数は、過半数労働組合（なければ過半数代表者）に任期を定めて指名されていること

② 委員会の議事録が作成・保存され、労働者に周知されていること

③ 委員会の運営規程が定められていること

労使委員会の要件は、企画業務型裁量労働制の労使委員会に関する規定が準用される。

ハ　労使委員会への情報の開示等

決議が適切に行われるため、使用者は、決議に先立ち、対象労働者に適用される評価制度及び賃金制度について、労使委員会に対し十分に説明することが重要である（高プロ指針第３の11）。

また、次の情報を労使委員会に開示することが適当とされている（高プロ指針第４の３）。

① 対象労働者に適用される評価制度及び賃金制度、高度プロフェッショナル制度が適用されることとなった場合における対象業務の具体的内容

② 健康管理時間の状況、休日確保措置の実施状況、選択的措置の実施状況、健康・福祉確保措置の実施状況、苦情処理措置の実施状況及び労使委員会の開催状況

ニ　労使委員会の決議により代替できる労使協定

高度プロフェッショナル制度の労使委員会の５分の４以上の多数による決議は、企画業務型裁量労働制の労使委員会の場合と同様に、法に定められる労働時間等に関する労使協定に代替することができる。

⑵ 決議の届出

高度プロフェッショナル制度を導入するに当たっては、労使委員会がその委員の５分の４以上の多数による議決により、所定の決議事項について決議をし、使用者は、当該決議を行政官庁（所轄労働基準監督署長）に届け出なければならない。

図4-19-3 高度プロフェッショナル制度導入の流れ

労使委員会の設定に先立つ話し合い

↓

労使委員会を設置し、制度の内容を決議する

法 第41条の2第1項・第3項
→第38条の4第2項・第5項準用
則 第34条の2の3
→第24条の2の4準用

労使委員会

↓

5分の4以上の多数による決議

↓

定める事項（決議事項）（次頁参照）

適正な決議がなされてない場合や、決議の届出がされていない場合は、高度プロフェッショナル制度の法律上の効果は生じない。

通 平31.3.25基発0325第1号

↓

労使委員会の決議を所轄労基署長へ届け出る

法 第41条の2第1項
則 第34条の2第1項

↓

対象労働者の同意を書面で得る

法 第41条の2第1項　則 第34条の2第2項

↓

制度を実施する（対象労働者を対象業務に就かせる）

法 第41条の2第2項
則 第34条の2の2

決議から６カ月以内ごとに１回、健康管理時間の状況、休日確保措置、選択的措置及び福祉・福利確保措置の実施状況を定期的に所轄労基署長に報告する。

図4-19-4 労使委員会の決議により代替できる労使協定

①	１か月単位の変形労働時間制	法32条の２
②	フレックスタイム制	法32条の３
③	１年単位の変形労働時間制	法32条の４
④	１週間単位の非定型的変形労働時間制	法32条の５
⑤	一斉休憩によらない場合	法34条２項
⑥	時間外・休日労働（36協定）	法36条
⑦	月60時間超の時間外労働に係る代替休暇	法37条３項
⑧	事業場外のみなし労働時間制	法38条の２第２項
⑨	専門業務型裁量労働制	法38条の３
⑩	時間単位年休	法39条４項
⑪	年休の計画的付与	法39条６項
⑫	年次有給休暇取得日の賃金を健康保険の標準報酬月額の30分の１相当額で支払う場合	法39条９項

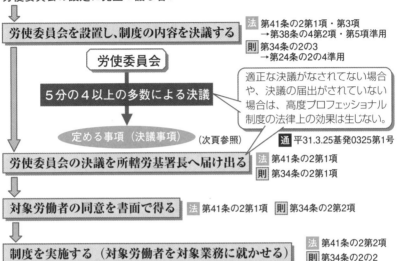

⑶ 対象労働者の同意書面の取得

高度プロフェッショナル制度は、対象労働者本人の同意がなければ適用することはできない。制度の適用にあたっては、次の事項を明らかにした書面に対象労働者の署名を受け、当該書面の交付を受ける方法（本人の希望があれば、当該書面に記載すべき事項を記録した電磁的記録の提供を受ける方法でもかまわない）により、当該労働者の同意を得なければならない。

なお、使用者から一方的に労働者本人の同意を解除することはできない（高プロ指針第２の６）。

また、高プロ指針では、対象労働者から同意を得るに当たっての手続きを労使委員会の決議で定めておくことや、同意を得る前に制度の適用に関する事項を明示することなどが定められている（高プロ指針第２の１、２）。

3 労使委員会の決議事項

⑴ 対象業務

高度プロフェッショナル制度の対象業務は、高度の専門的知識等を必要とし、その性質上、従事した時間と従事して得た成果との関連性が通常高くないと認められる業務であり（労働基準法第41条の２第１項１号）、具体的には、５つの業務が定められている（労働基準法施行規則第34条の２第３項）。

イ　金融工学等の知識を用いて行う金融商品の開発の業務

ロ　資産運用（指図を含む。以下同じ）の業務または有価証券の売買その他の取引の業務のうち、投資判断に基づく資産運用の業務、投資判断に基づく資産運用として行う有価証券の売買その他の取引の業務または投資判断に基づき自己の計算において行う有価証券の売買その他の取引の業務

ハ　有価証券市場における相場等の動向または有価証券の価値等の分析、評価またはこれに基づく投資に関する助言の業務

ニ　顧客の事業の運営に関する重要な事項についての調査または分析及びこれに基づく当該事項に関する考案または助言の業務

ホ　新たな技術、商品または役務の研究開発の業務

図4-19-5　対象労働者の同意書面の取得

法 第41条の2第1項　則 第34条の2第2項
告 平31厚生労働省告示第88号（高プロ指針）

労働者にあらかじめ書面で明示する

①制度の概要②労使委員会の決議の内容③同意した場合に適用される賃金制度、評価制度④同意をしなかった場合の配置・処遇、不同意に対する不利益取扱いの禁止⑤同意の撤回に対する不利益取扱いの禁止 等

↓

労働者に同意書面を明示する

同意書面の記載事項

① 対象労働者が同意をした場合には、労働基準法第４章で定める労働時間、休憩、休日及び深夜の割増賃金に関する規定が適用されないこととなる旨
② 本人同意の対象となる期間（１カ月以上の期間）
③ ②の期間中に支払われると見込まれる賃金の額

← **労働者の署名**

図4-19-6　労使委員会の決議事項

法 第41条の2第1項　則 第34条の2第3項～第15項

① 対象業務
② 対象労働者の範囲
③ 対象労働者の健康管理時間を把握すること・その把握方法
④ 休日確保措置（年間104日以上、4週間を通じ4日以上の休日）
⑤ 選択的措置
⑥ 対象労働者の健康管理時間の状況に応じた健康・福祉確保措置
⑦ 同意の撤回に関する手続き
⑧ 苦情処理措置を実施すること・その具体的内容
⑨ 不同意者への不利益取扱いの禁止
⑩ 有効期間､当該決議は再度決議をしない限り更新されない旨
⑪ 委員会の開催頻度・開催時期
⑫ 医師の選任（常時使用する労働者数が50人未満の事業場）
⑬ 決議に基づき講じた措置等の記録の保存

(2) 対象労働者の範囲

対象となる労働者の範囲は、①使用者との間で書面等による合意に基づき職務が明確に定められており、かつ、②労働契約により支払われると見込まれる賃金の額（年収）が基準年間平均給与額の３倍の額を相当程度上回る水準として厚生労働省令で定める額（1,075万円、労働基準法施行規則第34条の２第５項、６項）である（労働基準法第41条の２第１項第２号ロ）。

(3) 健康管理時間の把握

イ　健康管理時間

労使委員会の決議において、健康管理時間を把握する措置（把握方法）を当該決議で定めるところにより使用者が講ずることを定めなければならない（労働基準法第41条の２第１項第３号）。

高度プロフェッショナル制度のもとでは、労働時間や休憩、休日等に関する労働基準法の規定が適用されず、一般の労働者のように労働した時間を厳格に把握・管理することになじまない。そこで、労働に従事したそのものの時間ではなく、事業場にいた時間（在社時間）と事業場外で労働した時間を合計した時間（「健康管理時間」という）を把握することとし、この把握された時間に応じて健康を確保するための措置を講ずることとされている。

ロ　健康管理時間の把握方法

健康管理時間を把握する方法は、タイムカードによる記録、パーソナルコンピューター等電子計算機の使用時間（ログインからログアウトまでの時間）の記録、あるいはＩＣカードによる出退勤時刻または事業場への入退場時刻の記録等の客観的な方法によることとされている（労働基準法施行規則第34条の２第８項本文、高プロ指針第３の３(1)イ）。これは、事業場内にいた時間についても、事業場外において労働した時間についても、原則的には同様である。

ただし、事業場外において労働した場合であって、客観的な方法によることができないやむを得ない理由があるときは、例外的に自己申告によることが認められている（労働基準法施行規則第34条の２第８項ただし書、高プロ指針第３の３(1)ロ）。

また、健康管理時間を把握するに当たっては、対象労働者ごとに、日々の健康管理時間の始期・終期、それに基づく健康管理時間の時間数を記録する

図4-19-7 対象労働者の要件

労働者

↓

本人の同意

↓

制度の適用を受ける

対象労働者の要件

①使用者との合意に基づいて職務が明確に定められていること

▶ **職務の合意（職務記述書）**
（①業務の内容、②責任の程度、③求められる成果）

②年収が1,075万円以上であること

個別の労働契約または就業規則等において、名称のいかんにかかわらず、あらかじめ具体的な額をもって支払われることが約束され、支払われることが確実に見込まれる賃金であること。

法 第41条の2第1項第2号　則 第34条の2第4項～第6項
告 平31厚生労働省告示第88号（高プロ指針）

図4-19-8 健康管理時間の把握方法

健康管理時間とは ▶（定義）**事業場にいた時間（在社時間）と事業場外で労働した時間を合計した時間**

法 第41条の2第1項第3号　則 第34条の2第7項・第8項
告 平31厚生労働省告示第88号（高プロ指針）

↓ 把握方法

原則

客観的な方法

- タイムカードによる記録
- パソコン等の使用時間の記録
- ＩＣカードによる出退勤時刻または事業場への入退場時刻の記録

対象労働者ごとに日々の健康管理時間の始期・終期、時間数を記録。少なくとも１カ月当たりの健康管理時間の時間数の合計を把握すること等を決議。

↕

事業場外で労働した場合であってやむを得ない場合

例えば

◆顧客先に直行直帰し、勤怠管理システムへのログイン・ログアウト等もできない。
◆事業場外において、資料の閲覧等パソコンを使用しない作業を行うなど、勤怠管理システムへのログイン・ログアウト等もできない。
◆海外出張等勤怠管理システムへのログイン・ログアウト等が常時できない状況にある。

↓

例外

自己申告制

必要がある。この制度の適用者については、１週間当たりの健康管理時間が40時間を超えた場合におけるその超えた時間が１月当たり100時間を超えた場合に、医師による面接指導を義務づけており（労働安全衛生法第66条の８の４）、これを適切に実施するためには、使用者は、少なくとも１カ月当たりの健康管理時間の時間数の合計を把握しなければならないことになる。そして、対象労働者による自己申告が認められる場合であって、複数の日にまとめて把握する場合であっても、日々の健康管理時間と１カ月当たりの健康管理時間を明らかにしなければならない（高プロ指針第３の３⑴ニ）。また、このような記録方法とすることを、決議で定めることが適当とされている（高プロ指針第３の３⑵イ）。

⑷　健康確保のための措置

制度が適用される労働者については、一般の労働者のような労働時間等の規制が適用されないことから、際限なく長時間労働が行われ、過重労働による健康障害を引き起こすことが懸念される。そのため、制度の適用者に対して講ずる健康確保のための措置の内容や使用者が当該決議に従って措置を講ずることを労使委員会が決議し、定期的にこれらの実施状況を所轄労働基準監督署長へ報告させるとともに、実際にこのような措置が講じられていなければ、制度の法律上の効果を認めないこととして、適用者の健康確保を担保するしくみになっている。

また、適用者の健康確保のための措置には、①必須事項の「休日の確保措置」、②必ず法定の措置のいずれかを選択して講ずる「選択的措置」及び③これら以外で、健康管理時間の状況に応じた「健康・福祉確保措置」があり、制度を導入して適用するためには、これら①から③のいずれの措置も決議を経たうえで実施しなければならない。

イ　休日の確保措置

決議において、対象業務に従事する対象労働者に対し、１年間を通じ104日以上、かつ、４週間を通じ４日以上の休日を当該決議及び就業規則その他これに準ずるもので定めるところにより使用者与えることを定めなければならない（労働基準法第41条の２第１項第４号）。この休日の確保措置は、必須の決議事項・実施事項である。

また、決議で休日の取得の手続きを具体的に明らかにすることが必要である（高プロ指針第３の４⑴イ）。

図4-19-9 対象労働者の健康確保のための措置

次の 1 から 3 のすべての措置を労使委員会で決議し、これに従い措置を講じなければならない。

法 第41条の2第1項第4号から第6号

則 第34条の2第9項～第14項

1	**休日確保措置** (必ず実施)	**年間を通じ104日以上、かつ、４週を通じ４日以上の休日を確保** 年間104日以上の休日を対象労働者に与えることができないことが確定した時点で、本制度の法律上の効果は生じなくなる。
2	**選択的義務** (右の４つからいずれかを選択)	① **勤務間インターバル**(休息時間11時間以上) **＋深夜業の回数制限**(月４回以内) ② **健康管理時間の上限措置** ◆ 週当たり40時間を超える健康管理時間が、１カ月100時間以内、３カ月240時間以内。 ③ **連続した休日の付与** ◆ 原則として１年に１回以上の連続２週間の休日。 ◆ 労働者からの請求があれば、１年に２回以上の連続１週間の休日も可。 ◆ 年次有給休暇を与えた日を除く。 ④ **臨時の健康診断** ◆ 週当たりの40時間を超えた健康管理時間が１か月当たり80時間を超えた者または申し出た者に対して実施 ◆ 健診項目のうち脳・心臓疾患の関連項目、本人の勤務状況、疲労の蓄積の状況等を確認
3	**健康管理時間に応じた措置** (右のうちからいずれかを選択)	●上記の選択的措置のうち、労使委員会で決議をした措置以外のもの ●医師による面接指導 ●代償休日または特別な休暇の付与 ●心とからだの相談窓口の設置 ●配置転換 ●産業医等による助言指導に基づく保健指導

ロ　選択的措置

制度の適用を受ける労働者に対し、次のうちいずれかの措置について決議及び就業規則その他これに準ずるもので定め、使用者はこれに従い措置を講じなければならない（労働基準法第41条の2第1項第5号）。

① 24時間について11時間以上の休息時間を確保し、かつ、深夜業は月4回以内とする。

② 健康管理時間が1週間当たり40時間を超えた場合のその超えた時間は、1カ月100時間以内、3カ月240時間以内とする。

③ 1年に1回以上の継続した2週間の休日を与える。

④ 健康管理時間の状況等を考慮して臨時の健康診断を実施する。

ハ　健康・福祉確保措置

決議において、対象業務に従事する対象労働者の健康管理時間の状況に応じた当該対象労働者の健康・福祉確保措置であって、次に掲げる措置のうち当該決議で定めるものを使用者が講ずることを定めなければならない（労働基準法第41条の2第1項第6号）。

① ロの選択的措置のうちいずれかの措置（ロの措置として選択した措置以外）

② 健康管理時間が一定時間を超える対象労働者に対する医師による面接指導（労働安全衛生法第66条の8の4第1項の規定による面接指導を除く）

③ 代償休日または特別な休暇の付与

④ 心とからだの健康問題についての相談窓口の設置

⑤ 適切な部署への配置転換

⑥ 産業医等による助言指導または保健指導

⑸ 同意の撤回の手続き・苦情処理措置その他の決議事項

イ　同意の撤回の手続き

決議において、対象労働者の同意の撤回に関する手続きを定めなければならない（労働基準法第41条の2第1項第7号）。その際、撤回の申出先となる部署及び担当者、撤回の申出の方法等その具体的内容を明らかにする必要がある（高プロ指針第3の7⑴イ）。

対象労働者は、同意の対象となる期間中に同意を撤回できる。また、対象労働者が同意の撤回を申し出た場合は、その時点から高度プロフェッショナル制度の法律上の効果は生じない（高プロ指針第3の7⑴ハ）。

ロ　苦情処理措置

決議において、対象業務に従事する対象労働者からの苦情の処理に関する措置を当該決議で定めるところにより使用者が講ずることを定めなければならない（労働基準法第41条の2第1項第8号）。決議では、苦情の申出先となる部署及び担当者、取り扱う苦情の範囲、処理の手順、方法等その具体的内容を明らかにする必要がある（高プロ指針第3の8⑴）。

ハ　不利益取扱いの禁止

決議において、使用者は、制度の適用に同意をしなかった対象労働者に対して解雇その他不利益な取扱いをしてはならないことを定めなければならない（労働基準法第41条の2第1項第9号）。

ニ　その他厚生労働省令で定める事項

前記の⑴から⑸のハまでの事項のほか、厚生労働省令で定める決議事項として、以下のものがある。

① 決議の有効期間（1年が望ましい）及び当該決議は再度決議をしない限り更新されない旨
② 委員会の開催頻度及び開催時期（少なくとも6カ月に1回、所轄労働基準監督署長への定期報告を行う時期に開催することが必要）
③ （労働者数が常時50人未満の事業場の場合）労働者の健康管理等を行うのに必要な知識を有する医師を選任すること
④ 決議に基づき講じた措置等に関する記録を決議の有効期間中及びその後3年間保存すること

4　実施状況報告（定期報告）

労使委員会の決議の届出をし、制度を導入した後は、使用者は、当該決議が行われた日から起算して6カ月以内ごとに1回、健康管理時間の状況及び適用者健康確保のための措置（決議事項である休日の確保、選択的措置及びその他の健康・福祉確保措置）の実施状況について、行政官庁（所轄労働基準監督署長）に報告しなければならない。

第5部

年次有給休暇

1 発生要件　第39条第1、10項

Point

◎ 年次有給休暇の権利の発生要件は、①6カ月間の継続勤務、②全労働日の8割以上出勤――の2点である。

◆条　文◆

（年次有給休暇）

第三十九条　使用者は、その雇入れの日から起算して六箇月間継続勤務し全労働日の八割以上出勤した労働者に対して、継続し、又は分割した十労働日の有給休暇を与えなければならない。

⑩　労働者が業務上負傷し、又は疾病にかかり療養のために休業した期間及び育児休業、介護休業等育児又は家族介護を行う労働者の福祉に関する法律第二条第一号に規定する育児休業又は同条第二号に規定する介護休業をした期間並びに産前産後の女性が第六十五条の規定によつて休業した期間は、第一項及び第二項の規定の適用については、これを出勤したものとみなす。

年次有給休暇は、週休日等とは別に、一定の日数の賃金を保障された休暇を付与することによって、労働者の心身のリフレッシュを図ることを目的とするものであり、その権利の発生要件は次のとおりである。

① 雇入れの日から起算して６カ月継続して勤務すること

② 全労働日の８割以上出勤すること

1 継続勤務

継続勤務とは、労働契約の存続期間、すなわち在籍期間をいい、必ずしも継続して出勤することは要しない。したがって、病気や労働組合の専従のため休職している期間も継続勤務に該当し、継続勤務年数の計算に当たってはこれらの期間を通算しなければならない。

また、継続勤務であるか否か、すなわち労働契約が存続しているか否かは勤務の実態に即し実質的に判断すべきものとされており、次のような場合には継続勤務しているものとして、勤務年数を通算しなければならない。

① 定年退職による退職者を引き続き嘱託等として再雇用した場合

② 臨時工、パート等を正規職員に切り替えた場合

③ 日雇いまたは短期契約の者について、契約が更新され、６カ月以上に及んでいる場合

④ 休職者が復職した場合

⑤ 在籍出向をした場合

⑥ 会社の合併等によって労働契約が包括承継された場合

継続勤務の起算日は労働者の採用日であり、６カ月の勤務が終了した日の翌日を基準日として、各基準日に年次有給休暇の権利が発生する。

年次有給休暇の基準日は、原則として労働者ごとに定まるものであるが、これを事業場で統一した日とすることは、当該基準日において勤務期間が６カ月未満の者について短縮した期間を出勤したものとして取り扱う限り可能である。

図5-1-1 年次有給休暇の目的と発生要件

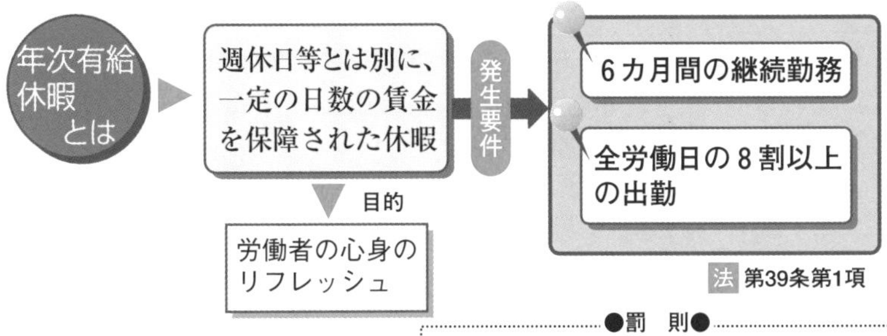
年次有給休暇とは
週休日等とは別に、一定の日数の賃金を保障された休暇
目的
労働者の心身のリフレッシュ
発生要件
6カ月間の継続勤務
全労働日の8割以上の出勤

法 第39条第1項

●罰　則●

法第39条に違反すると、6カ月以下の懲役または30万円以下の罰金（法第119条第1号）。

図5-1-2 継続勤務とは

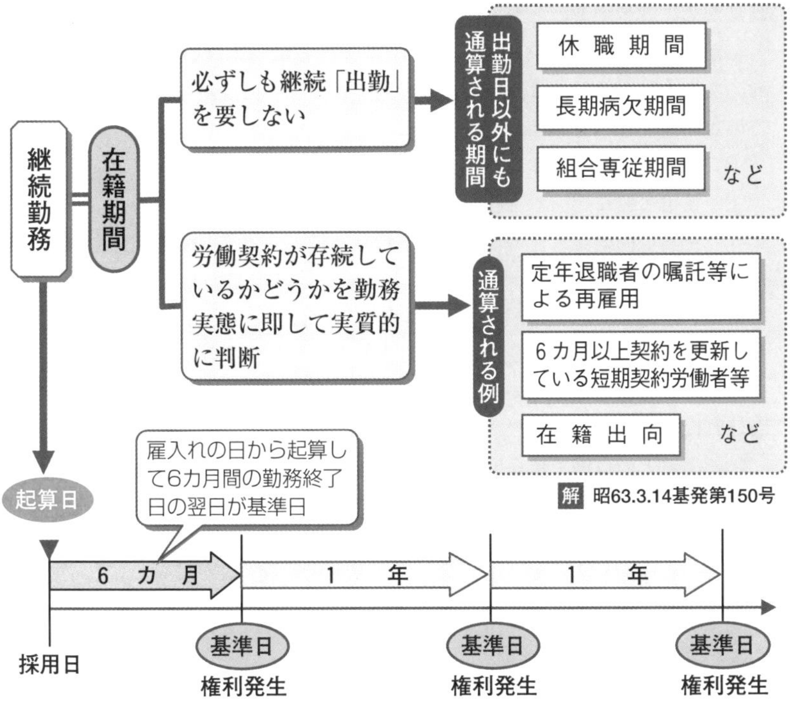
継続勤務
在籍期間
必ずしも継続「出勤」を要しない
出勤日以外にも通算される期間
休職期間
長期病欠期間
組合専従期間
など
労働契約が存続しているかどうかを勤務実態に即して実質的に判断
通算される例
定年退職者の嘱託等による再雇用
6カ月以上契約を更新している短期契約労働者等
在籍出向
など
解 昭63.3.14基発第150号
起算日
雇入れの日から起算して6カ月間の勤務終了日の翌日が基準日
6　カ　月
1　年
1　年
採用日
基準日
権利発生
基準日
権利発生
基準日
権利発生

2 出勤率

年次有給休暇の権利の発生要件である出勤率は、次の式で計算される。

$$出勤率＝\frac{出勤した日}{全労働日}$$

この場合における「全労働日」とは、労働契約上労働義務の課されている日、いいかえれば、就業規則その他によって所定休日を除いた日をいう。したがって、所定の休日に労働させた場合には、その日は、全労働日に含まれない。

また、労働者の責に帰すべき事由によるとはいえない不就労日は、出勤率の算定に当たっては、原則として、出勤日数に算入すべきものとして全労働日に含まれる。例えば、裁判所の判決により解雇が無効と確定した場合や、労働委員会による救済命令を受けて会社が解雇の取消しを行った場合の解雇日から復職日までの不就労日のように、労働者が使用者から正当な理由なく就労を拒まれたために就労することができなかった日が考えられる。

しかし、労働者の責に帰すべき事由によるとはいえない不就労日であっても、次の①～③の日のように、当事者間の衡平等の観点から出勤日数に算入するのが相当でないものは、全労働日に含まれないものとする。

① 不可抗力による休業日

② 使用者側に起因する経営、管理上の障害による休業日

③ 正当な同盟罷業その他正当な争議行為により労務の提供が全くなされなかった日

次に、「出勤した日」とは、現実に出勤した日をいい、早退、遅刻等をした日についても、一部でも勤務した日は出勤した日に含まれる。ただし、現実に出勤していない日であっても、次に掲げる日は、出勤したものとして取り扱わなければならない。

① 業務上の負傷・疾病による療養のため休業した期間

② 育児休業、介護休業等育児又は家族介護を行う労働者の福祉に関する法律第２条第１号に規定する育児休業または同条第２号に規定する介護休業をした期間

③ 産前産後の休業期間

④ 年次有給休暇を取得した日

出勤率は、各年度ごとに８割以上という要件を満たしていることが必要であ

図5-1-3　出勤率の計算

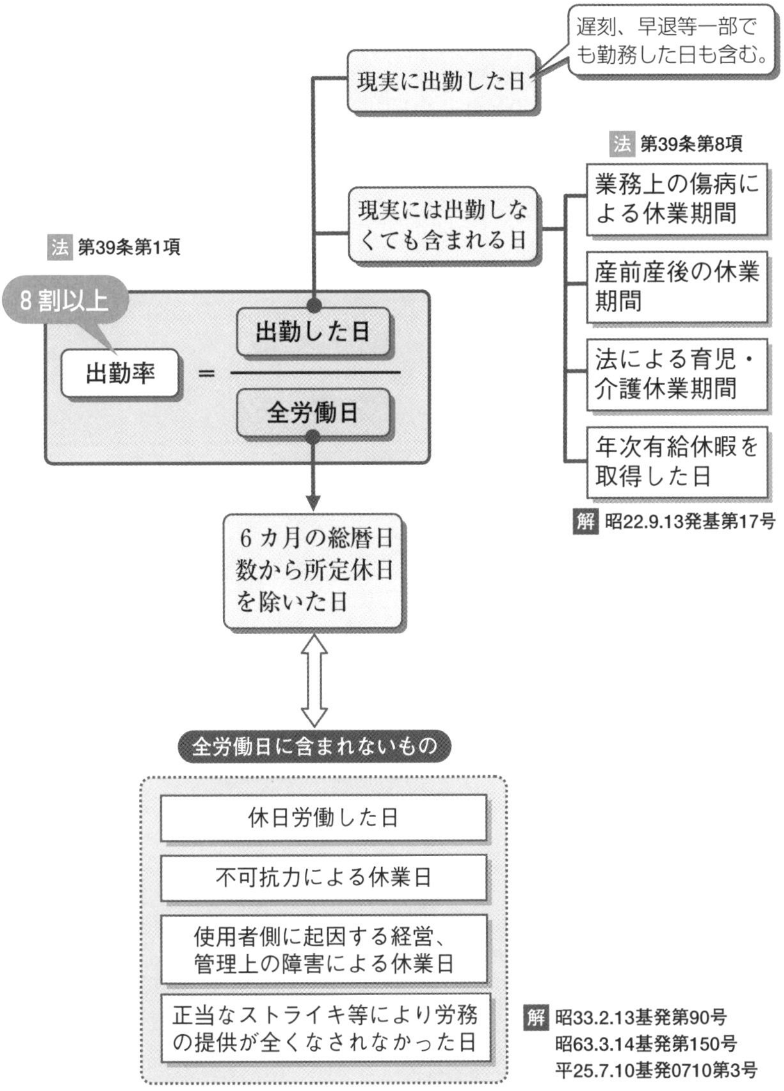

遅刻、早退等一部でも勤務した日も含む。
現実に出勤した日
法 第39条第8項
現実には出勤しなくても含まれる日
業務上の傷病による休業期間
産前産後の休業期間
法による育児・介護休業期間
年次有給休暇を取得した日
解 昭22.9.13発基第17号
法 第39条第1項
8割以上
出勤率
=
出勤した日
全労働日
6カ月の総暦日数から所定休日を除いた日
全労働日に含まれないもの
休日労働した日
不可抗力による休業日
使用者側に起因する経営、管理上の障害による休業日
正当なストライキ等により労務の提供が全くなされなかった日
解 昭33.2.13基発第90号
昭63.3.14基発第150号
平25.7.10基発0710第3号

るので、初年度８割以上出勤して年次有給休暇が付与された者についても、次の年に８割以上出勤しなかった場合には、その翌年は年次有給休暇は付与されないことになる。

2　付与日数　第39条第1、2、3項

Point

◎ 年次有給休暇の付与日数は6カ月継続勤務で10日、その後継続勤務1年につき1日ずつ、継続勤務3年6カ月以降は2日ずつ逓増した日数、最高20日となっている。

◆条　文◆

（年次有給休暇）

第三十九条　使用者は、その雇入れの日から起算して六箇月間継続勤務し全労働日の八割以上出勤した労働者に対して、継続し、又は分割した十労働日の有給休暇を与えなければならない。

② 使用者は、一年六箇月以上継続勤務した労働者に対しては、雇入れの日から起算して六箇月を超えて継続勤務する日（以下、「六箇月経過日」という。）から起算した継続勤務年数一年ごとに、前項の日数に、次の表の上欄に掲げる六箇月経過日から起算した継続勤務年数の区分に応じ同表の下欄に掲げる労働日を加算した有給休暇を与えなければならない。ただし、継続勤務した期間を六箇月経過日から一年ごとに区分した各期間（最後に一年未満の期間を生じたときは、当該期間）の初日の前日の属する期間において出勤した日数が全労働日の八割未満である者に対しては、当該初日以後の一年間においては有給休暇を与えることを要しない。

六箇月経過日から起算した継続勤務年数	労働日
一年	一労働日
二年	二労働日
三年	四労働日
四年	六労働日
五年	八労働日
六年以上	十労働日

③ 次に掲げる労働者（一週間の所定労働時間が厚生労働省令で定める時間以上の者を除く。）の有給休暇の日数については、前二項の規定にかかわらず、これらの規定による有給休暇の日数を基準とし、通常の労働者の一週間の所定労働日数として厚生労働省令で定める日数（第一号において「通常の労働者の週所定労働日数」という。）と当該労働者の一週間の所定労働日数又は一週間当たりの平均所定労働日数との比率を考慮して厚生労働省令で定める日数とする。

一　一週間の所定労働日数が通常の労働者の週所定労働日数に比し相当程度少ないものとして厚生労働省令で定める日数以下の労働者

二　週以外の期間によって所定労働日数が定められている労働者については、一年間の所定労働日数が、前号の厚生労働省令で定める日数に一日を加えた日数を一週間の所定労働日数とする労働者の一年間の所定労働日数その他の事情を考慮して厚生労働省令で定める日数以下の労働者

1 原則的な付与日数

年次有給休暇の付与日数は、勤続６カ月で10日、その後継続勤務１年ごとに１日ずつ、継続勤務３年６カ月以降は２日ずつ増加した日数（最高20日）とされている。具体的には、**図5-2-1**のとおりとなる。

2 比例付与

所定労働日数が通常の労働者に比し相当程度少ない労働者については、年次有給休暇は比例付与される。

(1) 比例付与の対象労働者

年次有給休暇の比例付与の対象となる労働者は、所定労働時間が週30時間未満であり、かつ、①週所定労働日数が４日以下の者、②週以外の期間で所定労働日が定められている場合には、年間の所定労働日数が216日以下の者——である。

(2) 比例付与の日数

比例付与の対象となる労働者に対する年次有給休暇の日数については、通常の労働者に対する年次有給休暇（継続勤務６カ月で10日、以後１年ごとに１日ずつ、継続勤務３年６カ月以降は２日ずつ増えた日数で20日が最高）を基本として、通常の労働者の１週間の所定労働日数と比例付与の対象となる労働者の１週間の所定労働日数との比率に応じて定められている。具体的には、**図5-2-2中の表**のとおりである。

図5-2-1 原則的な年次有給休暇の付与日数

法 第39条第2項

継続勤務年数	6カ月	1年6カ月	2年6カ月	3年6カ月	4年6カ月	5年6カ月	6年6カ月以上
付与日数	10日	11日	12日	14日	16日	18日	20日

図5-2-2 年次有給休暇の比例付与日数と対象者

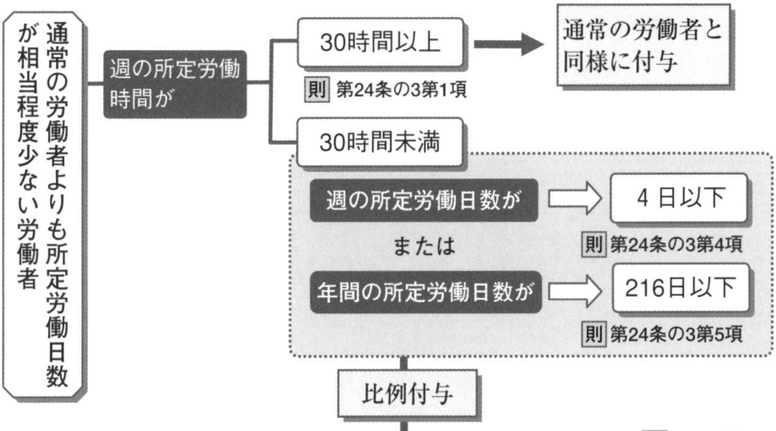
通常の労働者よりも所定労働日数が相当程度少ない労働者
週の所定労働時間が
30時間以上
通常の労働者と同様に付与
則 第24条の3第1項
30時間未満
週の所定労働日数が
4日以下
則 第24条の3第4項
または
年間の所定労働日数が
216日以下
則 第24条の3第5項
比例付与

法 第39条第3項

週所定労働日数	1年間の所定労働日数※	継続勤務年数						
		6カ月	1年6カ月	2年6カ月	3年6カ月	4年6カ月	5年6カ月	6年6カ月以上
4日	169日～216日	7日	8日	9日	10日	12日	13日	15日
3日	121日～168日	5日	6日	6日	8日	9日	10日	11日
2日	73日～120日	3日	4日	4日	5日	6日	6日	7日
1日	48日～72日	1日	2日	2日	2日	3日	3日	3日

※週以外の期間によって労働日数が定められている場合

3 取得方法

第39条第4、5、6項

◎ 事業場で労使協定を締結すれば、年5日の範囲で、時間単位で年次有給休暇を与えることができる。

◎ 年次有給休暇の取得については、使用者が時季変更権を行使しない限り、労働者の時季の指定により、年次有給休暇が成立し、当該労働日の就労義務が消滅する。

◆条 文◆

（年次有給休暇）

第三十九条

④ 使用者は、当該事業場に、労働者の過半数で組織する労働組合があるときはその労働組合、労働組合がないときは労働者の過半数を代表する者との書面による協定により、次に掲げる事項を定めた場合において、第一号に掲げる労働者の範囲に属する労働者が有給休暇を時間を単位として請求したときは、前三項の規定による有給休暇の日数のうち第二号に掲げる日数については、これらの規定にかかわらず、当該協定で定めるところにより時間を単位として有給休暇を与えることができる。

一 時間を単位として有給休暇を与えることができることとされる労働者の範囲

二 時間を単位として与えることができることとされる有給休暇の日数（五日以内に限る。）

三 その他厚生労働省令で定める事項

⑤ 使用者は、前各項の規定による有給休暇を労働者の請求する時季に与えなければならない。ただし、請求された時季に有給休暇を与えることが事業の正常な運営を妨げる場合においては、他の時季にこれを与えることができる。

⑥ 使用者は、当該事業場に、労働者の過半数で組織する労働組合がある場合においてはその労働組合、労働者の過半数で組織する労働組合がない場合においては労働者の過半数を代表する者との書面による協定により、第一項から第三項までの規定による有給休暇を与える時季に関する定めをしたときは、これらの規定による有給休暇の日数のうち五日を超える部分については、前項の規定にかかわらず、その定めにより有給休暇を与えることができる。

1 時間単位年休

年次有給休暇は日単位で取得することが原則であるが、事業場で労使協定を締結すれば、年に5日を限度として、時間単位で年次有給休暇を与えることができる（以下「時間単位年休」という）。

労使協定で定める事項は、

（ⅰ）時間単位年休の対象労働者の範囲

（ⅱ）時間単位年休の日数

（ⅲ）時間単位年休1日の時間数

（ⅳ）1時間以外の時間を単位とする場合はその時間数

である。

⑴ 対象労働者の範囲

時間単位年休は、できる限り希望する労働者が利用できることが望ましいが、例えば工場の製造ラインで一斉に作業することが必要な業務など「事業の正常な運営」を妨げる場合には、このような業務に従事する労働者を対象外とすることができる。

一方、利用目的によって時間単位年休の取得を制限することはできない。

⑵ 時間単位年休の日数

時間単位年休として付与する日数は、1年につき、法定の付与日数（250頁参照）のうち5日の範囲内で定めなければならない。

なお、年次有給休暇を当該年度に取得しきれなかった場合は、その残日数・残時間数は次年度に繰り越されることになるが、この場合に、次年度の時間単位年休の日数は、繰越し分も含めて5日以内となる。

⑶ 時間単位年休1日の時間数

1日分の年次有給休暇を時間単位年休に換算した場合の時間数は、その労働者の所定労働時間数を基礎として定める。所定労働時間数に1時間に満たない端数がある場合は、1時間単位に切り上げる。

図5-3-1　時間単位年休

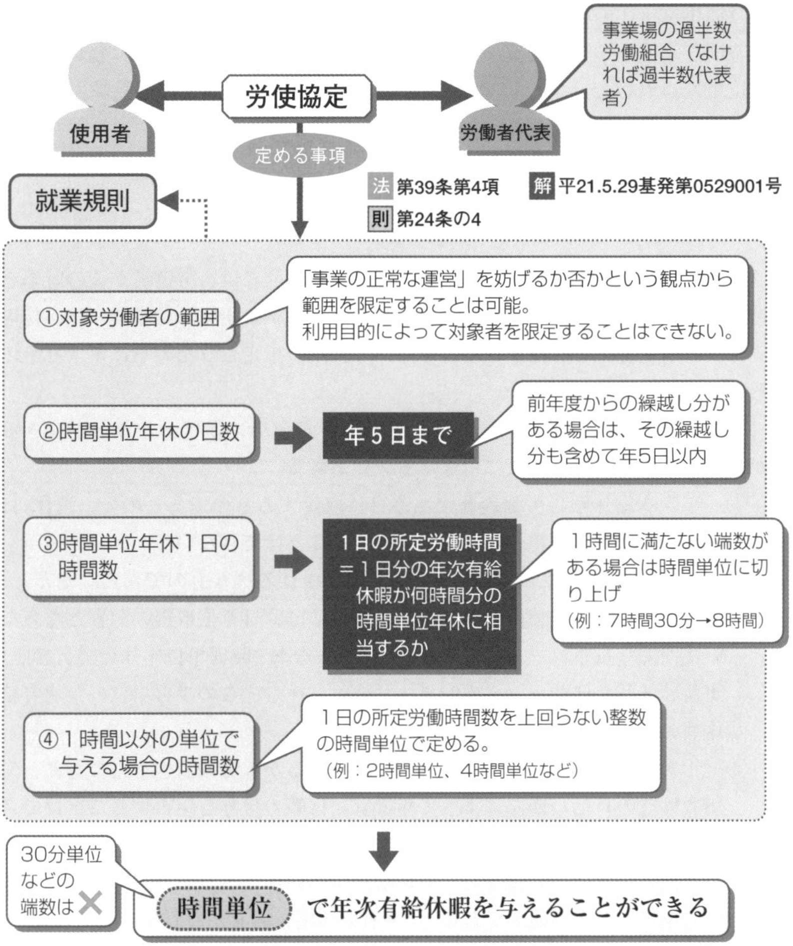
使用者
労使協定
労働者代表
事業場の過半数労働組合（なければ過半数代表者）
定める事項
就業規則
法 第39条第4項
解 平21.5.29基発第0529001号
則 第24条の4
①対象労働者の範囲
「事業の正常な運営」を妨げるか否かという観点から範囲を限定することは可能。
利用目的によって対象者を限定することはできない。
②時間単位年休の日数
年５日まで
前年度からの繰越し分がある場合は、その繰越し分も含めて年5日以内
③時間単位年休１日の時間数
１日の所定労働時間＝１日分の年次有給休暇が何時間分の時間単位年休に相当するか
１時間に満たない端数がある場合は時間単位に切り上げ
（例：7時間30分→8時間）
④１時間以外の単位で与える場合の時間数
１日の所定労働時間数を上回らない整数の時間単位で定める。
（例：2時間単位、4時間単位など）
30分単位などの端数は✕
時間単位 で年次有給休暇を与えることができる

(4) 1時間以外の時間を単位とする場合の時間数

時間単位年休の取得単位は、例えば2時間単位、3時間単位など1時間以外の時間を単位として与えることも認められる。ただし、取得単位は整数の時間単位でなければならず、1.5時間単位のような1時間に満たない端数が生じる単位で与えることはできない。

2 労働者の時季指定権

年次有給休暇を取得する時季については、基本的には、労働者がその時季を指定するものとされており、労働者が具体的な時季を指定した場合には、使用者は、時季変更権を行使する場合を除いて、その指定された時季に年次有給休暇を付与しなければならない。

年次有給休暇の時季は、原則として労働者が自由に指定することができるが、これに関連して次の点に留意する必要がある。

① 年次有給休暇は労働義務がある日に取得するものであるので、週休日、休職期間等労働義務がない日に取得することはできない。

② 年次有給休暇は、本来は日単位で付与されるべきものである。ただし、労働者が希望し、使用者が同意した場合には、日単位取得の阻害とならない範囲で半日単位で与えることができる。なお、時間単位年休(254頁参照)が新設された法改正（平成22年4月施行）後も、この半日単位の年次有給休暇の取扱いに変更はない。

③ 年次有給休暇をどのような目的で取得するかは労働者の自由であり、使用者はその目的いかんによって年次有給休暇の付与を拒否することはできない。

ただし、年次有給休暇を一斉休暇闘争に利用することは、年次有給休暇に名を借りた同盟罷業であり、年次有給休暇権の正当な行使に当たらない。

④ 年次有給休暇の時季指定権は、使用者が時季変更権の行使ができる余裕をもって行うべきものである。

なお、労働者が欠勤した日について事後に年次有給休暇に振り替えることについては、労働者が請求した場合に使用者がこれに応じることは差し支えない。

図5-3-2 年次有給休暇の取得と時季指定権

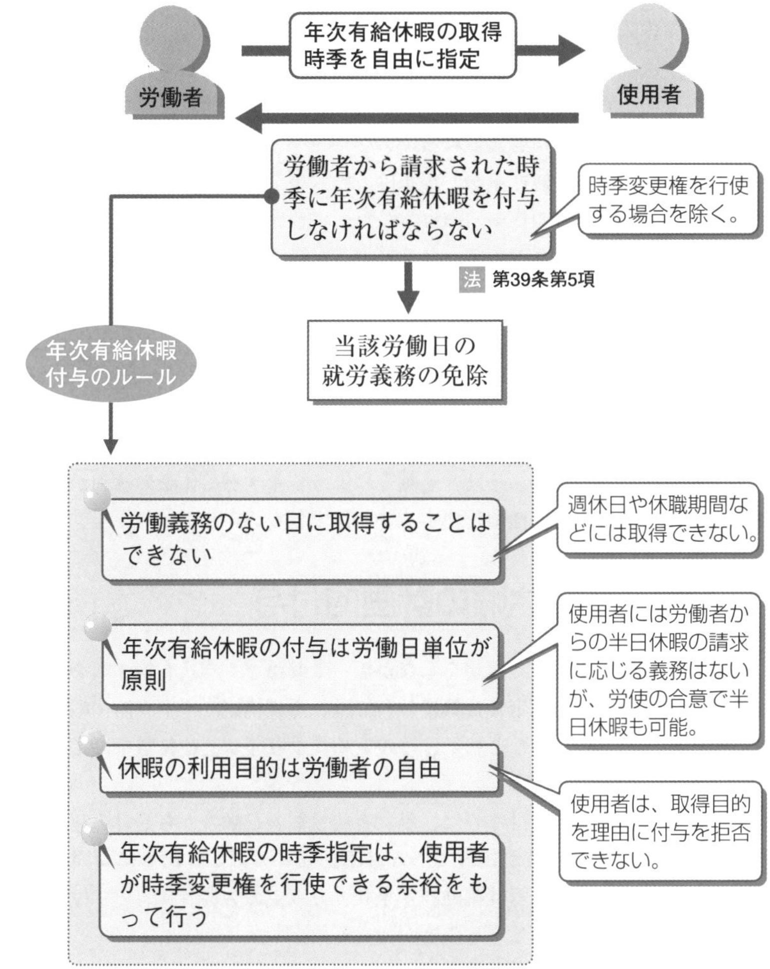
労働者
使用者
年次有給休暇の取得時季を自由に指定
労働者から請求された時季に年次有給休暇を付与しなければならない
時季変更権を行使する場合を除く。
法 第39条第5項
当該労働日の就労義務の免除
年次有給休暇付与のルール
労働義務のない日に取得することはできない
週休日や休職期間などには取得できない。
年次有給休暇の付与は労働日単位が原則
使用者には労働者からの半日休暇の請求に応じる義務はないが、労使の合意で半日休暇も可能。
休暇の利用目的は労働者の自由
使用者は、取得目的を理由に付与を拒否できない。
年次有給休暇の時季指定は、使用者が時季変更権を行使できる余裕をもって行う

3　使用者の時季変更権

年次有給休暇の権利の行使と事業運営との調整を図るため、労働者が指定した時季に年次有給休暇を与えると事業の正常な運営を妨げる場合には、使用者は、その時季を変更することが認められている。①の時間単位年休も年次有給休暇であるので、同様に認められる。

事業の正常な運営を妨げるかどうかは、当該事業場を基準として、事業の規模、内容、当該労働者の作業の内容、性質、代替要員の配置の難易等を考慮して、客観的に判断すべきものであり、使用者が恣意的に判断することは許されない。

これに該当する場合には、使用者は年次有給休暇を付与する時季を変更することができるが、その場合には、使用者は労働者の希望に応じ、できるだけ早い時季に、年次有給休暇を付与するようにしなければならない。

なお、時季変更権は、時季を変更したうえで年次有給休暇を与えることを前提とした制度であるので、時効、退職等によって年次有給休暇の権利が消滅する日を超えて、時季変更権を行使することはできない。

4　年次有給休暇の計画的付与

労働者が自分の業務との調整をしながら、気兼ねなく年次有給休暇を取得できることとするため、一定の日数については、労使協定で年次有給休暇を与える時季に関する定めをしたときは、その定めにより年次有給休暇を与えることができる。

計画的付与の対象とし得るのは、年次有給休暇の日数のうち5日を超える日数であるので、付与日数が10日である継続勤務6カ月の労働者については5日、付与日数が16日である継続勤務4年6カ月以上の労働者については11日までについて、計画的に付与することができる。

なお、計画的付与として時間単位年休を与えることは認められない。

計画的付与の方法については、労使協定において各事業場の実情に応じて定めればよいが、例えば、事業場全体の休業による一斉付与、班別の交替制付与、年次有給休暇計画表による個人別付与等が考えられる。

その場合の労使協定においては、次のような事項が定められることになる。

図5-3-3 事業の正常な運営を妨げる場合の時季変更

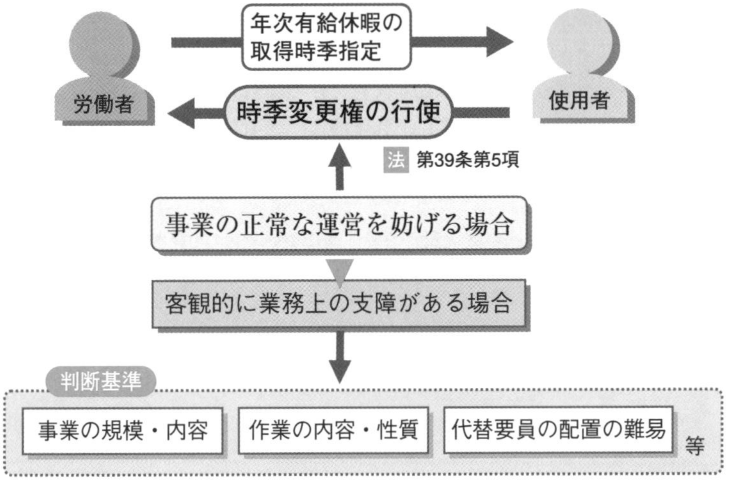

解 昭27.7.27基収第2622号　昭49.1.11基収第5554号

図5-3-4 年次有給休暇の計画的付与制度

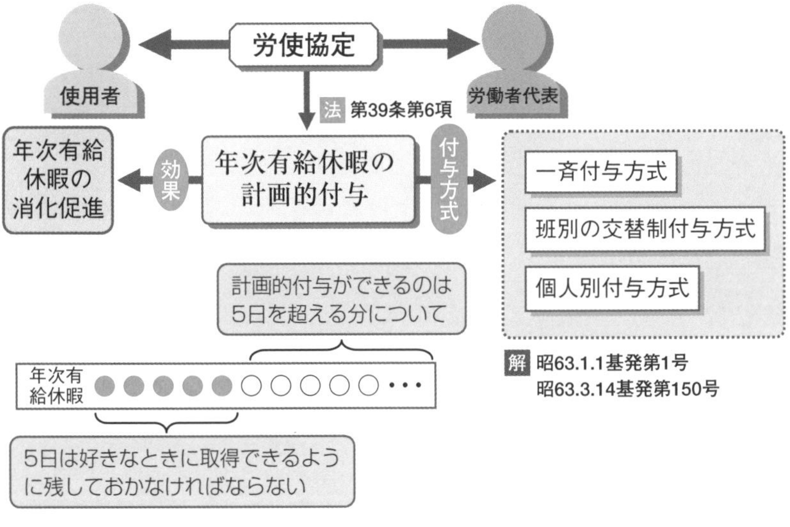

①　事業場全体の休業による一斉付与の場合には、具体的な年次有給休暇の付与日を協定することになる。

②　班別の交替制付与の場合には、班別に具体的な年次有給休暇の付与日を協定することになる。

③　年次有給休暇計画表による個人別付与の場合には、計画表を作成する時期、手続き等について協定し、具体的な年次有給休暇の付与日は、その計画表で決まることになる。

＊　労使協定等における過半数代表者の要件等については120頁参照。

4　使用者による時季指定義務（第39条第7、8項）

Point

◎　使用者は、年次有給休暇の付与日数が10日以上の労働者に対し、年5日については、時季を指定して与えなければならない。

◎　使用者は、時季指定に当たっては、対象労働者に対し、その時季についての意見を聴かなければならない。また、使用者はその意見を尊重するよう努めなければならない。

◆条　文◆

（年次有給休暇）
第三十九条

⑦　使用者は、第一項から第三項までの規定による有給休暇（これらの規定により使用者が与えなければならない有給休暇の日数が十労働日以上である労働者に係るものに限る。以下この項及び次項において同じ。）の日数のうち五日については、基準日（継続勤務した期間を六箇月経過日から一年ごとに区分した各期間（最後に一年未満の期間を生じたときは、当該期間）の初日をいう。以下この項において同じ。）から一年以内の期間に、労働者ごとにその時季を定めることにより与えなければならない。ただし、第一項から第三項までの規定による有給休暇を当該有給休暇に係る基準日より前の日から与えることとしたときは、厚生労働省令で定めるところにより、労働者ごとにその時季を定めることにより与えなければならない。

⑧　前項の規定にかかわらず、第五項又は第六項の規定により第一項から第三項までの規定による有給休暇を与えた場合においては、当該与えた有給休暇の日数（当該日数が五日を超える場合には、五日とする。）分については、時季を定めることにより与えることを要しない。

使用者には、年次有給休暇の付与日数が10労働日である労働者に対し、その日数のうち5日については、基準日※から1年以内に、労働者ごとにその時季を定めて付与することが義務づけられている。

また、時季指定に当たっては、対象労働者に対し、その時季についての意見を聴かなければならない。また、使用者はその意見を尊重するよう努めなければならない。

1 使用者の時季指定義務

(1) 対象となる労働者

時季指定義務の対象となるのは、法定の年次有給休暇の付与日数（労働基準法第39条第1項から第3項までの規定による日数）が10労働日（10日）以上の労働者である。

(2) 時季指定義務がかかる期間

年次有給休暇は法定要件を満たせば毎年一定日数の年次有給休暇が発生するので、使用者は、その年（年度）のうちに5日、その時季を指定して付与しなければならない。

(3) 時季指定義務がかかる年次有給休暇の日数

本来は労働者の方から好きな時季を指定して年次有給休暇を取得することが原則であるので、使用者が時季指定できるのは5日に限られ、これを超えて時季を指定することはできない。

(4) 時季指定の方法・手続き

労働基準法第39条第7項の規定により、使用者が時季指定をする場合には、あらかじめ、使用者の時季指定による年次有給休暇を与えることを対象となる労働者に明らかにしたうえで、その時季についてその労働者の意見を聴かなければならない（労働基準法施行規則第24条の6第1項）。また、使用者は、その意見を尊重するよう努めなければならない（同条第2項）。

※ 基準日：継続勤務した期間を6カ月経過日から1年ごとに区分した各期間（最後に1年未満の期間を生じたときは、当該期間）の初日をいう（労働基準法第39条第7項）。

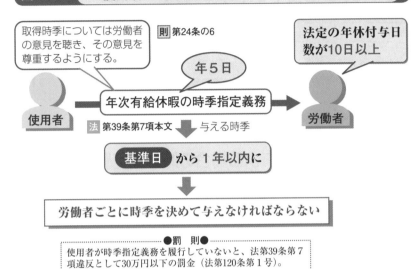

図5-4-1 使用者の時季指定義務

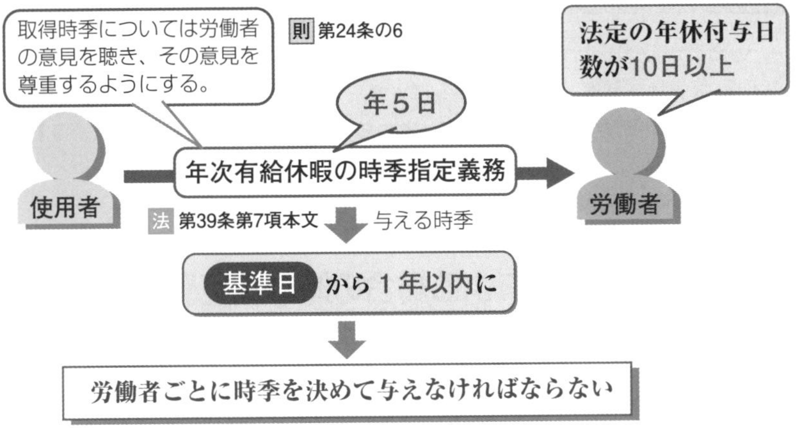

取得時季については労働者の意見を聴き、その意見を尊重するようにする。
則 第24条の6
法定の年休付与日数が10日以上
年5日
使用者
年次有給休暇の時季指定義務
労働者
法 第39条第7項本文
与える時季
基準日から1年以内に
労働者ごとに時季を決めて与えなければならない

●罰　則●

使用者が時季指定義務を履行していないと、法第39条第7項違反として30万円以下の罰金（法第120条第1号）。

例 法定の基準日に年次有給休暇を付与する場合の例

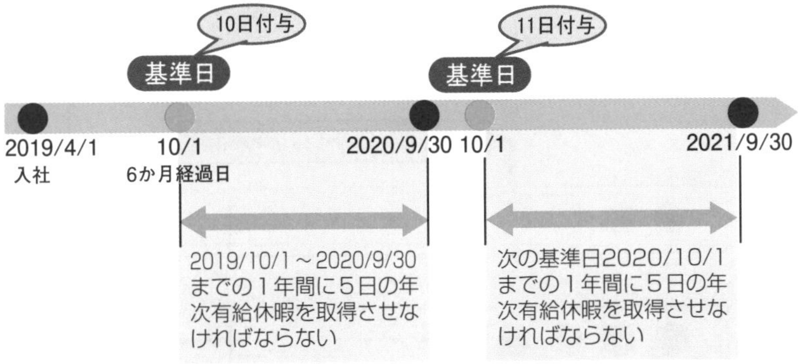

10日付与
基準日
11日付与
基準日
2019/4/1
入社
10/1
6か月経過日
2020/9/30
10/1
2021/9/30
2019/10/1～2020/9/30までの1年間に5日の年次有給休暇を取得させなければならない
次の基準日2020/10/1までの1年間に5日の年次有給休暇を取得させなければならない

2 時季指定を要しない場合

労働者が時季を指定して取得した年次有給休暇（労働基準法第39条第５項）や、計画的付与制度（同条第６項）により取得した年次有給休暇がある場合は、その取得した年次有給休暇の日数（当該日数が５日を超える場合には、５日とする）分については、使用者が時季を定めることにより与えることを要しないとされている（同条第８項）。

3 前倒し付与による場合の時季指定義務

入社と同時に付与するなど、法定の基準日より前に年次有給休暇を付与することとしたときは、使用者は、労働基準法施行規則第24条の５で定めるそれぞれのパターンに従い、労働者ごとにその時季を定めて年休を与えなければならない。

具体的には、**図5-4-3**のとおりである。

図5-4-2 時季指定を要しない場合

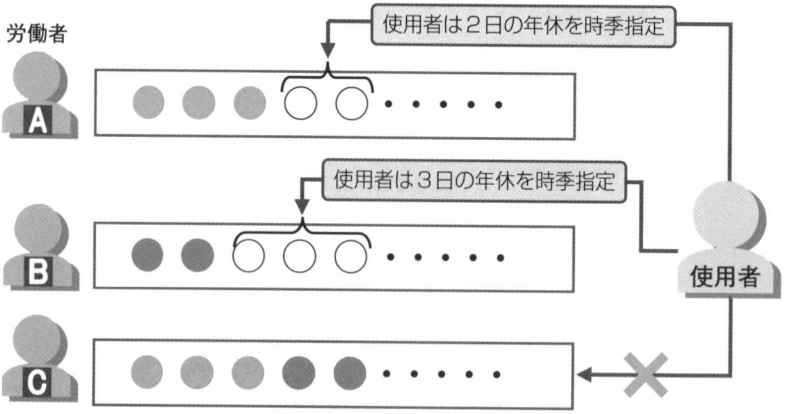
●……労働者の時季指定による年休
●……計画的付与により取得した年休
○……未取得の年休
使用者の時季指定は不要
労働者の時季指定及び計画的付与による取得も含めて５日を超えて使用者が時季指定をすることはできない。

法 第39条第8項

通 平30.9.7基発0907第1号

図5-4-3 前倒し付与による場合の時季指定義務

法 第39条第7項ただし書　則 第24条の5　通 平30.9.7基発0907第1号

例1 10日以上の年次有給休暇を前倒しで付与する場合

＊第一基準日……法定の基準日より前の日であって、10日以上の年次有給休暇を与えることとした日

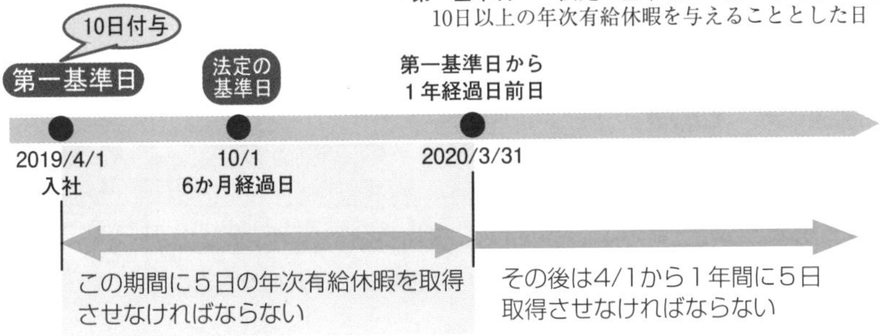

10日付与
第一基準日
法定の基準日
第一基準日から
1年経過日前日
2019/4/1
入社
10/1
6か月経過日
2020/3/31
この期間に5日の年次有給休暇を取得させなければならない
その後は4/1から1年間に5日取得させなければならない

例2 5日の指定義務に係る1年間の期間（付与期間）に重複（ダブルトラック）が生じる場合

履行期間の月数を12で除した数に5を乗じた日数について、当該履行期間中に、時季指定して与えることができる。

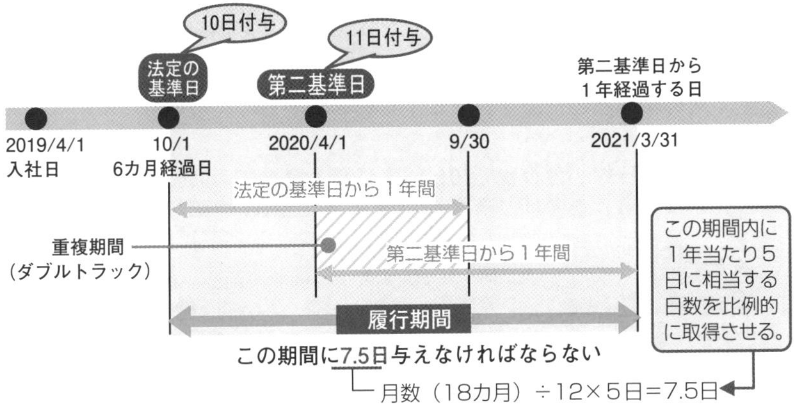

10日付与
11日付与
法定の基準日
第二基準日
第二基準日から
1年経過する日
2019/4/1
入社日
10/1
6カ月経過日
2020/4/1
9/30
2021/3/31
法定の基準日から1年間
重複期間
(ダブルトラック)
第二基準日から1年間
履行期間
この期間内に1年当たり5日に相当する日数を比例的に取得させる。
この期間に7.5日与えなければならない
月数（18カ月）÷12×5日=7.5日

＊**第二基準日**……法定の基準日または第一基準日から1年以内の特定の日で、10日以上の年次有給休暇を与えることとした日

＊**履行期間**……法定の基準日または第一基準日の始期として、第二基準日から1年を経過する日までの期間

例3 第一基準日から１年以内の期間または履行期間が経過した場合

その経過した日から１年ごとに区分した各期間（最後に１年未満の期間を生じたときは、当該期間）の初日を基準日とみなして時季指定義務の規定を適用する。

（A）第一基準日から１年経過後

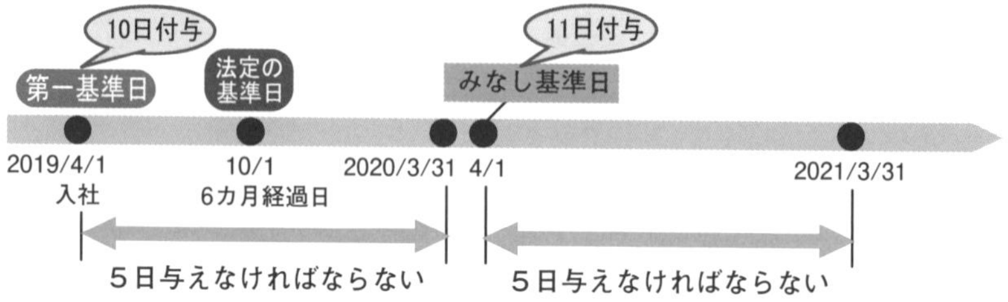

（B）第二基準日から１年経過後

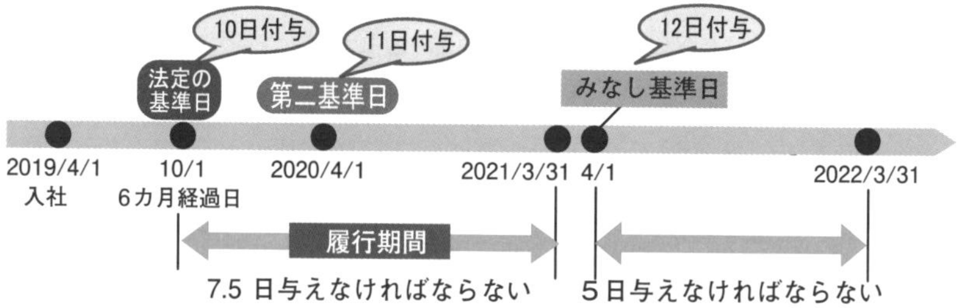

例4 年次有給休暇の一部を基準日より前の日から与える場合

10日未満の日数が合わせて10日以上になる日までの間の特定日のうち最も遅い日を第一基準日とみなして 例１ から 例３ までを適用する。

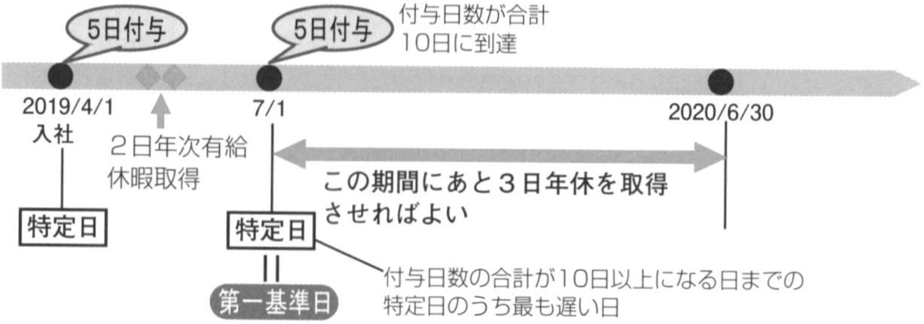

5　年次有給休暇管理簿（則第24条の7、55条の2）

Point

◎ 使用者は、労働者ごとに年次有給休暇を与えた時季、日数及び基準日を記載する年次有給休暇管理簿を作成し、3年間保存しなければならない。

◆条　文◆

〈労働基準法施行規則〉

（書類の保存）

第二十四条の七　使用者は、法第三十九条第五項から第七項までの規定により有給休暇を与えたときは、時季、日数及び基準日（第一基準日及び第二基準日を含む。）を労働者ごとに明らかにした書類（第五十五条の二において「年次有給休暇管理簿」という。）を作成し、当該有給休暇を与えた期間中及び当該期間の満了後三年間保存しなければならない。

（年次有給休暇管理簿、労働者名簿又は賃金台帳の合併調整）

第五十五条の二　使用者は、年次有給休暇管理簿、第五十三条による労働者名簿又は第五十五条による賃金台帳をあわせて調製することができる。

使用者は、労働者の時季指定による年次有給休暇（256頁参照）、計画的付与による年次有給休暇（258頁参照）及び使用者の時季指定による年次有給休暇（同条第７項）を与えたときは、「年次有給休暇管理簿」を作成しなければならない（労働基準法施行規則第24条の７）。

この年次有給休暇管理簿には、労働者ごとに、年次有給休暇を付与した時季、日数（半日単位で取得した日を含む）及び基準日（年次有給休暇を前倒しで付与する場合（労働基準法第39条第７項ただし書）の第一基準日及び第二基準日を含む）を記載する。

なお、年次有給休暇管理簿は、労働者名簿（398頁参照）または賃金台帳（400頁参照）とあわせて調製することができるのものとされている。

また、年次有給休暇管理簿は、当該有給休暇を与えた期間中（当年度）及びその期間の満了後３年間保存しなければならない（労働基準法施行規則第24条の７）。なお、年次有給休暇管理簿は、労働基準法第109条に規定する「重要な書類」には該当しないものとされている。

図5-5-1　年次有給休暇管理簿

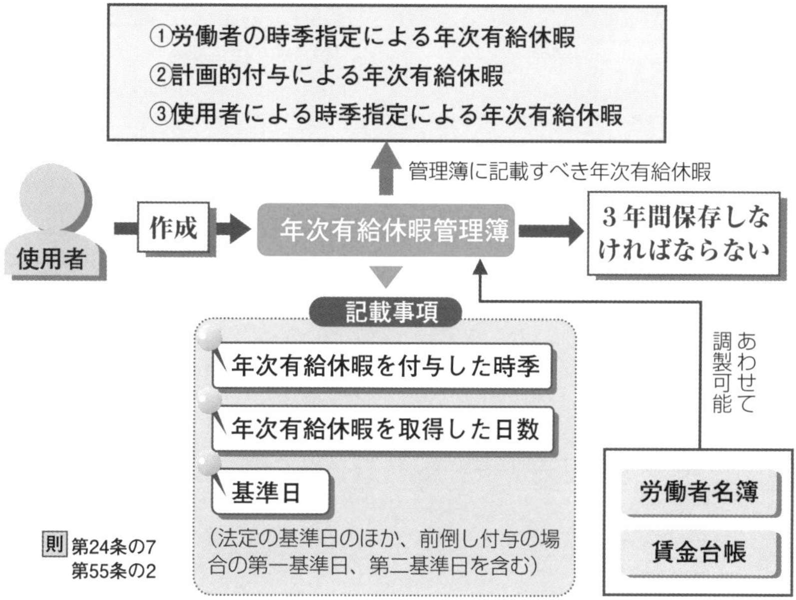
①労働者の時季指定による年次有給休暇
②計画的付与による年次有給休暇
③使用者による時季指定による年次有給休暇
管理簿に記載すべき年次有給休暇
使用者
作成
年次有給休暇管理簿
3年間保存しなければならない
記載事項
年次有給休暇を付与した時季
年次有給休暇を取得した日数
基準日
(法定の基準日のほか、前倒し付与の場合の第一基準日、第二基準日を含む)
あわせて調製可能
労働者名簿
賃金台帳
則 第24条の7
第55条の2

参考　年次有給休暇管理簿の例（労働者名簿または賃金台帳に追加する例）

年次有給休暇取得日数	基準日	2019/4/1									
	取得日数	18日									
	年次有給休暇を取得した日付	2019/4/4(木)	2019/5/7(火)	2019/6/3(月)							
		2019/9/2(月)	2019/10/9(水)	2019/11/5(火)	2019/12/6(金)	2020/1/14(火)	2020/2/10(月)	2020/3/19(木)	2020/3/20(金)		

基準日　（補足）基準日が2つ存在する場合には、基準日を2つ記載する必要があります。

日数　（補足）基準日から1年以内の期間における年休取得日数（基準日が2つ存在する場合には1つ目の基準日から2つ目の基準日の1年後までの期間における年休取得日数）を記載する必要があります。

時季（年次有給休暇を取得した日付）

6 賃金・その他　第39条第9項、115、136条

Point

- 年次有給休暇の取得期間に対する賃金の支払いについては、①平均賃金、②通常の賃金、③標準報酬月額の30分の1相当額――の3方式があるが、どれによるかは、あらかじめ就業規則で定めておかなければならない。
- 年次有給休暇の取得者に対し、賃金の減額その他の不利益な取扱いをしないようにしなければならない。
- 年次有給休暇の権利は、2年間行使しなければ時効により消滅する。
- 年次有給休暇の買上げは、許されない。

◆条　文◆

（年次有給休暇）

第三十九条

⑨　使用者は、第一項から第三項までの規定による有給休暇の期間又は第四項の規定による有給休暇の時間については、就業規則その他これに準ずるもので定めるところにより、それぞれ、平均賃金若しくは所定労働時間労働した場合に支払われる通常の賃金又はこれらの額を基準として厚生労働省令で定めるところにより算定した額の賃金を支払わなければならない。ただし、当該事業場に、労働者の過半数で組織する労働組合がある場合においてはその労働組合、労働者の過半数で組織する労働組合がない場合においては労働者の過半数を代表する者との書面による協定により、その期間又はその時間について、それぞれ、健康保険法（大正十一年法律第七十号）第四十条第一項に規定する標準報酬月額の三十分の一に相当する金額（その金額に、五円未満の端数があるときは、これを切り捨て、五円以上十円未満の端数があるときは、これを十円に切り上げるものとする。）又は当該金額を基準として厚生労働省令で定めるところにより算定した金額を支払う旨を定めたときは、これによらなければならない。

（時効）

第百十五条　この法律の規定による賃金（退職手当を除く。）、災害補償その他の請求権は二年間、この法律の規定による退職手当の請求権は五年間行わない場合においては、時効によつて消滅する。

第百三十六条　使用者は、第三十九条第一項から第四項までの規定による有給休暇を取得した労働者に対して、賃金の減額その他不利益な取扱いをしないようにしなければならない。

1 年次有給休暇を取得した期間の賃金

年次有給休暇を取得した期間について支払うべき賃金は、

① 平均賃金

② 所定労働時間労働した場合に支払われる通常の賃金

③ 健康保険法による標準報酬月額の30分の1に相当する金額

のいずれかである。このうち、③の方式については、労使協定をした場合に限って選択できる。

このように、年次有給休暇を取得した期間の賃金については、3つの方式が可能であるが、どの方式によるかはあらかじめ就業規則等で定めておくことが必要であり、使用者がその都度任意に選択することは許されない。

①の平均賃金方式による場合には、基本的には、年次有給休暇取得日以前3カ月間（賃金締切期間がある場合には、直前の賃金締切日以前3カ月間）に支払われた賃金の総額（臨時に支払われた賃金、賞与等は除く）をその期間の総日数で除して計算された額を支払うことになるが、月給により算定した通常の労働日の賃金が平均賃金を上回る限り、その月給を支給すれば足りる。

また、②の通常の賃金方式による場合には労働基準法施行規則第25条においてその計算の仕方が定められているが、出来高払制の場合を除き、年次有給休暇を取得した日に通常の出勤をしたものとして取り扱えば足りる。

なお、時間単位年休として与えた時間については、上記①から③のいずれかを時間単位年休を取得した日の所定労働時間数で除して得た金額を時間単位年休1時間分の金額として、取得した時間数に応じて賃金を支払う。上記①から③のいずれを基準とするかは、日単位による取得の場合と同様としなければならない。

* 労使協定等における過半数代表者の要件等については120頁参照。

図5-6-1　年次有給休暇中の賃金

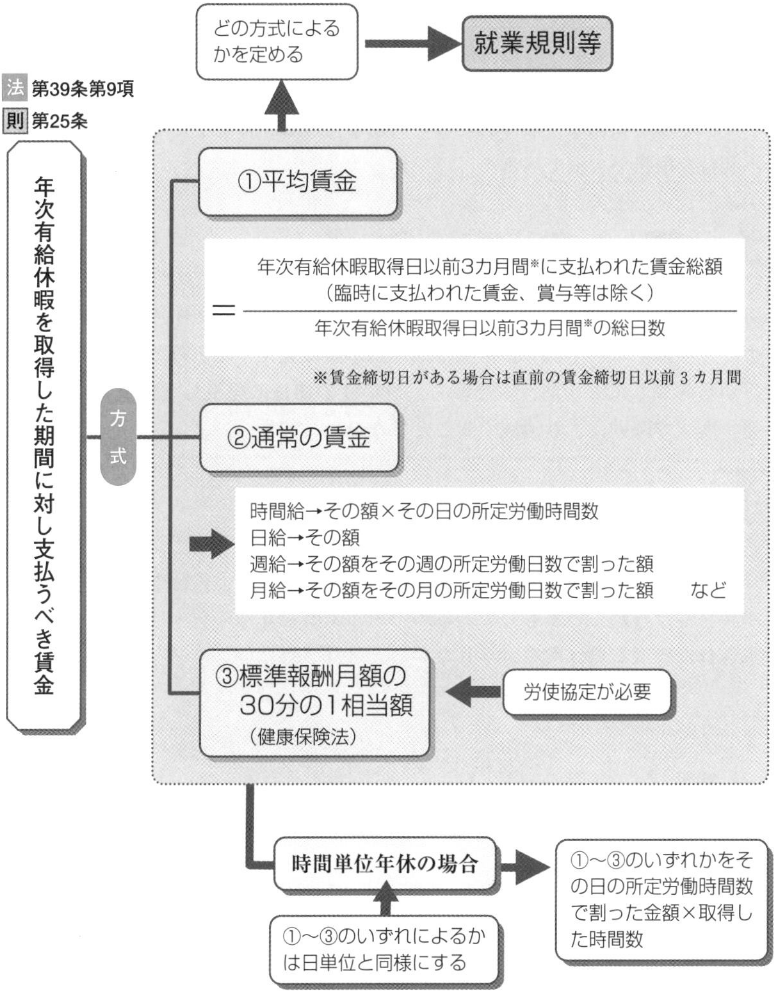
どの方式によるかを定める
就業規則等
法 第39条第9項
則 第25条
年次有給休暇を取得した期間に対し支払うべき賃金
方式
①平均賃金
＝ 年次有給休暇取得日以前3カ月間※に支払われた賃金総額（臨時に支払われた賃金、賞与等は除く）／年次有給休暇取得日以前3カ月間※の総日数
※賃金締切日がある場合は直前の賃金締切日以前３カ月間
②通常の賃金
時間給→その額×その日の所定労働時間数
日給→その額
週給→その額をその週の所定労働日数で割った額
月給→その額をその月の所定労働日数で割った額　など
③標準報酬月額の30分の1相当額（健康保険法）
労使協定が必要
時間単位年休の場合
①～③のいずれによるかは日単位と同様にする
①～③のいずれかをその日の所定労働時間数で割った金額×取得した時間数

解 昭22.11.5基発第231号　昭23.4.20基発第628号　昭27.9.20基発第675号
昭29.6.29基発第355号　昭63.3.14基発第150号
平21.5.29基発第0529001号

2 不利益取扱いの禁止

年次有給休暇を取得した労働者に対して、賃金の減額その他の不利益な取扱いをしないようにしなければならない。例えば、賞与や精皆勤手当の算定に際して、年次有給休暇を取得した日を欠勤またはこれに準じて取り扱うこと等が不利益な取扱いの例である。

3 時　効

年次有給休暇の権利は、労働基準法第115条の規定により、２年間で時効によって消滅する。年次有給休暇権は、基準日に発生するものであるので、基準日から起算して２年間、すなわち、当年度の初日に発生した休暇については、翌年度末で時効により消滅することになる。

4 買上げ

年次有給休暇は、労働者が時季を指定した場合に、その時季に付与することが義務づけられているものであるので、年次有給休暇の買上げの予約をし、請求された年次有給休暇を付与しないことは許されない。

図5-6-2 年次有給休暇取得者に対する不利益取扱い禁止

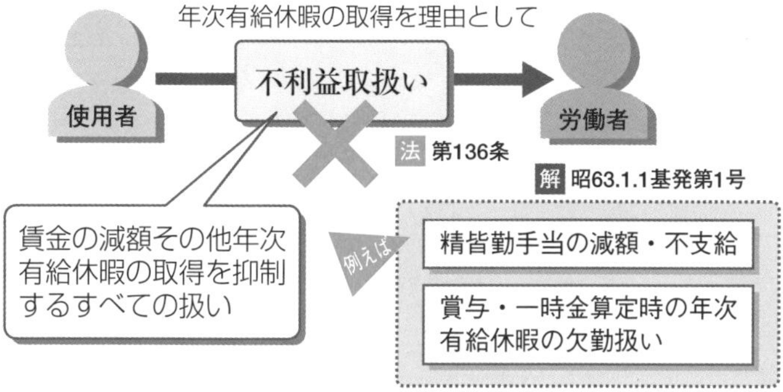
年次有給休暇の取得を理由として
不利益取扱い
使用者
労働者
法 第136条
解 昭63.1.1基発第1号
賃金の減額その他年次有給休暇の取得を抑制するすべての扱い
例えば
精皆勤手当の減額・不支給
賞与・一時金算定時の年次有給休暇の欠勤扱い

図5-6-3 年次有給休暇の繰越しと時効

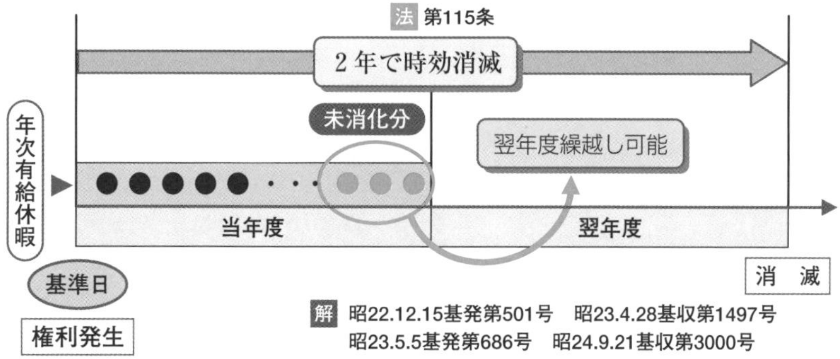
法 第115条
2年で時効消滅
未消化分
翌年度繰越し可能
年次有給休暇
当年度
翌年度
消 滅
基準日
権利発生
解 昭22.12.15基発第501号 昭23.4.28基収第1497号
昭23.5.5基発第686号 昭24.9.21基収第3000号

図5-6-4 年次有給休暇の買上げ

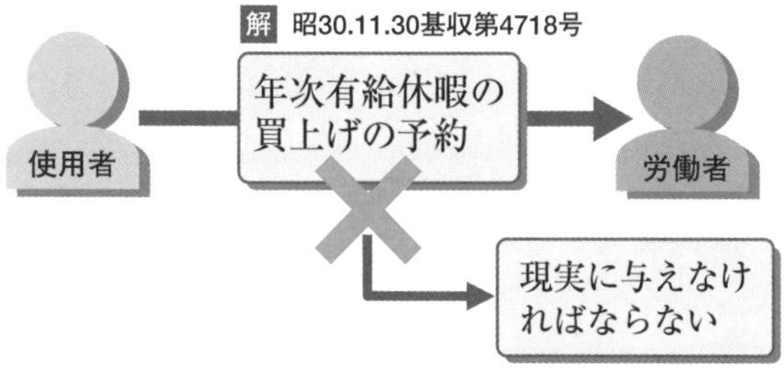
解 昭30.11.30基収第4718号
年次有給休暇の買上げの予約
使用者
労働者
現実に与えなければならない

第6部

賃　金

7　賃　金　（第11、12条）

Point

◎　賃金とは、名称のいかんを問わず、労働の対償として、使用者が労働者に支払うすべてのものをいう。

◆条　文◆

第十一条　この法律で賃金とは、賃金、給料、手当、賞与その他名称の如何を問わず、労働の対償として使用者が労働者に支払うすべてのものをいう。

第十二条　この法律で平均賃金とは、これを算定すべき事由の発生した日以前三箇月間にその労働者に対し支払われた賃金の総額を、その期間の総日数で除した金額をいう。ただし、その金額は、次の各号の一によつて計算した金額を下つてはならない。

一　賃金が、労働した日若しくは時間によつて算定され、又は出来高払制その他の請負制によつて定められた場合においては、賃金の総額をその期間中に労働した日数で除した金額の百分の六十

二　賃金の一部が、月、週その他一定の期間によつて定められた場合においては、その部分の総額をその期間の総日数で除した金額と前号の金額の合算額

②　前項の期間は、賃金締切日がある場合においては、直前の賃金締切日から起算する。

③　前二項に規定する期間中に、次の各号のいずれかに該当する期間がある場合においては、その日数及びその期間中の賃金は、前二項の期間及び賃金の総額から控除する。

一　業務上負傷し、又は疾病にかかり療養のために休業した期間

二　産前産後の女性が第六十五条の規定によつて休業した期間

三　使用者の責めに帰すべき事由によつて休業した期間

四　育児休業、介護休業等育児又は家族介護を行う労働者の福祉に関する法律（平成三年法律第七十六号）第二条第一号に規定する育児休業又は同条第二号に規定する介護休業（同法第六十一条第三項（同条第六項において準用する場合を含む。）に規定する介護をするための休業を含む。第三十九条第十項において同じ。）をした期間

五　試みの使用期間

④　第一項の賃金の総額には、臨時に支払われた賃金及び三箇月を超える期間ごとに支払われる賃金並びに通貨以外のもので支払われた賃金で一定の範囲に属しないものは算入しない。

⑤　賃金が通貨以外のもので支払われる場合、第一項の賃金の総額に算入すべきものの範囲及び評価に関し必要な事項は、厚生労働省令で定める。

⑥　雇入後三箇月に満たない者については、第一項の期間は、雇入後の期間とする。

⑦　日日雇い入れられる者については、その従事する事業又は職業について、厚生労働大臣の定める金額を平均賃金とする。

⑧　第一項乃至第六項によつて算定し得ない場合の平均賃金は、厚生労働大臣の定めるところによる。

1 賃金の定義

賃金とは、名称のいかんを問わず、労働の対償として、使用者が労働者に支払うすべてのものである。定期賃金、諸手当、賞与等が含まれる。退職手当も、労働協約、就業規則、労働契約等によって、あらかじめ支給条件が明確であれば、賃金である。

「労働の対償として支払われる」とは、広く使用者が労働者に支払うもののうち、労働者がいわゆる使用従属関係のもとで行う労働に対して、その報酬として支払うものとされており、具体的な判断に当たっては、次の点を考慮する必要がある。

① 任意的・恩恵的な給付は賃金でない。

結婚祝金、死亡弔慰金等は原則として賃金でないが、これらのものであっても、労働協約、就業規則、労働契約等によってあらかじめ支給条件の明確なものは賃金である。

② 福利厚生施設は賃金でない。

イ 住宅の貸与、食事の供与等の実物給与は、原則として、福利厚生施設である。

ただし、実物給与のうち、労働者が転売により金銭を取得することを目的とするもの、労働協約、就業規則、労働契約等において明確な労働条件の内容となっているものは、福利厚生施設ではなく賃金である。

ロ 会社の運動施設等で労働者の個人的利益に属さないものは、福利厚生施設である。

③ 企業設備の一環であるものは賃金でない。

企業が労働者から労務を受領する際に当然用意しておくべき有形無形の設備であり、具体的には、制服・作業衣、旅費、労働者持ちのチェーンソー等の器具の損料等は、企業設備であって、賃金ではない。

図6-1-1 賃金の定義

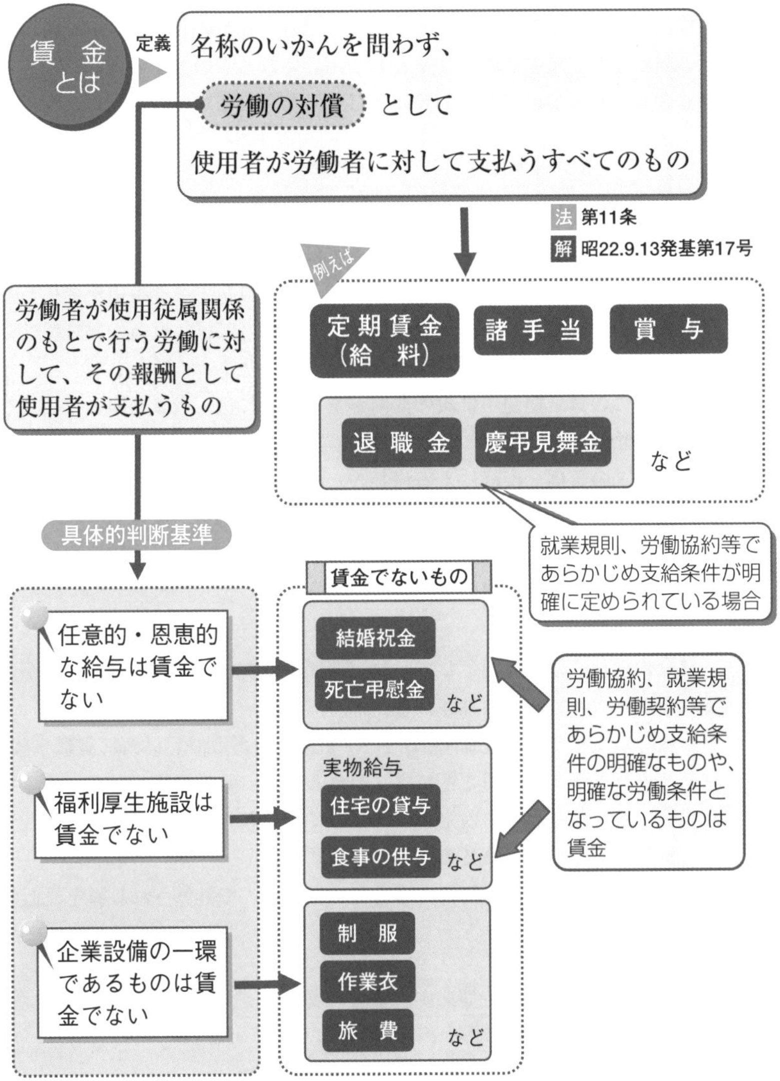
賃金とは
定義
名称のいかんを問わず、
労働の対償 として
使用者が労働者に対して支払うすべてのもの
法 第11条
解 昭22.9.13発基第17号
例えば
定期賃金（給料）
諸手当
賞与
退職金
慶弔見舞金
など
就業規則、労働協約等であらかじめ支給条件が明確に定められている場合
労働者が使用従属関係のもとで行う労働に対して、その報酬として使用者が支払うもの
具体的判断基準
賃金でないもの
任意的・恩恵的な給与は賃金でない
結婚祝金
死亡弔慰金
など
福利厚生施設は賃金でない
実物給与
住宅の貸与
食事の供与
など
企業設備の一環であるものは賃金でない
制服
作業衣
旅費
など
労働協約、就業規則、労働契約等であらかじめ支給条件の明確なものや、明確な労働条件となっているものは賃金

解 昭22.12.9基発第452号　昭23.2.20基発第297号　昭30.10.10基発第644号

2 平均賃金

平均賃金は、解雇予告手当、休業手当、年次有給休暇の賃金、災害補償、減給制裁の限度額を算定する際の基準として用いられるものである。

平均賃金は、基本的には、次の式によって計算される。

$$平均賃金 = \frac{3カ月間に支払われた賃金総額}{3カ月間の総日数}$$

平均賃金の算定に当たって、留意すべき点は次のとおりである。

① 平均賃金の算定期間は、原則として、これを算定すべき事由が発生した日以前3カ月間であるが、賃金締切日がある場合には、直前の賃金締切日以前3カ月間となる。

なお、この算定期間中に次の期間がある場合には、当該期間の日数及び賃金額を除外して計算することになる。

イ 業務上の負傷・疾病による療養のための休業期間

ロ 産前産後の休業期間

ハ 使用者の責に帰すべき事由による休業期間

ニ 育児・介護休業期間

ホ 試用期間

② 賃金の総額には、原則として、算定期間中に支払われる賃金すべてが含まれるが、次の賃金は除外される。

イ 臨時に支払われた賃金（結婚手当、私傷病手当、加療見舞金、退職金等）

ロ 3カ月を超える期間ごとに支払われる賃金（賞与等）

ハ 法令または労働協約の定めに基づいて支払われる以外の実物給与（労働基準法施行規則第2条以外のもの）

③ 日給制、時給制、請負給制の場合には、次の式で計算される額を最低保障額とする。

$$最低保障額 = \frac{算定期間中の賃金の総額}{算定期間中に労働した日数} \times \frac{60}{100}$$

なお、このような方法によって平均賃金を算定することができない場合、または、算定される平均賃金が著しく不適当な場合については、特別

図6-1-2 平均賃金の役割

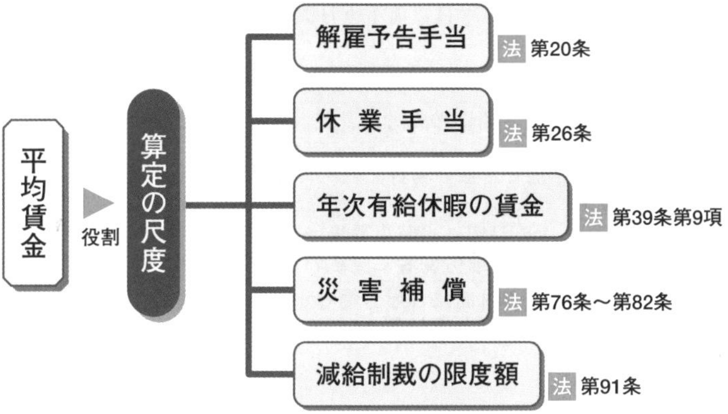
平均賃金
役割
算定の尺度
解雇予告手当
法 第20条
休業手当
法 第26条
年次有給休暇の賃金
法 第39条第9項
災害補償
法 第76条～第82条
減給制裁の限度額
法 第91条

図6-1-3 平均賃金の算定方法

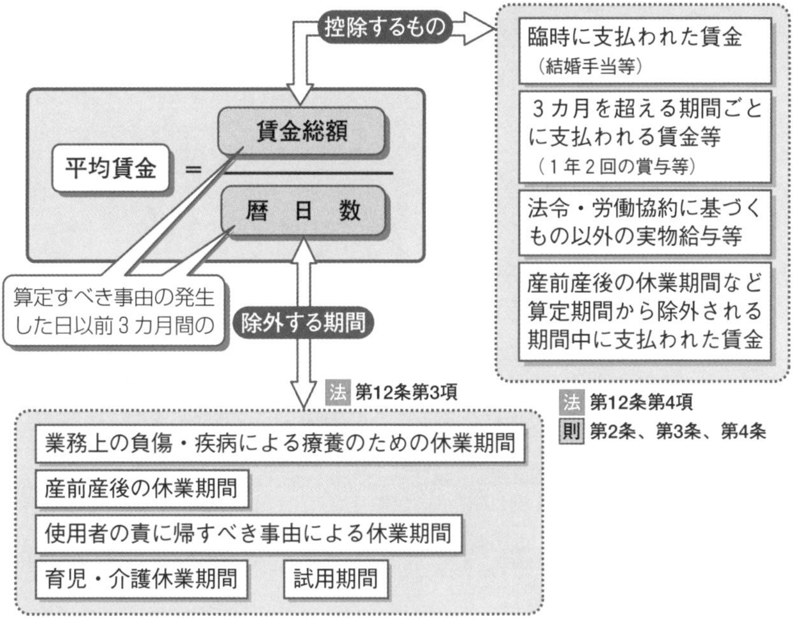
控除するもの
平均賃金 = 賃金総額 / 暦日数
算定すべき事由の発生した日以前3カ月間の
除外する期間
法 第12条第3項
業務上の負傷・疾病による療養のための休業期間
産前産後の休業期間
使用者の責に帰すべき事由による休業期間
育児・介護休業期間
試用期間
臨時に支払われた賃金（結婚手当等）
3カ月を超える期間ごとに支払われる賃金等（1年2回の賞与等）
法令・労働協約に基づくもの以外の実物給与等
産前産後の休業期間など算定期間から除外される期間中に支払われた賃金
法 第12条第4項
則 第2条、第3条、第4条

な計算方法が示されている。

また、日雇労働者については、次の方法によって算定される。

① 平均賃金を算定すべき日以前1カ月間に当該事業場で労働している場合

$$\text{平均賃金}=\frac{\text{1カ月間に支払われた賃金総額}}{\text{1カ月間に当該労働者が当該事業場で労働した日数}}\times\frac{73}{100}$$

② ①によって算定できない場合

$$\text{平均賃金}=\frac{\text{1カ月間に当該事業場で同一業務に従事した日雇労働者に支払われた賃金総額}}{\text{1カ月間に日雇労働者が当該事業場で労働した総日数}}\times\frac{73}{100}$$

2 賃金の決定 （第3、4、27、28条、最低賃金法）

Point

◎ 国籍、信条、社会的身分等を理由に、賃金について差別的取扱いをしてはならない。

◆条　文◆

（均等待遇）

第三条　使用者は、労働者の国籍、信条又は社会的身分を理由として、賃金、労働時間その他の労働条件について、差別的取扱をしてはならない。

（男女同一賃金の原則）

第四条　使用者は、労働者が女性であることを理由として、賃金について、男性と差別的取扱いをしてはならない。

（出来高払制の保障給）

第二十七条　出来高払制その他の請負制で使用する労働者については、使用者は、労働時間に応じ一定額の賃金の保障をしなければならない。

（最低賃金）

第二十八条　賃金の最低基準に関しては、最低賃金法（昭和三十四年法律第百三十七号）の定めるところによる。

1 国籍・信条・社会的身分による差別禁止

賃金の決定に当たって、国籍・信条・社会的身分を理由として差別的取扱いをすることは禁止されている。詳細は、第2部 4 基本原則 ③ 均等待遇の原則（40頁）を参照。

2 男女同一賃金の原則

労働者が女性であることを理由として、賃金について、男性と差別的取り扱いをすることは禁止されている。

男性労働者に比較して一般に低位であった女性労働者の社会的、経済的地位の向上を賃金に関する差別待遇の禁止という面から実現しようとするものである。

女性であることを理由とする差別とは、労働者が女性であることのみを理由として、あるいは社会通念として、または当該事業場において女性労働者が一般的または平均的に能率が悪いこと、勤続年数が短いこと、主たる生計の維持者ではないこと等の理由によって差別的取扱いをすることをいい、職務、能率、技能、年齢、勤続年数等が異なることにより賃金に差異があることは差し支えない。

なお、差別的取扱いには、女性労働者を不利に取り扱うもののみならず、有利に取り扱うものも含まれる。

図6-2-1 国籍・信条・社会的身分による差別禁止

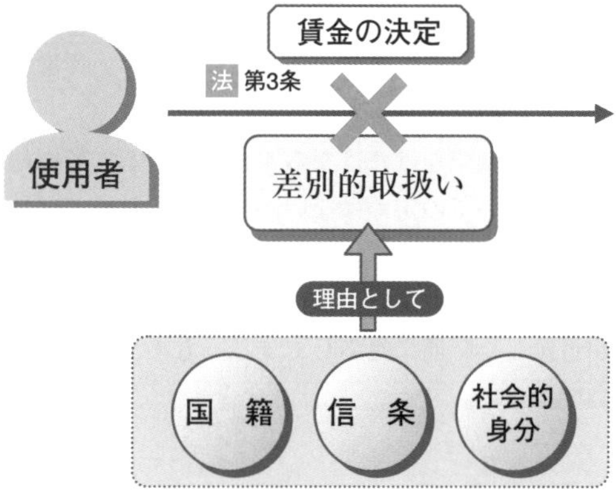
賃金の決定
法 第3条
使用者
差別的取扱い
労働者
理由として
国 籍
信 条
社会的
身分

解 昭22.9.13発基第17号

●罰 則●

法第3条に違反すると6カ月以下の懲役または30万円以下の罰金（法第119条第1号）。

図6-2-2 男女同一賃金の原則

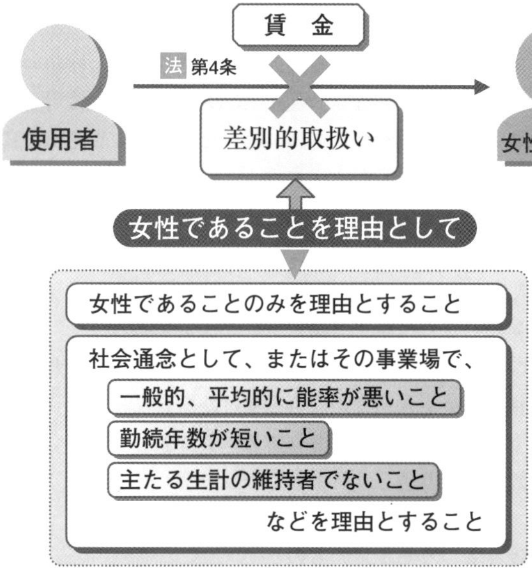
賃 金
法 第4条
使用者
差別的取扱い
女性労働者
女性であることを理由として
女性であることのみを理由とすること
社会通念として、またはその事業場で、
一般的、平均的に能率が悪いこと
勤続年数が短いこと
主たる生計の維持者でないこと
などを理由とすること

解 昭22.9.13発基第17号
昭23.12.25基収第4281号
昭25.11.22婦発第311号
昭63.3.14基発第150号
平9.9.25基発第648号

●罰 則●

法第4条に違反すると6カ月以下の懲役または30万円以下の罰金（法第119条第1号）。

3 出来高払制の保障給

出来高払制その他の請負制で使用される労働者の賃金については、労働時間に応じて一定額の賃金の保障をしなければならない。

保障給は、労働時間に応じて一定額でなければならず、原則として時間給で定めることになる。保障給の額についての定めはないが、常に通常の実収賃金とあまりへだたらない程度の収入が保障されるように保障給の額を定めることとされている。

なお、保障給は、労働者が労働した時間に対応して支払うものであり、労働しなかった場合には支払う必要はない。

4 最低賃金

賃金の最低基準については、最低賃金法において最低賃金制度が設けられている。最低賃金には、各都道府県ごとに定められる「地域別最低賃金」と、特定の産業について定められる「特定最低賃金」がある。地域別最低賃金は、その地域における労働者の生計費、労働者の賃金及び通常の事業の賃金支払能力を考慮して定めるものとされている。

地域別最低賃金については、中央最低賃金審議会から示される引上げ額の目安を参考にしながら、地方最低賃金審議会（公益代表、労働者代表、使用者代表の委員で構成）での地域の実情を踏まえた審議・答申を得た後、異議申出に関する手続きを経て、都道府県労働局長が決定する。

特定最低賃金については、関係労使の申出に基づき地方最低賃金審議会（または中央最低賃金審議会）が必要と認めた場合において、地方最低賃金審議会（または中央最低賃金審議会）の審議・答申を得た後、異議申出に関する手続きを経て、都道府県労働局長（または厚生労働大臣）が決定する。

最低賃金の適用対象については、それぞれの最低賃金において定められるほか、次の者については、都道府県労働局長の許可を受けた場合に、最低賃金額から一定率減額した額をもってその者に適用される最低賃金額とされる。

① 精神または身体の障害により著しく労働能力の低い者

② 試用期間中の者

③ 認定職業訓練を受ける者のうち一定のもの

図6-2-3　出来高払制の保障給

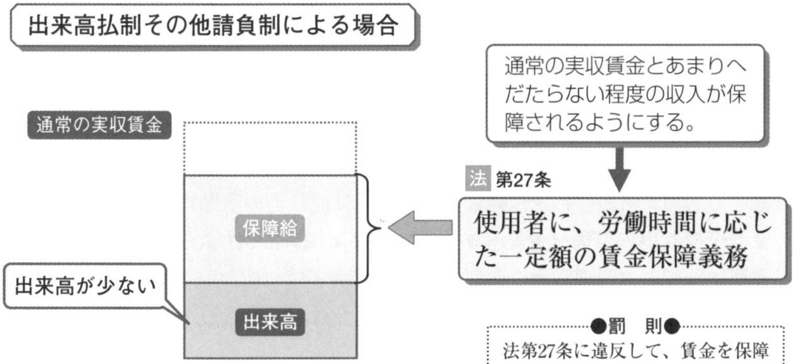
出来高払制その他請負制による場合
通常の実収賃金とあまりへだたらない程度の収入が保障されるようにする。
通常の実収賃金
保障給
出来高が少ない
出来高
法 第27条
使用者に、労働時間に応じた一定額の賃金保障義務

解　昭22.9.13発基第17号　昭23.11.11基収第1639号
昭63.3.14基発第150号

●罰　則●
法第27条に違反して、賃金を保障しない場合は、30万円以下の罰金（法第120条第１号）。

図6-2-4　最低賃金に達しない賃金を定めた労働契約の効力

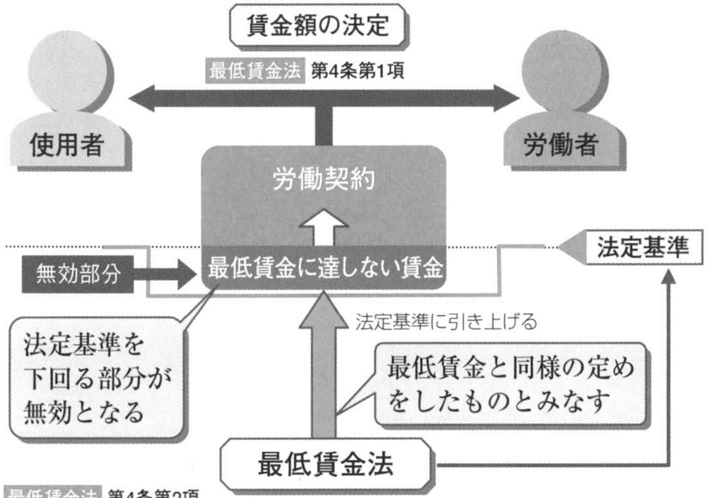
賃金額の決定
最低賃金法 第4条第1項
使用者
労働者
労働契約
無効部分
最低賃金に達しない賃金
法定基準
法定基準に引き上げる
法定基準を下回る部分が無効となる
最低賃金と同様の定めをしたものとみなす
最低賃金法

最低賃金法 第4条第2項

●罰　則●
最低賃金法第４条第１項に違反し、地域別最低賃金額以上の賃金を支払わないと、50万円以下の罰金（最低賃金法第40条）。

④　軽易な業務に従事する者

⑤　断続的労働に従事する者

賃金の決定に当たっては、最低賃金の適用を受ける労働者については、当該労働者に適用される最低賃金を下回ることがないようにしなければならず、労働契約において最低賃金に達しない賃金を定めた場合には、その部分は無効となり、最低賃金と同様の定めをしたものとみなされる。

地域別最低賃金の額を下回る賃金しか支払わない場合は、最低賃金法による罰則の適用がある。特定最低賃金については同法上の罰則の適用はないが、賃金の全額払いの原則（労働基準法第24条第１項。292頁参照）の違反として労働基準法による罰則が適用される。

なお、最低賃金との比較に際し、次の賃金は除外することとされている。

①　臨時に支払われる賃金

②　１カ月を超える期間ごとに支払われる賃金

③　所定時間外労働に対する賃金

④　所定休日労働に対する賃金

⑤　深夜時間帯において支払われる賃金のうち通常の労働時間の賃金の計算額を超える部分

⑥　当該最低賃金において除外することとされた賃金（現行では精皆勤手当、通勤手当及び家族手当）

3 賃金の支払い 第24、25条

◎ 賃金は、①通貨払い、②直接払い、③全額払い、④毎月払い、⑤一定期日払い――の5原則に従って支払わなければならない。

◆条　文◆

（賃金の支払）

第二十四条　賃金は、通貨で、直接労働者に、その全額を支払わなければならない。ただし、法令若しくは労働協約に別段の定めがある場合又は厚生労働省令で定める賃金について確実な支払の方法で厚生労働省令で定めるものによる場合においては、通貨以外のもので支払い、また、法令に別段の定めがある場合又は当該事業場の労働者の過半数で組織する労働組合があるときはその労働組合、労働組合がないときは労働者の過半数を代表する者との書面による協定がある場合においては、賃金の一部を控除して支払うことができる。

②　賃金は、毎月一回以上、一定の期日を定めて支払わなければならない。ただし、臨時に支払われる賃金、賞与その他これに準ずるもので厚生労働省令で定める賃金（第八十九条において「臨時の賃金等」という。）については、この限りでない。

（非常時払）

第二十五条　使用者は、労働者が出産、疾病、災害その他厚生労働省令で定める非常の場合の費用に充てるために請求する場合においては、支払期日前であっても、既往の労働に対する賃金を支払わなければならない。

1 賃金支払方法の5原則

(1) 通貨払いの原則

賃金は、原則として通貨、すなわち強制通用力のある貨幣で支払わなければならない。小切手は通貨に含まれない。

ただし、次の場合には、通貨以外のもので支払うことができる。

① 法令に別段の定めがある場合

② 労働協約に別段の定めがある場合

労働組合法にいう労働協約に限られ、その適用を受ける労働者に対してのみ実物給与が認められる。この場合には、労働協約において実物給与の評価額を定めておくこととされている。

③ 退職手当について労働者の同意を得て次のものにより支払う場合

イ 金融機関の自己宛小切手

ロ 金融機関の支払保証小切手

ハ 郵便為替

また、賃金の口座振込みによる支払いについては、労働者の同意を得て当該労働者の指定する本人の預貯金口座または証券総合口座に振り込むことができる。その際、支払うべき賃金の全額が、所定の賃金支払日に払い出し得る状況にあることが必要である。

(2) 直接払いの原則

賃金は、直接労働者に支払わなければならない。労働者の代理人に支払うことはできないが、労働者が病気等の場合に、その使者に支払うことは差し支えない。

労働者が賃金債権を譲渡した場合に、その譲受人に賃金を支払うことは直接払いの原則に違反するが、民事執行法、国税徴収法等による差押えの場合は差し支えない。

(3) 全額払いの原則

賃金は、原則として、全額を支払わなければならず、その一部を控除して支払うことはできない。

図6-3-1 賃金支払いの5原則

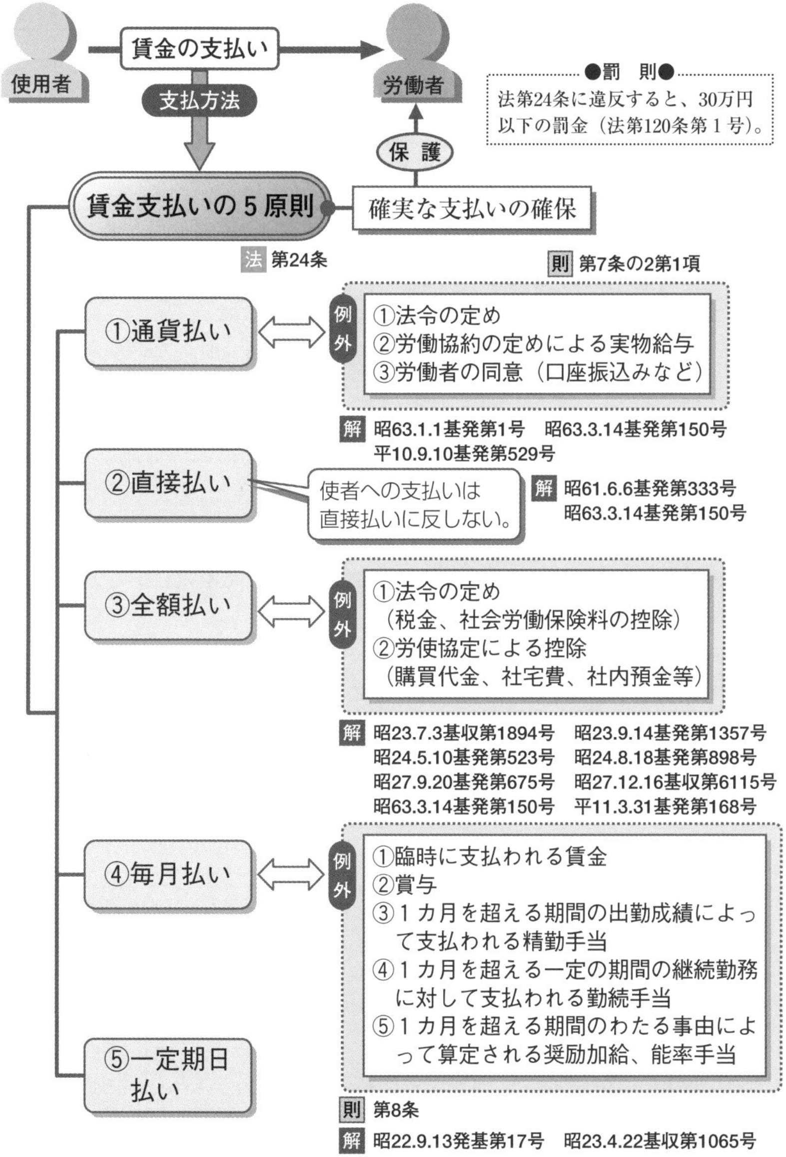

次の場合については、全額払いの原則に違反しない。

① 欠勤、遅刻、早退等労働を提供しなかった時間について賃金を支払わないこと

② 賃金の一部を前払いした場合に、その分を控除して支払うこと

③ ストライキ等のため前月分の賃金が過払いとなった場合に、当月において清算すること

④ 賃金の計算において四捨五入によって端数処理すること

また、次の場合には、賃金の一部を控除して支払うことができる。

① 法令に別段の定めがある場合
　税金、社会・労働保険料等の例がある。

② 労使協定がある場合
　購買代金、社宅費、社内預金、労働組合費等を対象とする例が多い。

＊　労使協定等における過半数代表者の要件等については120頁参照。

⑷ 毎月払いの原則

賃金は、毎月１回以上支払わなければならない。

次の賃金については、毎月１回以上の支払いでなくても差し支えない。

① 臨時に支払われる賃金

② 賞与

③ １カ月を超える期間の出勤成績によって支払われる精勤手当

④ １カ月を超える一定の期間の継続勤務に対して支払われる勤続手当

⑤ １カ月を超える期間にわたる事由によって算定される奨励加給、能率手当

⑸ 一定期日払いの原則

賃金は、周期的に到来する一定の期日を定めて支払わなければならない。

図6-3-2　退職手当の支払い

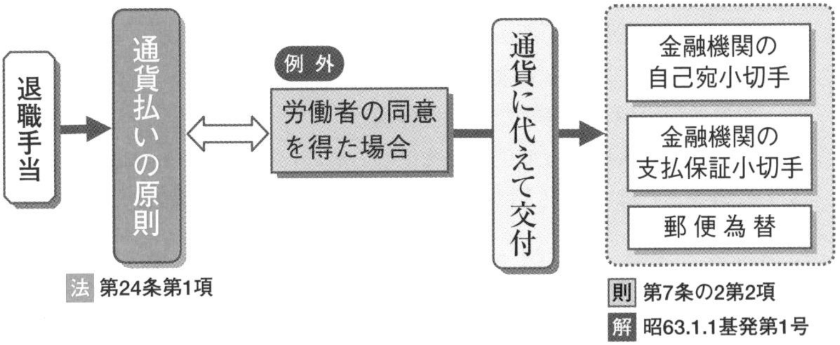
退職手当
通貨払いの原則
例外
労働者の同意を得た場合
通貨に代えて交付
金融機関の自己宛小切手
金融機関の支払保証小切手
郵便為替
法 第24条第1項
則 第7条の2第2項
解 昭63.1.1基発第1号

図6-3-3　賃金の口座振込み等

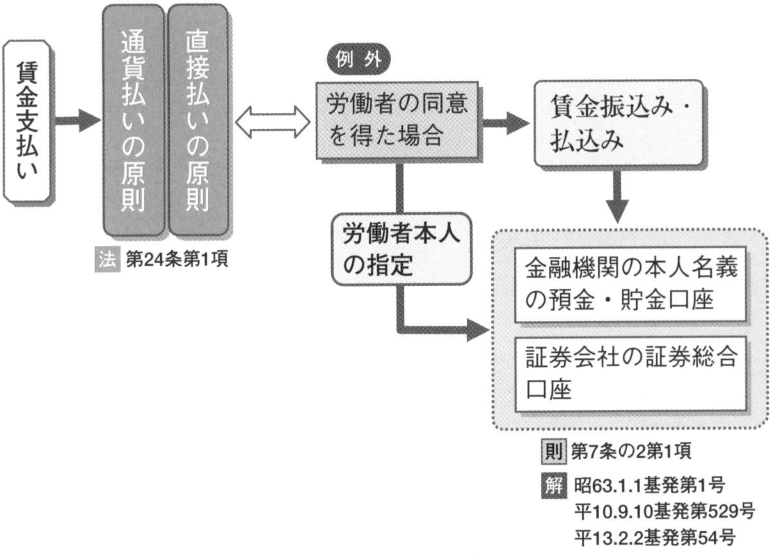
賃金支払い
通貨払いの原則
直接払いの原則
例外
労働者の同意を得た場合
賃金振込み・払込み
労働者本人の指定
金融機関の本人名義の預金・貯金口座
証券会社の証券総合口座
法 第24条第1項
則 第7条の2第1項
解 昭63.1.1基発第1号
平10.9.10基発第529号
平13.2.2基発第54号

2 非常時払い

次の場合には、労働者が請求したときには、支払期日前であっても、それまでに労働したものに対する賃金を支払わなければならない。

① 労働者の出産、疾病または災害の場合

② 労働者の収入によって生計を維持する者の出産、疾病または災害の場合

③ 労働者またはその収入によって生計を維持する者の結婚または死亡の場合

④ 労働者またはその収入によって生計を維持する者のやむを得ない事由による1週間以上の帰郷の場合

図6-3-4　非常時払い

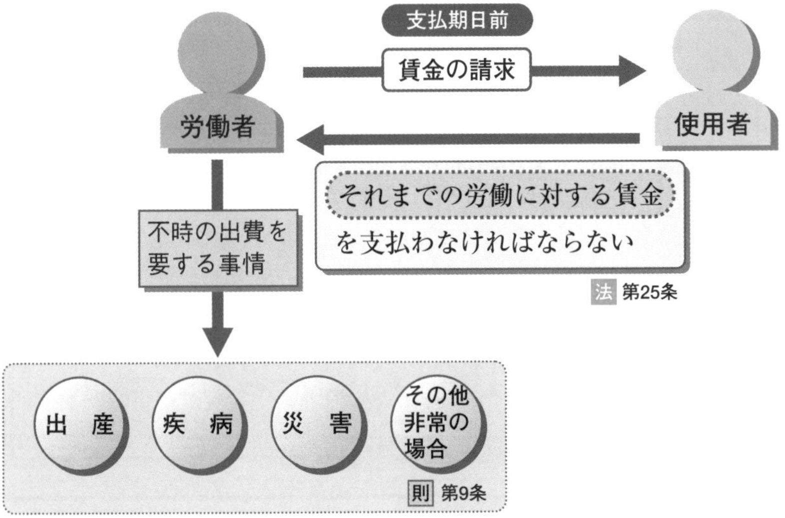
支払期日前
賃金の請求
労働者
使用者
それまでの労働に対する賃金
を支払わなければならない
法 第25条
不時の出費を要する事情
出　産
疾　病
災　害
その他非常の場合
則 第9条

●罰　則●

法第25条に違反して賃金を支払わないと、30万円以下の罰金（法第120条第１号）。

4 割増賃金 第37、138条

Point

- ◎ 時間外労働、深夜労働に対しては、通常の労働時間または労働日の賃金の計算額の2割5分以上、休日労働については、3割5分以上の率で計算した割増賃金を支払わなければならない。
- ◎ 時間外労働または休日労働に深夜業が重なった場合の割増賃金は、5割以上または6割以上となる。
- ◎ 1カ月について60時間を超える時間外労働をさせた場合には、その超えた時間について5割以上の率で計算した割増賃金を支払わなければならない。また、労使協定をすれば、引上げ分の割増賃金の支払いに代えて代替休暇を与えることができる。ただし、これらは中小事業主については適用が猶予される（令和5年3月31日まで）。

◆条　文◆

（時間外、休日及び深夜の割増賃金）

第三十七条　使用者が、第三十三条又は前条第一項の規定により労働時間を延長し、又は休日に労働させた場合においては、その時間又はその日の労働については、通常の労働時間又は労働日の賃金の計算額の二割五分以上五割以下の範囲内でそれぞれ政令で定める率以上の率で計算した割増賃金を支払わなければならない。ただし、当該延長して労働させた時間が一箇月について六十時間を超えた場合においては、その超えた時間の労働については、通常の労働時間の賃金の計算額の五割以上の率で計算した割増賃金を支払わなければならない。

② 前項の政令は、労働者の福祉、時間外又は休日の労働の動向その他の事情を考慮して定めるものとする。

③ 使用者が、当該事業場に、労働者の過半数で組織する労働組合があるときはその労働組合、労働者の過半数で組織する労働組合がないときは労働者の過半数を代表する者との書面による協定により、第一項ただし書の規定により割増賃金を支払うべき労働者に対して、当該割増賃金の支払に代えて、通常の労働時間の賃金が支払われる休暇（第三十九条の規定による有給休暇を除く。）を厚生労働省令で定めるところにより与えることを定めた場合において、当該労働者が当該休暇を取得したときは、当該労働者の同項ただし書に規定する時間を超えた時間の労働のうち当該取得した休暇に対応するものとして厚生労働省令で定める時間の労働については、同項ただし書の規定による割増賃金を支払うことを要しない。

④ 使用者が、午後十時から

午前五時まで（厚生労働大臣が必要であると認める場合においては、その定める地域又は期間については午後十一時から午前六時まで）の間において労働させた場合においては、その時間の労働については、通常の労働時間の賃金の計算額の二割五分以上の率で計算した割増賃金を支払わなければならない。

⑤　第一項及び前項の割増賃金の基礎となる賃金には、家族手当、通勤手当その他厚生労働省令で定める賃金は算入しない。

第百三十八条　中小事業主（その資本金の額又は出資の総額が三億円（小売業又はサービス業を主たる事業とする事業主については五千万円、卸売業を主たる事業とする事業主については一億円）以下である事業主及びその常時使用する労働者の数が三百人（小売業を主たる事業とする事業主については五十人、卸売業又はサービス業を主たる事業とする事業主については百人）以下である事業主をいう。）の事業については、当分の間、第三十七条第一項ただし書の規定は、適用しない。

〈編注〉

　第百三十八条は、令和五年三月三十一日をもって削除。

1 割増賃金の支払いが必要な場合

使用者は、労働者に時間外労働、休日労働または深夜業をさせた場合には、割増賃金を支払わなければならない。

時間外労働とは、法定労働時間を超えて労働させる時間であり、次の点に注意する必要がある。

① 就業規則等で法定労働時間に達しない所定労働時間を定めている場合には、当該所定労働時間を超えても、法定労働時間に達するまでは労働基準法上は割増賃金を支払う必要はない。

② 変形労働時間制を採用している場合には、当該制度のもとで認められる範囲内では、法定労働時間を超えても割増賃金を支払う必要はない。

また、フレックスタイム制では、清算期間でのみ判断される。

③ 時間外労働が翌日の所定労働時間に及んだ場合には、翌日の始業時刻までの労働が割増賃金の対象となる。

④ 労働基準法第41条により労働時間、休日の規定の適用が除外される者は、時間外・休日労働の割増賃金の支払いの問題は生じない。

休日労働とは、法定休日における労働であり、労働基準法上は次の点に注意する必要がある。

① 法定休日以外の休日に労働させても、休日労働の割増賃金を支払う必要はない。

② 休日の振替をした場合には割増賃金を支払う必要はないが、休日労働をさせて事後に代休を与えた場合には、休日労働の割増賃金を支払う必要がある。

深夜業とは、午後10時から午前5時までの労働であり、次の点に注意する必要がある。

① 交替制などで所定労働時間が深夜時間帯になる場合にも、深夜時間帯の労働については割増賃金を支払う必要がある。

② 労働基準法第41条により労働時間及び休日の規定の適用が除外されている者についても、深夜業は適用除外とならず、深夜業の割増賃金は支払う必要がある。

図6-4-1　割増賃金の支払いが必要な場合

法 第37条第1項　割増賃金令（労働基準法第37条第１項の時間外及び休日の割増賃金に係る率の最低限度を定める政令）

割増賃金の支払いが必要な場合	割増率	
時間外労働の割増賃金 （法定労働時間を超える労働）	25％以上	
	月60時間超の部分	50％以上※
休日労働の割増賃金 （週１日または４週４日の法定休日の労働）	35％以上	
深夜業の割増賃金 （午後10時～午前５時の間の労働）	25％以上	

※中小事業主には適用が猶予されている（令和5年3月31日まで）（308頁参照）。　則 第20条

●罰　則●

法第37条に違反して割増賃金を支払わない場合、６カ月以下の懲役または30万円以下の罰金（法第119条第１号）。なお、本条は強行規定のため、たとえ労使の合意があった場合でも使用者は罰せられる。

【割増賃金の支払いの基本的パターン】

例　所定労働時間が法定労働時間より短いケース

【例】所定労働時間：1日7時間（ 9：00～17：00）
休憩：　1時間（12：00～13：00）

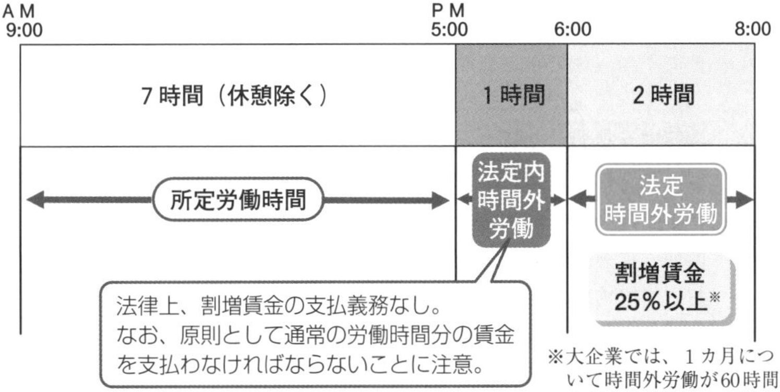
AM 9:00
PM 5:00
6:00
8:00
7時間（休憩除く）
1時間
2時間
所定労働時間
法定内時間外労働
法定時間外労働
割増賃金 25％以上※
法律上、割増賃金の支払義務なし。
なお、原則として通常の労働時間分の賃金を支払わなければならないことに注意。

※大企業では、１カ月について時間外労働が60時間を超える部分は50％以上

2 割増賃金の計算方法

割増賃金の額は、次によって計算される。

$$\text{割増賃金額} = \text{割増賃金の算定基礎賃金の1時間当たり金額} \times \left(\text{時間外または休日労働時間数} \times \begin{matrix} 1.25\ * \\ \text{または} \\ 1.35 \end{matrix} + \text{深夜労働時間数} \times 0.25 \right)$$

＊出来高払制その他の請負制による賃金の場合には、1.25または1.35ではなく0.25または0.35
大企業において、時間外労働が1カ月60時間を超える時間については1.25ではなく1.5（306頁参照）。中小企業の1.25は、令和5年3月31日まで。

割増賃金の算定基礎賃金となるのは、通常の労働日または労働時間の賃金、すなわち、割増賃金を支払うべき労働が深夜でない所定労働時間中に行われた場合に支払われる賃金である。

割増賃金の算定基礎賃金から、次の手当は除外される。

① 家族手当（家族手当とは、扶養家族またはこれを基礎とする家族手当額を基準として算定した手当をいい、名称は問わない。家族数に関係なく一律に支給される手当、一家を扶養する者に対し基本給に応じて支払われる手当等は、家族手当ではない）

② 通勤手当（通勤手当とは、労働者の通勤距離または通勤に要する実費に応じて算定される手当をいう。距離や実費によらず、一律に一定額が支給される手当は、通勤手当ではない）

③ 別居手当

④ 子女教育手当

⑤ 住宅手当（住宅手当とは、住宅に要する費用に応じて算定される手当をいい、一律に定額で支給される手当は、住宅手当ではない）

⑥ 臨時に支払われた賃金

⑦ 1カ月を超える期間ごとに支払われる賃金

また、1時間当たりの金額は、次によって計算される。

① 時間によって定められた賃金については、その額

② 日によって定められた賃金については、その額を1日の所定労働時間数で割る。なお、各日の所定労働時間が異なる場合には、1週間における1日平均所定労働時間数で割る。

例 時間外労働と深夜業が重なるケース

【例】所定労働時間：1日8時間（ 8：00〜17：00）
休憩： 1時間（12：00〜13：00）

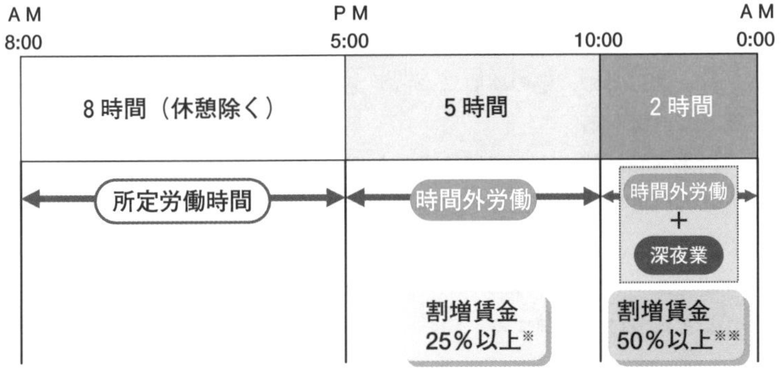
AM 8:00
PM 5:00
10:00
AM 0:00
8時間（休憩除く）
5時間
2時間
所定労働時間
時間外労働
時間外労働
＋
深夜業
割増賃金 25％以上※
割増賃金 50％以上※※

※大企業では、1カ月について時間外労働が60時間を超える部分は50％以上
※※大企業では、深夜時間帯に1カ月60時間を超える時間外労働をさせた場合は75％以上

例 休日労働が深夜まで及ぶケース

【例】通常の勤務日の所定労働時間：1日8時間（ 8：00〜17：00）
休憩： 1時間（12：00〜13：00）

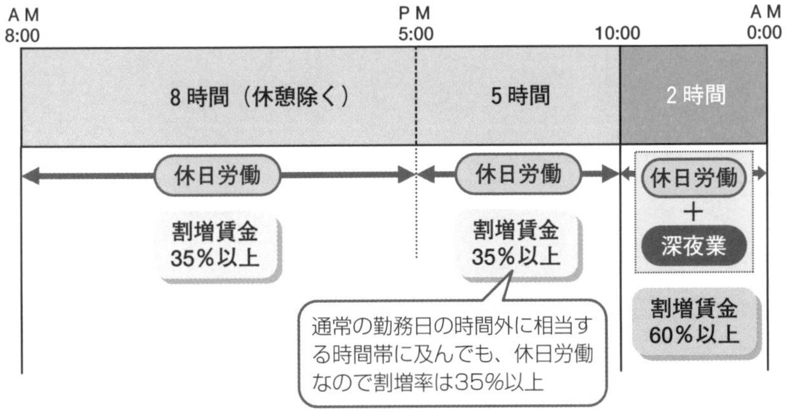
AM 8:00
PM 5:00
10:00
AM 0:00
8時間（休憩除く）
5時間
2時間
休日労働
休日労働
休日労働
＋
深夜業
割増賃金 35％以上
割増賃金 35％以上
割増賃金 60％以上
通常の勤務日の時間外に相当する時間帯に及んでも、休日労働なので割増率は35％以上

③　週によって定められた賃金については、その額を１週間の所定労働時間数で割る。なお、週によって所定労働時間数が異なる場合には、４週間における１週平均所定労働時間数で割る。

④　月によって定められた賃金については、その額を１カ月の所定労働時間数で割る。なお、各月の所定労働時間が異なる場合には、１年における１カ月平均所定労働時間数で割る。

⑤　月、週以外の一定の期間によって定められた賃金については、①～④に準じて計算する。

⑥　出来高払制等によって定められた賃金については、出来高払制によって支払われる賃金の総額をその期間中の総労働時間(時間外労働を含む時間)で割る。

⑦　賃金が①～⑥までの二以上の賃金から構成されている場合には、それぞれごとに分けて計算する。

図6-4-2　割増賃金の計算方法

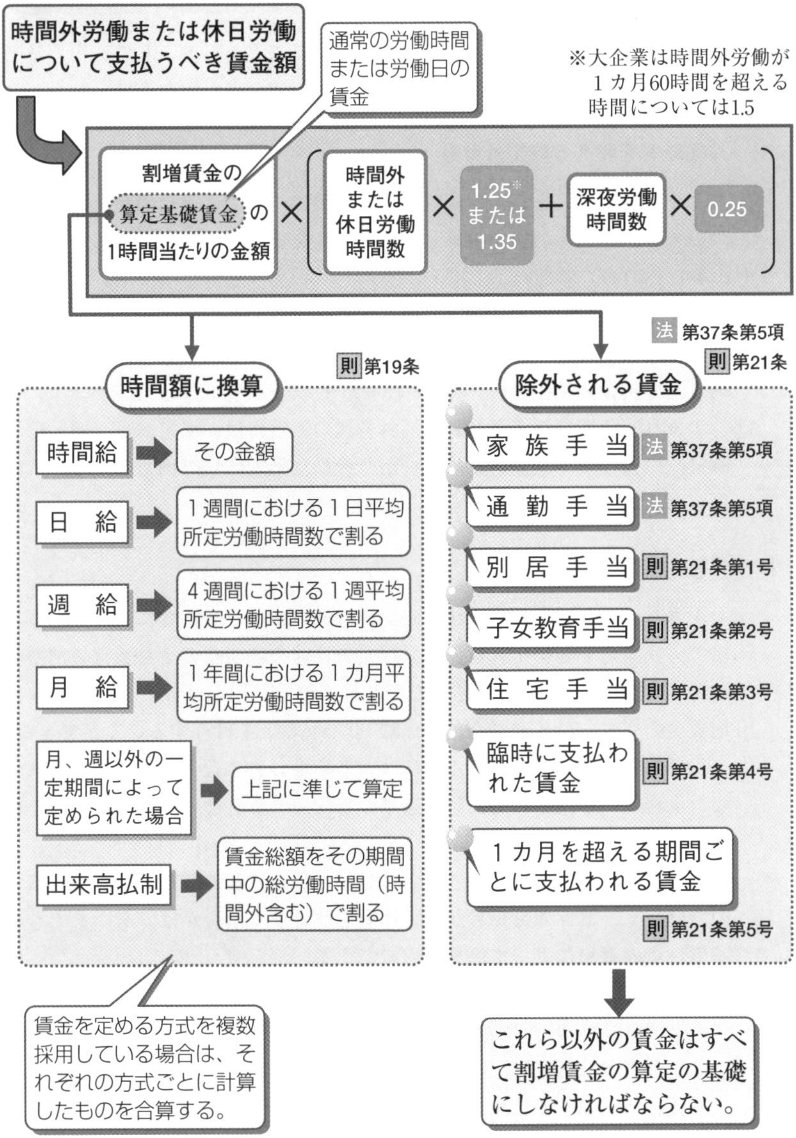
時間外労働または休日労働について支払うべき賃金額
通常の労働時間または労働日の賃金
※大企業は時間外労働が1カ月60時間を超える時間については1.5
割増賃金の算定基礎賃金の1時間当たりの金額
×
時間外または休日労働時間数
×
1.25※または1.35
＋
深夜労働時間数
×
0.25
法 第37条第5項
則 第21条
則 第19条
時間額に換算
時間給
その金額
日　給
1週間における1日平均所定労働時間数で割る
週　給
4週間における1週平均所定労働時間数で割る
月　給
1年間における1カ月平均所定労働時間数で割る
月、週以外の一定期間によって定められた場合
上記に準じて算定
出来高払制
賃金総額をその期間中の総労働時間（時間外含む）で割る
賃金を定める方式を複数採用している場合は、それぞれの方式ごとに計算したものを合算する。
除外される賃金
家　族　手　当
法 第37条第5項
通　勤　手　当
法 第37条第5項
別　居　手　当
則 第21条第1号
子女教育手当
則 第21条第2号
住　宅　手　当
則 第21条第3号
臨時に支払われた賃金
則 第21条第4号
1カ月を超える期間ごとに支払われる賃金
則 第21条第5号
これら以外の賃金はすべて割増賃金の算定の基礎にしなければならない。

3 割増賃金の引上げと代替休暇

平成20年の法改正では、長時間労働を抑制することを目的として、1カ月当たり60時間を超える時間外労働に関する法定割増賃金率が引き上げられた。

(1) 月60時間を超える時間外労働

① 1カ月に60時間を超える法定時間外労働については、その超えた時間について、50%以上の率で計算した割増賃金を支払わなければならない（図6-4-1（301頁）参照）。

② 1カ月60時間を超える法定時間外労働が深夜（22：00～5：00）の時間帯にあった場合は、深夜割増賃金25%以上＋月60時間を超えた分の法定時間外割増賃金50%以上＝割増賃金75%以上となる（303頁上図参照）。

③ 1カ月60時間を超える法定時間外労働の算定には、法定休日（例えば日曜日）に行った労働は含まれないが、それ以外の休日（例えば土曜日）に行った法定時間外労働は含まれる。

(2) 代替休暇

① 1カ月に60時間を超える法定時間外労働を行った労働者に対して、事業場で労使協定を締結すれば、50%以上の特別の割増率のうち通常の割増率（25%以上）を超えて付加された割増率の部分（引上げ分）については割増賃金の支払いに代えて有給の休暇（代替休暇）を付与することができる。

② 代替休暇制度を導入するためには、事業場の過半数労働組合か、これがない場合には事業場の労働者の過半数を代表する者との間で労使協定を締結する必要がある。

この労使協定は、個々の労働者に対して代替休暇の取得を義務づけるものではなく、個々の労働者が代替休暇を取得するか否かは、あくまでも当該労働者の意思によって決まるものである。

③ 協定で定める事項は、次のとおりである。

（ｉ）代替休暇の時間数の具体的な算定方法

次のような算定方法になる。

代替休暇の時間数＝（1カ月の法定時間外労働時間数－60）×換算率

換算率＝代替休暇を取得しなかった場合に支払うこととされている割

図6-4-3 代替休暇のイメージ

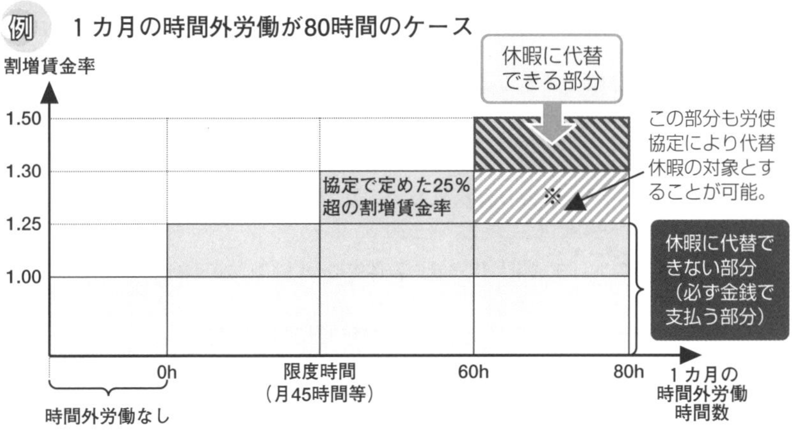
例 1カ月の時間外労働が80時間のケース
割増賃金率
1.50
1.30
1.25
1.00
休暇に代替できる部分
この部分も労使協定により代替休暇の対象とすることが可能。
※
協定で定めた25%超の割増賃金率
休暇に代替できない部分（必ず金銭で支払う部分）
0h
限度時間（月45時間等）
60h
80h
1カ月の時間外労働時間数
時間外労働なし

図6-4-4 代替休暇制度の導入手続き

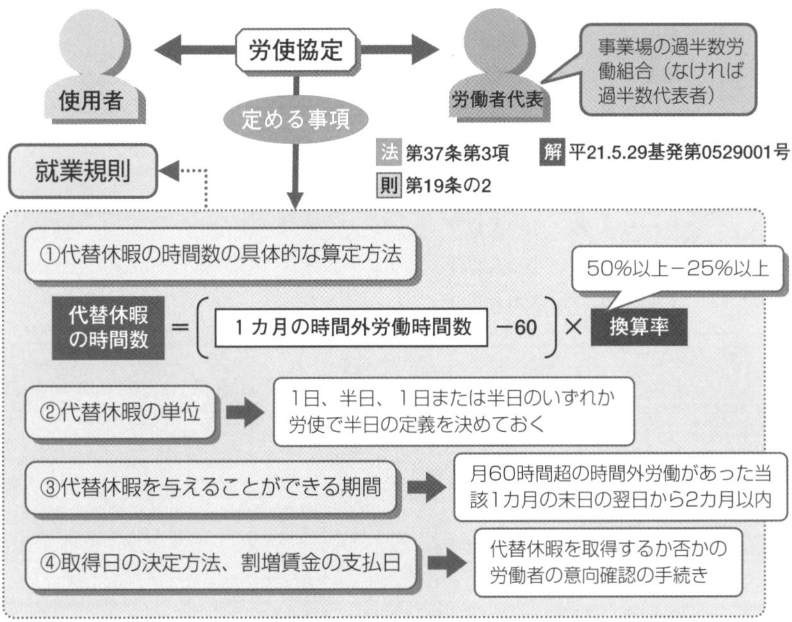
使用者
労使協定
労働者代表
事業場の過半数労働組合（なければ過半数代表者）
定める事項
就業規則
法 第37条第3項
解 平21.5.29基発第0529001号
則 第19条の2
①代替休暇の時間数の具体的な算定方法
代替休暇の時間数 ＝（1カ月の時間外労働時間数 −60）× 換算率
50%以上−25%以上
②代替休暇の単位
1日、半日、1日または半日のいずれか
労使で半日の定義を決めておく
③代替休暇を与えることができる期間
月60時間超の時間外労働があった当該1カ月の末日の翌日から2カ月以内
④取得日の決定方法、割増賃金の支払日
代替休暇を取得するか否かの労働者の意向確認の手続き

増賃金率（50％以上）－代替休暇を取得した場合に支払うこととされている割増賃金率（25％以上）

（ⅱ）代替休暇の単位

1日、半日、1日または半日のいずれかによって与える。

（ⅲ）代替休暇を与えることができる期間

法定時間外労働が1カ月60時間を超えた月の末日の翌日から2カ月以内の期間で与える。

（ⅳ）代替休暇の取得日の決定方法、割増賃金の支払日

＊　労使協定等における過半数代表者の要件等については120頁参照。

⑶　適用が猶予される中小事業主（令和5年3月31日まで）

⑴及び⑵は、次の①または②に該当する中小事業主の事業については令和5年3月31日まで適用が猶予されている。この①または②に該当するか否かは、事業場単位ではなく企業単位で判断する。

①　資本金の額または出資の総額が

小売業	5000万円以下
サービス業	5000万円以下
卸売業	1億円以下
上記以外	3億円以下

②　常時使用する労働者数が

小売業	50人以下
サービス業	100人以下
卸売業	100人以下
上記以外	300人以下

5 休業手当 第26条

Point

◎ 会社側の責任で休業した場合は、使用者は休業期間中、労働者に平均賃金の100分の60以上の手当（休業手当）を支払わなければならない。

◆条　文◆

（休業手当）

第二十六条　使用者の責に帰すべき事由による休業の場合においては、使用者は、休業期間中当該労働者に、その平均賃金の百分の六十以上の手当を支払わなければならない。

休業手当

「使用者の責に帰すべき事由」による休業の場合には、休業期間中、平均賃金の100分の60以上の手当を支払わなければならない。

「使用者の責に帰すべき事由」とは、使用者の故意、過失または信義則上これと同視すべきものよりは広く、一方、不可抗力によるものは含まれないものとされている。具体的には、次の点に注意が必要である。

① 資材の不足、事業場設備の欠陥等経営上の障害に起因する休業については、原則として使用者の責に帰すべき休業に該当する。

② 一部ストライキのために他の労働者を就業させることができない場合には、当該他の労働者の休業は、使用者にとって不可抗力によるものであり、使用者の責に帰すべき休業に該当しない。

③ 使用者が争議行為としてロックアウト（作業所閉鎖）した場合には、当該ロックアウトが争議行為として正当な範囲内である限り、使用者の責に帰すべき休業に該当しない。

④ 労働者の事情に基づく休職、職場規律違反に対する制裁としての出勤停止は、使用者の責に帰すべき休業に該当しない。

休業手当の額は、平均賃金の100分の60である。1労働日の一部を休業した場合には、労働した時間に応じて支払われた賃金が平均賃金の100分の60を超えていれば休業手当を支払う必要はないが、平均賃金の100分の60に達しないときは、その差額を支払わなければならない。

休業手当は、休業期間に対して支払われるものであるが、労働協約、就業規則等によって所定休日とされている日については、そもそも賃金支払義務がない日であるので、休業手当を支払う必要がない。

なお、休業手当は賃金であるので、その支払いについては、労働基準法の賃金に関する規定が適用される。

図6-5　休業手当の支払い

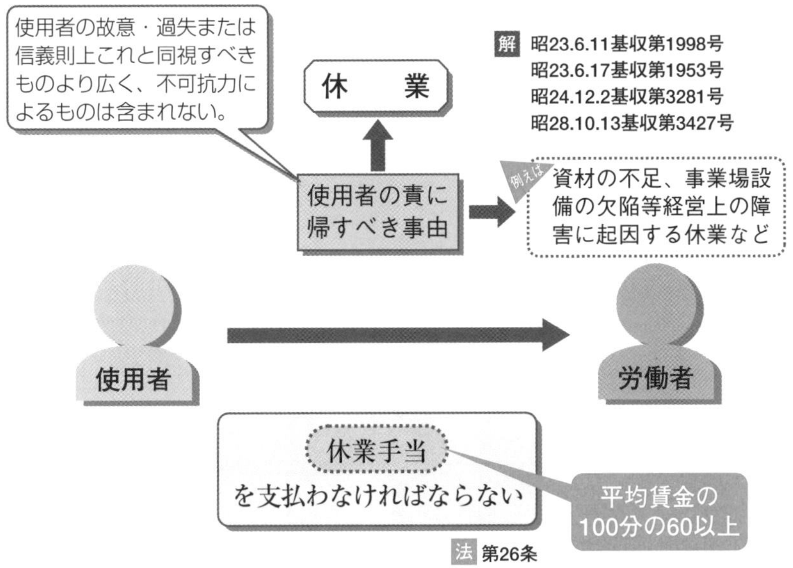
使用者の故意・過失または信義則上これと同視すべきものより広く、不可抗力によるものは含まれない。
休　　業
使用者の責に帰すべき事由
解　昭23.6.11基収第1998号
昭23.6.17基収第1953号
昭24.12.2基収第3281号
昭28.10.13基収第3427号
例えば
資材の不足、事業場設備の欠陥等経営上の障害に起因する休業など
使用者
労働者
休業手当
を支払わなければならない
平均賃金の100分の60以上
法　第26条

●罰　則●

法第26条に違反して休業手当を支払わない場合、30万円以下の罰金（法第120条第１号）。

6　社内預金　第18条

Point

- 社内預金については、次のような要件が規定されている。
  - ①　労使協定を締結し、所轄労働基準監督署長に届け出る。
  - ②　労使協定には、預金の保全方法等を定める。
  - ③　貯蓄金管理規程を作成し、労働者に周知する。
  - ④　厚生労働省令で定められた利率以上の利子を付ける。
  - ⑤　労働者の請求があったときは、遅滞なく貯蓄金を返還する。
- 使用者が労働者からの返還請求に応じない場合に、労働者の利益を著しく害すると認められるときは、所轄労働基準監督署長は必要な限度の範囲で、貯蓄金管理の中止を命ずることができる。

◆条　文◆

（強制貯金）

第十八条　使用者は、労働契約に附随して貯蓄の契約をさせ、又は貯蓄金を管理する契約をしてはならない。

②　使用者は、労働者の貯蓄金をその委託を受けて管理しようとする場合においては、当該事業場に、労働者の過半数で組織する労働組合があるときはその労働組合、労働者の過半数で組織する労働組合がないときは労働者の過半数を代表する者との書面による協定をし、これを行政官庁に届け出なければならない。

③　使用者は、労働者の貯蓄金をその委託を受けて管理する場合においては、貯蓄金の管理に関する規程を定め、これを労働者に周知させるため作業場に備え付ける等の措置をとらなければならない。

④　使用者は、労働者の貯蓄金をその委託を受けて管理する場合において、貯蓄金の管理が労働者の預金の受入であるときは、利子をつけなければならない。この場合において、その利子が、金融機関の受け入れる預金の利率を考慮して厚生労働省令で定める利率による利子を下るときは、その厚生労働省令で定める利率による利子をつけたものとみなす。

⑤　使用者は、労働者の貯蓄金をその委託を受けて管理する場合において、労働者がその返還を請求したときは、遅滞なく、これを返還しなければならない。

⑥　使用者が前項の規定に違反した場合において、当該貯蓄金の管理を継続することが労働者の利益を著しく害すると認められるときは、行政官庁は、使用者に対して、その必要な限度の範囲内で、当該貯蓄金の管理を中止すべきことを命ずることができる。

⑦　前項の規定により貯蓄金の管理を中止すべきことを命ぜられた使用者は、遅滞なく、その管理に係る貯蓄金を労働者に返還しなければならない。

1 強制貯金の禁止と貯蓄金の管理

使用者は、労働契約に付随して貯蓄の契約をさせたり、貯蓄金を管理する契約をしてはならない。

これに対し、一定の要件のもとで、使用者が労働者の委託を受けて行う貯蓄金の管理は認められており、これには、次のものがある。

① 使用者が労働者の預金を受け入れて、自ら管理するもの（社内預金）

② 使用者が受け入れた労働者の預金を労働者個人ごとの名義で銀行その他の金融機関に預けた預金について、使用者が通帳、印鑑を保管するもの（通帳保管）

2 労使協定の締結・届出

貯蓄金の管理を行う場合には、事業場の労働者の過半数で組織する労働組合があればその労働組合、そのような労働組合がない場合には労働者の過半数を代表する者と貯蓄金管理に関する協定を締結し、所轄労働基準監督署長に届け出なければならない。

この協定では、次の(1)から(5)までの事項を定めなければならない。

通帳保管の場合には、預金先の金融機関名及び預金の種類、通帳の保管方法、預金の出入れの取次ぎの方法等について協定する。

＊ 労使協定における過半数代表者の要件等については120頁参照。

(1) 預金者の範囲

社内預金の預金者は、労働基準法上の労働者でなければならないので、次の者をその範囲に含むことはできない。

① 法人、団体等の役員で、当該法人、団体等との間で使用従属性がないもの

② 退職者

③ 労働者の家族

④ 社内親睦団体

図6-6-1 強制預金の禁止の原則と社内預金等

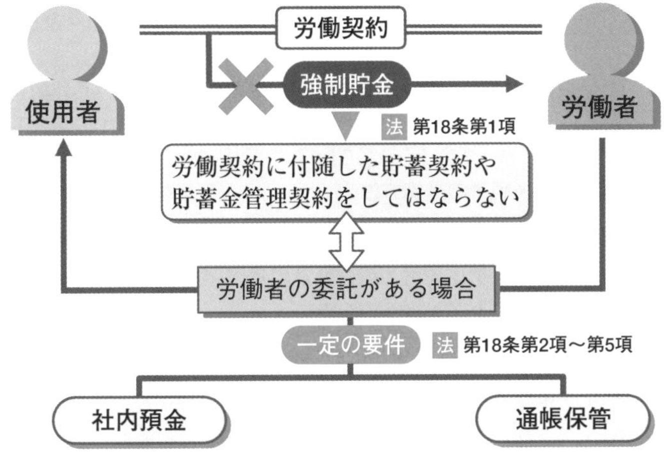

労働契約
使用者
強制貯金
労働者
法 第18条第1項
労働契約に付随した貯蓄契約や
貯蓄金管理契約をしてはならない
労働者の委託がある場合
一定の要件
法 第18条第2項～第5項
社内預金
通帳保管

図6-6-2 貯蓄金の管理の実施手続き

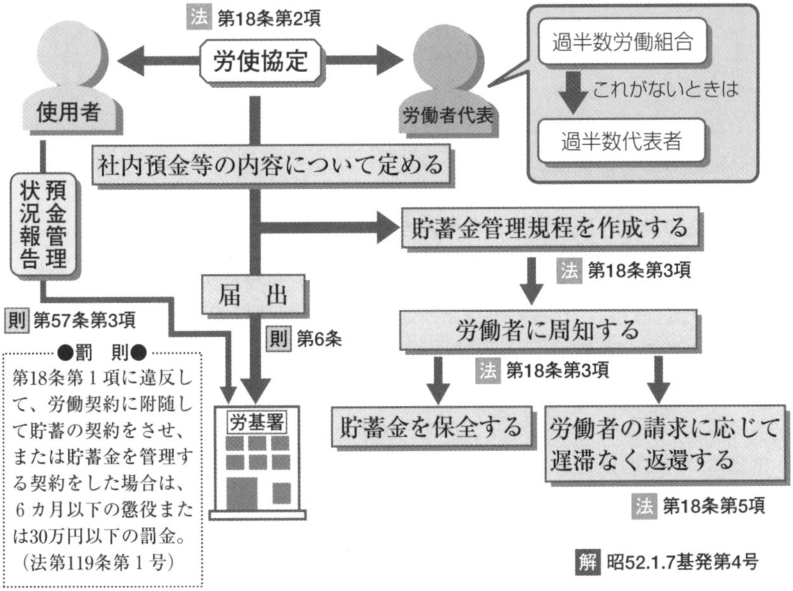

法 第18条第2項
使用者
労使協定
労働者代表
過半数労働組合
これがないときは
過半数代表者
社内預金等の内容について定める
預金管理状況報告
貯蓄金管理規程を作成する
法 第18条第3項
届　出
則 第57条第3項
則 第6条
労働者に周知する
法 第18条第3項
●罰　則●
第18条第１項に違反して、労働契約に附随して貯蓄の契約をさせ、または貯蓄金を管理する契約をした場合は、６カ月以下の懲役または30万円以下の罰金。
（法第119条第１号）
労基署
貯蓄金を保全する
労働者の請求に応じて
遅滞なく返還する
法 第18条第5項
解 昭52.1.7基発第4号

⑵ 預金者１人当たりの預金額の限度

社内預金の源資は、労働の対償としての賃金に限定されるべきものであり、それ以外のものは受け入れないこととする必要がある。

また、預金額の限度は、このような趣旨を踏まえたうえで、具体的に定めなければならない。

⑶ 預金の利率及び利子の計算方法

社内預金を実施する場合には、利子を付けなければならない。その際、厚生労働省令（労働基準法第18条第４項の規定に基づき使用者が労働者の預金を受け入れる場合の利率を定める省令）で定める利率（下限利率）による利子を下回ることはできない（現在、年0.5％）。

利子の計算方法については、厚生労働省令において次のとおり定められている。

① 利子は預入れの月から付けること（預入れが月の16日以降の場合は翌月から）

② 払戻金に相当する預金には、その払渡しの月の利子は付けなくてもよいこと

③ 10円未満の預金の端数には、利子を付けなくてもよいこと

④ 利子の計算において円未満の端数は、切り捨てることができること

これに反しない範囲において、単利、複利の別、付利単位、利息の計算期間等を定めることになる。

⑷ 預金の受入れ及び払戻しの手続き

少なくとも、預金通帳等預金の受入れ額、払戻し額及び預金残高を記録した書面の交付並びにこれらの事項を預金者各人別に記録した預金元帳の備付けを明記する必要がある。

また、使用者は、労働者が請求したときは、遅滞なく貯蓄金を返還しなければならないこととされており、これに反する定めをすることはできない。定期預金について約定された期限前に払い戻す場合には、利子に関し普通預金なみにする等の扱いをすることは差し支えないが、約定された期限前であることを理由に返還を拒否することはできない。

なお、事務手続き上、払戻しの日を一定の日に限定することは差し支えない。

図6-6-3 労使協定で定める事項

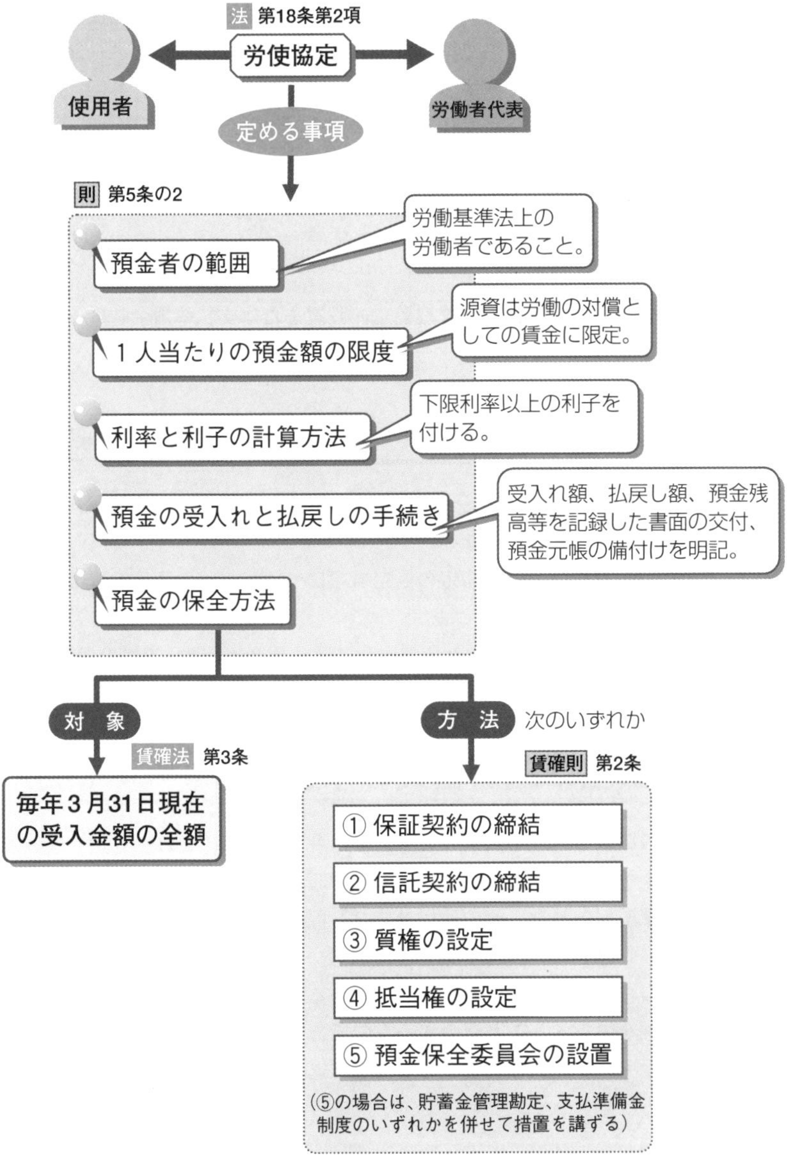
法 第18条第2項
労使協定
使用者
労働者代表
定める事項
則 第5条の2
預金者の範囲
労働基準法上の労働者であること。
1人当たりの預金額の限度
源資は労働の対償としての賃金に限定。
利率と利子の計算方法
下限利率以上の利子を付ける。
預金の受入れと払戻しの手続き
受入れ額、払戻し額、預金残高等を記録した書面の交付、預金元帳の備付けを明記。
預金の保全方法
対象
賃確法 第3条
毎年3月31日現在の受入金額の全額
方法 次のいずれか
賃確則 第2条
① 保証契約の締結
② 信託契約の締結
③ 質権の設定
④ 抵当権の設定
⑤ 預金保全委員会の設置
(⑤の場合は、貯蓄金管理勘定、支払準備金制度のいずれかを併せて措置を講ずる)

(5) 預金の保全の方法

預金の保全については、賃金の支払の確保等に関する法律（賃確法）及び同法施行規則（賃確則）において、毎年３月31日現在の受入れ金額の全額について、次のいずれかの方法を講ずることとされている。

① 保証契約の締結
② 信託契約の締結
③ 質権の設定
④ 抵当権の設定
⑤ 預金保全委員会の設置

なお、⑤の場合には、貯蓄金管理勘定の設置または支払準備金制度のいずれかを併せて講ずること。

3 貯蓄金管理規程

使用者は、貯蓄金の管理を行う場合には、貯蓄金管理規程を作成し、これを労働者に周知しなければならない。

貯蓄金管理規程には、労使協定の協定事項について、その具体的取扱いを規定することになる。

通帳保管の場合には、預金先の金融機関名及び預金の種類、通帳の保管方法、預金の出入れの取次ぎの方法等について規定することになる。

4 労働基準監督署長の中止命令

労働者が貯蓄金の返還を請求しても、使用者が遅滞なくこれを返還しない場合に、貯蓄金管理の継続が労働者の利益を著しく害すると認められるときは、所轄労働基準監督署長は、その使用者に対し貯蓄金管理の中止を命ずることができる。

この中止命令は、貯蓄金管理を委託している労働者の全部または一部について、その管理を中止することを命ずるものであり、使用者は、遅滞なく、その中止命令に示された範囲の貯蓄金を労働者に返還しなければならない。

図6-6-4 貯蓄金管理の中止命令

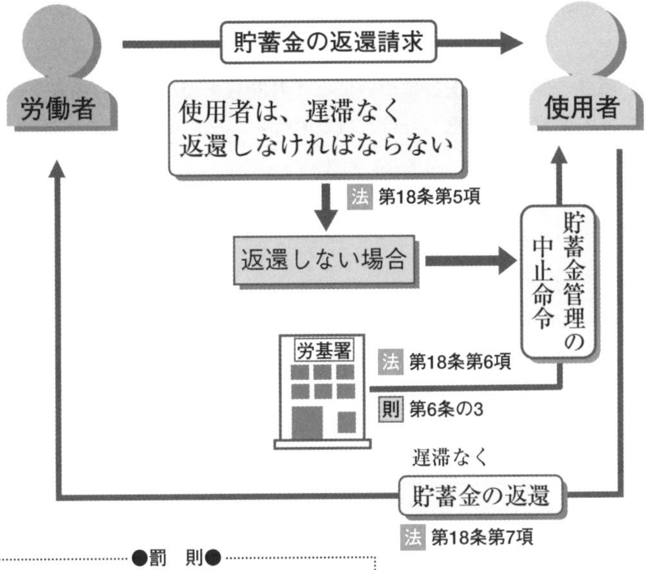
労働者
貯蓄金の返還請求
使用者
使用者は、遅滞なく
返還しなければならない
法 第18条第5項
返還しない場合
貯蓄金管理の中止命令
労基署
法 第18条第6項
則 第6条の3
遅滞なく
貯蓄金の返還
法 第18条第7項

●罰　則●

法第18条第７項に違反して、貯蓄金を返還しないと30万円以下の罰金（法第120条第１号）。

5 預金管理状況報告

使用者は、通帳保管の場合を除き、毎年3月31日以前1年間における預金の状況と預金の保全の状況等について、4月30日までに所轄労働基準監督署長に預金管理状況報告を提出しなければならない。

第7部

年少者

1　労働契約に係る規制（第56～59条、64条）

Point

◎ 労働基準法では、児童を満15歳に達した日以後の最初の3月31日までは使用してはならない。

　また、満18歳未満の者を使用する際には労働時間と業務に制限が課される。

◎ ただし、非工業的事業では満13歳以上の児童、さらに映画の製作・演劇の事業では満13歳未満の児童でも①健康・福祉に有害ではない軽易な作業、②所轄労働基準監督署長の許可――を条件に例外的に修学時間外に働かせることができる。

◎ 年少者を使用する場合には年齢証明書を、児童を使用する場合にはさらに学校長の証明書、親権者等の同意書を事業場に備え付けておかなければならない。

◆条　文◆

（最低年齢）

第五十六条　使用者は、児童が満十五歳に達した日以後の最初の三月三十一日が終了するまで、これを使用してはならない。

② 前項の規定にかかわらず、別表第一第一号から第五号までに掲げる事業以外の事業に係る職業で、児童の健康及び福祉に有害でなく、かつ、その労働が軽易なものについては、行政官庁の許可を受けて、満十三歳以上の児童をその者の修学時間外に使用することができる。映画の製作又は演劇の事業については、満十三歳に満たない児童についても、同様とする。

（年少者の証明書）

第五十七条　使用者は、満十八才に満たない者について、その年齢を証明する戸籍証明書を事業場に備え付けなければならない。

② 使用者は、前条第二項の規定によつて使用する児童については、修学に差し支えないことを証明する学校長の証明書及び親権者又は後見人の同意書を事業場に備え付けなければならない。

（未成年者の労働契約）

第五十八条　親権者又は後見人は、未成年者に代つて労働契約を締結してはならない。

② 親権者若しくは後見人又は行政官庁は、労働契約が未成年者に不利であると認める場合においては、将来に向つてこれを解除することができる。

第五十九条　未成年者は、独立して賃金を請求することができる。親権者又は後見人は、未成年者の賃金を代つて受け取つてはならない。

（帰郷旅費）

第六十四条　満十八才に満たない者が解雇の日から十四日以内に帰郷する場合においては、使用者は、必要な旅費を負担しなければならない。ただし、満十八才に満たない者がその責めに帰すべき事由に基づいて解雇され、使用者がその事由について行政官庁の認定を受けたときは、この限りでない。

1 最低年齢

労働者として就業させることができる最低年齢は、満15歳に達した日以後の最初の３月31日が終了することとされており、満15歳に達した日以後の最初の３月31日が終了しない児童を労働者として使用することはできない。

ただし、非工業的事業（労働基準法別表第１（21頁参照）第１号から第５号までに掲げる事業以外の事業）においては、満13歳以上の者について、また、映画の製作または演劇の事業においては、満13歳に満たない者についても、次の要件のもとで、労働者として使用することができる。

⑴　児童の健康及び福祉に有害でなく、かつ、その労働が軽易な職業であること。

なお、年少者労働基準規則（年少則）では、次の業務については、許可しないこととしている。

①　満18歳に満たない者の就業が禁止されている業務（4 就業制限（339頁以下）参照）

②　公衆の娯楽を目的として曲馬または軽業を行う業務

③　戸々について、または道路その他これに準ずる場所において、歌謡、遊芸その他の演技を行う業務

④　旅館、料理店、飲食店または娯楽場における業務

⑤　エレベーターの運転の業務

⑵　所轄労働基準監督署長の許可を受けること。

許可を受けようとする場合には、児童の年齢証明書、児童の修学に差し支えないことを証明する学校長の証明書及び親権者または後見人の同意書を添付して、申請することとされている。

⑶　児童の修学時間外に使用すること。

図7-1-1 未成年者・年少者・児童の区分と保護規定

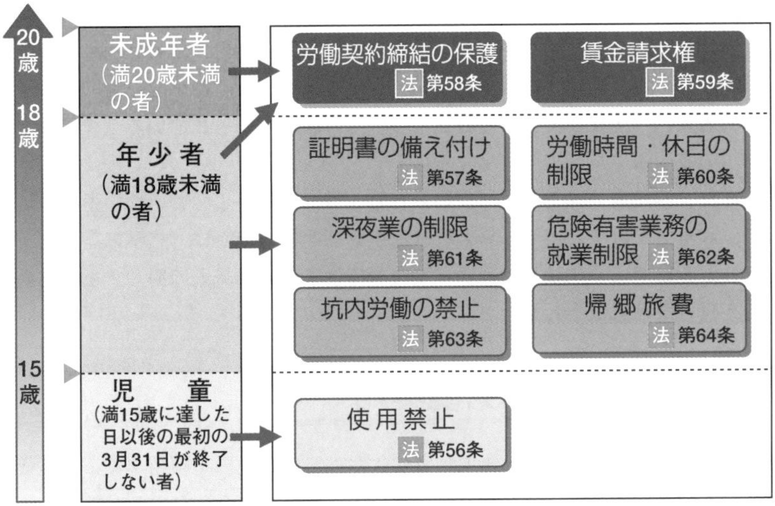

図7-1-2 就業させることができる最低年齢

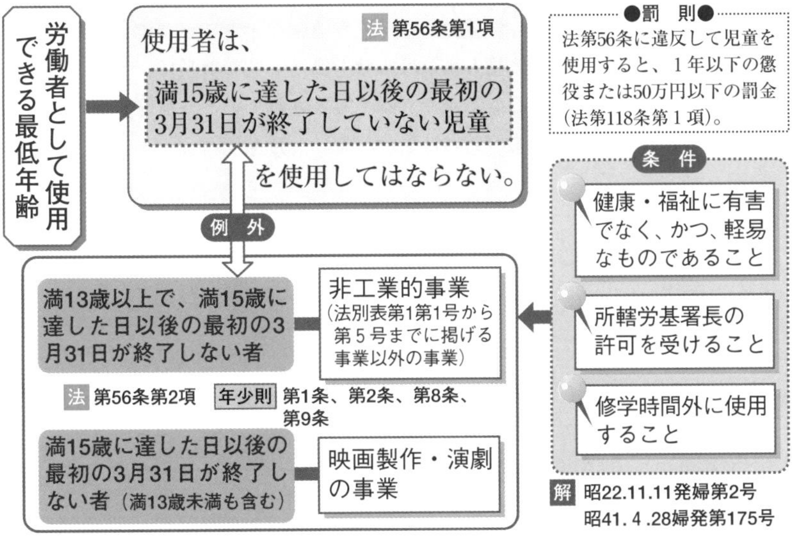

2 年齢証明書

満18歳に満たない者を使用する場合には、当該労働者の年齢証明書（年齢を証明する戸籍証明書）を事業場に備え付けなければならない。なお、この年齢証明書は、氏名及び出生の年月日についての証明がなされている「住民票記載事項の証明書」を備えれば足りる。

また、満15歳に達した日以後の最初の３月31日が終了していない児童について、許可を受けて使用する場合には、年齢証明書のほかに、修学に差し支えないことを証明する学校長の証明書及び親権者または後見人の同意書を事業場に備え付けなければならない。

3 未成年者の労働契約

親権者または後見人が、未成年者に代わって労働契約を締結することは禁止されている。かつて、親が子を食い物にする弊害がみられたので、これを防止するため、親権者等による契約の締結が禁止されたものである。

したがって、未成年者の労働契約は、未成年者が、親権者または後見人の同意を得て（民法第５条第１項）、自ら締結することになる。

また、未成年者が締結した労働契約が、当該未成年者に不利であると認められる場合には、親権者、後見人または所轄労働基準監督署長は、当該労働契約を将来に向かって解除することができることとされている。解除権が行使されれば、それ以降は労働契約の効力は失われる。

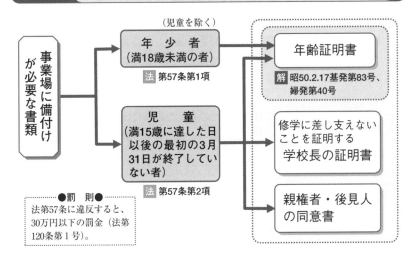

図7-1-3　証明書等の備付け

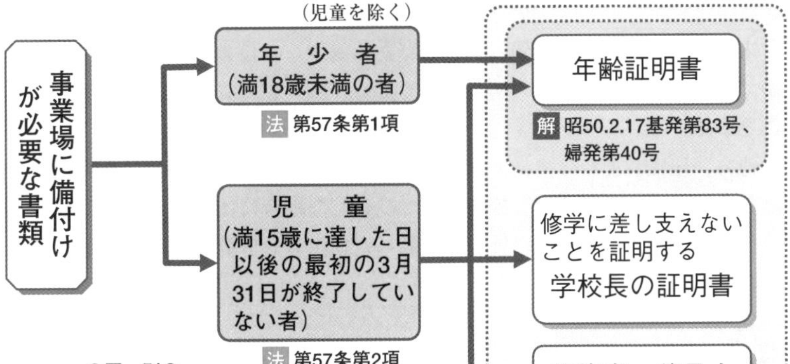
事業場に備付けが必要な書類
（児童を除く）
年　少　者
（満18歳未満の者）
法 第57条第1項
児　　童
（満15歳に達した日以後の最初の3月31日が終了していない者）
法 第57条第2項
年齢証明書
解 昭50.2.17基発第83号、婦発第40号
修学に差し支えないことを証明する学校長の証明書
親権者・後見人の同意書

●罰　則●
法第57条に違反すると、30万円以下の罰金（法第120条第１号）。

図7-1-4　未成年者の労働契約

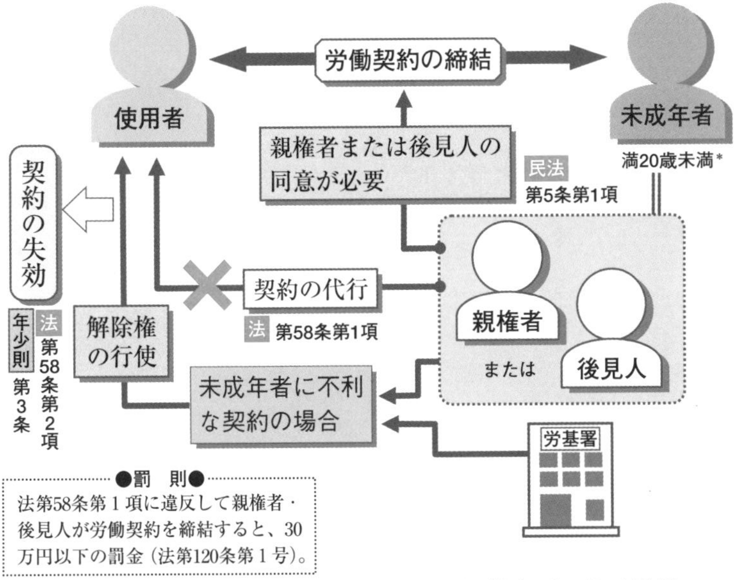
使用者
労働契約の締結
未成年者
満20歳未満*
親権者または後見人の同意が必要
民法 第5条第1項
契約の失効
年少則 第3条
法 第58条第2項
契約の代行
法 第58条第1項
解除権の行使
親権者
または
後見人
未成年者に不利な契約の場合
労基署

●罰　則●
法第58条第１項に違反して親権者・後見人が労働契約を締結すると、30万円以下の罰金（法第120条第１号）。

＊　成年到達年齢（民法第４条）は、「18歳」に改められた（令和４年４月１日施行）。

4 未成年者の賃金請求権

未成年者は、自分が労働した対価である賃金を、自ら請求して受け取ることができ、また、親権者等の同意がなくても、独立して賃金支払請求訴訟を行うことができる。

他方、親権者または後見人が、未成年者に代わってその賃金を受領することは禁止されている。親権者等が代理で受領した場合には、当該親権者等が法違反となるほか、親権者等に賃金を支払った使用者も労働基準法第24条の直接払いの原則に違反することとなる。

5 帰郷旅費

満18歳に満たない者を解雇した場合で、当該年少者が解雇の日から14日以内に帰郷するときには、使用者は帰郷に必要な旅費を負担しなければならない。

ただし、当該労働者の責に帰すべき事由により解雇する場合で、所轄労働基準監督署長の認定を受けたときには、帰郷旅費を負担しなくてもよい。

図7-1-5　未成年者の賃金請求権

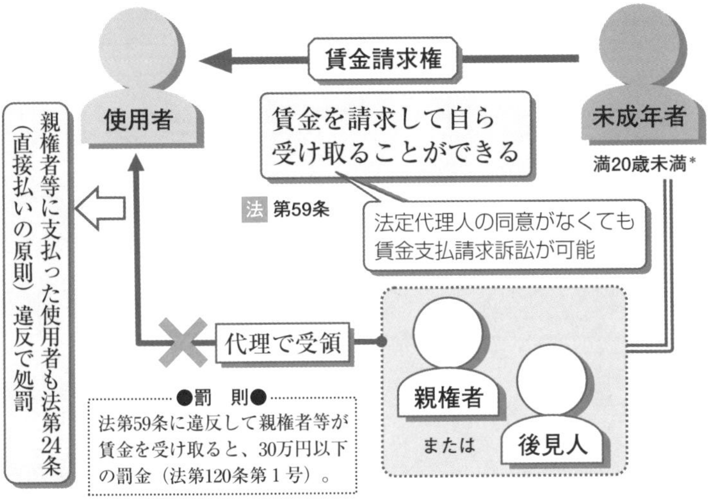

＊　成年到達年齢（民法第４条）は、「18歳」に改められた（令和４年４月１日施行）。

図7-1-6　帰郷旅費

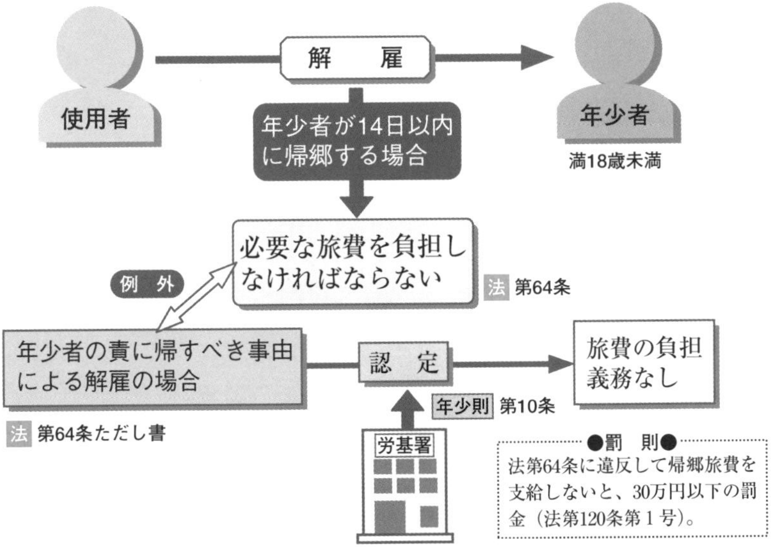

2 労働時間・休日 第60条

Point

◎ 年少者（満18歳未満）については、各種変形労働時間制（労働基準法第32条の2～32条の5）、労使協定による時間外・休日労働（同法第36条）、労働時間・休憩の特例（同法第40条）及び高度プロフェッショナル制度（同法第41条の2）は原則として適用されない。

◎ 許可を受けて使用する児童（満15歳に達した日以後最初の3月31日を終了していない児童）の法定労働時間は、修学時間を通算して1週40時間、1日7時間とされている。

◆条　文◆

（労働時間及び休日）

第六十条　第三十二条の二から第三十二条の五まで、第三十六条、第四十条及び第四十一条の二の規定は、満十八才に満たない者については、これを適用しない。

② 第五十六条第二項の規定によつて使用する児童についての第三十二条の規定の適用については、同条第一項中「一週間について四十時間」とあるのは「、修学時間を通算して一週間について四十時間」と、同条第二項中「一日について八時間」とあるのは「、修学時間を通算して一日について七時間」とする。

③ 使用者は、第三十二条の規定にかかわらず、満十五歳以上で満十八歳に満たない者については、満十八歳に達するまでの間（満十五歳に達した日以後の最初の三月三十一日までの間を除く。）、次に定めるところにより、労働させることができる。

一　一週間の労働時間が第三十二条第一項の労働時間を超えない範囲内において、一週間のうち一日の労働時間を四時間以内に短縮する場合において、他の日の労働時間を十時間まで延長すること。

二　一週間について四十八時間以下の範囲内で厚生労働省令で定める時間、一日について八時間を超えない範囲内において、第三十二条の二又は第三十二条の四及び第三十二条の四の二の規定の例により労働させること。

1 年少者

満18歳に満たない者については、次の規定は適用されない。

① 1カ月単位の変形労働時間制

② フレックスタイム制

③ 1年単位の変形労働時間制

④ 1週間単位の非定型的変形労働時間制

⑤ 労使協定による時間外・休日労働

⑥ 労働時間・休憩に関する特例

⑦ 高度プロフェッショナル制度

ただし、これらの者についても、所轄労働基準監督署長の許可を受ける等により非常災害時における時間外・休日労働をさせることができるほか、満15歳以上の者（満15歳に達した日以後の最初の3月31日までの間を除く）については、次のような変形労働時間制をとることができる。

イ 1週48時間、1日8時間の範囲内における1カ月単位または1年単位の変形労働時間制

ロ 1週の法定労働時間の枠内で、1日の労働時間を4時間以内とすることを要件に、他の日について10時間まで労働させること

2 児　童

所轄労働基準監督署長の許可を受けて使用する満15歳に達した日以後の最初の3月31日が終了していない児童については、法定労働時間は、修学時間を通算して1週40時間、1日7時間とされており、一般の労働者に比べて法定労働時間が短縮されている。

これらの者については、1の①から⑥までの規定が適用されないほか、満15歳以上の者（満15歳に達した日以後の最初の3月31日までの間を除く）には認められる1のイ及びロの制度も認められないので、非常災害時において時間外・休日労働をさせる場合のほかは、1週40時間、1日7時間を超えて労働させることはできない。

図7-2　年少者・児童の労働時間・休日

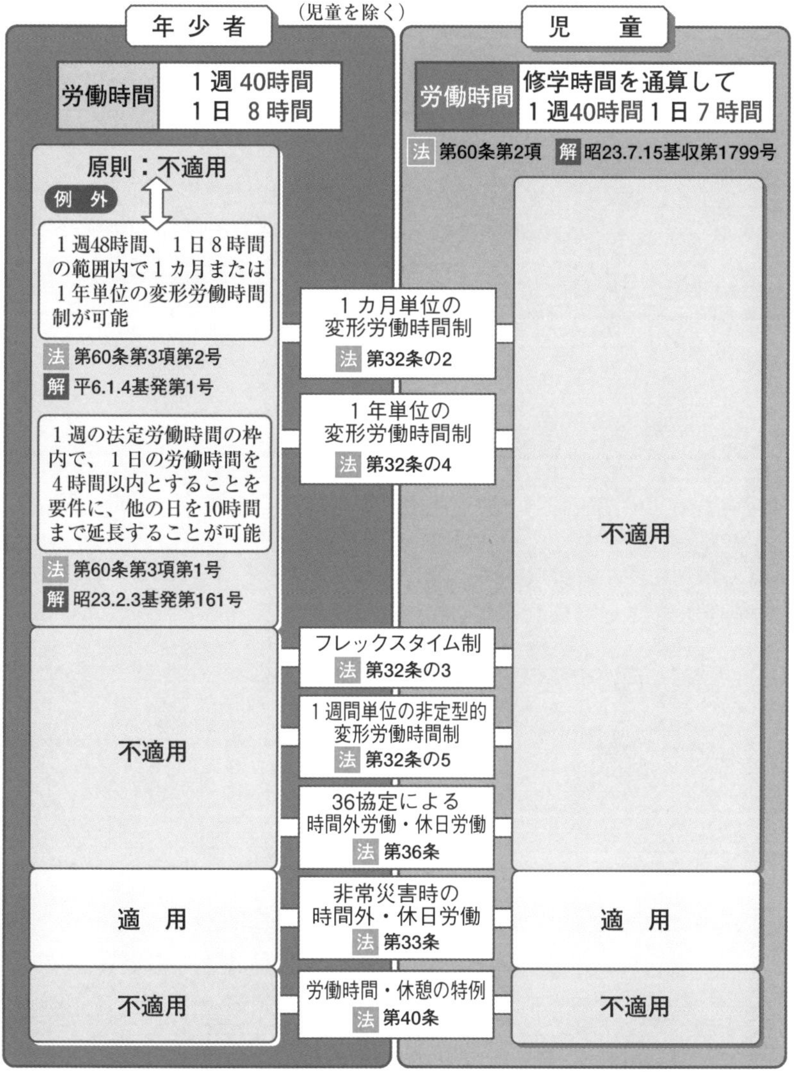
年少者
（児童を除く）
児童
労働時間
1週 40時間
1日 8時間
労働時間
修学時間を通算して
1週40時間1日7時間
法 第60条第2項
解 昭23.7.15基収第1799号
原則：不適用
例外
1週48時間、1日8時間の範囲内で1カ月または1年単位の変形労働時間制が可能
法 第60条第3項第2号
解 平6.1.4基発第1号
1週の法定労働時間の枠内で、1日の労働時間を4時間以内とすることを要件に、他の日を10時間まで延長することが可能
法 第60条第3項第1号
解 昭23.2.3基発第161号
1カ月単位の変形労働時間制
法 第32条の2
1年単位の変形労働時間制
法 第32条の4
フレックスタイム制
法 第32条の3
1週間単位の非定型的変形労働時間制
法 第32条の5
36協定による時間外労働・休日労働
法 第36条
非常災害時の時間外・休日労働
法 第33条
労働時間・休憩の特例
法 第40条
不適用
適　用
不適用
不適用
適　用
不適用

法 第60条第1項

●罰　則●

法第60条の要件を満たさないまま年少者及び児童を使用すると、法第32条違反として、6カ月以下の懲役または30万円以下の罰金（法第119条第1号）。

3　深夜業　第61条

◎　年少者の深夜業（午後10時〜午前5時）は、原則として禁止されている。

◆条　文◆

（深夜業）

第六十一条　使用者は、満十八才に満たない者を午後十時から午前五時までの間において使用してはならない。ただし、交替制によつて使用する満十六才以上の男性については、この限りでない。

②　厚生労働大臣は、必要であると認める場合においては、前項の時刻を、地域又は期間を限つて、午後十一時及び午前六時とすることができる。

③　交替制によつて労働させる事業については、行政官庁の許可を受けて、第一項の規定にかかわらず午後十時三十分まで労働させ、又は前項の規定にかかわらず午前五時三十分から労働させることができる。

④　前三項の規定は、第三十三条第一項の規定によつて労働時間を延長し、若しくは休日に労働させる場合又は別表第一第六号、第七号若しくは第十三号に掲げる事業若しくは電話交換の業務については、適用しない。

⑤　第一項及び第二項の時刻は、第五十六条第二項の規定によつて使用する児童については、第一項の時刻は、午後八時及び午前五時とし、第二項の時刻は、午後九時及び午前六時とする。

1 原則禁止

満18歳に満たない者については、午後10時から午前５時までの深夜時間帯に労働させることは、原則として禁止されている。

所轄労働基準監督署長の許可を受けて使用する満15歳に達した日以後の最初の３月31日が終了していない児童については、深夜業として禁止される時間帯が、午後８時から午前５時まで（所轄労働基準監督署長の許可を受けた演劇子役の児童については、午後９時から午前６時まで）とされており、この時間帯に労働させることはできない。

2 例外的取扱い

次の場合には、深夜業の禁止の例外的な取扱いがなされ、満18歳に満たない者を深夜時間帯に労働させることができる。なお、深夜時間帯に労働させた場合には、その時間については２割５分増し以上の割増賃金を支払わなければならない。

(1)　交替制によって使用する満16歳以上の男性

交替制とは、勤務時間帯が一定期間ごとに交替するものをいう。深夜業による疲労が昼勤によって回復することを前提としたものである。

(2)　交替制によって労働させる事業について、所轄労働基準監督署長の許可を受けて、午後10時30分まで労働させる場合

(1)の場合と異なり、事業全体が交替制で運営されていることが要件とされている。

早番（例えば午前５時～午後１時45分――実働８時間、休憩45分）、遅番（例えば午後１時45分～午後10時30分――実働８時間、休憩45分）の二交替制を想定した制度である。

(3)　農林水産業、保健衛生業及び電話交換の業務に従事する者

農林水産業は、天候・気象等自然条件に左右されるため、また、保健衛生業、電話交換の業務は、公衆の利便の見地から、適用除外とされたものである。

(4)　非常災害時に、所轄労働基準監督署長の許可を受ける等により、法定労働時間を超えて時間外労働をさせ、あるいは、法定休日に休日労働をさせる場合

図7-3 年少者・児童の深夜業禁止

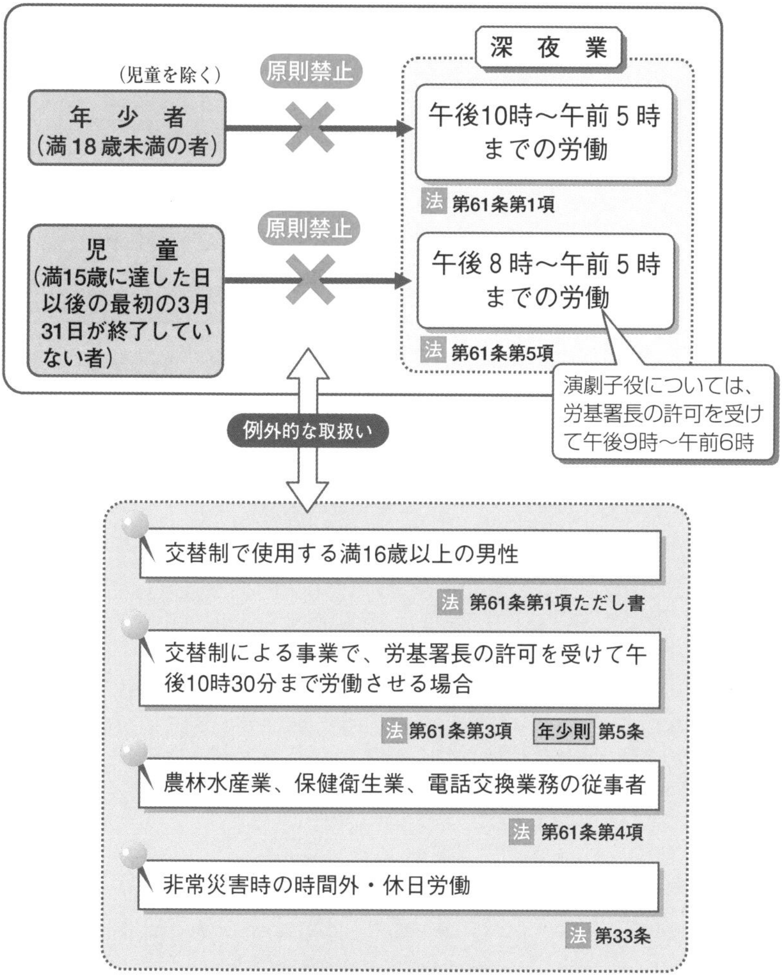

深　夜　業
（児童を除く）
年　少　者
（満18歳未満の者）
原則禁止
午後10時～午前5時
までの労働
法 第61条第1項
児　童
（満15歳に達した日以後の最初の3月31日が終了していない者）
原則禁止
午後8時～午前5時
までの労働
法 第61条第5項
演劇子役については、労基署長の許可を受けて午後9時～午前6時
例外的な取扱い
交替制で使用する満16歳以上の男性
法 第61条第1項ただし書
交替制による事業で、労基署長の許可を受けて午後10時30分まで労働させる場合
法 第61条第3項　年少則 第5条
農林水産業、保健衛生業、電話交換業務の従事者
法 第61条第4項
非常災害時の時間外・休日労働
法 第33条

●罰　則●

法第61条に違反して年少者を深夜業に従事させると、6カ月以下の懲役または30万円以下の罰金（法第119条第1号）。

4 就業制限 第62、63条

Point 年少者を危険有害業務に従事させてはならない。

◆条　文◆

（危険有害業務の就業制限）

第六十二条　使用者は、満十八才に満たない者に、運転中の機械若しくは動力伝導装置の危険な部分の掃除、注油、検査若しくは修繕をさせ、運転中の機械若しくは動力伝導装置にベルト若しくはロープの取付け若しくは取りはずしをさせ、動力によるクレーンの運転をさせ、その他厚生労働省令で定める危険な業務に就かせ、又は厚生労働省令で定める重量物を取り扱う業務に就かせてはならない。

②　使用者は、満十八才に満たない者を、毒劇薬、毒劇物その他有害な原料若しくは材料又は爆発性、発火性若しくは引火性の原料若しくは材料を取り扱う業務、著しくじんあい若しくは粉末を飛散し、若しくは有害ガス若しくは有害放射線を発散する場所又は高温若しくは高圧の場所における業務その他安全、衛生又は福祉に有害な場所における業務に就かせてはならない。

③　前項に規定する業務の範囲は、厚生労働省令で定める。

（坑内労働の禁止）

第六十三条　使用者は、満十八才に満たない者を坑内で労働させてはならない。

1 危険有害業務

満18歳に満たない労働者については、安全、衛生、福祉上の保護が必要なことから、次の業務に従事させることが禁止されている。

(1) 重量物を取り扱う業務

具体的には、性別、年齢及び作業形態に応じて重量制限が定められている。

(2) 安全上有害な業務

(3) 衛生上有害な業務

(4) 福祉上有害な業務

(図7-4 参照)

2 坑内労働の禁止

満18歳に満たない者は、坑内で労働させることはできない。

図7-4 年少者の就業制限

法 第62条

重量物を取り扱う業務

（下表の重量以上の重量物の取扱い禁止）

年少則 第7条

年齢及び性		重　　量（単位　キログラム）	
		断続作業の場合	継続作業の場合
満16歳未満	女	12	8
	男	15	10
満16歳以上 満18歳未満	女	25	15
	男	30	20

安全上有害な業務

年少則 第8条

1号	ボイラー（小型ボイラーを除く。以下同じ）の取扱いの業務
2号	ボイラーの溶接の業務
3号	クレーン・デリック等の運転の業務
4号	緩燃性でないフィルムの上映操作の業務
5号	エレベーター（最大積載荷重２トン以上）等の運転の業務
6号	動力により駆動される軌条運輸機関、貨物自動車（最大積載量２トン以上）等の運転の業務
7号	動力により駆動される巻上げ機（電気・エアホイストを除く）等の運転の業務
8号	充電電路（直流750Ｖ超・交流300Ｖ超）またはその支持物の点検・修理・操作の業務
9号	運転中の原動機または原動機から中間軸までの動力伝導装置の掃除・給油・ベルトの掛換え等の業務
10号	クレーン、デリック等の玉掛けの業務（補助作業を除く）
11号	液体燃焼器（最大毎時400リットル以上の消費量）の点火の業務
12号	動力により駆動される土木建築用機械・船舶荷扱用機械の運転の業務
13号	ゴム、ゴム化合物または合成樹脂のロール練りの業務
14号	丸のこ盤（ϕ＝25㎝以上）・帯のこ盤（ϕ＝75㎝以上）に木材を送給する業務
15号	動力により駆動されるプレスの金型、シャーの刃部の調整・掃除の業務
16号	操車場の構内における軌道車両の入換え等の業務
17号	軌道内での単独作業（ずい道内・見通し距離400ｍ以内・車両通行頻繁箇所）
18号	蒸気、圧縮空気により駆動されるプレスまたは鍛造機械を用いる金属加工の業務

19号	動力により駆動されるプレス、シャー等を用いる厚さ８㎜以上の鋼板加工の業務
21号	手押しかんな盤または単軸面取り盤の取扱いの業務
22号	岩石・鉱物の破砕機・粉砕機に材料を送給する業務
23号	土砂崩壊のおそれのある場所または深さ５ｍ以上の地穴における業務
24号	墜落により危害を受けるおそれのある場所（高さ５ｍ以上）における業務
25号	足場の組立て・解体・変更作業（地上等の補助作業を除く）
26号	立木（胸高直径35㎝以上）の伐採の業務
27号	機械集材装置、運材索道等を用いて木材を搬出する業務
28号	火薬・爆薬・火工品を取り扱う業務等で爆発のおそれのあるもの
29号	危険物（労働安全衛生法施行令別表第１に掲げる爆発物等）を製造し、または取り扱う業務で爆発・発火・引火のおそれのあるもの
31号	圧縮ガスまたは液化ガスを製造し、または用いる業務

衛生上有害な業務

年少則 第8条

32号	水銀・砒素・黄りん・弗化水素酸・塩酸・硝酸等の有害物を取り扱う業務
33号	鉛・水銀・クロム等の有害物のガス・蒸気・粉じんを発散する場所における業務
34号	土石等のじんあい・粉末を著しく飛散する場所における業務
35号	ラジウム放射線、エックス線その他の有害放射線にさらされる業務
36号	多量の高熱物体を取り扱う業務及び著しく暑熱な場所における業務
37号	多量の低温物体を取り扱う業務及び著しく寒冷な場所における業務
38号	異常気圧下における業務
39号	さく岩機、鋲打機等身体に著しい振動を与える機械器具を用いる業務
40号	強烈な騒音を発する場所における業務
41号	病原体によって著しく汚染のおそれのある業務

福祉上有害な業務

年少則 第8条

42号	焼却、清掃またはと殺の業務
43号	刑事施設（留置施設を含む）または精神科病院における業務
44号	酒席に侍する業務
45号	特殊の遊興的接客業における業務

●罰　則●

法第62条に違反して年少者を危険有害業務に従事させると、６カ月以下の懲役または30万円以下の罰金（法第119条第１号）。

第8部

女　性

1 就業制限 第64条の2、64条の3

Point

- ◎ 妊娠中の女性及び使用者に申し出た産後１年以内の女性を、坑内業務に就かせることはできない。
- ◎ また、一般の女性についても、坑内業務のうち作業員が行う業務に就かせることはできない。
- ◎ 妊産婦については、母性保護の観点から危険有害業務への就業が禁止されている。
- ◎ また、一般の女性についても妊娠、出産機能に有害な業務への就業が禁止されている。

◆条 文◆

（坑内業務の就業制限）

第六十四条の二 使用者は、次の各号に掲げる女性を当該各号に定める業務に就かせてはならない。

一 妊娠中の女性及び坑内で行われる業務に従事しない旨を使用者に申し出た産後一年を経過しない女性 坑内で行われるすべての業務

二 前号に掲げる女性以外の満十八歳以上の女性 坑内で行われる業務のうち人力により行われる掘削の業務その他の女性に有害な業務として厚生労働省令で定めるもの

（危険有害業務の就業制限）

第六十四条の三 使用者は、妊娠中の女性及び産後一年を経過しない女性（以下「妊産婦」という。）を、重量物を取り扱う業務、有害ガスを発散する場所における業務その他妊産婦の妊娠、出産、哺《ほ》育等に有害な業務に就かせてはならない。

② 前項の規定は、同項に規定する業務のうち女性の妊娠又は出産に係る機能に有害である業務につき、厚生労働省令で、妊産婦以外の女性に関して、準用することができる。

③ 前二項に規定する業務の範囲及びこれらの規定によりこれらの業務に就かせてはならない者の範囲は、厚生労働省令で定める。

1 坑内業務の就業制限

女性であっても、例えば管理的な業務など、原則として坑内における業務に従事させることができる。

ただし、妊娠中の女性及び使用者に坑内業務に就かない旨を申し出た産後1年を経過しない女性を、坑内業務に就かせることはできない。

また、坑内業務のうち、人力により行われる掘削などの作業員が行う有害業務については、妊産婦以外の女性も含めて、従事させることが禁止されている。

2 危険有害業務の就業制限

妊産婦については、その妊娠、出産、哺育等に有害な業務への就業が禁止され、これらの業務のうち女性の妊娠、出産機能に有害な業務については、妊産婦以外の女性についても就業が禁止されている。これらの業務の範囲は、女性労働基準規則（女性則）において**図8-1-3**（348頁）のとおりとされている。

なお、このうち、妊産婦以外の女性について就業が禁止される業務は、重量物取扱いの業務と妊娠、出産機能に影響のある化学物質を発散する場所における一定の業務となっている。

図8-1-1 女性労働者の坑内業務の就業制限

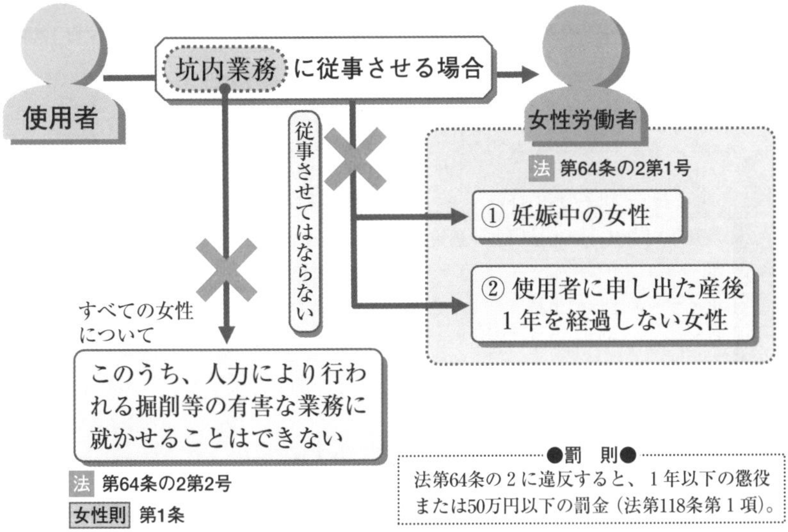
使用者
坑内業務に従事させる場合
女性労働者
従事させてはならない
法 第64条の2第1号
① 妊娠中の女性
② 使用者に申し出た産後1年を経過しない女性
すべての女性について
このうち、人力により行われる掘削等の有害な業務に就かせることはできない
法 第64条の2第2号
女性則 第1条
●罰 則●
法第64条の2に違反すると、1年以下の懲役または50万円以下の罰金（法第118条第1項）。

図8-1-2 危険有害業務の就業制限

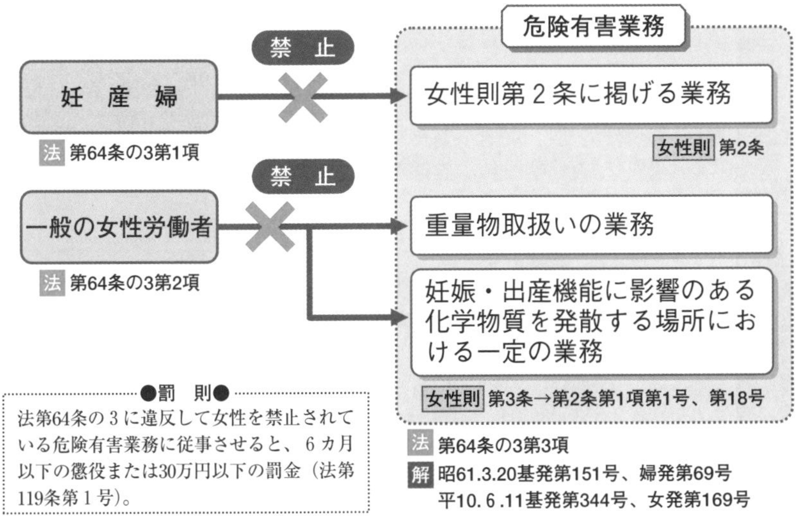
妊 産 婦
法 第64条の3第1項
禁 止
一般の女性労働者
法 第64条の3第2項
禁 止
危険有害業務
女性則第2条に掲げる業務
女性則 第2条
重量物取扱いの業務
妊娠・出産機能に影響のある化学物質を発散する場所における一定の業務
女性則 第3条→第2条第1項第1号、第18号
法 第64条の3第3項
解 昭61.3.20基発第151号、婦発第69号
平10.6.11基発第344号、女発第169号
●罰 則●
法第64条の3に違反して女性を禁止されている危険有害業務に従事させると、6カ月以下の懲役または30万円以下の罰金（法第119条第1号）。

図8-1-3 危険有害業務の就業制限

法 第64条の3
女性則 第2条

×：就業不可
△：産後１年を経過しない女性が当該業務に従事しない旨を申し出ない限り就業可
○：就業可

女性則第2条	女性の就業が制限される業務（要旨）	妊娠中の女性	産後1年未満の女性	満18歳以上の女性
1号	別表１（次頁）の重量以上の重量物を取り扱う業務	×	×	×
2号	ボイラー（小型ボイラーを除く）の取扱いの業務	×	△	○
3号	ボイラーの溶接の業務	×	△	○
4号	クレーン・デリック等の運転（吊り上げ荷重５トン以上のもの）の業務	×	△	○
5号	運転中の原動機または原動機から中間軸までの動力伝導装置の掃除・給油等とベルトの掛換え業務	×	△	○
6号	クレーン・デリック等の玉掛けの業務（補助作業を除く）	×	△	○
7号	動力により駆動される土木建築用機械・船舶荷扱用機械の運転の業務	×	△	○
8号	丸のこ盤（φ＝25cm以上）・帯のこ盤（φ＝75cm以上）に木材を送給する業務	×	△	○
9号	操車場の構内における軌道車両の入換え等の業務	×	△	○
10号	蒸気、圧縮空気により駆動されるプレスまたは鍛造機械を用いる金属加工の業務	×	△	○
11号	動力により駆動されるプレス機械、シャー等を用いる厚さ８mm以上の鋼板加工の業務	×	△	○
12号	岩石・鉱物の破砕機・粉砕機に材料を送給する業務	×	△	○
13号	土砂崩壊のおそれのある場所または深さ５m以上の地穴における業務	×	○	○
14号	墜落により危害を受けるおそれのある場所（高さ５m以上）における業務	×	○	○
15号	足場の組立て・解体・変更の業務（地上等の補助作業を除く）	×	△	○
16号	立木（胸高直径35cm以上）の伐採の業務	×	△	○
17号	機械集材装置、運材索道等を用いて木材を搬出する業務	×	△	○
18号	別表２－１（次頁）に掲げる有害物を発散する場所において行われる別表２－２（350頁）に掲げる業務	×	×	×
19号 20号	多量の高熱物体を取り扱う業務及び著しく暑熱な場所における業務	×	△	○

女性則第2条	女性の就業が制限される業務（要旨）	妊娠中の女性	産後1年未満の女性	満18歳以上の女性
21号 22号	多量の低温物体を取り扱う業務及び著しく寒冷な場所における業務	×	△	○
23号	異常気圧下における業務	×	△	○
24号	さく岩機、鋲打機等身体に著しい振動を与える機械器具を用いる業務	×	×	○

【別表1】

年　　齢	重　　量（単位：キログラム）	
	断続作業の場合	継続作業の場合
満18歳以上	30	20
満16歳以上 満18歳未満	25	15
満16歳未満	12	8

【別表2－1】対象有害物

特定化学物質障害予防規則の適用を受けるもの			
1	塩素化ビフェニル（PCB）	10	塩化ニッケル（II） （粉状のものに限る）
2	アクリルアミド	11	スチレン
3	エチルベンゼン	12	テトラクロロエチレン （パークロルエチレン）
4	エチレンイミン	13	トリクロロエチレン
5	エチレンオキシド	14	砒素化合物 （アルシンと砒化ガリウムを除く）
6	カドミウム化合物	15	ベータープロピオラクトン
7	クロム酸塩	16	ペンタクロルフェノール（PCP） 及びそのナトリウム塩
8	五酸化バナジウム	17	マンガン （マンガン化合物は対象とならない）
9	水銀及びその無機化合物 （硫化水銀を除く）		

※　カドミウム、クロム、バナジウム、ニッケル、砒素の金属単体は対象とならない。

鉛中毒予防規則の適用を受けるもの	
18	鉛及びその化合物

有機溶剤中毒予防規則の適用を受けるもの			
19	エチレングリコールモノエチルエーテル（セロソルブ）	23	N，N－ジメチルホルムアミド
20	エチレングリコールモノエチルエーテルアセテート（セロソルブアセテート）	24	トルエン
21	エチレングリコールモノメチルエーテル（メチルセロソルブ）	25	二硫化炭素
22	キシレン	26	メタノール

【別表２－２】対象業務

① 労働安全衛生法令に基づく作業環境測定を行い、「第３管理区分」（規制対象となる化学物質の空気中の平均濃度が規制値を超える状態）となった屋内作業場での業務

② タンク内、船倉内での業務など、規制対象となる化学物質の蒸気や粉じんの発散が著しく、呼吸用保護具の使用が義務づけられている業務

2　産前産後の措置　第65～68条

Point

◎　母子保護のため、出産前6週間（多胎妊娠の場合は14週間）、出産後8週間（うち強制休業6週間）の産休、1日2回各30分の育児時間等が定められている。

◆条　文◆

（産前産後）

第六十五条　使用者は、六週間（多胎妊娠の場合にあつては、十四週間）以内に出産する予定の女性が休業を請求した場合においては、その者を就業させてはならない。

②　使用者は、産後八週間を経過しない女性を就業させてはならない。ただし、産後六週間を経過した女性が請求した場合において、その者について医師が支障がないと認めた業務に就かせることは、差し支えない。

③　使用者は、妊娠中の女性が請求した場合においては、他の軽易な業務に転換させなければならない。

第六十六条　使用者は、妊産婦が請求した場合においては、第三十二条の二第一項、第三十二条の四第一項及び第三十二条の五第一項の規定にかかわらず、一週間について第三十二条第一項の労働時間、一日について同条第二項の労働時間を超えて労働させてはならない。

②　使用者は、妊産婦が請求した場合においては、第三十三条第一項及び第三項並びに第三十六条第一項の規定にかかわらず、時間外労働をさせてはならず、又は休日に労働させてはならない。

③　使用者は、妊産婦が請求した場合においては、深夜業をさせてはならない。

（育児時間）

第六十七条　生後満一年に達しない生児を育てる女性は、第三十四条の休憩時間のほか、一日二回各々少なくとも三十分、その生児を育てるための時間を請求することができる。

②　使用者は、前項の育児時間中は、その女性を使用してはならない。

（生理日の就業が著しく困難な女性に対する措置）

第六十八条　使用者は、生理日の就業が著しく困難な女性が休暇を請求したときは、その者を生理日に就業させてはならない。

1 産前産後休業

女性労働者は、単胎妊娠の場合には、出産予定日から6週間さかのぼった日から、双子等の多胎妊娠の場合には14週間さかのぼった日から、産前休業を請求することができる。使用者は、女性労働者が産前休業を請求した場合には、その期間は就業させることができない。

産前休業期間は、出産予定日から計算され、現実の出産日が予定日とずれた場合には、それに応じて、期間が伸縮することになる。

また、使用者は、産後8週間は、原則として女性労働者を就業させることができない。ただし、産後6週間を経た後は、本人が請求し、医師が支障ないと認めた業務に就かせることは差し支えない。

この場合の出産とは、妊娠4カ月以上の分娩をいい、生産のみならず、死産、人工流産も含まれる。出産日は産前休業期間に含まれ、産後休業期間は、現実に出産した日の翌日から計算される。

2 軽易業務への転換

使用者は、妊娠中の女性が請求した場合には、他の軽易な業務に転換させなければならない。どのような業務に就かせるかは、具体的な状況に応じて判断すべきものであるが、新たに軽易な業務を創設して与える義務まで課したものではないとされている。

図8-2-1　産前産後の休業

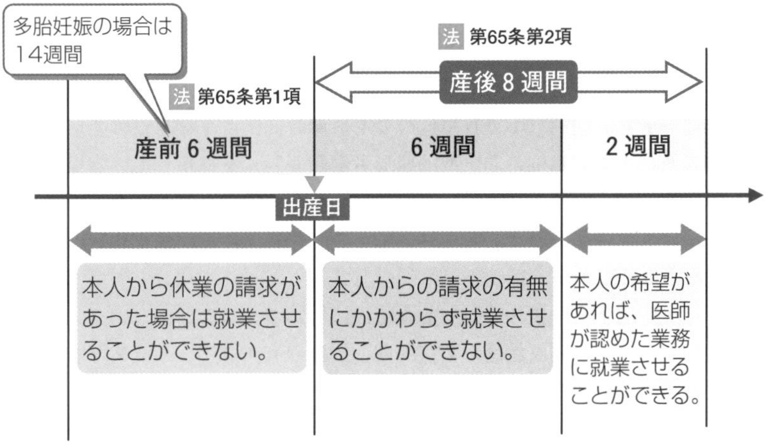

多胎妊娠の場合は
14週間
法 第65条第1項
法 第65条第2項
産後 8 週間
産前 6 週間
6 週間
2 週間
出産日
本人から休業の請求があった場合は就業させることができない。
本人からの請求の有無にかかわらず就業させることができない。
本人の希望があれば、医師が認めた業務に就業させることができる。

解 昭23.12.23基発第1885号
昭25.3.31基収第4057号
昭26.4.2婦発第113号
昭27.7.25基収第383号
昭33.9.29婦発第310号

●罰　則●

法第65条第１項、第２項に違反して妊産婦を就業させると、６カ月以下の懲役または30万円以下の罰金（法第119条第１号）。

図8-2-2　軽易な業務への転換

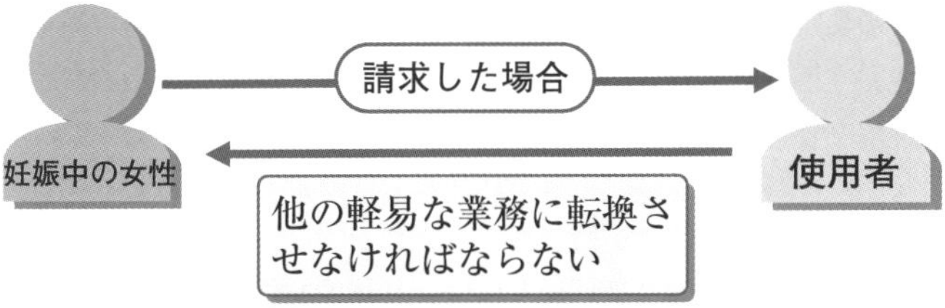

請求した場合
妊娠中の女性
使用者
他の軽易な業務に転換させなければならない

法 第65条第3項

解 昭61.3.20基発第151号、婦発第69号

●罰　則●

法第65条第３項に違反して、妊娠中の女性を軽易な業務に転換させないと、６カ月以下の懲役または30万円以下の罰金（法第119条第１号）。

3 妊産婦の労働時間等

使用者は、妊産婦（妊娠中の女性及び産後1年を経過しない女性）が請求した場合には、次のことをさせてはならない。

① 変形労働時間制（1カ月単位の変形労働時間制、1年単位の変形労働時間制及び1週間単位の非定型的変形労働時間制）を採用している場合について、1週または1日の法定労働時間を超えて労働させること

② 法定労働時間を超えて時間外労働をさせ、あるいは、法定休日に休日労働をさせること

③ 深夜時間帯（午後10時～午前5時）に労働させること

妊産婦は、本人の健康状態、業務内容、授乳の有無等により就業可能性の程度が異なるので、請求によって制限することとしたものであり、使用者は請求された範囲で妊産婦をこれらに従事させなければ足りる。

4 育児時間

使用者は、生後満1年に達しない生児を育てる女性が請求した場合には、休憩時間とは別に、1日2回、少なくとも1回30分の育児時間を与えなければならない。

育児時間は、授乳その他子供の世話に必要な時間である。子供のいる場所への往復時間を含めて1回30分あれば違法ではないが、往復時間を除き実質的な育児時間が確保されることが望ましい。また、育児時間は、本人が請求した時間帯に与えるべきものである。

育児時間は、基本的には、1日2回与えなければならないが、1日の労働時間が4時間以内であれば、1回でも差し支えない。一方、変形労働時間制によって1日の所定労働時間が長い場合には、具体的状況に応じて法定以上の育児時間が与えられることが望ましいとされている。

なお、生児には、実子のほか、養子も含まれる。

図8-2-3　妊産婦の労働時間等

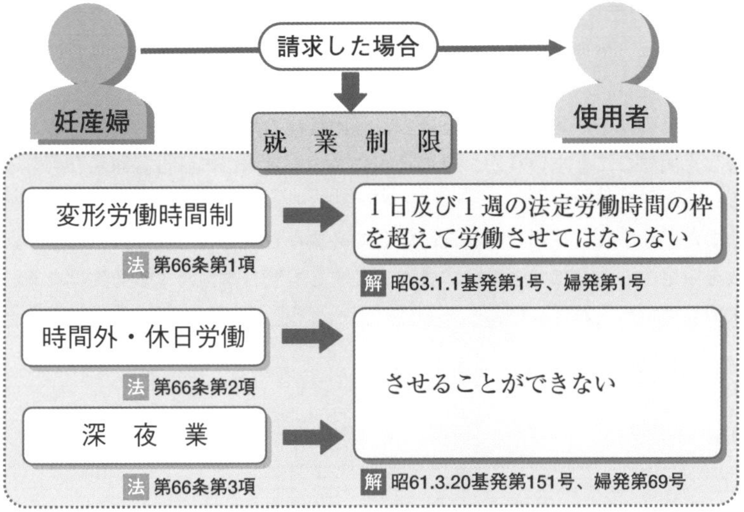

●罰　則●

法第66条に違反して時間外・休日労働、深夜業をさせると、6カ月以下の懲役または30万円以下の罰金（法第119条第1号）。

図8-2-4　育児時間

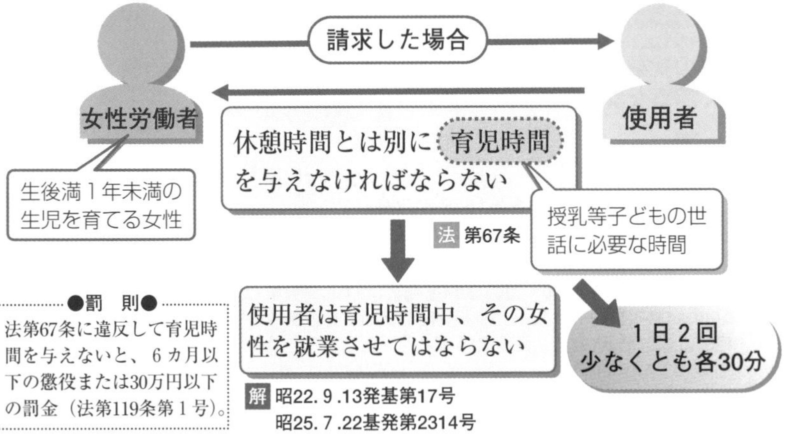

●罰　則●

法第67条に違反して育児時間を与えないと、6カ月以下の懲役または30万円以下の罰金（法第119条第1号）。

5 生理日の就業が著しく困難な女性に対する措置

使用者は、生理日の就業が著しく困難な女性が休暇を請求した場合には、その者を生理日に就業させてはならない。

生理日の就業が著しく困難とは、月経困難症のため生理日に就業することが著しく困難なことをいうが、その証明については同僚の証言等簡易なものとすることとされている。

また、休暇は、生理日の状況に応じて必要な日数を与えなければならず、日数を限定することはできない。また、必ずしも暦日単位とする必要はなく、請求の範囲で与えればよい。

図8-2-5 生理日の就業が著しく困難な女性に対する措置

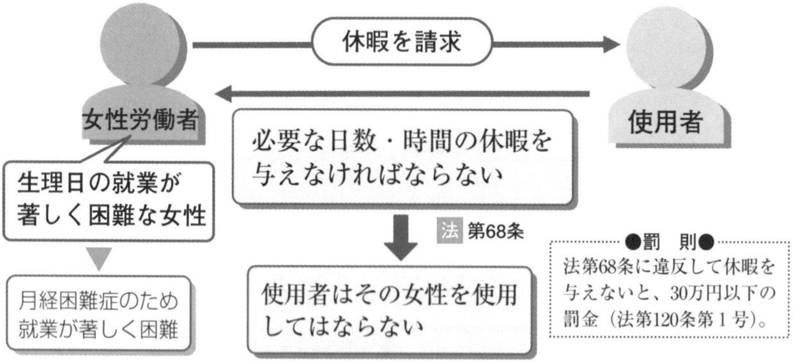

解 昭23.5.5基発第682号　昭63.3.14基発第150号、婦発第47号
昭23.6.11基収第1898号　昭63.3.14基発第150号、婦発第47号
昭49.4.1婦収第125号　昭63.3.14基発第150号、婦発第47号
昭61.3.20基発第151号、婦発第69号

第9部

就業規則

1 就業規則の作成・変更 （第89、90条）

Point

◎ 就業規則は労働条件や服務規律を統一的に定めたものであり、合理的な内容を定めている限り法的規範性があるとされている。

◎ 常時10人以上を使用する事業場では就業規則の作成・届出・周知義務があり、作成・変更の際には労働者代表の意見を聴かなければならない。

◆条 文◆

（作成及び届出の義務）

第八十九条 常時十人以上の労働者を使用する使用者は、次に掲げる事項について就業規則を作成し、行政官庁に届け出なければならない。次に掲げる事項を変更した場合においても、同様とする。

一 始業及び終業の時刻、休憩時間、休日、休暇並びに労働者を二組以上に分けて交替に就業させる場合においては就業時転換に関する事項

二 賃金（臨時の賃金等を除く。以下この号において同じ。）の決定、計算及び支払の方法、賃金の締切り及び支払の時期並びに昇給に関する事項

三 退職に関する事項（解雇の事由を含む。）

三の二 退職手当の定めをする場合においては、適用される労働者の範囲、退職手当の決定、計算及び支払の方法並びに退職手当の支払の時期に関する事項

四 臨時の賃金等（退職手当を除く。）及び最低賃金額の定めをする場合においては、これに関する事項

五 労働者に食費、作業用品その他の負担をさせる定めをする場合においては、これに関する事項

六 安全及び衛生に関する定めをする場合においては、これに関する事項

七 職業訓練に関する定めをする場合においては、これに関する事項

八 災害補償及び業務外の傷病扶助に関する定めをする場合においては、これに関する事項

九 表彰及び制裁の定めをする場合においては、その種類及び程度に関する事項

十 前各号に掲げるもののほか、当該事業場の労働者のすべてに適用される定めをする場合においては、これに関する事項

（作成の手続）

第九十条 使用者は、就業規則の作成又は変更について、当該事業場に、労働者の過半数で組織する労働組合がある場合においてはその労働組合、労働者の過半数で組織する労働組合がない場合においては労働者の過半数を代表する者の意見を聴かなければならない。

② 使用者は、前条の規定により届出をなすについて、前項の意見を記した書面を添付しなければならない。

1 就業規則の意義

就業規則とは、労働者の労働条件、就業上遵守すべき規律に関する具体的細目について定めた規則をいう。

近代企業においては、経営上の要請から、労働条件、服務規律を統一的、画一的に定めることが必要となり、労働条件、服務規律を定型的に定める就業規則が作成されている。就業規則の法的性質については、学説上多くの考え方があるが、判例は、法令に反せず合理的な内容を定めている限り、法的規範性を有するという考え方に立っているものと解されている。

2 作成義務

常時10人以上の労働者を使用する事業場については、就業規則を作成し、所轄労働基準監督署長に届け出ることが義務づけられている。この場合の事業場とは、労働基準法の適用単位である事業場をいう。

事業場におけるパートタイマー、アルバイト等を含めたすべての労働者の数が、ときには10人未満になることはあっても、常態として10人以上であるならば、就業規則を作成しなければならない。常時使用する労働者が10人未満であれば、就業規則を作成しなくても差し支えないが、そのような事業場においても、就業規則を作成することが望ましい。

就業規則は、当該事業場において決められている労働条件、服務規律に基づいて作成しなければならず、実態とは異なるものを作成しても、作成義務を果たしたことにはならない。また、労働条件や服務規律を変更する場合には、就業規則を変更し、届け出なければならない。

図9-1-1　就業規則の意義

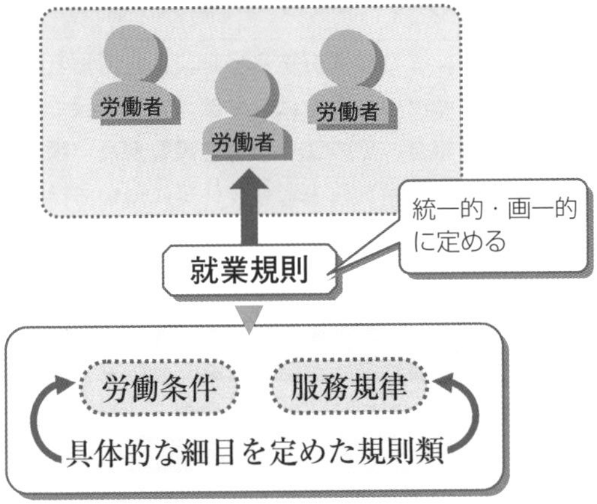

図9-1-2　就業規則の作成義務等

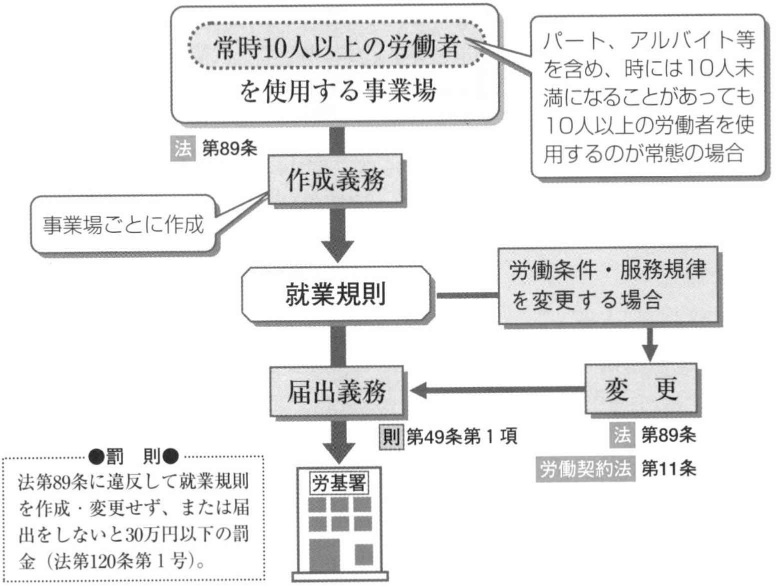

3　就業規則の作成・変更手続き

就業規則を作成し、または変更する場合には、労働者代表の意見を聴かなければならない。意見聴取の相手方は、労働者の過半数で組織する労働組合がある場合にはその労働組合、そのような労働組合がない場合には労働者の過半数を代表する者である（過半数代表者の要件等については120頁参照）。

就業規則の作成・変更に当たって、労働者代表の意見を聴くことが求められているが、その同意を得るとか、協議をするということまで要求されているものではない※。したがって、使用者が労働者代表の意見を取り入れるかどうかについては法律上の義務はないが、これを十分尊重すべきものである。

なお、就業規則に対する意見聴取は、事業場全体の労働者の過半数を代表する者に対して行うものであるが、一部の労働者について別の就業規則を作成する場合には、当該労働者の過半数を代表する者の意見を聴くことが望ましく、特にパートタイマー等の短時間労働者や有期労働者については、短時間労働者及び有期雇用労働者の雇用管理の改善等に関する法律第７条により、短時間労働者や有期労働者に係る就業規則の作成等に当たって短時間労働者もしくは有期労働者の過半数を代表する者の意見も聴くよう努めることとされている。

常時10人以上の労働者を使用する事業場において、就業規則を作成・変更した場合には、労働者代表の意見を記し、その者の署名または記名押印のある意見書を添付して、所轄労働基準監督署長に届け出なければならない。

使用者が意見を聴いたにもかかわらず、故意に労働者代表が意見を表明せず、あるいは意見書に署名または記名押印しない場合には、意見を聴いたことが客観的に証明される限り、就業規則の作成・変更の届出は受理されることとされている。

※　ただし、就業規則を不利益変更する場合には、労働契約法第９条ただし書及び同法第10条の要件を満たす必要がある（430頁参照）。

図9-1-3 就業規則の作成・変更手続き等

解 昭23.8.3基収第2446号、昭24.4.4基収第410号、昭63.3.14基発第150号
昭24.3.28基発第373号
昭25.3.15基収第525号
昭39.1.24　38基収第9243号
昭61.6.6基発第333号

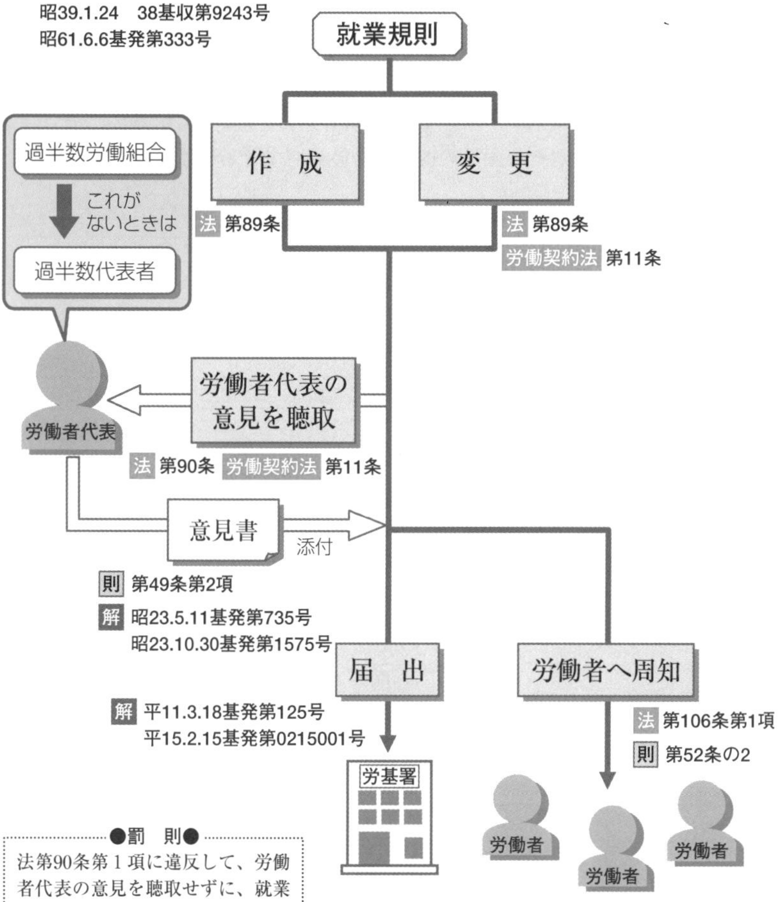

●罰　則●
法第90条第１項に違反して、労働者代表の意見を聴取せずに、就業規則を作成・変更すると、30万円以下の罰金（法第120条第１号）。

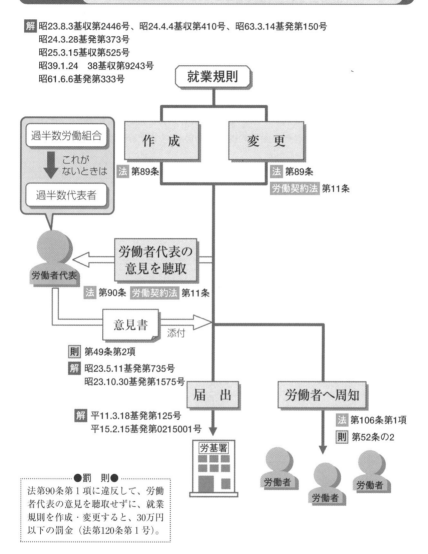

4 就業規則の周知

使用者は、就業規則を、次のいずれかの方法で労働者に周知しなければならない（労働基準法第106条、同法施行規則第52条の２。398頁参照）。

① 常時各作業場の見やすい場所に掲示し、または備え付ける方法

② 労働者に書面を交付する方法

③ 磁気テープ、磁気ディスクその他これらに準ずる物に記録し、かつ、各作業場に労働者がその記録の内容を常時確認できる機器を設置する方法

2　内容・形式　第89条

Point

◎　就業規則の記載事項には絶対的必要記載事項（労働基準法第89条第1～3号）、相対的必要記載事項、任意的記載事項の3種類がある。

◎　就業規則のすべての事項について、別規則とすることができる。

◆条　文◆

（作成及び届出の義務）

第八十九条　常時十人以上の労働者を使用する使用者は、次に掲げる事項について就業規則を作成し、行政官庁に届け出なければならない。次に掲げる事項を変更した場合においても、同様とする。

一　始業及び終業の時刻、休憩時間、休日、休暇並びに労働者を二組以上に分けて交替に就業させる場合においては就業時転換に関する事項

二　賃金（臨時の賃金等を除く。以下この号において同じ。）の決定、計算及び支払の方法、賃金の締切り及び支払の時期並びに昇給に関する事項

三　退職に関する事項（解雇の事由を含む。）

三の二　退職手当の定めをする場合においては、適用される労働者の範囲、退職手当の決定、計算及び支払の方法並びに退職手当の支払の時期に関する事項

四　臨時の賃金等（退職手当を除く。）及び最低賃金額の定めをする場合においては、これに関する事項

五　労働者に食費、作業用品その他の負担をさせる定めをする場合においては、これに関する事項

六　安全及び衛生に関する定めをする場合においては、これに関する事項

七　職業訓練に関する定めをする場合においては、これに関する事項

八　災害補償及び業務外の傷病扶助に関する定めをする場合においては、これに関する事項

九　表彰及び制裁の定めをする場合においては、その種類及び程度に関する事項

十　前各号に掲げるもののほか、当該事業場の労働者のすべてに適用される定めをする場合においては、これに関する事項

1 内　　容

就業規則には、次の事項を記載しなければならない。

① 始業及び終業の時刻、休憩時間、休日、休暇並びに労働者を２組以上に分けて交替に就業させる場合においては就業時転換に関する事項

② 賃金（臨時の賃金等を除く。以下同じ）の決定、計算及び支払いの方法、賃金の締切り及び支払いの時期並びに昇給に関する事項

③ 退職に関する事項（解雇の事由を含む）

④ 退職手当の定めをする場合においては、適用される労働者の範囲、退職手当の決定、計算及び支払いの方法並びに退職手当の支払いの時期に関する事項

⑤ 臨時の賃金等（退職手当を除く）及び最低賃金額の定めをする場合においては、これに関する事項

⑥ 労働者に食費、作業用品その他の負担をさせる定めをする場合においては、これに関する事項

⑦ 安全及び衛生に関する定めをする場合においては、これに関する事項

⑧ 職業訓練に関する定めをする場合においては、これに関する事項

⑨ 災害補償及び業務外の傷病扶助に関する定めをする場合においては、これに関する事項

⑩ 表彰及び制裁の定めをする場合においては、その種類及び程度に関する事項

⑪ 以上のほか、当該事業場の労働者のすべてに適用される定めをする場合においては、これに関する事項

このうち、①～③の事項は、すべての事業場において必ず就業規則に記載しなければならない（絶対的必要記載事項）。また、④～⑪の事項は、これらに関する制度を設ける場合に、就業規則に記載しなければならない（相対的必要記載事項）。これ以外の事項について、使用者が任意に就業規則に規定することは差し支えない（任意的記載事項）。

なお、就業規則においては、当該事業場のすべての労働者についてそれぞれの労働条件が明確になるように定める必要があり、勤務態様、職種等によって始業・終業の時刻等が異なる場合は、就業規則に勤務態様、職種等の別ごとに規定しなければならないが、パートタイマー等について始業・終業の時刻等を

図9-2-1　就業規則の記載事項

就業規則 — 記載事項

- **絶対的必要記載事項** ▶ 必ず記載しなければならない事項
  - 法　第89条第1号～第3号
- **相対的必要記載事項** ▶ 制度として設ける場合に記載しなければならない事項
  - 法　第89条第3号の2～第10号
- **任意的記載事項** ▶ それ以外の事項

図9-2-2　就業規則の絶対的必要記載事項

就業規則の絶対的必要記載事項

労働時間関係

- 始業・終業時刻
- 休憩時間
- 休　日
- 休　暇
- 労働者を２組以上に分けて交替に就業させる場合の就業時転換事項

賃金関係

- 賃金の決定・計算の方法
- 賃金の支払いの方法
- 賃金の締切り・支払いの時期
- 昇給に関する事項

退職関係

- 退職の事由とその手続き
- 解雇の事由等

特に整理解雇や定年制等に注意

法　第89条第1号～第3号

●罰　則●

これらのうちどれかひとつでも記載していないと、法第89条違反として30万円以下の罰金（法第120条第１号）。また、記載していても、届出をしない場合、実態が変わっても変更しない場合、または変更しても届出をしない場合も同様。

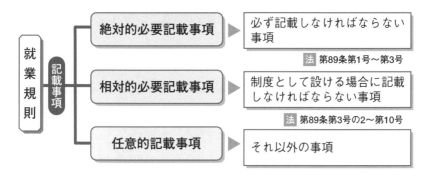

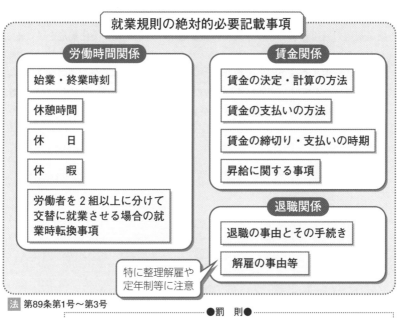

画一的に定めず本人の希望等により個別にこれを定めることとする場合には、就業規則には、基本となる始業・終業の時刻等を定めるとともに、具体的には個別の労働契約等で定める旨の委任規定を設けることで差し支えないとされている。

2 形　式

就業規則の記載事項は多岐にわたるが、労働者が労働条件を統一的に把握することができるようにするため、これらの事項は原則として1つの規則の中に記載しなければならない。

ただし、就業規則が大部になることによる不便を考慮し、就業規則のすべての事項について、必要に応じ別規則とすることができることとされている。

次に、当該事業場の一部の労働者について労働条件が他の労働者と相当異なっている場合に、当該一部の労働者にのみ適用される別個の就業規則を作成することは差し支えない。この場合には、就業規則の本則において、当該別個の就業規則の適用対象となる労働者に係る適用除外規定及び委任規定を設けることが必要である。

一定の事項または一定の労働者について別規則とする場合、細則を設ける場合には、当該別規則、細則を加えたものが、当該事業場の就業規則となるので、意見聴取、届出等に当たっては注意が必要である。

図9-2-3 就業規則の相対的必要記載事項

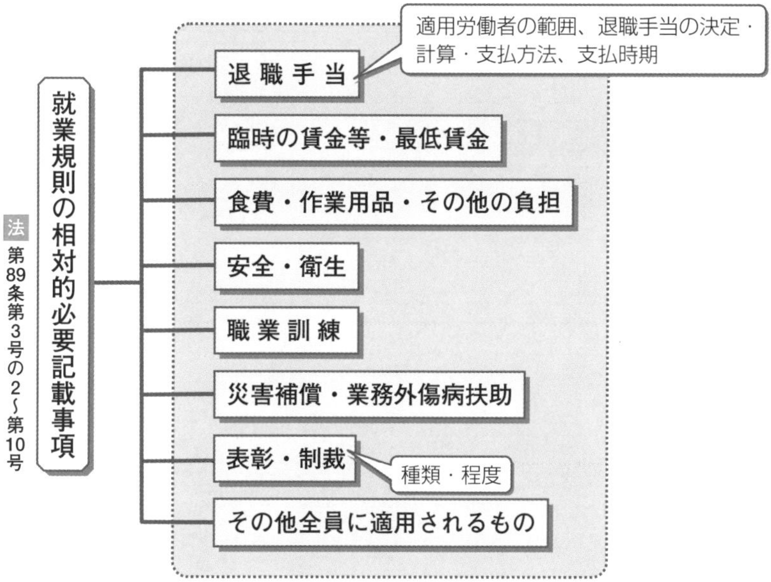
就業規則の相対的必要記載事項
法 第89条第3号の2～第10号
退職手当
適用労働者の範囲、退職手当の決定・計算・支払方法、支払時期
臨時の賃金等・最低賃金
食費・作業用品・その他の負担
安全・衛生
職業訓練
災害補償・業務外傷病扶助
表彰・制裁
種類・程度
その他全員に適用されるもの

図9-2-4 就業規則の形式の例

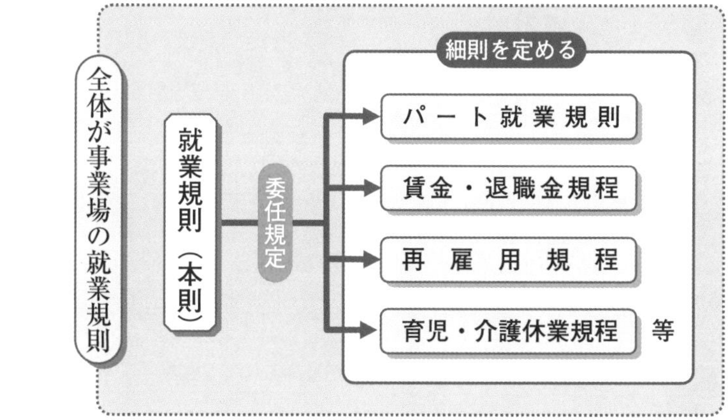
全体が事業場の就業規則
就業規則（本則）
委任規定
細則を定める
パート就業規則
賃金・退職金規程
再雇用規程
育児・介護休業規程
等

3　減給制裁の制限　第91条

Point

◎　減給制裁には、１事案につき平均賃金の１日分の半額、総額につき一賃金支払期の賃金総額の10分の１の制限がある。賞与から減給する場合も同様である。

◆条　文◆

（制裁規定の制限）

第九十一条　就業規則で、労働者に対して減給の制裁を定める場合においては、その減給は、一回の額が平均賃金の一日分の半額を超え、総額が一賃金支払期における賃金の総額の十分の一を超えてはならない。

減給制裁に関する制限

労働者の服務規律違反に対し、訓戒、けん責、減給、出勤停止、懲戒解雇等の制裁を課す場合には、就業規則において、制裁事由とそれに対する制裁の種類・程度を記載する必要がある。

就業規則で定める制裁の種類、程度に関して、一般的な制限はないが、減給については、あまり多額になると労働者の生活を脅かすおそれがあるため、制限が設けられている。

減給の制裁は、1回の制裁事案に対する減給額が平均賃金の1日分の半額を超えてはならず、また、1賃金支払期において複数の制裁事案がある場合にも、当該賃金支払い期における賃金総額の10分の1を超えてはならない。これは、賞与から減給する場合も同様である。

例えば、平均賃金が1万円、当該賃金支払期の賃金総額が20万円の場合、制裁事案が1件であれば5千円まで、4件であれば2万円まで減給することができるが、5件以上ある場合には、賃金総額の10分の1である2万円が限度となる。この場合、5件目以降の制裁事案について、次の賃金支払期に減給することは可能である。

減給とは、労働者が受けるべき賃金から一定額を差し引くものである。遅刻、早退等の場合に、労働の提供がなかった時間に相当する賃金を差し引くことは、制裁としての減給には当たらない。また、制裁としての出勤停止に伴い、その期間中の賃金を支払わないこと、降職、配置換えに伴い、賃金額そのものを減額することについても、本条の減給には当たらない。

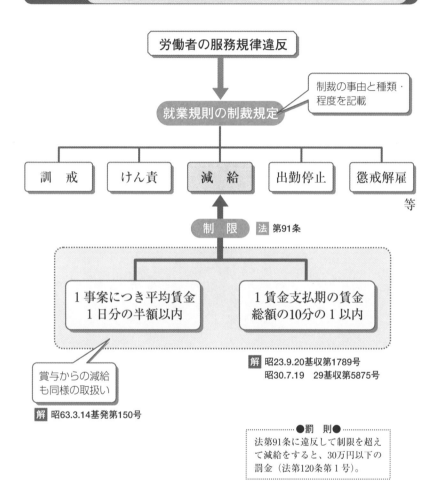

図9-3 減給制裁に関する制限

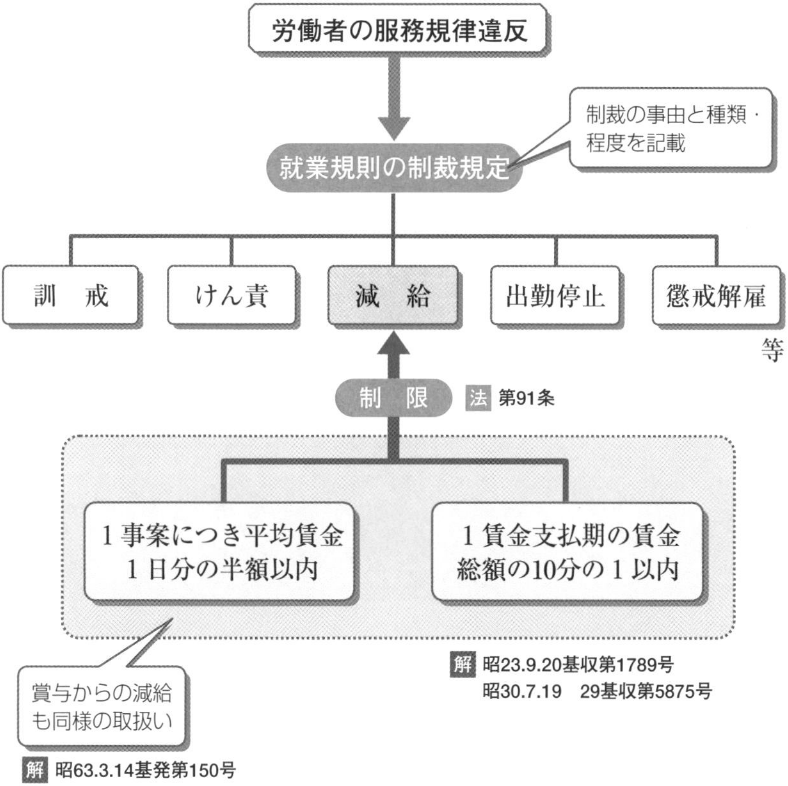
労働者の服務規律違反
制裁の事由と種類・程度を記載
就業規則の制裁規定
訓　戒
けん責
減　給
出勤停止
懲戒解雇
等
制　限
法 第91条
1事案につき平均賃金1日分の半額以内
1賃金支払期の賃金総額の10分の1以内
解 昭23.9.20基収第1789号
昭30.7.19　29基収第5875号
賞与からの減給も同様の取扱い
解 昭63.3.14基発第150号

●罰　則●

法第91条に違反して制限を超えて減給をすると、30万円以下の罰金（法第120条第1号）。

4 労働協約等との関係　第92条

Point

◎ 就業規則は、法令または当該事業場に適用される労働協約に反してはならない。

◆条　文◆

（法令及び労働協約との関係）

第九十二条　就業規則は、法令又は当該事業場について適用される労働協約に反してはならない。

② 行政官庁は、法令又は労働協約に抵触する就業規則の変更を命ずることができる。

就業規則と法令・労働協約との関係

就業規則は、法令または当該事業場について適用される労働協約に反してはならないこととされている。就業規則の規定が、法令または当該事業場について適用される労働協約に反する場合には、その限りで当該就業規則の規定は無効となる（なお、432頁参照）。

この場合の法令には、労働基準法だけでなく、その他の法律、命令、条例等も含まれるので、就業規則の作成に当たっては、それらの法令に反しないようにしなければならない。

法令または当該事業場に適用される労働協約に反する就業規則が作成された場合には、所轄労働基準監督署長は、当該就業規則の変更を命じることができることとされている。

図9-4-1 就業規則と法令・労働協約との関係

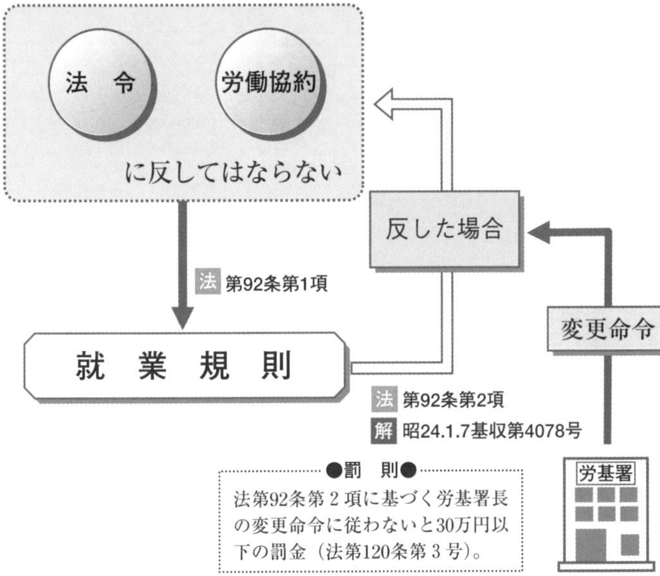

図9-4-2 法令・労働協約・就業規則・労働契約の効力関係

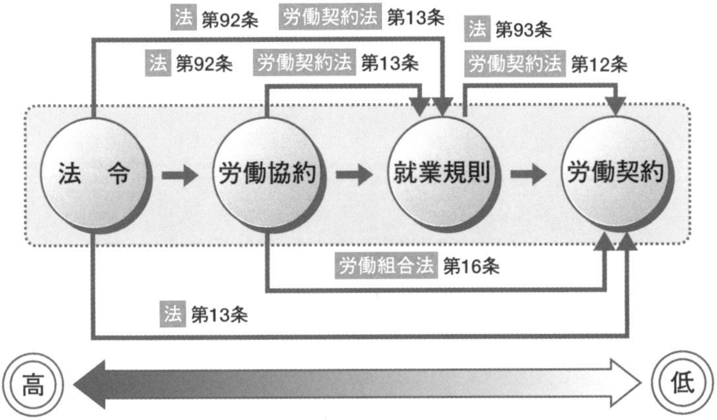

第10部

その他

1　技能者の養成　第7章

Point

◎ 使用者は技能習得を目的とする労働者を酷使したり、家事など技能習得に関係のない作業に従事させてはならない。

◎ 都道府県労働局長の許可を受けた認定職業訓練生については、①労働契約の契約期間の上限、②年少者・妊産婦等の危険有害業務の就業制限、③年少者・女性の坑内労働の禁止・就業制限――の規定について一定の範囲の特例が認められている。

◆条　文◆

第七章　技能者の養成

（徒弟の弊害排除）

第六十九条　使用者は、徒弟、見習、養成工その他名称の如何を問わず、技能の習得を目的とする者であることを理由として、労働者を酷使してはならない。

② 使用者は、技能の習得を目的とする労働者を家事その他技能の習得に関係のない作業に従事させてはならない。

（職業訓練に関する特例）

第七十条　職業能力開発促進法（昭和四十四年法律第六十四号）第二十四条第一項（同法第二十七条の二第二項において準用する場合を含む。）の認定を受けて行う職業訓練を受ける労働者について必要がある場合においては、その必要の限度で、第十四条第一項の契約期間、第六十二条及び第六十四条の三の年少者及び妊産婦等の危険有害業務の就業制限、第六十三条の年少者の坑内労働の禁止並びに第六十四条の二の妊産婦等の坑内業務の就業制限に関する規定について、厚生労働省令で別段の定めをすることができる。ただし、第六十三条の年少者の坑内労働の禁止に関する規定については、満十六歳に満たない者に関しては、この限りでない。

第七十一条　前条の規定に基いて発する厚生労働省令は、当該厚生労働省令によつて労働者を使用することについて行政官庁の許可を受けた使用者に使用される労働者以外の労働者については、適用しない。

第七十二条　第七十条の規定に基づく厚生労働省令の適用を受ける未成年者についての第三十九条の規定の適用については、同条第一項中「十労働日」とあるのは「十二労働日」と、同条第二項の表六年以上の項中「十労働日」とあるのは「八労働日」とする。

第七十三条　第七十一条の規定による許可を受けた使用者が第七十条の規定に基いて発する厚生労働省令に違反した場合においては、行政官庁は、その許可を取り消すことができる。

1 徒弟の弊害排除

使用者は、技能習得を目的とする労働者を酷使し、あるいは、家事などの技能の習得に関係のない作業に従事させてはならない。

2 職業訓練に関する特例

職業能力開発促進法の規定による認定職業訓練を受ける労働者については、都道府県労働局長の許可によって、労働契約の契約期間の上限、年少者及び妊産婦等の危険有害業務の就業制限、並びに年少者及び女性の坑内労働の禁止・就業制限の規定に関して、一定の範囲で特例が認められている。

この特例の対象となるのは、職業能力開発促進法第24条第１項（同法第27条の２第２項において準用する場合を含む）の規定により都道府県知事の認定を受けて行われる職業訓練を受ける者であり、それ以外の職業訓練を受ける者は対象とならない。

また、この特例の適用を受けるためには、当該労働者を使用する使用者が、特例の適用に関し、都道府県労働局長の許可を受けなければならない。なお、この許可は、特例で認められた範囲を超えて危険有害業務に従事させた場合、訓練に当たって講ずべき措置を講じていない場合、許可の条件に反した場合には取り消される。

特例の内容は、次のとおりである。

① 労働契約の契約期間については、当該労働者の受ける訓練課程に応じて、職業能力開発促進法に基づいて定められている普通訓練課程の訓練基準または専門訓練課程の訓練基準で定める訓練期間の範囲内で、１年を超える期間を定めることができる。すなわち、訓練期間が３年であれば、労働契約の契約期間を３年とすることができる。

　なお、訓練期間を短縮して実施する場合には、当該労働者の受ける訓練の期間が上限となる。

② 危険有害業務及び坑内労働については、当該労働者の受ける訓練課程に関し、技能を習得させるために必要がある場合には、満18歳に満たない者をこれらの者の就業が禁止されている危険有害業務に従事させ、あるいは満16歳以上の男性を坑内労働に従事させることができる。

図10-1-1 徒弟の弊害排除

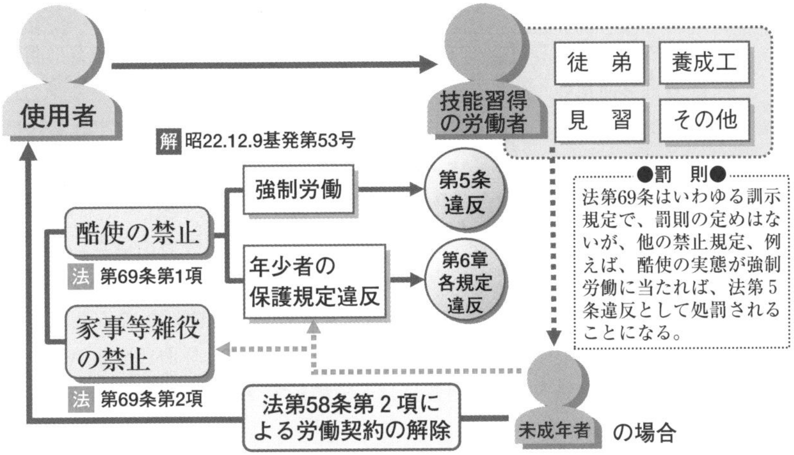

使用者
技能習得の労働者
徒　弟
養成工
見　習
その他
解 昭22.12.9基発第53号
強制労働
第5条違反
酷使の禁止
法 第69条第1項
年少者の保護規定違反
第6章各規定違反
家事等雑役の禁止
法 第69条第2項
法第58条第２項による労働契約の解除
未成年者
の場合
●罰　則●
法第69条はいわゆる訓示規定で、罰則の定めはないが、他の禁止規定、例えば、酷使の実態が強制労働に当たれば、法第５条違反として処罰されることになる。

図10-1-2 職業訓練に関する特例

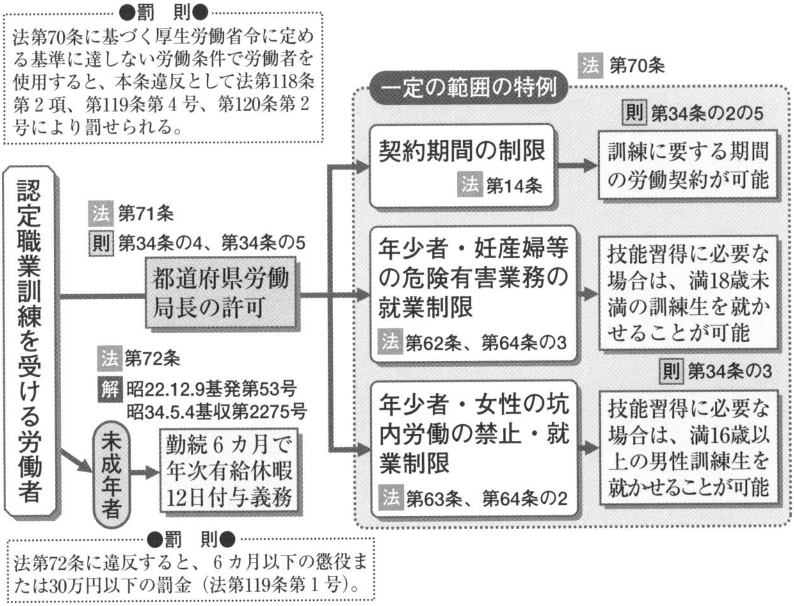

●罰　則●
法第70条に基づく厚生労働省令に定める基準に達しない労働条件で労働者を使用すると、本条違反として法第118条第２項、第119条第４号、第120条第２号により罰せられる。
法 第70条
一定の範囲の特例
則 第34条の2の5
契約期間の制限
法 第14条
訓練に要する期間の労働契約が可能
認定職業訓練を受ける労働者
法 第71条
則 第34条の4、第34条の5
都道府県労働局長の許可
年少者・妊産婦等の危険有害業務の就業制限
法 第62条、第64条の3
技能習得に必要な場合は、満18歳未満の訓練生を就かせることが可能
則 第34条の3
法 第72条
解 昭22.12.9基発第53号
昭34.5.4基収第2275号
未成年者
勤続６カ月で年次有給休暇12日付与義務
年少者・女性の坑内労働の禁止・就業制限
法 第63条、第64条の2
技能習得に必要な場合は、満16歳以上の男性訓練生を就かせることが可能
●罰　則●
法第72条に違反すると、６カ月以下の懲役または30万円以下の罰金（法第119条第１号）。

なお、これらの業務に従事させるに当たっては、次の措置を講じるほか、各業務について個別に定められている危害防止のための措置を講じなければならない。

(イ) 職業訓練指導員をして、訓練生に対し、当該作業中その作業に関する危害防止のために必要な指示をさせること。

(ロ) あらかじめ、当該業務に関し必要な安全作業法または衛生作業法について、教育を施すこと。

(ハ) 常時、作業環境の改善に留意すること。

(ニ) 常時、訓練生の健康状態に留意し、その向上に努めること。

また、この特例の適用を受ける労働者のうち、満20歳に満たない者については、年次有給休暇の付与日数を、継続勤務6カ月で12労働日とすることとされている。6カ月以降は、**図10-1-3**のとおり1年ごとに12労働日を基準に、1労働日ずつ、継続勤務3年6カ月以降は2労働日ずつ加算される。

図10-1-3 職業訓練を受ける未成年者の年次有給休暇の付与日数

法 第72条

継続勤務年数	6カ月	1年 6カ月	2年 6カ月	3年 6カ月	4年 6カ月	5年 6カ月以上
付与日数	12日	13日	14日	16日	18日	20日

図10-1-4 訓練生を就かせることができる危険有害業務等

則 別表第1

使用者が講ずべき一般的措置の基準 ▶

(イ) 職業訓練指導員をして、訓練生に対し、当該作業中その作業に関する危害防止のために必要な指示をさせること。

(ロ) あらかじめ、当該業務に関し必要な安全作業法または衛生作業法について、教育を施すこと。

(ハ) 常時、作業環境の改善に留意すること。

(ニ) 常時、訓練生の健康状態に留意し、その向上に努めること。

訓練生を就かせることができる危険有害業務及び坑内労働の範囲		使用者が講ずべき措置			
		作業に就かせるまでの期間	1日の最長限度	休　息	その他
クレーン、移動式クレーンまたはデリックの運転の業務		6月（訓練期間6月の場合は5月）	――	――	――
揚貨装置の運転の業務		同	――	――	――
高圧もしくは特別高圧の充電電路もしくは当該充電電路の支持物の敷設、点検、修理もしくは操作の業務、低圧の充電電路の敷設もしくは修理の業務または配電盤室、変電室等区画された場所に設置する低圧の電路のうち充電部分が露出している開閉器の操作の業務	高圧または特別高圧に係るもの	1年（訓練期間1年の場合は8月、同7月または6月のものは5月）	――	――	――
	低圧に係るもの	3月	――	――	――

訓練生を就かせることができる危険有害業務及び坑内労働の範囲		使用者が講ずべき措置			
		作業に就かせるまでの期間	1日の最長限度	休　息	その他
水銀、ひ素、黄りん、ふっ化水素酸、塩酸、硝酸、青酸、苛性アルカリ、石炭酸その他これらに準ずる有害なものを取り扱う業務	腐蝕性または刺戟性の有害物を取り扱うもの	身体等が継続的に汚染される場合について１年 （訓練期間１年の場合は８月）	４時間	２時間ごとに15分	作業終了後十分洗身 必要最小限の量を与える
	それ以外のもの	――	身体等が継続的に汚染される場合について１年未満２時間、その後４時間	２時間ごとに15分	作業終了後十分洗身 必要最小限の量を与える
鉛、水銀、クローム、ひ素、黄りん、ふっ素、塩素、青酸、アニリンその他これらに準ずる有害なもののガス、蒸気または粉じんを発散する場所における業務		有害性が高度なものについて１年 （訓練期間１年の場合は８月）	有害性が高度なものは２年未満２時間、その後４時間 有害性が中度なものは１年未満２時間、その後４時間 有害性が低度なものは４時間	２時間ごとに15分	作業終了後十分洗身 ＣＯ等に係るものについてガス検知器の設置、１月１回以上の測定及び測定結果の記録の保存

2　寄宿舎　第10章

Point　◎ 使用者は、寄宿舎に寄宿する労働者の自由を侵してはならない。

◆条　文◆

第十章　寄宿舎

（寄宿舎生活の自治）

第九十四条　使用者は、事業の附属寄宿舎に寄宿する労働者の私生活の自由を侵してはならない。

② 使用者は、寮長、室長その他寄宿舎生活の自治に必要な役員の選任に干渉してはならない。

（寄宿舎生活の秩序）

第九十五条　事業の附属寄宿舎に労働者を寄宿させる使用者は、左の事項について寄宿舎規則を作成し、行政官庁に届け出なければならない。これを変更した場合においても同様である。

一　起床、就寝、外出及び外泊に関する事項
二　行事に関する事項
三　食事に関する事項
四　安全及び衛生に関する事項
五　建設物及び設備の管理に関する事項

② 使用者は、前項第一号乃至第四号の事項に関する規定の作成又は変更については、寄宿舎に寄宿する労働者の過半数を代表する者の同意を得なければならない。

③ 使用者は、第一項の規定により届出をなすについて、前項の同意を証明する書面を添付しなければならない。

④ 使用者及び寄宿舎に寄宿する労働者は、寄宿舎規則を遵守しなければならない。

（寄宿舎の設備及び安全衛生）

第九十六条　使用者は、事業の附属寄宿舎について、換気、採光、照明、保温、防湿、清潔、避難、定員の収容、就寝に必要な措置その他労働者の健康、風紀及び生命の保持に必要な措置を講じなければならない。

② 使用者が前項の規定によつて講ずべき措置の基準は、厚生労働省令で定める。

（監督上の行政措置）

第九十六条の二　使用者は、常時十人以上の労働者を就業させる事業、厚生労働省令で定める危険な事業又は衛生上有害な事業の附属寄宿舎を設置し、移転し、又は変更しようとする場合においては、前条の規定に基づいて発する厚生労働省令で定める危害防止等に関する基準に従い定めた計画を、工事着手十四日前までに、行政官庁に届け出なければならない。

② 行政官庁は、労働者の安全及び衛生に必要であると認める場合においては、工事の着手を差し止め、又は計画の変更を命ずることができる。

第九十六条の三　労働者を就業させる事業の附属寄宿舎が、安全及び衛生に関し定められた基準に反する場合においては、行政官庁は、使用者に対して、その全部又は一部の使用の停止、変更その他必要な事項を命ずることができる。

② 前項の場合において行政官庁は、使用者に命じた事項について必要な事項を労働者に命ずることができる。

1 事業附属寄宿舎の定義

事業附属寄宿舎とは、寄宿舎であって、事業に附属するもののことである。

寄宿舎とは常態として相当人数の労働者が宿泊し、共同生活の実態を備えるものをいい、具体的には、次の基準によって判断される。

① 相当人数の労働者が宿泊しているか否か

② その場所が独立または区画された施設であるか否か

③ 共同生活の実態を備えているか否か。すなわち単に便所、炊事場、浴室等が共同となっているだけでなく、一定の規律、制限により労働者が通常、起居寝食等の生活態様を共にしているか否か

事業に附属するとは事業経営の必要上その一部として設けられているような事業との関連をもつことをいい、具体的には、次の基準によって判断される。

① 宿泊している労働者について、労務管理上共同生活が要請されているか否か

② 事業場内またはその付近にあるか否か

2 寄宿舎生活の自治

使用者は、寄宿舎に寄宿する労働者の私生活の自由を侵す行為をしてはならない。私生活の自由を侵す行為としては、次のようなものがある。

① 外出または外泊について使用者の承認を受けさせること

② 教育、娯楽その他の行事に参加を強制すること

③ 共同の利益を害する場所及び時間を除き、面会の自由を制限すること

また、使用者は、寮長、室長等寄宿舎生活の自治に必要な役員の選任に干渉してはならない。使用者が、施設の管理等のために、舎監、世話係等をおくことは差し支えないが、これらの者が自治会の役員となることは禁止されている。

図10-2-1　事業附属寄宿舎の範囲

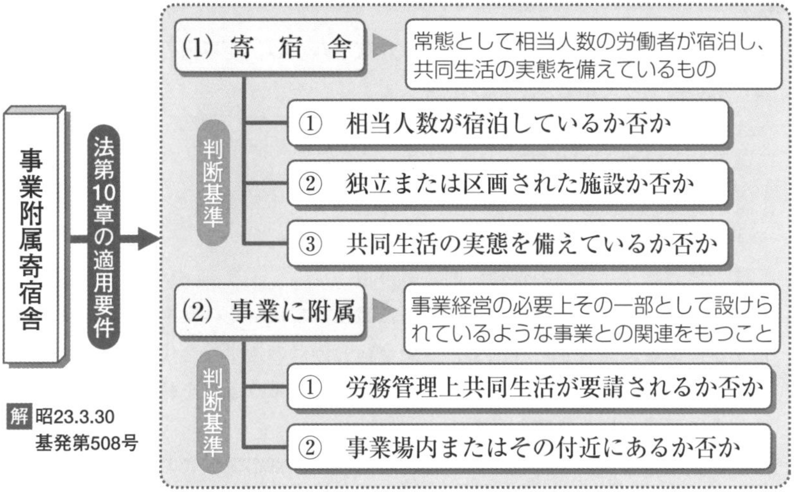
事業附属寄宿舎
法第10章の適用要件
(1) 寄　宿　舎
常態として相当人数の労働者が宿泊し、共同生活の実態を備えているもの
判断基準
① 相当人数が宿泊しているか否か
② 独立または区画された施設か否か
③ 共同生活の実態を備えているか否か
(2) 事業に附属
事業経営の必要上その一部として設けられているような事業との関連をもつこと
判断基準
① 労務管理上共同生活が要請されるか否か
② 事業場内またはその付近にあるか否か
解 昭23.3.30
基発第508号

図10-2-2　寄宿労働者の私生活の自由と自治

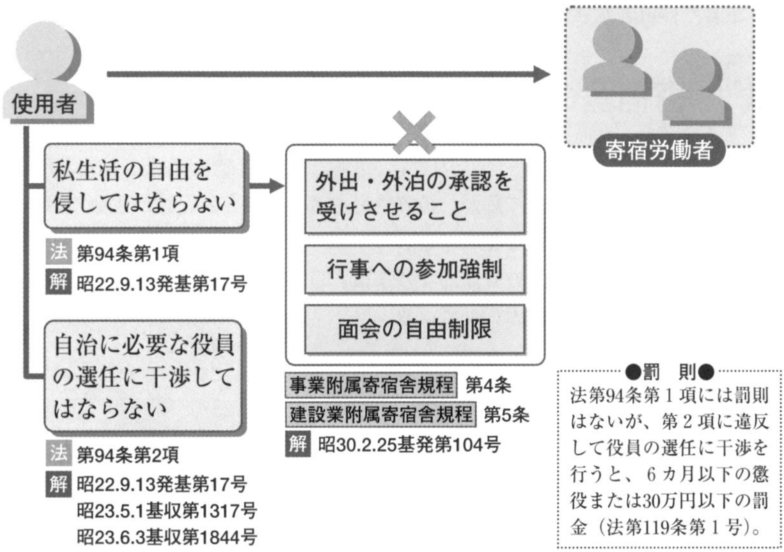
使用者
寄宿労働者
私生活の自由を侵してはならない
法 第94条第1項
解 昭22.9.13発基第17号
自治に必要な役員の選任に干渉してはならない
法 第94条第2項
解 昭22.9.13発基第17号
昭23.5.1基収第1317号
昭23.6.3基収第1844号
外出・外泊の承認を受けさせること
行事への参加強制
面会の自由制限
事業附属寄宿舎規程 第4条
建設業附属寄宿舎規程 第5条
解 昭30.2.25基発第104号
●罰　則●
法第94条第１項には罰則はないが、第２項に違反して役員の選任に干渉を行うと、６カ月以下の懲役または30万円以下の罰金（法第119条第１号）。

3 寄宿舎規則

使用者は、寄宿舎規則を作成しなければならない。同規則の必要的記載事項は、次のとおりである。

① 起床、就寝、外出及び外泊に関する事項
② 行事に関する事項
③ 食事に関する事項
④ 安全及び衛生に関する事項
⑤ 建設物及び設備の管理に関する事項

使用者は、寄宿舎規則の作成・変更に当たっては、その案を当該寄宿舎に寄宿する労働者に周知したうえで、当該寄宿労働者の過半数を代表する者の同意を得なければならない。寄宿舎規則については、単に意見を聴くだけでは足りず、その同意を得る必要がある。

また、寄宿舎規則を作成・変更した場合には、寄宿労働者の過半数を代表する者の同意を証明する書面を添付して、所轄労働基準監督署長に届け出なければならない。同意を証明する書面には、代表者の署名または記名押印が必要である。

なお、使用者及び寄宿労働者は、寄宿舎規則を遵守することとされている。

4 寄宿舎の設備と安全衛生

使用者は、事業附属寄宿舎について、換気、採光、照明、保温、防湿、清潔、避難、定員の収容、就寝に必要な措置等労働者の健康、風紀及び生命の保持に必要な措置を講じなければならない。

使用者が講ずべき措置の具体的な基準は、事業附属寄宿舎規程及び建設業附属寄宿舎規程において定められている。

図10-2-3 寄宿舎規則の作成

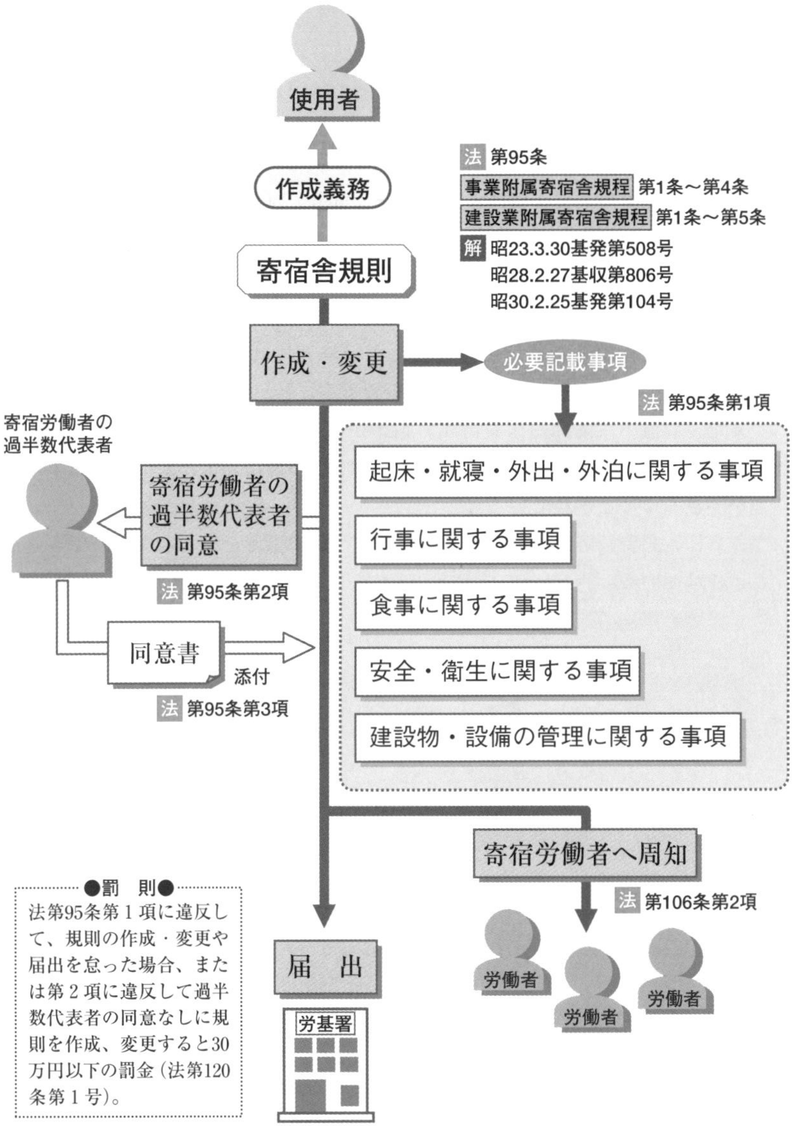

使用者
作成義務
寄宿舎規則
法 第95条
事業附属寄宿舎規程 第1条～第4条
建設業附属寄宿舎規程 第1条～第5条
解 昭23.3.30基発第508号
昭28.2.27基収第806号
昭30.2.25基発第104号
作成・変更
必要記載事項
法 第95条第1項
起床・就寝・外出・外泊に関する事項
行事に関する事項
食事に関する事項
安全・衛生に関する事項
建設物・設備の管理に関する事項
寄宿労働者の過半数代表者
寄宿労働者の過半数代表者の同意
法 第95条第2項
同意書
添付
法 第95条第3項
寄宿労働者へ周知
法 第106条第2項
労働者
労働者
労働者
届 出
労基署
●罰 則●
法第95条第１項に違反して、規則の作成・変更や届出を怠った場合、または第２項に違反して過半数代表者の同意なしに規則を作成、変更すると30万円以下の罰金（法第120条第１号）。

5　寄宿舎に関する行政措置

使用者は、次の事業附属寄宿舎を設置し、移転し、または変更しようとする場合には、工事着手の14日前までに、周囲の状況及び四隣との関係を示す図面並びに建築物の各階の平面図及び断面図を添付して、その計画を所轄労働基準監督署長に届け出なければならない。

①　常時10人以上の労働者を就業させる事業の附属寄宿舎

②　一定の危険または衛生上有害な事業の附属寄宿舎

この届出は、寄宿舎の構造、設備等が法令で定める安全衛生の基準に合致しているかどうかを事前にチェックするためのものである。

届け出られた計画が法定基準に達しない場合には、所轄労働基準監督署長は、工事着手の差し止め、計画の変更を命ずることができることとされている。

また、設置されている事業附属寄宿舎が法定基準に達していない場合には、所轄労働基準監督署長は、その全部または一部の使用停止、変更等を命ずることができることとされている。

さらに、必要に応じ、労働者に対しても一定の措置を命ずることができることとされている。

図10-2-4　寄宿舎の設備と安全衛生に関する措置

項　目	規　制　内　容	第一種	第二種	建設業
設置場所	爆発性、発火性、酸化性等の物を取り扱い、または貯蔵する場所の附近に設置してはならない。	○	×	○
	騒音または振動の著しい場所に設置してはならない。	○	○	○
男女別収容	男女を同一棟に収容してはならない。ただし、完全に区画され、出入口が別であれば差し支えない。	○	×	×
寝室の場所の制限	3階以上または地下に寝室を設けてはならない。ただし、次のいずれにも該当する場合は、3階以上に寝室を設けることができる。 ①　主要構造部が建築基準法令上の技術的基準に適合し、耐火建築物または準耐火建築物であること、または国土交通大臣の認定を受けていること。 ②　外壁の開口部に、防火戸、スプリンクラー等の一定の防火設備を設けていること。	○	×	×
出入口	外開戸または引戸としなければならない。	○	×	○
	2カ所以上設けなければならない。	×	○	○

（○は適用あり　×は適用なし）

第一種寄宿舎

6カ月以上の期間労働者を寄宿させる恒久的な寄宿舎。寄宿する労働者に変更があっても寄宿舎建造物の使用期間が6カ月を超え、または当該事業完了後にもわたる場合には、第一種寄宿舎に当たる。

第二種寄宿舎

6カ月に満たない期間労働者を寄宿させる仮設的な寄宿舎、及び農林業等の有期の事業においてその事業が完了するまでの期間寄宿させる仮設的な寄宿舎。

建設業附属寄宿舎

建設業の有期の事業において、その事業が完了するまでの期間寄宿させる仮設的な寄宿舎。

3　国の援助、法令等の周知義務、帳簿の作成等（第12章）

Point

- 使用者は、労働基準法等の要旨、就業規則、労使協定等を労働者に周知させなければならない。
- 使用者は、各事業場ごとに労働者名簿、賃金台帳等を作成し、3年間保存しなければならない。
- 「個別労働関係紛争の解決の促進に関する法律」が施行されたことに伴い、労働基準法第105条の3（紛争の解決の援助の規定）が削除された。

◆条　文◆

第十二章　雑則

（国の援助義務）

第百五条の二　厚生労働大臣又は都道府県労働局長は、この法律の目的を達成するために、労働者及び使用者に対して資料の提供その他必要な援助をしなければならない。

（法令等の周知義務）

第百六条　使用者は、この法律及びこれに基づく命令の要旨、就業規則、第十八条第二項、第二十四条第一項ただし書、第三十二条の二第一項、第三十二条の三第一項、第三十二条の四第一項、第三十二条の五第一項、第三十四条第二項ただし書、第三十六条第一項、第三十七条第三項、第三十八条の二第二項、第三十八条の三第一項並びに第三十九条第四項、第六項及び第九項ただし書に規定する協定並びに第三十八条の四第一項及び同条第五項（第四十一条の二第三項において準用する場合を含む。）並びに第四十一条の二第一項に規定する決議を、常時各作業場の見やすい場所へ掲示し、又は備え付けること、書面を交付することその他の厚生労働省令で定める方法によつて、労働者に周知させなければならない。

②　使用者は、この法律及びこの法律に基いて発する命令のうち、寄宿舎に関する規定及び寄宿舎規則を、寄宿舎の見易い場所に掲示し、又は備え付ける等の方法によつて、寄宿舎に寄宿する労働者に周知させなければならない。

（労働者名簿）

第百七条　使用者は、各事業場ごとに労働者名簿を、各労働者（日日雇い入れられる者を除く。）について調製し、労働者の氏名、生年月日、履歴その他厚生労働省令で定める事項を記入しなければならない。

②　前項の規定により記入すべき事項に変更があつた場合においては、遅滞なく訂正しなければならない。

（賃金台帳）

第百八条　使用者は、各事業場ごとに賃金台帳を調製し、賃金計算の基礎となる事項及び賃金の額その他厚生労働省令で定める事項を賃金支払の都度遅滞なく記入しなければならない。

（記録の保存）

第百九条　使用者は、労働者名簿、賃金台帳及び雇入、解雇、災害補償、賃金その他労働関係に関する重要な書類を三年間保存しなければならない。

（無料証明）

第百十一条　労働者及び労働者になろうとする者は、その戸籍に関して戸籍事務を掌る者又はその代理者に対して、無料で証明を請求することができる。使用者が、労働者及び労働者になろうとする者の戸籍に関して証明を請求する場合においても同様である。

（国及び公共団体についての適用）

第百十二条　この法律及びこの法律に基いて発する命令は、国、都道府県、市町村その他これに準ずべきものについても適用あるものとする。

（命令の制定）

第百十三条　この法律に基いて発する命令は、その草案について、公聴会で労働者を代表する者、使用者を代表する者及び公益を代表する者の意見を聴いて、これを制定する。

（付加金の支払）

第百十四条　裁判所は、第二十条、第二十六条若しくは第三十七条の規定に違反した使用者又は第三十九条第九項の規定による賃金を支払わなかつた使用者に対して、労働者の請求により、これらの規定により使用者が支払わなければならない金額についての未払金のほか、これと同一額の付加金の支払を命ずることができる。ただし、この請求は、違反のあつた時から二年以内にしなければならない。

（時効）

第百十五条　この法律の規定による賃金（退職手当を除く。）、災害補償その他の請求権は二年間、この法律の規定による退職手当の請求権は五年間行わない場合においては、時効によつて消滅する。

（経過措置）

第百十五条の二　この法律の規定に基づき命令を制定し、又は改廃するときは、その命令で、その制定又は改廃に伴い合理的に必要と判断される範囲内において、所要の経過措置（罰則に関する経過措置を含む。）を定めることができる。

（適用除外）

第百十六条　第一条から第十一条まで、次項、第百十七条から第百十九条まで及び第百二十一条の規定を除き、この法律は、船員法（昭和二十二年法律第百号）第一条第一項に規定する船員については、適用しない。

②　この法律は、同居の親族のみを使用する事業及び家事使用人については、適用しない。

1 個別労働関係紛争解決制度

社会経済情勢の変化に伴い、企業組織の再編や企業の人事労務管理の個別化の進展等を背景にして、労働関係に関する事項について事業主と個々の労働者との間で紛争が増加している。紛争内容も、解雇や労働条件に関するものからセクシュアルハラスメント、パワーハラスメント、企業分割に伴う労働契約承継に関する紛争など多岐にわたってきている。

個別労使間紛争の簡易・迅速な解決を促進することを目的として平成13年に制定された個別労働関係紛争の解決の促進に関する法律は、労働条件その他労働関係に関する事項についての個々の労働者と事業主との間の紛争を「個別労働関係紛争」と定義し、労働関係から生ずるあらゆる分野の紛争を対象に、総合的な紛争解決援助システムの整備が図られている。

同法では、紛争当事者による紛争の自主的解決、都道府県労働局の情報提供·相談等、都道府県労働局長による助言・指導制度及び紛争調整委員会によるあっせん制度等について規定され、国が紛争の実情に即して、迅速かつ適正な解決を促進する機能を有するものとなっている（個別労働関係紛争解決制度の概要は、**図10-3-1**を参照）。

なお、セクシュアルハラスメント、性差別等に関する事案は雇用の分野における男女の均等な機会及び待遇の確保等に関する法律（男女雇用機会均等法）、パート・有期雇用労働者の均衡待遇等に関する事業主の義務に係る事案は短時間労働者及び有期雇用労働者の雇用管理の改善等に関する法律（パート・有期労働法）、育児・介護休業制度等に関する事案は育児休業、介護休業等育児又は家族介護を行う労働者の福祉に関する法律（育児・介護休業法）に基づく紛争解決制度の対象となり、都道府県労働局長による援助制度（助言・指導・勧告）、調停制度が用意されている。

なお、令和２年４月からは派遣労働者の待遇に関する事案、令和２年６月からはパワーハラスメントに関する事案について、それぞれ、労働者派遣事業の適正な運営の確保及び派遣労働者の保護等に関する法律（労働者派遣法）、労働施策の総合的な推進並びに労働者の雇用の安定及び職業生活の充実等に関する法律（労働施策総合推進法）に基づき、上記の男女雇用機会均等法等と同様の援助制度、調停制度が整備されることとなった。

図10-3-1 個別労働関係紛争解決制度の概要

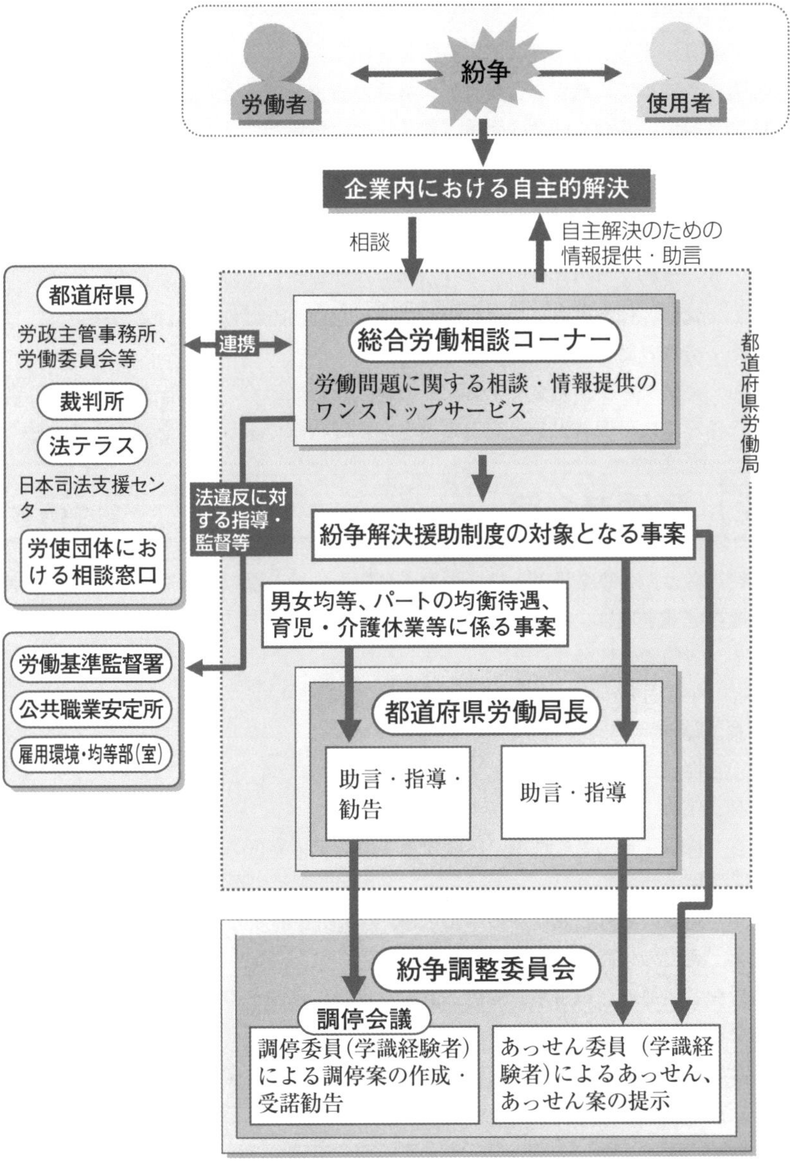

2 法令等の周知義務

労働者がその労働条件に関する情報を知ることにより、その権利・義務関係を明らかにして、適正な労務管理、紛争の防止を図るため、使用者に、労働基準法と同法に基づく命令の要旨、就業規則、労働基準法上の労使協定及び企画業務型裁量労働制に係る労使委員会の決議を労働者に周知させる義務を負わせている。

なお、就業規則や労使協定などについては、労働基準法施行規則第52条の2により、次の3つのうち、いずれかの方法で周知しなければならない。

① 常時各作業場の見やすい場所に掲示し、または備え付ける方法
② 労働者に書面を交付する方法
③ 磁気テープ、磁気ディスクその他これらに準ずる物に記録し、かつ、各作業場に労働者がその記録の内容を常時確認できる機器を設置する方法

3 労働者名簿

使用者は、各事業場ごとに、労働者名簿を作成しなければならない。労働者名簿の記載事項は、次のとおりである。

① 労働者の氏名
② 生年月日
③ 履歴
④ 性別
⑤ 住所
⑥ 従事する業務の種類（常時使用する労働者が30人以上の事業場に限る）
⑦ 雇入れの年月日
⑧ 退職の年月日及びその事由（退職の事由が解雇の場合、その理由を含む）
⑨ 死亡の年月日及びその原因

労働者名簿の記載事項に変更があった場合には、その都度、記載内容を訂正しなければならない。

なお、日雇労働者については、労働者名簿を作成しなくてもよいこととされている。

図10-3-2 法令等の周知義務

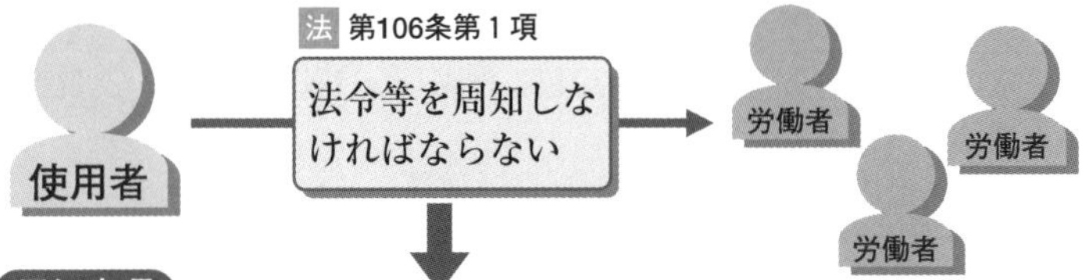

法 第106条第１項
使用者
法令等を周知しなければならない
労働者
労働者
労働者

周知事項

労働基準法及び同法による命令の要旨

就業規則

労使協定

① 貯蓄金管理（法第18条）
② 購買代金などの賃金控除（法第24条）
③ １カ月単位の変形労働時間制（法第32条の2）
④ フレックスタイム制（法第32条の3）
⑤ １年単位の変形労働時間制（法第32条の4）
⑥ １週間単位の非定型的変形労働時間制（法第32条の5）
⑦ 一斉休憩の適用除外（法第34条）
⑧ 時間外・休日労働（法第36条）
⑨ 月60時間超の時間外労働をさせた場合の代替休暇（法第37条第3項）
⑩ 時間外労働分も見込んだ事業場外労働のみなし労働時間制（法第38条の2）
⑪ 専門業務型裁量労働制（法第38条の3）
⑫ 時間単位年休（法第39条第4項）
⑬ 年次有給休暇の計画的付与制度（法第39条第6項）
⑭ 年次有給休暇取得日の賃金を健康保険の標準報酬月額の30分の1に相当する額で支払う場合（法第39条第9項ただし書）

労使委員会の決議内容

① 企画業務型裁量労働制（法第38条の4）
② 高度プロフェッショナル制度（法第41条の2）

周知方法

則 第52条の2

次のいずれかの方法で周知しなければならない

① 常時各作業場の見やすい場所へ掲示し、または備え付ける
② 書面で交付する
③ 磁気テープ、磁気ディスクその他これらに準ずる物に記録し、かつ、各作業場に労働者が当該記録の内容を常時確認できる機器を設置する

●罰　則●

法第106条に違反して、周知義務を履行しない場合は、30万円以下の罰金（法第120条第１号）。

4 賃金台帳

使用者は、各事業場ごとに、賃金台帳を作成しなければならない。賃金台帳の記載事項は、次のとおりである。

① 氏名
② 性別
③ 賃金計算期間（日雇労働者を除く）
④ 労働日数
⑤ 労働時間数（労働時間等の規定が適用除外される者を除く）
⑥ 時間外労働時間数、休日労働時間数及び深夜労働時間数（労働時間等の規定が適用除外される者については、時間外労働時間数及び休日労働時間数を除く）
⑦ 基本給、手当その他賃金の種類ごとにその額（現物給与については、その評価額）
⑧ 賃金の一部を控除した場合には、その額

賃金台帳には、賃金の支払いの都度、記入することを要する。

なお、労働者名簿と賃金台帳とは、それぞれの法定記載事項を満たしている限り、合わせた帳簿とすることができる。

図10-3-3 労働者名簿

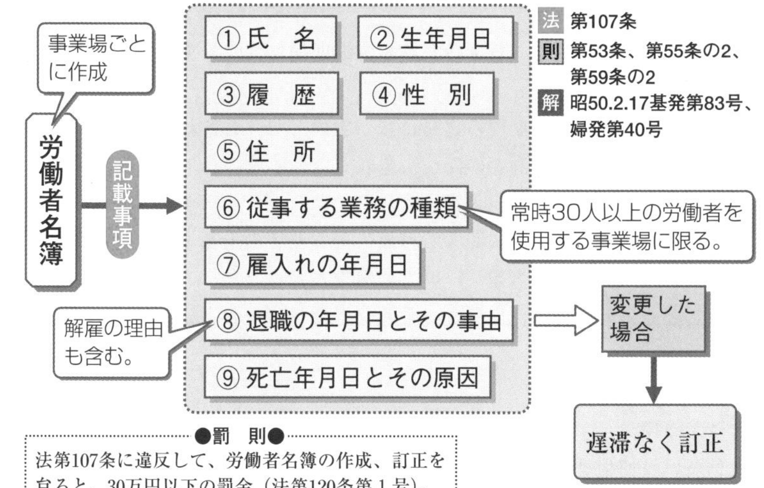

事業場ごとに作成
労働者名簿
記載事項
①氏　名
②生年月日
③履　歴
④性　別
⑤住　所
⑥従事する業務の種類
常時30人以上の労働者を使用する事業場に限る。
⑦雇入れの年月日
⑧退職の年月日とその事由
解雇の理由も含む。
⑨死亡年月日とその原因
変更した場合
遅滞なく訂正
法 第107条
則 第53条、第55条の2、第59条の2
解 昭50.2.17基発第83号、婦発第40号

●罰　則●

法第107条に違反して、労働者名簿の作成、訂正を怠ると、30万円以下の罰金（法第120条第１号）。

図10-3-4 賃金台帳

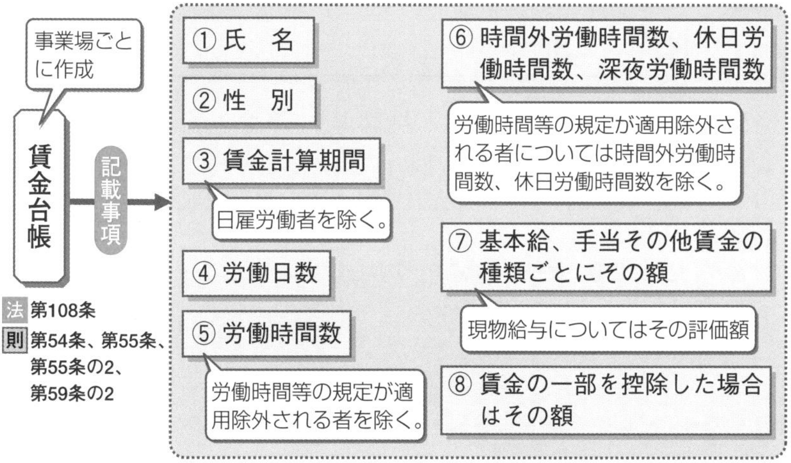

事業場ごとに作成
賃金台帳
記載事項
①氏　名
②性　別
③賃金計算期間
日雇労働者を除く。
④労働日数
⑤労働時間数
労働時間等の規定が適用除外される者を除く。
⑥時間外労働時間数、休日労働時間数、深夜労働時間数
労働時間等の規定が適用除外される者については時間外労働時間数、休日労働時間数を除く。
⑦基本給、手当その他賃金の種類ごとにその額
現物給与についてはその評価額
⑧賃金の一部を控除した場合はその額
法 第108条
則 第54条、第55条、第55条の2、第59条の2

●罰　則●

法第108条に違反して、賃金台帳の作成と必要な記載事項の記入を怠ると、30万円以下の罰金（法第120条第１号）。

5 記録の保存

使用者は、労働者名簿、賃金台帳等の労働関係に関する重要な書類を3年間保存しなければならない。

それぞれの書類の保存期間の起算日は、次のとおりとされている。

① 労働者名簿――労働者の死亡、退職または解雇の日

② 賃金台帳――最後の記入をした日

③ 雇入れ、または退職に関する書類――労働者の退職または死亡の日

④ 災害補償に関する書類――災害補償を終わった日

⑤ 賃金その他労働関係に関する重要な書類――その完結の日

6 付加金

裁判所は、使用者が解雇予告手当、休業手当、割増賃金または年次有給休暇の賃金を支払わない場合に、労働者の請求によって、未払金のほか、これと同額の付加金の支払いを命じることができる。付加金支払請求の除斥期間は、2年間である。

7 時　効

労働基準法上の請求権の時効は、次のとおりである。

① 退職手当以外の請求権　2年

② 退職手当　5年

＊　年次有給休暇の権利の時効については、274頁参照。

図10-3-5 記録の保存

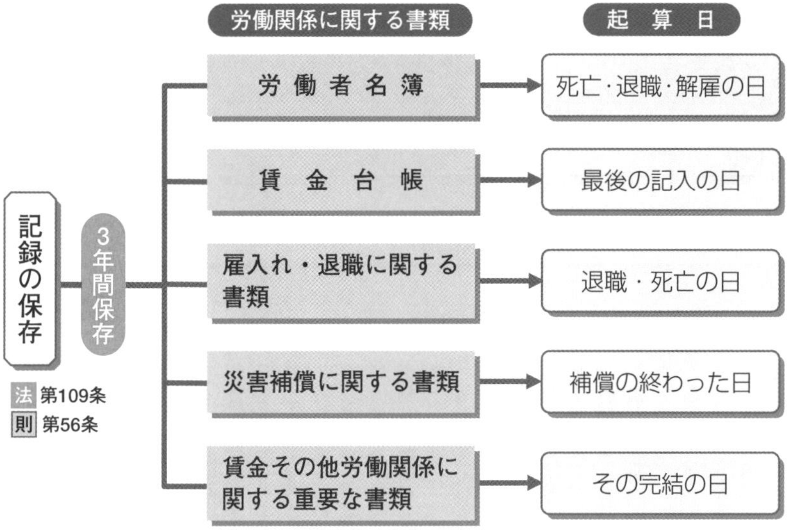
労働関係に関する書類
起 算 日
記録の保存
3年間保存
労働者名簿
死亡·退職·解雇の日
賃金台帳
最後の記入の日
雇入れ・退職に関する書類
退職・死亡の日
災害補償に関する書類
補償の終わった日
賃金その他労働関係に関する重要な書類
その完結の日
法 第109条
則 第56条

●罰 則●

法第109条に違反して、保存を怠ると、30万円以下の罰金（法第120条第１号）。

図10-3-6 時 効

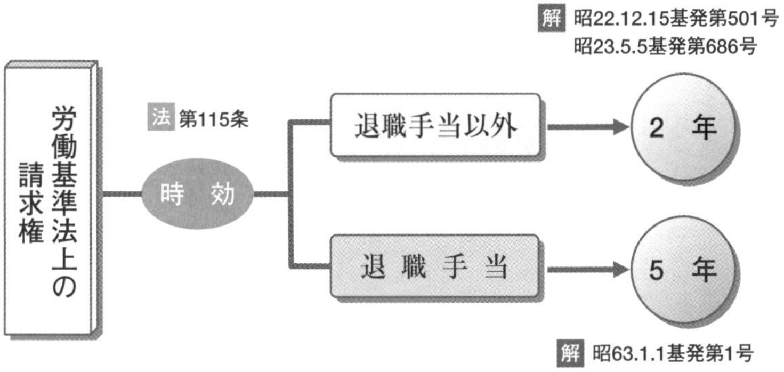
解 昭22.12.15基発第501号
昭23.5.5基発第686号
労働基準法上の請求権
法 第115条
時 効
退職手当以外
2 年
退 職 手 当
5 年
解 昭63.1.1基発第1号

4 監督機関 第11章

Point

◎ 労働者は、労働基準法違反の事実を監督機関に申告することができ、この申告を理由とする不利益取扱いは禁止されている。

◆条　文◆

第十一章　監督機関

（監督機関の職員等）

第九十七条　労働基準主管局（厚生労働省の内部部局として置かれる局で労働条件及び労働者の保護に関する事務を所掌するものをいう。以下同じ。）、都道府県労働局及び労働基準監督署に労働基準監督官を置くほか、厚生労働省令で定める必要な職員を置くことができる。

② 労働基準主管局の局長（以下「労働基準主管局長」という。）、都道府県労働局長及び労働基準監督署長は、労働基準監督官をもつてこれに充てる。

③ 労働基準監督官の資格及び任免に関する事項は、政令で定める。

④ 厚生労働省に、政令で定めるところにより、労働基準監督官分限審議会を置くことができる。

⑤ 労働基準監督官を罷免するには、労働基準監督官分限審議会の同意を必要とする。

⑥ 前二項に定めるもののほか、労働基準監督官分限審議会の組織及び運営に関し必要な事項は、政令で定める。

（労働基準主管局長等の権限）

第九十九条　労働基準主管局長は、厚生労働大臣の指揮監督を受けて、都道府県労働局長を指揮監督し、労働基準に関する法令の制定改廃、労働基準監督官の任免教養、監督方法についての規程の制定及び調整、監督年報の作成並びに労働政策審議会及び労働基準監督官分限審議会に関する事項（労働政策審議会に関する事項については、労働条件及び労働者の保護に関するものに限る。）その他この法律の施行に関する事項をつかさどり、所属の職員を指揮監督する。

② 都道府県労働局長は、労働基準主管局長の指揮監督を受けて、管内の労働基準監督署長を指揮監督し、監督方法の調整に関する事項その他この法律の施行に関する事項をつかさどり、所属の職員を指揮監督する。

③ 労働基準監督署長は、都道府県労働局長の指揮監督を受けて、この法律に基く臨検、尋問、許可、認定、審査、仲裁その他この法律の実施に関する事項をつかさどり、所属の職員を指揮監督する。

④ 労働基準主管局長及び都道府県労働局長は、下級官庁の権限を自ら行

い、又は所属の労働基準監督官をして行わせることができる。

（女性主管局長の権限）

第百条　厚生労働省の女性主管局長（厚生労働省の内部部局として置かれる局で女性労働者の特性に係る労働問題に関する事務を所掌するものの局長をいう。以下同じ。）は、厚生労働大臣の指揮監督を受けて、この法律中女性に特殊の規定の制定、改廃及び解釈に関する事項をつかさどり、その施行に関する事項については、労働基準主管局長及びその下級の官庁の長に勧告を行うとともに、労働基準主管局長が、その下級の官庁に対して行う指揮監督について援助を与える。

②　女性主管局長は、自ら又はその指定する所属官吏をして、女性に関し労働基準主管局若しくはその下級の官庁又はその所属官吏の行つた監督その他に関する文書を閲覧し、又は閲覧せしめることができる。

③　第百一条及び第百五条の規定は、女性主管局長又はその指定する所属官吏が、この法律中女性に特殊の規定の施行に関して行う調査の場合に、これを準用する。

（労働基準監督官の権限）

第百一条　労働基準監督官は、事業場、寄宿舎その他の附属建設物に臨検し、帳簿及び書類の提出を求め、又は使用者若しくは労働者に対して尋問を行うことができる。

②　前項の場合において、労働基準監督官は、その身分を証明する証票を携帯しなければならない。

第百二条　労働基準監督官は、この法律違反の罪について、刑事訴訟法に規定する司法警察官の職務を行う。

第百三条　労働者を就業させる事業の附属寄宿舎が、安全及び衛生に関して定められた基準に反し、且つ労働者に急迫した危険がある場合においては、労働基準監督官は、第九十六条の三の規定による行政官庁の権限を即時に行うことができる。

（監督機関に対する申告）

第百四条　事業場に、この法律又はこの法律に基いて発する命令に違反する事実がある場合においては、労働者は、その事実を行政官庁又は労働基準監督官に申告することができる。

②　使用者は、前項の申告をしたことを理由として、労働者に対して解雇その他不利益な取扱をしてはならない。

（報告等）

第百四条の二　行政官庁は、この法律を施行するため必要があると認めるときは、厚生労働省令で定めるところにより、使用者又は労働者に対し、必要な事項を報告させ、又は出頭を命ずることができる。

②　労働基準監督官は、この法律を施行するため必要があると認めるときは、使用者又は労働者に対し、必要な事項を報告させ、又は出頭を命ずることができる。

（労働基準監督官の義務）

第百五条　労働基準監督官は、職務上知り得た秘密を漏してはならない。労働基準監督官を退官した後においても同様である

1 行政組織

労働基準法で定める最低基準を確保するための監督組織として、厚生労働省に労働基準局が、各都道府県ごとに都道府県労働局が、そして、各都道府県労働局の管内に労働基準監督署がそれぞれ設置されている。これらの機関は、いずれも国の直轄機関であり、厚生労働大臣の直接の管理の下に一元的な監督組織となっている。

2 労働基準監督官

厚生労働省労働基準局長、都道府県労働局長及び労働基準監督署長は、労働基準監督官をもって充てることとされているほか、各機関には労働基準監督官が配置されており、各事業場に対する監督指導に当たっている。

労働基準監督官は、次の権限を有している。

① 事業場、寄宿舎その他の附属建設物を臨検すること

② 帳簿及び書類の提出を求めること

③ 使用者または労働者に対して尋問すること

④ 事業附属寄宿舎が法定の基準を満たしておらず、かつ、労働者に急迫した危険がある場合に、即時に使用の停止等を命ずること

なお、労働基準監督官は、労働基準法違反の罪について司法警察官の職務を行うこととされ、刑事訴訟法に基づく逮捕、差押え、捜索等を行う。

3 監督機関に対する申告

労働者は、事業場に、労働基準法令違反の事実がある場合には、その事実を行政官庁または労働基準監督官に申告することができる。労働基準法の適用事業が広範にわたり、労働基準監督官による臨検のみでは、その実効を期し難い面があるので、申告によって監督機関の権限の発動を促すこととしたものである。申告は、監督機関に対しこれに基づく監督、調査を義務づけるものではないが、監督機関は申告があった場合には迅速に処理するものとされる。

労働者が監督機関に申告をした場合に、使用者は、労働者が申告をしたことを理由として解雇等の不利益な取扱いをしてはならないとされている。申告を

図10-4-1　労働基準関係の行政組織

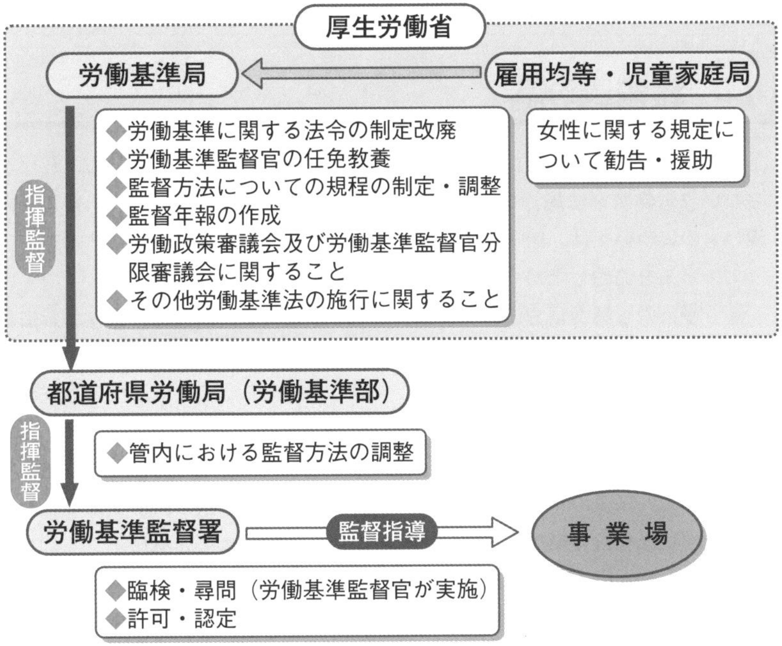
厚生労働省
労働基準局
雇用均等・児童家庭局
指揮監督
◆労働基準に関する法令の制定改廃
◆労働基準監督官の任免教養
◆監督方法についての規程の制定・調整
◆監督年報の作成
◆労働政策審議会及び労働基準監督官分限審議会に関すること
◆その他労働基準法の施行に関すること
女性に関する規定について勧告・援助
都道府県労働局（労働基準部）
指揮監督
◆管内における監督方法の調整
労働基準監督署
監督指導
事業場
◆臨検・尋問（労働基準監督官が実施）
◆許可・認定

図10-4-2　監督機関に対する申告

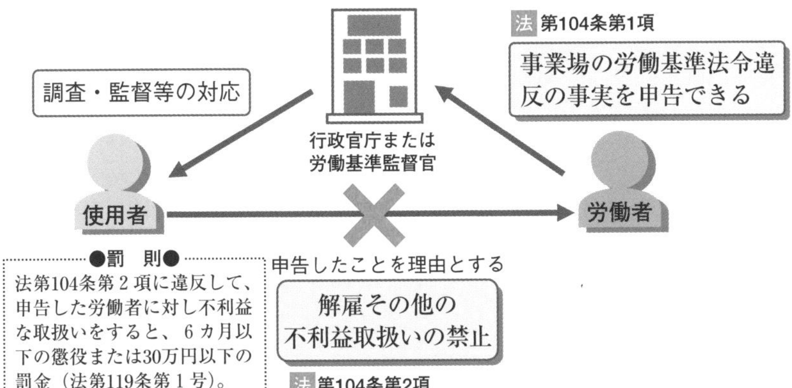
法 第104条第1項
事業場の労働基準法令違反の事実を申告できる
調査・監督等の対応
行政官庁または労働基準監督官
使用者
労働者
●罰　則●
法第104条第２項に違反して、申告した労働者に対し不利益な取扱いをすると、６カ月以下の懲役または30万円以下の罰金（法第119条第１号）。
申告したことを理由とする
解雇その他の不利益取扱いの禁止
法 第104条第2項

したことが理由となっているかどうかは、それが使用者の決定的動機になっているかどうかで判断され、不利益取扱いとは、解雇のほか、昇給、昇格について他の者に比べて不利益な取扱いをすることなどをいう。

4 報告義務等

使用者は、次の場合には、遅滞なく、労働基準監督署長に報告しなければならない（労働基準法施行規則第57条第１項）。ただし、③のうち、休業４日未満のものについては、四半期に１回報告すれば足りる（同第57条第２項）。

① 事業を開始した場合

② 事業の附属寄宿舎において火災もしくは爆発または倒壊の事故が発生した場合

③ 労働者が事業の附属寄宿舎内で負傷し、窒息し、または急性中毒にかかり、死亡し、または休業した場合

使用者は、通帳保管の場合を除き、毎年３月31日以前１年間における預金の状況と預金の保全の状況等について、４月30日までに所轄労働基準監督署長に預金管理状況報告を提出しなければならない（同第57条第３項）。

また、行政官庁または労働基準監督官から労働基準法の施行に関し、報告または出頭の要求があった場合には、使用者または労働者は、遅滞なく、要求された事項について報告をし、または出頭しなければならない（労働基準法第104条の２、第120条第５号）。

図10-4-3　使用者の報告義務

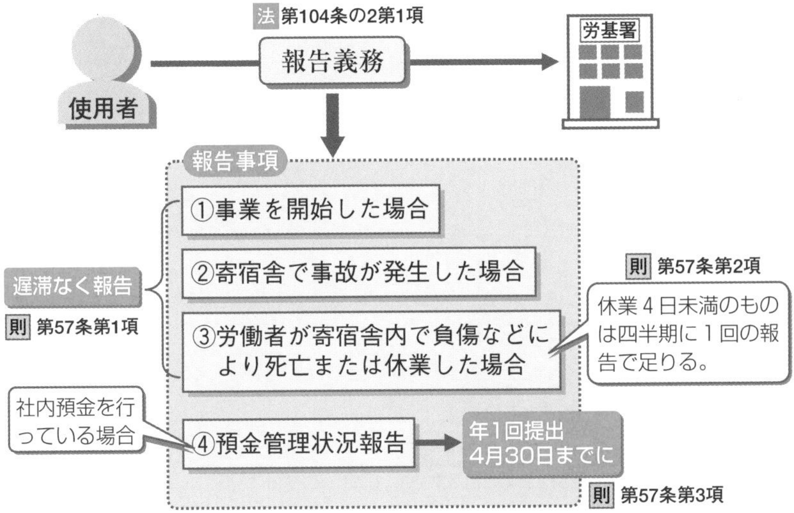
法 第104条の2第1項
使用者
報告義務
労基署
報告事項
①事業を開始した場合
②寄宿舎で事故が発生した場合
③労働者が寄宿舎内で負傷などにより死亡または休業した場合
遅滞なく報告
則 第57条第1項
則 第57条第2項
休業4日未満のものは四半期に1回の報告で足りる。
社内預金を行っている場合
④預金管理状況報告
年1回提出
4月30日までに
則 第57条第3項

●罰　則●

法第104条の2に違反して、使用者が報告を怠り、または虚偽の報告をすると、30万円以下の罰金（法第120条第5号）。

図10-4-4　使用者及び労働者の報告・出頭義務

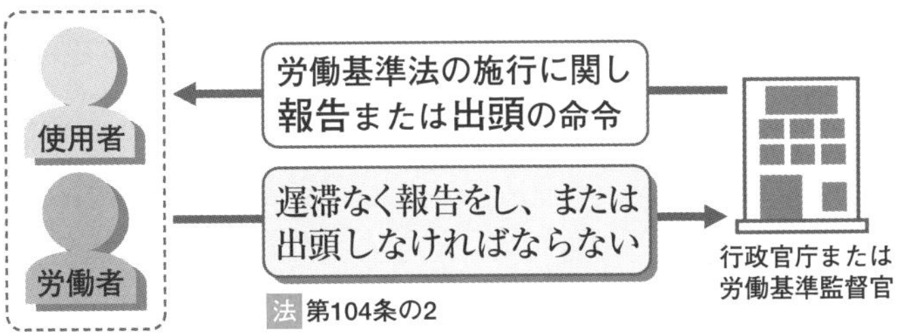
使用者
労働者
労働基準法の施行に関し
報告または出頭の命令
遅滞なく報告をし、または
出頭しなければならない
行政官庁または
労働基準監督官
法 第104条の2

●罰　則●

法第104条の2に違反して、報告または出頭を命じられた使用者または労働者が遅滞なく報告せず、もしくは虚偽の報告をし、または出頭しないと30万円以下の罰金（法第120条第5号）。

第11部

労働契約法

労働契約法の概要

労契法―労働契約法　　労基法―労働基準法

事　項	規定のあらまし	関係条項	参照
目的	労働契約法は、労働者と使用者の自主的な交渉のもとで、合意により労働契約を締結し、変更する原則等労働契約に関する基本的事項を定めた法律である。 同法は、合理的な労働条件の決定・変更が円滑に行われるようにすることを通じ、労働者の保護と個別労働関係の安定を目的とする。	労契法第１条	420頁
定義	労働者とは、使用者に使用されて労働し、賃金を支払われる者をいう。 使用者とは、その使用する労働者に対して賃金を支払う者をいう。	労契法第２条	420頁
労働契約の基本原則	労働契約は、①労使対等の合意に基づき、②均衡を考慮し、③仕事と生活の調和にも配慮しつつ、締結または変更する。 労働者と使用者は、④信義に従い誠実に、権利を行使し義務を履行しなければならず、⑤労働契約に基づく権利を濫用してはならない。	労契法第３条	422頁
契約内容の理解の促進	使用者は、労働者に提示する労働条件と労働契約の内容について、労働者の理解を深めるようにし、労働者と使用者は、労働契約の内容をできる限り書面で確認する。	労契法第４条	424頁
安全配慮義務	使用者は、労働契約に伴い、労働者の生命・身体等の安全に必要な配慮をする。	労契法第５条	424頁
労働契約の成立	労働契約は、労働者が使用者に使用されて労働し、使用者がこれに対して賃金を支払うことについて、労働者と使用者が合意することによって成立する。	労契法第６条	428頁

事　項	規定のあらまし	関係条項	参照
労働契約の成立	労働契約を締結する場合、合理的な労働条件を定めた就業規則を労働者に周知させていた場合には、労働契約の内容は、その就業規則で定める労働条件による。 ただし、就業規則で定める労働条件によらない合意がある場合は、それが就業規則で定める労働条件を下回らない限り、その合意が優先する。	労契法第７条	428頁
労働契約の変更	労働者と使用者の合意により、労働契約の内容である労働条件を変更することができる。 使用者は、労働者との合意によらず、就業規則を変更して労働者の不利益に労働条件を変更することはできない。 就業規則の変更が合理的で、かつ、変更後の就業規則を労働者に周知させた場合は、労働契約の内容である労働条件は、変更後の就業規則に定めるところによる。この場合の就業規則の合理性は、①労働者の受ける不利益の程度、②労働条件の変更の必要性、変更後の就業規則の内容の相当性、労働組合等との交渉の状況その他の就業規則の変更に係る事情を総合的に勘案して判断する。 ただし、就業規則の変更によっては労働条件を変更しない合意がある場合は、それが変更後の就業規則で定める労働条件を下回らない限り、その合意が優先する。 就業規則の変更手続きは、労働基準法第89条、第90条の規定に従う。	労契法第８条 労契法第９条 労契法第10条 労契法第11条 労基法第89条、第90条	430頁
就業規則違反の労働契約の効力	就業規則で定める基準に達しない労働条件を定める労働契約は、その部分については無効となり、無効となった部分は就業規則で定める基準による。	労契法第12条 労基法第93条	432頁

事　項	規定のあらまし	関係条項	参照
法令・労働協約違反の就業規則の効力	法令･労働協約に反する就業規則は、その反する部分については、労働契約の内容とはならない。	労契法第13条	432頁
出向	使用者が労働者に出向を命ずることができる場合であっても、出向の必要性、対象労働者の選定に係る事情等に照らして、権利の濫用と認められる場合は、その出向命令は無効となる。	労契法第14条	436頁
懲戒	使用者が労働者を懲戒することができる場合であっても、労働者の行為の性質、態様等に照らして、客観的に合理的な理由を欠き、社会通念上相当と認められない場合は、権利の濫用としてその懲戒は無効となる。	労契法第15条	436頁
解雇	解雇は、客観的に合理的な理由を欠き、社会通念上相当と認められない場合は、権利の濫用として無効となる。	労契法第16条	436頁
契約期間途中の解雇	有期労働契約については、使用者は、やむを得ない事由がある場合でなければ、契約期間の途中で労働者を解雇することができない。	労契法第17条第１項	442頁
契約期間についての配慮	有期労働契約については、使用者は、その労働契約の目的に照らし、必要以上に短い期間を定めてその契約を反復更新することのないよう配慮しなければならない。	労契法第17条第２項	442頁
有期労働契約の無期転換ルール	同一の使用者との間で締結された二以上の有期労働契約の契約期間を通算した期間（通算契約期間）が５年を超える労働者が、当該使用者に対し、現に締結している有期労働契約の契約期間が満了する日までの間に、当該満了する日の翌日から労務が提供される期間の定めのない労働契約の締結の申込みをしたときは、使用者は当該申込み	労契法第18条第１項	444頁

事　項	規定のあらまし	関係条項	参照
有期労働契約の無期転換ルール	を承諾したものとみなす（無期転換）。 　無期転換後の労働契約の内容である労働条件は、原則として、現に締結している有期労働契約の内容である労働条件（契約期間を除く）と同一の労働条件となる。ただし、別段の定めにより、契約期間以外の労働条件を変更することは可能である。 　同一の有期契約労働者と使用者との間で締結された一の有期労働契約とその次の有期労働契約との間に１カ月以上の契約のない期間（無契約期間）がある場合は、当該無契約期間の長さが次の①または②のいずれかに該当するときは、当該無契約期間前に終了しているすべての有期労働契約の契約期間は、通算契約期間に算入されない。 ①　６カ月以上である場合 ②　無契約期間の直前の有期労働契約の契約期間が１年未満の場合に、当該無契約期間の長さが契約期間の２分の１の期間（１カ月未満の端数は１カ月に切上げ）以上であるとき	労契法第18条第２項	**444頁**
雇止めの法理	①有期労働契約が反復して更新されたことにより、雇止めをすることが解雇と社会通念上同視できると認められる場合、または②労働者が有期労働契約の契約期間の満了時に当該契約が更新されるものと期待することについて合理的な理由が認められる場合に、使用者が雇止めをすることが、客観的に合理的な理由を欠き、社会通念上相当であると認められないときは、使用者は、従前の有期労働契約の内容である労働条件と同一の労働条件で、労働者による有期労働契約の更新または締結の申込みを承諾したものとみなす。	労契法第19条	**454頁**

事　項	規定のあらまし	関係条項	参照
不合理な労働条件の禁止	有期労働契約を締結している労働者の労働契約の内容である労働条件が、期間の定めがあることにより同一の使用者と期間の定めのない労働契約を締結している労働者の労働契約の内容である労働条件と相違する場合は、当該労働条件の相違は、労働者の業務の内容及び当該業務に伴う責任の程度、当該職務の内容及び配置の変更の範囲、その他の事情を考慮して、不合理と認められるものであってはならない。	労契法第20条〔令和2.3.31をもって削除〕 パート・有期労働法８条※1〔令和2.4.1から※2〕	456頁
適用範囲	船員については、特例として、労働契約法第12条及び第17条から第20条までの規定が適用されず、船員法の規定による。 国家公務員、地方公務員については労働契約法が適用されない。 同居の親族のみを使用する場合の労働契約については、労働契約法が適用されない。	労契法第21条〔令和2.4.1からは「20条」となる〕 労契法第22条〔令和2.4.1からは「21条」となる〕	—

※1　短時間労働者及び有期雇用労働者の雇用管理の改善等に関する法律
※2　中小事業主については、令和３年４月１日から適用される。

1 総則・適用範囲

第1〜5条、21、22条

Point

- ◎ 労働契約法は、労働者と使用者の自主的な交渉のもとで、労働契約が合意により成立しまたは変更される原則等労働契約に関する基本ルールを定め、労働者の保護、個別労働関係の安定に資することを目的としている。
- ◎ 労働契約法は、①労使対等の合意、②均衡考慮、③仕事と生活の調和への配慮、④信義誠実、⑤権利濫用の禁止——を労働契約の基本原則として定めている。
- ◎ 使用者は、労働者に提示する労働条件と労働契約の内容について、労働者の理解を深めるようにし、労働者と使用者は、労働契約の内容をできる限り書面で確認する。
- ◎ 使用者は、労働契約に伴い、労働者の生命・身体等の安全に必要な配慮をする。

◆条 文◆

第一章 総則

（目的）

第一条 この法律は、労働者及び使用者の自主的な交渉の下で、労働契約が合意により成立し、又は変更されるという合意の原則その他労働契約に関する基本的事項を定めることにより、合理的な労働条件の決定又は変更が円滑に行われるようにすることを通じて、労働者の保護を図りつつ、個別の労働関係の安定に資することを目的とする。

（定義）

第二条 この法律において「労働者」とは、使用者に使用されて労働し、賃金を支払われる者をいう。

② この法律において「使用者」とは、その使用する労働者に対して賃金を支払う者をいう。

（労働契約の原則）

第三条 労働契約は、労働者及び使用者が対等の立場における合意に基づいて締結し、又は変更すべきものとする。

② 労働契約は、労働者及び使用者が、就業の実態に応じて、均衡を考慮しつつ締結し、又は変更すべきものとする。

③ 労働契約は、労働者及び使用者が仕事と生活の調和にも配慮しつつ締結し、又は変更すべきものとする。

④ 労働者及び使用者は、労働契約を遵守するとともに、信義に従い誠実に、権利を行使し、及び義務を履行しなければならない。

⑤ 労働者及び使用者は、労働契約に基づく権利の行使に当たっては、それを濫用することがあってはならない。

（労働契約の内容の理解の促進）

第四条　使用者は、労働者に提示する労働条件及び労働契約の内容について、労働者の理解を深めるようにするものとする。

② 労働者及び使用者は、労働契約の内容（期間の定めのある労働契約に関する事項を含む。）について、できる限り書面により確認するものとする。

（労働者の安全への配慮）

第五条　使用者は、労働契約に伴い、労働者がその生命、身体等の安全を確保しつつ労働することができるよう、必要な配慮をするものとする。

第五章　雑　則

（船員に関する特例）

第二十一条　第十二条及び前条の規定は、船員法（昭和二十二年法律第百号）の適用を受ける船員（次項において「船員」という。）に関しては、適用しない。

② 船員に関しては、第七条中「第十二条」とあるのは「船員法（昭和二十二年法律第百号）第百条」と、第十条中「第十二条」とあるのは「船員法第百条」と、第十一条中「労働基準法（昭和二十二年法律第四十九号）第八十九条及び第九十条」とあるのは「船員法第九十七条及び第九十八条」と、第十三条中「前条」とあるのは「船員法第百条」とする。

〈編注〉

第二十一条は、法改正により第二十条となる。（令和二年四月一日施行）。

（適用除外）

第二十二条　この法律は、国家公務員及び地方公務員については、適用しない。

② この法律は、使用者が同居の親族のみを使用する場合の労働契約については、適用しない。

〈編注〉

第二十二条は、法改正により第二十一条となる。（令和二年四月一日施行）。

1 労働契約法の目的と性格

平成19年に制定され、平成20年３月から施行された労働契約法は、個別労使間の労働契約に関する民事的な基本ルールを定めた法律である。働き方の多様化、これに伴う個別労使間のトラブルの個別化・多様化に対応し、労働契約の基本原則や、労働契約内容の決定・変更、解雇等の権利濫用の禁止等に関するルールなどこれまで積み上げられてきた判例法理を明文化し、体系的な成文法として定められたものである。

同法は、労使当事者の自主的な交渉のもとで、労働契約が合意により成立し、または変更されるという合意原則等を基本とし、労使当事者の実質的な対等性を担保するための諸規定を置き、労使当事者間で合理的な労働条件の決定・変更が円滑に行われるようにすることを通じて、労働者の保護を図りつつ、個別の労働関係の安定に資することを目的としている。

また、同法は、労使当事者間の権利義務関係（民事的効力）について定めたものであるため、違反に対する罰則・監督指導等を伴わない点で、基本的に行政取締法規である労働基準法と性格を異にする。

2 労働者と使用者の定義

労働契約法にいう「労働者」とは、使用者に使用されて労働し、賃金を支払われる者をいい、労働基準法第９条の「労働者」と同義である。労働者に当たるか否かは、契約の形式にかかわらず、「使用従属性」があるか否かを実態に即して判断される（使用従属性の有無の判断要素については28頁参照）。

一方、労働契約法にいう「使用者」とは、その使用する労働者に対して賃金を支払う者をいい、労働基準法第10条の「使用者」のうちの「事業主」（個人企業の場合は企業主個人、法人の場合は法人そのもの）に該当する（労働基準法第10条の「使用者」については34頁参照）。

図11-1-1 労働契約法の性格

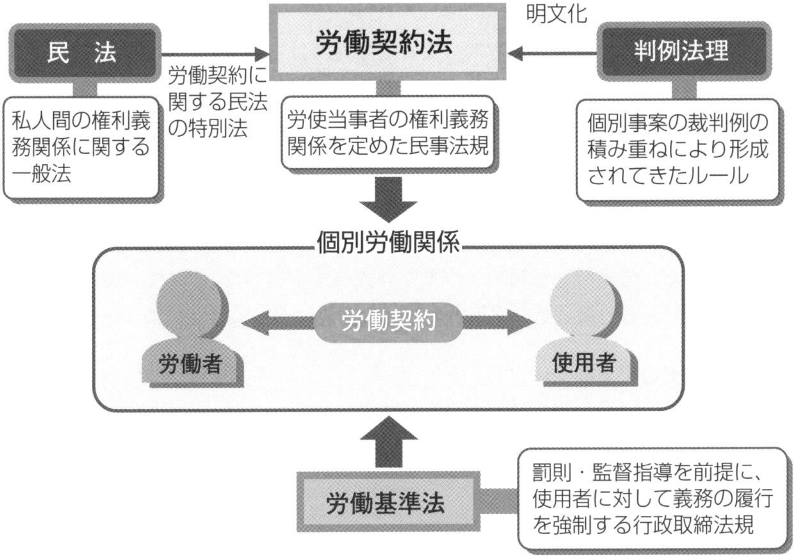
明文化
民　法
労働契約法
判例法理
労働契約に関する民法の特別法
私人間の権利義務関係に関する一般法
労使当事者の権利義務関係を定めた民事法規
個別事案の裁判例の積み重ねにより形成されてきたルール
個別労働関係
労働契約
労働者
使用者
労働基準法
罰則・監督指導を前提に、使用者に対して義務の履行を強制する行政取締法規

図11-1-2 労働契約法上の「労働者」と「使用者」

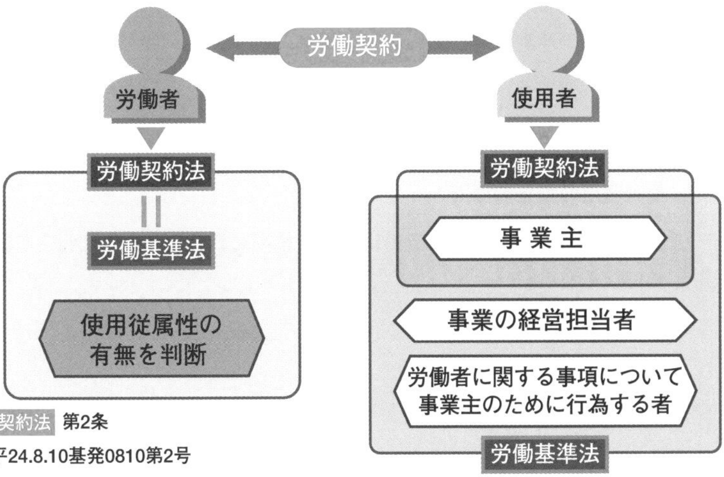
労働契約
労働者
使用者
労働契約法
||
労働基準法
使用従属性の有無を判断
労働契約法
事 業 主
事業の経営担当者
労働者に関する事項について事業主のために行為する者
労働基準法

労働契約法 第2条

解 平24.8.10基発0810第2号

3 労働契約の基本原則

労働契約法は、労使当事者間の実質的な対等性を補完し、労使間のトラブルを防止するため、労働契約の基本的な理念及び労働契約に共通する原則を明らかにしている。労働契約に関する基本原則には、以下の５つの原則がある。

⑴ 労使対等の合意原則

個別の労働者及び使用者の間には、現実の力関係の不平等が存在していることを踏まえ、労働契約を締結し、または変更するに当たっては、労働契約の締結当事者である労働者及び使用者の対等の立場における合意によるべきである。

⑵ 均衡考慮の原則

労働契約の締結当事者である労働者及び使用者が、労働契約を締結し、または変更する場合には、就業の実態に応じて、均衡を考慮すべきである。

⑶ 仕事と生活の調和への配慮の原則

労働契約の締結当事者である労働者及び使用者が、労働契約を締結し、または変更する場合には、仕事もそれ以外の生活も充実できるよう「仕事と生活の調和」にも配慮すべきである。

⑷ 信義誠実の原則

労働者及び使用者は、労働契約を遵守するとともに、信義に従い誠実に、権利を行使し、義務を履行しなければならない。

⑸ 権利濫用の禁止の原則

労働者及び使用者は、労働契約に基づく権利の行使に当たっては、それを濫用してはならない。

図11-1-3　労働契約の基本原則

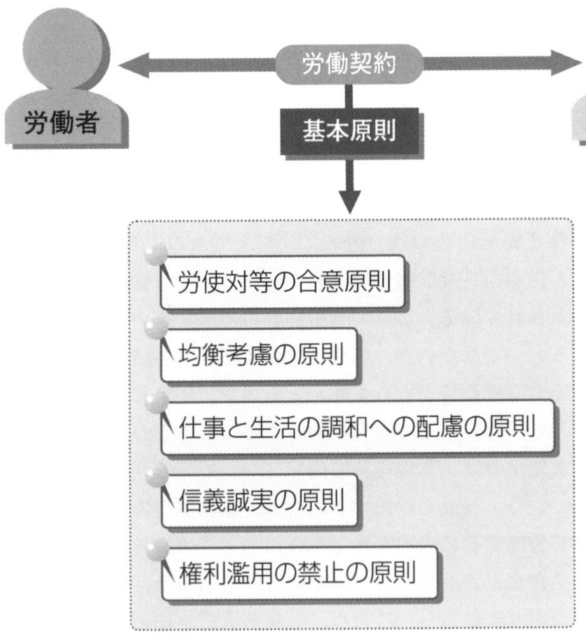

労働契約法　第3条

4 労働契約内容の理解の促進

労働契約は、労働者と使用者の意思表示の合致（合意）のみで成立する諾成契約である。しかし、契約内容についての理解が十分でなかったり、労使当事者双方に認識の齟齬《そご》があった場合には、後日トラブルになることが少なくない。

労働契約法では、こうしたトラブルを防止するため、労働契約の内容の理解の促進について明記している。

まず、労働条件を提示するのは一般的に使用者であることから、使用者は、労働者に提示する労働条件及び労働契約の内容について労働者の理解を深めるようにするものとされている。ここで「労働者の理解を深めるようにする」とは、一律に決まるものではないが、例えば、労働契約の締結時または締結後において、就業環境や労働条件が大きく変わる場面で、使用者がそれを十分に説明し、労働者からの求めに応じて誠実に回答することなどが考えられる。

また、労働者と使用者は、労働契約の内容について、できる限り書面で確認することとされている。書面で確認する場合は、労働契約の締結時だけではなく、契約の途中で労働契約の内容が変更されるとき等労働契約が継続している間の各場面が広く含まれる。また、書面で確認する事項は、有効に締結・変更された労働契約の内容が該当し、この点、労働基準法第15条第１項で義務づけられている契約締結時の明示の範囲よりも広い。

さらに、有期労働契約については、更新の有無や更新の判断基準等もできる限り書面で確認することが重要である。

5 労働者の安全への配慮

使用者は、労働契約に伴い、労働者がその生命、身体等の安全を確保しつつ労働することができるよう、必要な配慮をするものとされる（安全配慮義務）。これは判例法理として承認されてきたものを、労働契約法が明文化したものである。この安全配慮義務は、労働契約に付随して当然に発生するものとされる。

「必要な配慮」の具体的な内容は、一律に定まるものではなく、労働者の職種、労務内容、労務提供場所等の具体的な状況に応じて必要な配慮をすることが求められる。

図11-1-4　労働契約内容の書面確認

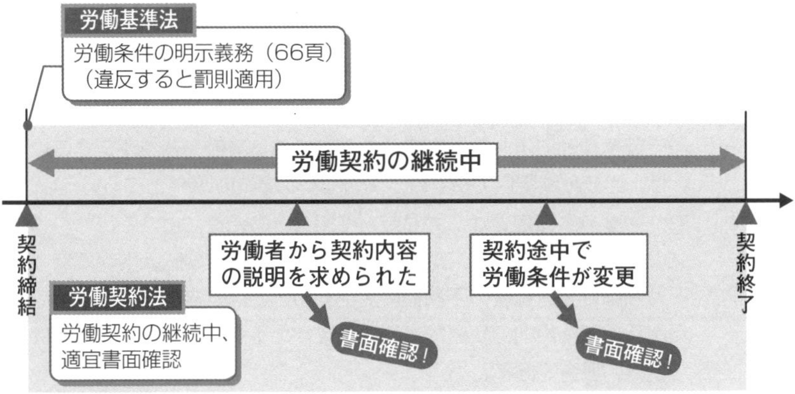
労働基準法
労働条件の明示義務（66頁）
（違反すると罰則適用）
労働契約の継続中
契約締結
労働者から契約内容の説明を求められた
書面確認！
契約途中で労働条件が変更
書面確認！
契約終了
労働契約法
労働契約の継続中、適宜書面確認

労働契約法 第4条第2項　解 平24.8.10基発0810第2号

図11-1-5　安全配慮義務

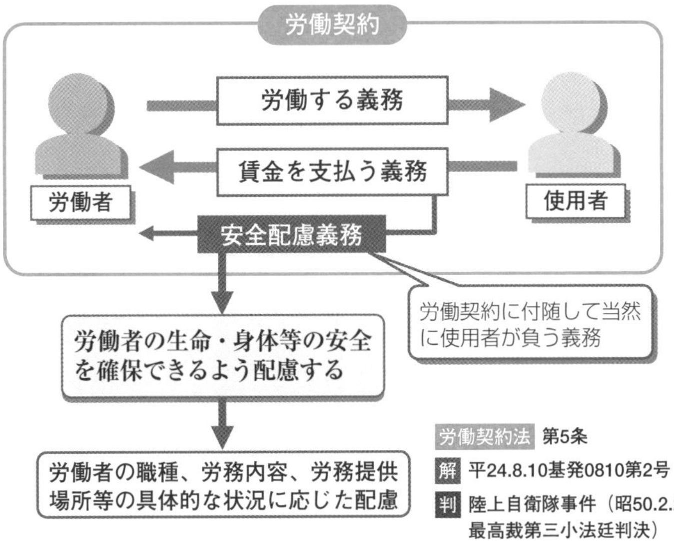
労働契約
労働する義務
賃金を支払う義務
労働者
使用者
安全配慮義務
労働契約に付随して当然に使用者が負う義務
労働者の生命・身体等の安全を確保できるよう配慮する
労働者の職種、労務内容、労務提供場所等の具体的な状況に応じた配慮

労働契約法 第5条
解 平24.8.10基発0810第2号
判 陸上自衛隊事件（昭50.2.25最高裁第三小法廷判決）
川義事件（昭59.4.10最高裁第三小法廷判決）

2　労働契約の成立・変更　第6～13条

Point

- 労働契約及び労働条件は、労働者と使用者の合意によって決定するのが原則である。
- 就業規則によって労働契約の内容である労働条件を決定するには、当該就業規則の合理性と労働者への周知が要件となる。
- 労働条件の変更は、労働者と使用者との合意によって行われるのが原則であり、就業規則の変更によって労働契約の内容である労働条件を労働者の不利益に変更することはできないのが原則である。就業規則の変更による労働条件の不利益変更ができるのは例外的場合である。
- 就業規則の変更によって労働契約の内容である労働条件を労働者の不利益に変更するには、就業規則の変更の合理性と労働者への周知が要件となる。
- 就業規則で定める基準に達しない労働条件を定める労働契約は無効となり、無効となった部分は就業規則で定める基準による。
- 法令・労働協約に反する就業規則は、その反する部分については労働契約の内容にはならない。

◆条　文◆

(労働契約の成立)

第六条　労働契約は、労働者が使用者に使用されて労働し、使用者がこれに対して賃金を支払うことについて、労働者及び使用者が合意することによって成立する。

第七条　労働者及び使用者が労働契約を締結する場合において、使用者が合理的な労働条件が定められている就業規則を労働者に周知させていた場合には、労働契約の内容は、その就業規則で定める労働条件によるものとする。ただし、労働契約において、労働者及び使用者が就業規則の内容と異なる労働条件を合意していた部分については、第十二条に該当する場合を除き、この限りでない。

(労働契約の内容の変更)

第八条　労働者及び使用者は、その合意により、労働契約の内容である労働条件を変更することができる。

（就業規則による労働契約の内容の変更）

第九条　使用者は、労働者と合意することなく、就業規則を変更することにより、労働者の不利益に労働契約の内容である労働条件を変更することはできない。ただし、次条の場合は、この限りでない。

第十条　使用者が就業規則の変更により労働条件を変更する場合において、変更後の就業規則を労働者に周知させ、かつ、就業規則の変更が、労働者の受ける不利益の程度、労働条件の変更の必要性、変更後の就業規則の内容の相当性、労働組合等との交渉の状況その他の就業規則の変更に係る事情に照らして合理的なものであるときは、労働契約の内容である労働条件は、当該変更後の就業規則に定めるところによるものとする。ただし、労働契約において、労働者及び使用者が就業規則の変更によっては変更されない労働条件として合意していた部分については、第十二条に該当する場合を除き、この限りでない。

（就業規則の変更に係る手続）

第十一条　就業規則の変更の手続に関しては、労働基準法（昭和二十二年法律第四十九号）第八十九条及び第九十条の定めるところによる。

（就業規則違反の労働契約）

第十二条　就業規則で定める基準に達しない労働条件を定める労働契約は、その部分については、無効とする。この場合において、無効となった部分は、就業規則で定める基準による。

（法令及び労働協約と就業規則との関係）

第十三条　就業規則が法令又は労働協約に反する場合には、当該反する部分については、第七条、第十条及び前条の規定は、当該法令又は労働協約の適用を受ける労働者との間の労働契約については、適用しない。

1　労働契約が成立するときのルール

労働契約は、労働者が使用者に使用されて労働し、使用者がこれに対して賃金を支払うことについて、労働者及び使用者が合意することによって成立することが基本である。労働契約は、労働者と使用者の意思の合致（合意）があれば成立する諾成契約であり、書面を交わさなくても合意があれば、労働契約そのものは成立する（なお、労働契約内容の書面確認は424頁参照）。

一方、一般的には、労働条件や服務規律を定める就業規則によって統一的・画一的な労務管理が行われ、個々の労働契約を締結する際や変更する際にも、多くの企業で就業規則で定める労働条件によっている実態がある。労働契約法は、こうした実態を踏まえて確立した判例法理を法文化し、労使当事者間の合意によって労働契約の内容である労働条件が決定されることを原則としたうえで、①就業規則が合理的な労働条件を定めており、②この就業規則を労働者に周知させていた場合には、個々の労働契約の内容は、就業規則で定める労働条件によるものとしている。

「合理的な労働条件」は、個々の労働条件について判断される。就業規則で定める事項が個々の労働者の労働条件となるという効力を発生させる要件としての就業規則の周知の方法は、必ずしも労働基準法第106条、同法施行規則第52条の２に定める方法（398頁参照）でなければならないものではなく、労働者が知ろうと思えばいつでも知り得る状態であればよい。実質的に周知されていれば、個々の労働者が実際に知っているか否かを問わない。

また、労働契約法第７条は、就業規則により労働契約の内容を補充することを規定したものであるので、就業規則で定める労働条件が労働契約の内容となるのは、労働契約に定められていない部分についてであり、個別の労働契約において、就業規則の内容と異なる労働条件を合意していた部分については、就業規則で定める基準を下回らない限り、その合意が優先する。

図11-2-1 労働契約締結時の労働条件の決定ルール

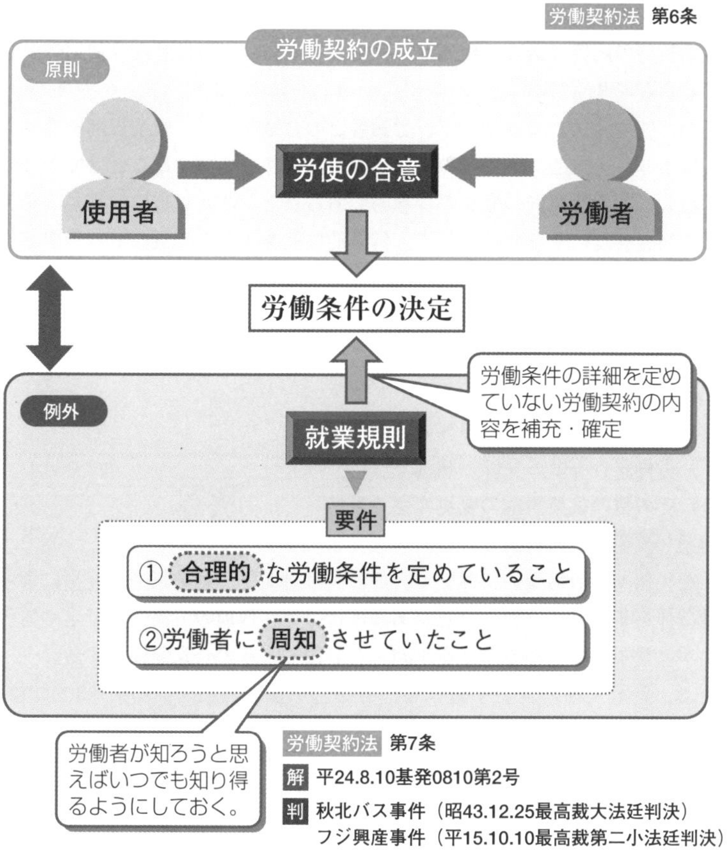
労働契約法 第6条
労働契約の成立
原則
使用者
労使の合意
労働者
労働条件の決定
例外
就業規則
労働条件の詳細を定めていない労働契約の内容を補充・確定
要件
①合理的な労働条件を定めていること
②労働者に周知させていたこと
労働者が知ろうと思えばいつでも知り得るようにしておく。
労働契約法 第7条
解 平24.8.10基発0810第2号
判 秋北バス事件（昭43.12.25最高裁大法廷判決）
フジ興産事件（平15.10.10最高裁第二小法廷判決）

2 労働条件を変更するときのルール

労働契約の内容である労働条件を変更する場合は、労働者及び使用者の合意によることが基本である。

また、使用者は、原則として、労働者との合意なしに、就業規則を変更することにより、一方的に労働者の不利益に労働条件を変更することはできない。

ただし、①就業規則の変更が合理的であること、②変更後の就業規則を労働者に周知させたことを要件として、例外的に就業規則の変更による労働条件の変更が認められる。

①の就業規則の変更の合理性については、

ｉ）労働者の受ける不利益の程度

ⅱ）労働条件の変更の必要性

ⅲ）変更後の就業規則の内容の相当性

ⅳ）労働組合等との交渉の状況

ｖ）その他の就業規則の変更に係る事情

を勘案して総合的に判断される。

また、個々の労働契約において、労使当事者間で、就業規則の変更によって労働条件を変更しない旨の合意がある場合には、個別の労働契約で定める労働条件が就業規則で定める基準を下回らない限り、その合意が優先する。

なお、就業規則の変更手続きは、労働基準法第89条・第90条（362頁参照）に定められる手続きによる。

図11-2-2 労働条件の変更ルール

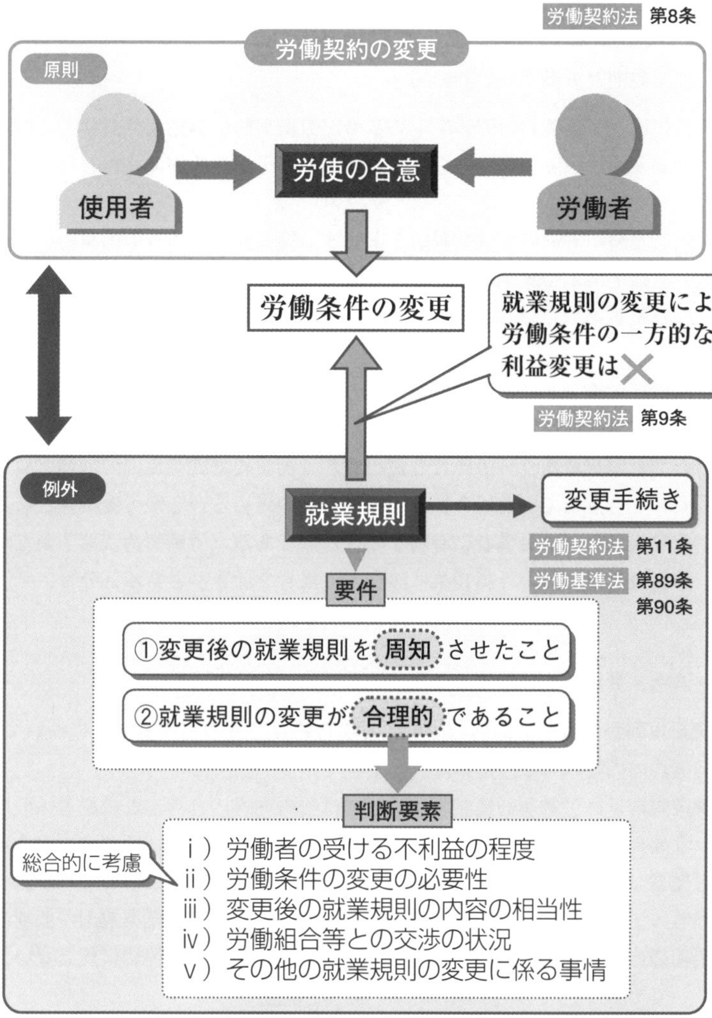

労働契約法 第8条
労働契約の変更
原則
使用者
労使の合意
労働者
労働条件の変更
就業規則の変更による労働条件の一方的な不利益変更は×
労働契約法 第9条
例外
就業規則
変更手続き
労働契約法 第11条
労働基準法 第89条 第90条
要件
①変更後の就業規則を周知させたこと
②就業規則の変更が合理的であること
判断要素
総合的に考慮
i）労働者の受ける不利益の程度
ii）労働条件の変更の必要性
iii）変更後の就業規則の内容の相当性
iv）労働組合等との交渉の状況
v）その他の就業規則の変更に係る事情

労働契約法 第10条　解 平24.8.10基発0810第2号

判 秋北バス事件（昭43.12.25最高裁大法廷判決）
フジ興産事件（平15.10.10最高裁第二小法廷判決）
第四銀行事件（平9.2.28最高裁第二小法廷判決）
みちのく銀行事件（平12.9.7最高裁第一小法廷判決）

3 就業規則の効力

(1) 就業規則と労働契約の効力関係

就業規則と労働契約の関係を定めるのが労働契約法第12条であり、この規定は、労働基準法第93条に定められていたものが労働契約法に移行した（54頁参照）。

労働者と使用者の間で就業規則を下回る労働条件を定める労働契約を合意しても、その下回る労働条件を定める労働契約部分は無効となり、無効となった部分は就業規則で定める基準に引き上げられる。これが就業規則の最低基準効である。

これは、労働者と使用者が就業規則の規定によらない旨の個別合意をしていた場合や就業規則によっては変更されない労働条件として労働契約で定めていた場合でも同様であり、労働者と使用者が労働契約で就業規則の内容と異なる労働条件を合意していた場合にその労働契約の定める合意が労働条件となるのは、就業規則よりも労働者に有利な場合だけである（労働契約法第７条ただし書、第10条ただし書の「第12条に該当する場合を除き」とある部分）。

(2) 法令・労働協約に反する就業規則の効力

就業規則が法令・労働協約に反する場合には、その反する部分については、労働契約の内容にはならない。

就業規則は、労働契約締結時においてはその内容の合理性と労働者への周知という要件のもとで、労働条件の変更時においては例外的にその変更の合理性と労働者への周知という要件のもとで、その就業規則で定めるところが個々の労働者の労働条件となることが認められている。しかし、就業規則が個別の労働契約の内容になり得るのは、当該就業規則が法令や労働協約に反しない部分についてである。

この点、労働基準法第92条も同趣旨の規定であるが、行政取締法規である同条の規定は、法令・労働協約に反する就業規則は行政官庁の変更命令の対象となる旨定め、変更命令に従わない場合は、罰則の適用もある点で異なっている（376頁参照）。

図11-2-3 就業規則に違反する労働契約の効力

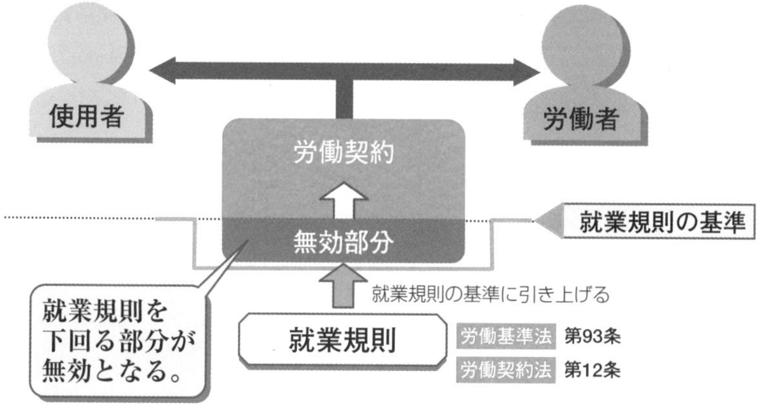
使用者
労働者
労働契約
就業規則の基準
無効部分
就業規則の基準に引き上げる
就業規則を
下回る部分が
無効となる。
就業規則
労働基準法 第93条
労働契約法 第12条

図11-2-4 法令・労働協約に反する就業規則の効力

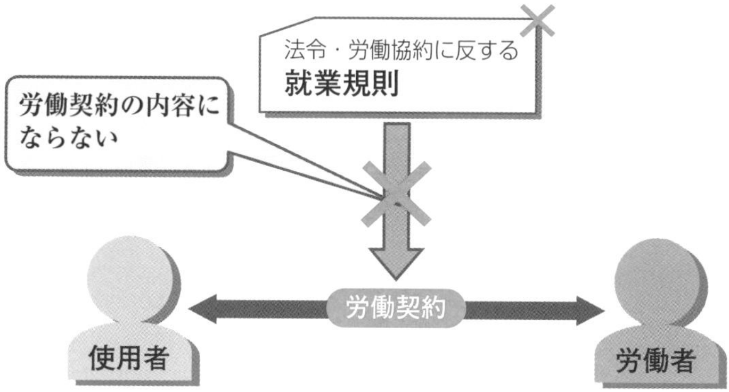
法令・労働協約に反する
就業規則
労働契約の内容に
ならない
労働契約
使用者
労働者

労働契約法 第13条

解 平24.8.10基発0810第2号

また、労働協約は、原則として当該労働組合に加入している労働者（組合員）にのみ適用される（ただし、一定の場合には組合員以外の労働者に拡張適用される。労働組合法第17条、第18条）。したがって、就業規則が労働協約に反する場合、労働協約の適用を受ける労働者についてのみ、労働協約に反する部分が労働契約の内容にはならないということになる。

3 労働契約の継続・終了 第14～16条

Point ◎ 権利の濫用と認められる出向命令、懲戒、解雇は無効となる。

◆条 文◆

（出向）
第十四条 使用者が労働者に出向を命ずることができる場合において、当該出向の命令が、その必要性、対象労働者の選定に係る事情その他の事情に照らして、その権利を濫用したものと認められる場合には、当該命令は、無効とする。

（懲戒）
第十五条 使用者が労働者を懲戒することができる場合において、当該懲戒が、当該懲戒に係る労働者の行為の性質及び態様その他の事情に照らして、客観的に合理的な理由を欠き、社会通念上相当であると認められない場合は、その権利を濫用したものとして、当該懲戒は、無効とする。

（解雇）
第十六条 解雇は、客観的に合理的な理由を欠き、社会通念上相当であると認められない場合は、その権利を濫用したものとして、無効とする。

1 出向

使用者が出向を命ずることができる場合であっても、その出向命令が、その権利を濫用したものと認められる場合は、その出向命令は無効となる。

労働契約法に定める「出向」とは、「在籍出向」(36頁参照) をいい、出向元との労働契約関係を維持したまま出向先とも労働契約関係が生じ、労働者が出向先で労務を提供する場合である。

当該出向命令が権利の濫用に当たるか否かを判断するに当たっては、出向を命ずる必要性、対象労働者の選定に係る事情その他の事情が考慮される。

また、「使用者が労働者に出向が命ずることができる場合」とは、個別具体的な事案ごとに判断される。

2 懲戒

懲戒は、使用者が企業秩序を維持し、企業の円滑な運営を図るために行われるもので、一般的には、けん責･戒告 (始末書提出等)、減給、降格、出勤停止、懲戒解雇などがある。懲戒は、労働者に不利益を与えるものであるから、労働契約法は、使用者が労働者を懲戒できる場合であっても、その懲戒が客観的に合理的な理由を欠き、社会通念上相当と認められない場合には、権利の濫用に当たり当該懲戒は無効となると定めている。

当該懲戒が、権利の濫用に当たるか否かを判断するに当たっては、労働者の行為の性質及び態様その他の事情が考慮される。

また、懲戒は、労働基準法第89条第9号の「制裁」と同義であり、懲戒の定めがある場合には、その種類及び程度について就業規則に記載しなければならない (366頁参照)。

3 解雇

解雇は、客観的に合理的な理由を欠き、社会通念上相当であると認められない場合は、その権利を濫用したものとして無効となる。

解雇のルールについては、最高裁判例による解雇権濫用法理が確立している。解雇権濫用法理とは、昭和50年の最高裁判決などにおいて示されたもので、

図11-3-1　権利濫用に当たる出向命令の効力

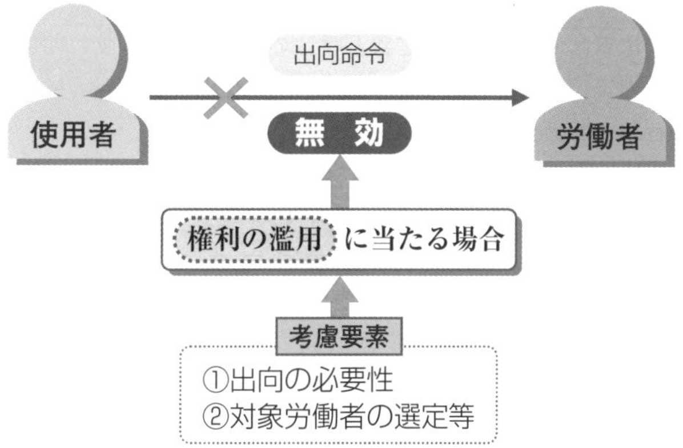
使用者
出向命令
無　効
労働者
権利の濫用に当たる場合
考慮要素
①出向の必要性
②対象労働者の選定等

労働契約法 第14条　解 平24.8.10基発0810第2号

判 新日本製鐵（日鐵運輸第二）事件（平15.4.18最高裁第二小法廷判決）

図11-3-2　権利濫用に当たる懲戒の効力

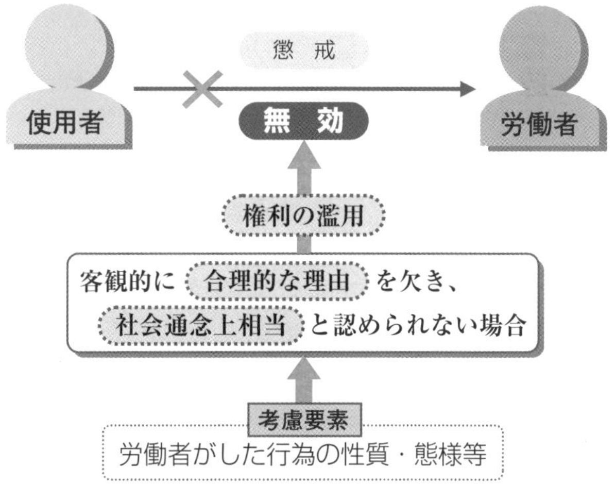
使用者
懲　戒
無　効
労働者
権利の濫用
客観的に合理的な理由を欠き、
社会通念上相当と認められない場合
考慮要素
労働者がした行為の性質・態様等

労働契約法 第15条　解 平24.8.10基発0810第2号

判 ダイハツ工業事件（昭58.9.16最高裁第二小法廷判決）

「使用者の解雇権の行使も、それが客観的に合理的な理由を欠き社会通念上相当として是認することができない場合には、権利の濫用として無効になる」とするものである。

この判例法理は、平成15年の労働基準法の改正により法文に明記され、同法第18条の２の規定が置かれたが、その後、平成19年の労働契約法の制定により、同条を移行して労働契約法第16条となった。

図11-3-3 権利濫用に当たる解雇の効力

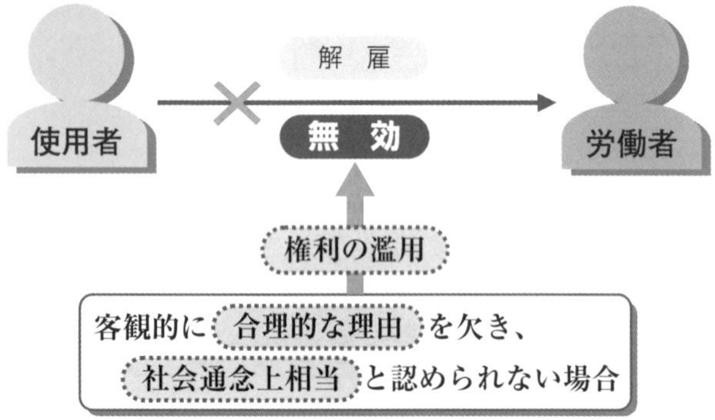

労働契約法 第16条　解 平24.8.10基発0810第2号

判 日本食塩製造事件（昭50.4.25最高裁第二小法廷判決）
高知放送事件（昭52.1.31最高裁第二小法廷判決）

4 有期労働契約 （第17〜20条）

Point

◎ 有期労働契約の場合は、使用者は、やむを得ない事由がある場合でなければ契約期間の途中で労働者を解雇することはできない。

◎ 有期労働契約の場合は、使用者は、必要以上に契約期間を短くしてその労働契約を反復更新することのないよう配慮しなければならない。

◎ 同一の使用者との間で、有期労働契約が更新されて契約期間が通算で5年を超える場合は、労働者が使用者に対し、現に締結している有期労働契約の契約期間の満了日までに申込みをすると、期間の定めのない労働契約（無期労働契約）に転換する。

◎ ①有期労働契約が反復更新され、雇止めをすることが解雇と社会通念上同視できると認められる場合、または②労働者が有期労働契約の契約期間の満了時にその契約が更新されると期待することに合理的な理由があると認められる場合に、使用者が雇止めをすることが、客観的に合理的な理由を欠き、社会通念上相当であると認められないときは、使用者は、従前と同一の労働条件で労働者からの有期労働契約の更新または締結の申込みを承諾したものとみなされる。

◎ 同一の使用者のもとで、有期契約労働者と無期契約労働者との間で労働条件に相違がある場合に、①労働者の職務の内容、②当該職務の内容及び配置の変更の範囲、③その他の事情を考慮して、不合理なものであってはならない。

◆条　文◆

第四章　期間の定めのある労働契約

（契約期間中の解雇等）

第十七条　使用者は、期間の定めのある労働契約（以下この章において「有期労働契約」という。）について、やむを得ない事由がある場合でなければ、その契約期間が満了するまでの間において、労働者を解雇することができない。

②　使用者は、有期労働契約について、その有期労働契約により労働者を使用する目的に照らして、必要以上に短い期間を定めることにより、その有期労働契約を反復して更新することのないよう配慮しなければならない。

（有期労働契約の期間の定めのない労働契約への転換）

第十八条　同一の使用者との間で締結された二以上の有期労働契約（契約期間の始期の到来前のものを除く。以下この条において同じ。）の契約期間を通算した期間（次項において「通算契約期間」という。）が五年を超える労働者が、当該使用者に対し、現に締結している有期労働契約の契約期間が満了する日までの間に、当該満了する日の翌日から労務が提供される期間の定めのない労働契約の締結の申込みをしたときは、使用者は当該申込みを承諾したものとみなす。この場合において、当該申込みに係る期間の定めのない労働契約の内容である労働条件は、現に締結している有期労働契約の内容である労働条件（契約期間を除く。）と同一の労働条件（当該労働条件（契約期間を除く。）について別段の定めがある部分を除く。）とする。

②　当該使用者との間で締結された一の有期労働契約の契約期間が満了した日と当該使用者との間で締結されたその次の有期労働契約の契約期間の初日との間にこれらの契約期間のいずれにも含まれない期間（これらの契約期間が連続すると認められるものとして厚生労働省令で定める基準に該当する場合の当該いずれにも含まれない期間を除く。以下この項において「空白期間」という。）があり、当該空白期間が六月（当該空白期間の直前に満了した一の有期労働契約の契約期間（当該一の有期労働契約を含む二以上の有期労働契約の契約期間の間に空白期間がないときは、当該二以上の有期労働契約の契約期間を通算した期間。以下この項において同じ。）が一年に満たない場合にあっては、当該一の有期労働契約の契約期間に二分の一を乗じて得た期間を基礎として厚生労働省令で定める期間）以上であるときは、当該空白期間前に満了した有期労働契約の契約期間は、通算契約期間に算入しない。

（有期労働契約の更新等）

第十九条　有期労働契約であって次の各号のいずれかに該当するものの契約期間が満了する日までの間に労働者が当該

有期労働契約の更新の申込みをした場合又は当該契約期間の満了後遅滞なく有期労働契約の締結の申込みをした場合であって、使用者が当該申込みを拒絶することが、客観的に合理的な理由を欠き、社会通念上相当であると認められないときは、使用者は、従前の有期労働契約の内容である労働条件と同一の労働条件で当該申込みを承諾したものとみなす。

一　当該有期労働契約が過去に反復して更新されたことがあるものであって、その契約期間の満了時に当該有期労働契約を更新しないことにより当該有期労働契約を終了させることが、期間の定めのない労働契約を締結している労働者に解雇の意思表示をすることにより当該期間の定めのない労働契約を終了させることと社会通念上同視できると認められること。

二　当該労働者において当該有期労働契約の契約期間の満了時に当該有期労働契約が更新されるものと期待することについて合理的な理由があるものであると認められること。

（期間の定めがあることによる不合理な労働条件の禁止）

第二十条　有期労働契約を締結している労働者の労働契約の内容である労働条件が、期間の定めがあることにより同一の使用者と期間の定めのない労働契約を締結している労働者の労働契約の内容である労働条件と相違する場合においては、当該労働条件の相違は、労働者の業務の内容及び当該業務に伴う責任の程度（以下この条において「職務の内容」という。）、当該職務の内容及び配置の変更の範囲その他の事情を考慮して、不合理と認められるものであってはならない。

1 契約期間途中の解雇

有期労働契約の場合、労働契約で契約期間を定めており、少なくとも契約期間中は、期間の定めのない労働契約よりも雇用が保障されていると考えられるのが通常である。しかし、契約期間途中に解雇されるケースも少なからずみられる。

民法第628条では、有期労働契約の場合でも、「やむを得ない事由があるときは、各当事者は、直ちに契約の解除をすることができる。」と定めているが、労働契約法第17条第１項は、さらに進んで「やむを得ない事由がある場合でなければ」契約期間の途中で解雇することはできないことを明記している。

「やむを得ない事由」があるか否かは、個別具体的な事案に応じて判断されるが、上記のとおり、労使当事者が労働契約で合意して契約期間を定めた以上はこれを遵守すべきであり、契約期間の途中の解雇が認められる範囲は、期間の定めのない労働契約における解雇権濫用法理の「客観的に合理的な理由を欠き、社会通念上相当であると認められない場合」以外の場合よりも狭く解釈される。

2 契約期間についての配慮

有期労働契約をめぐるトラブルで多いものは、短期間の契約が反復更新された後に雇止めとなるケースである。そこで、労働契約法は、必要以上に短い契約期間としてこれを反復更新するのではなく、業種、業務内容等の実態に応じて、本来のその契約の趣旨·目的に合った期間設定が行われるよう、使用者は、有期労働契約の契約期間について配慮しなければならないことを明らかにしている。

図11-4-1 契約期間途中の解雇

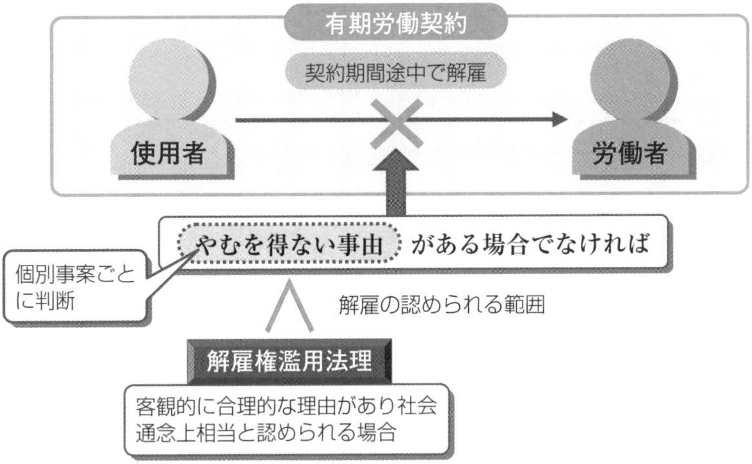
有期労働契約
契約期間途中で解雇
使用者
労働者
やむを得ない事由 がある場合でなければ
個別事案ごとに判断
解雇の認められる範囲
解雇権濫用法理
客観的に合理的な理由があり社会通念上相当と認められる場合

労働契約法 第17条第1項　解 平24.8.10基発0810第2号

図11-4-2 契約期間についての配慮

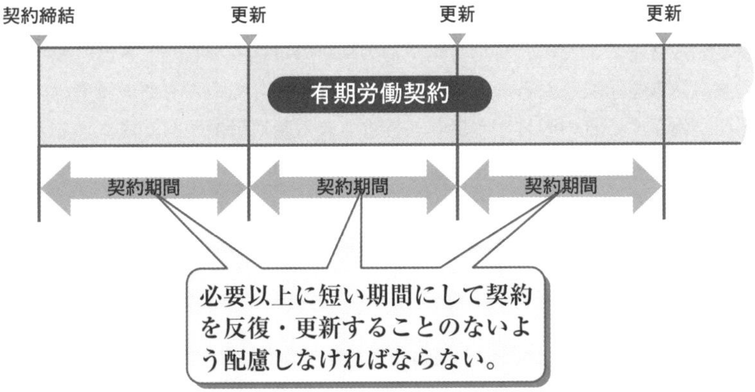
契約締結
更新
更新
更新
有期労働契約
契約期間
契約期間
契約期間
必要以上に短い期間にして契約を反復・更新することのないよう配慮しなければならない。

労働契約法 第17条第2項　解 平24.8.10基発0810第2号

3 有期労働契約の無期転換ルール

⑴ 趣 旨

有期労働契約については、契約期間の満了時に当該有期労働契約が更新されずに終了する場合がある一方で、労働契約が反復更新され、長期間にわたり雇用が継続する場合も少なくない。こうした中で、有期契約労働者については、雇止めの不安があることによって、年次有給休暇の取得など労働者としての正当な権利行使が抑制されるなどの問題が指摘されている。

そこで、有期労働契約が通算して５年を超えて反復更新された場合は、有期契約労働者の申込みにより期間の定めのない労働契約（以下「無期労働契約」という）に転換させる仕組み（以下「無期転換ルール」という）を設けることにより、有期労働契約の濫用的な利用を抑制し労働者の雇用の安定を図ることとしたものである。

⑵ 無期転換の仕組み

無期転換ルールは、同一の使用者との間で締結された二以上の有期労働契約の契約期間を通算した期間（以下「通算契約期間」という）が５年を超える有期契約労働者が、使用者に対し、現に締結している有期労働契約の契約期間が満了する日までの間に、無期労働契約の締結の申込みをしたときは、使用者が当該申込みを承諾したものとみなされ、現に締結している有期労働契約の契約期間が満了する日の翌日から労務が提供される無期労働契約が成立するというものである。

なお、通算契約期間のカウントは、平成25年４月１日以後に開始する有期労働契約が対象である。それより前に開始した有期労働契約は、通算契約期間に含めない。

① 同一の使用者

「同一の使用者」は、労働契約を締結する法律上の主体が同一であることをいうものであり、したがって、事業場単位ではなく、労働契約締結の法律上の主体が法人であれば法人単位で、個人事業主であれば当該個人事業主単位で判断される。

ただし、使用者が、就業実態が変わらないにもかかわらず、労働契約法第

図11-4-3 無期転換ルールの仕組み

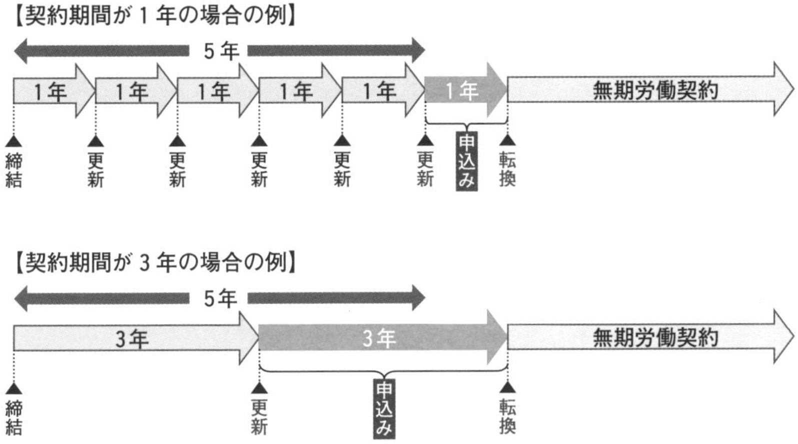

図11-4-4 無期転換申込権の発生要件と効果

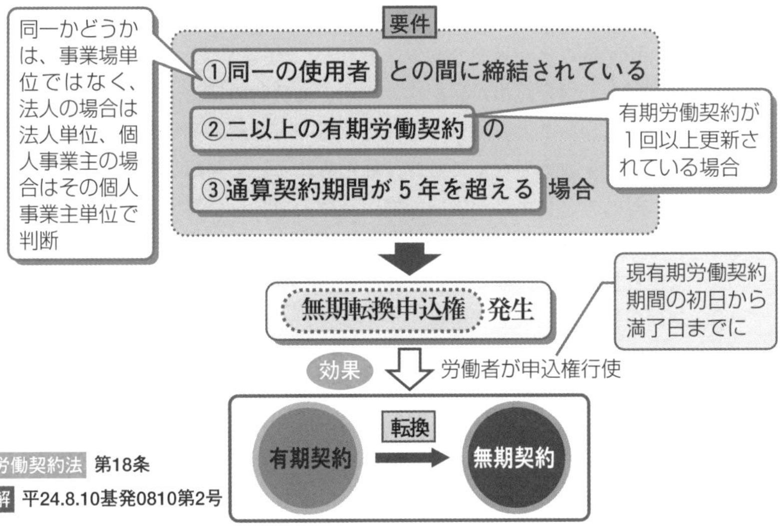

労働契約法 第18条

解 平24.8.10基発0810第2号

18条第１項に基づき有期契約労働者が無期労働契約への転換を申し込むことができる権利（以下「無期転換申込権」という）の発生を免れる意図をもって、派遣形態や請負形態を偽装して、労働契約の当事者を形式的に他の使用者に切り替えた場合は、法を潜脱するものとして、通算契約期間の計算上「同一の使用者」との労働契約が継続していると解される。

なお、派遣労働者の場合は、労働契約の締結の主体である派遣元事業主との有期労働契約について通算契約期間が計算される。

② 二以上の有期労働契約

無期転換申込権は、「二以上の有期労働契約」の通算契約期間が５年を超える場合、すなわち更新が１回以上行われ、かつ、通算契約期間が５年を超えている場合に生じる。

③ 無期転換申込権の行使

無期転換申込権は、当該契約期間中に通算契約期間が５年を超えることとなる有期労働契約の契約期間の初日から当該有期労働契約の契約期間が満了する日までの間に行使することができる。

また、無期転換申込権が生じている有期労働契約の契約期間が満了する日までの間に無期転換申込権を行使しなかった場合であっても、再度有期労働契約が更新された場合は、新たに無期転換申込権が発生し、有期契約労働者は、更新後の有期労働契約の契約期間が満了する日までの間に、無期転換申込権を行使することが可能である。

なお、無期転換申込権が発生する有期労働契約の締結以前に、無期転換申込権を行使しないことを更新の条件とする等有期契約労働者にあらかじめ無期転換申込権を放棄させることは、雇止めによって雇用を失うことを恐れる労働者に対して、使用者が無期転換申込権の放棄を強要する状況を招きかねず、本条の趣旨を没却するものである。こうした有期契約労働者の意思表示は、公序良俗に反し、無効と解される。

④ 無期労働契約の成立と解雇

有期契約労働者が無期転換申込権を行使することにより、現に締結している有期労働契約の契約期間が満了する日の翌日から労務が提供される無期労働契約は、無期転換申込権の行使の時点で成立している。

このため、現に締結している有期労働契約の契約期間が満了する日をもって当該有期契約労働者との契約関係を終了させようとする使用者は、無期転換申込権の行使により成立した無期労働契約を解約（解雇）する必要があり、

図11-4-5　無期転換申込権の行使

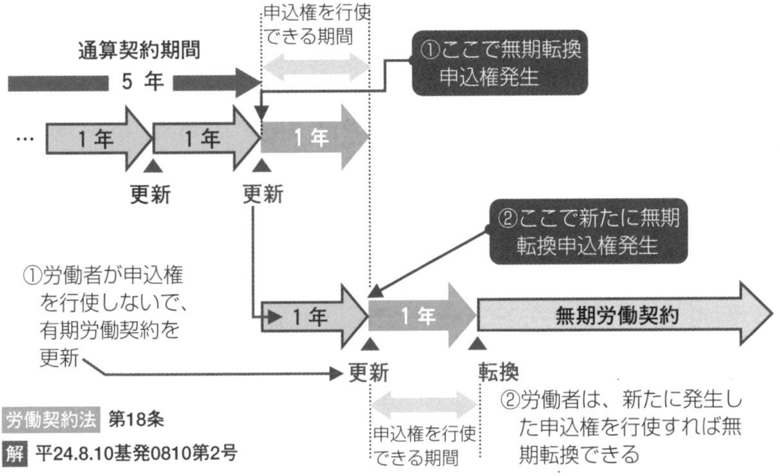

図11-4-6　無期転換申込権の行使と解雇の関係

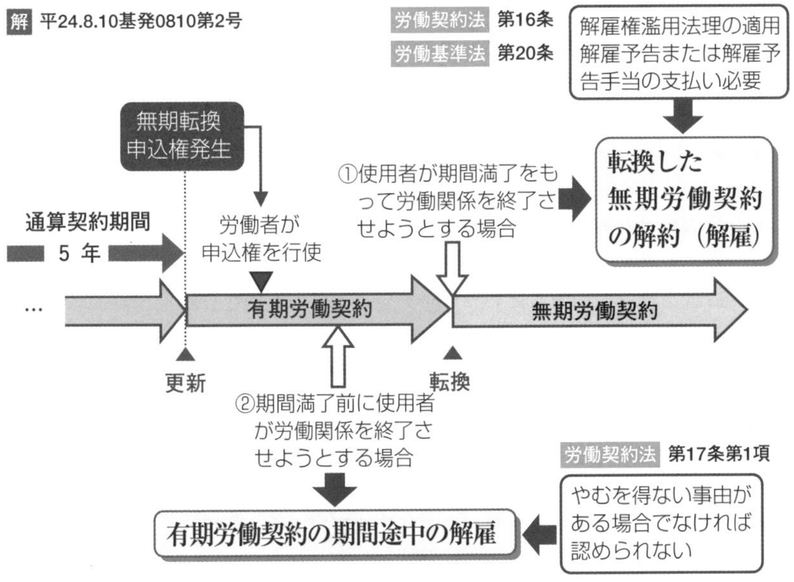

当該解雇が「客観的に合理的な理由を欠き、社会通念上相当であると認められない場合」には、権利濫用に該当するものとして無効となる（労働契約法第16条、436頁参照）。

また、現に締結している有期労働契約の契約期間が満了する日前に使用者が当該有期契約労働者との契約関係を終了させようとする場合は、これに加えて、当該有期労働契約の契約期間中の解雇となる（労働契約法第17条第1項、442頁参照）。

⑶ 無期転換後の労働条件

有期契約労働者の無期転換申込権の行使により無期労働契約に転換した後の労働条件は、期間の定めの有無を除いては、原則として従前の有期労働契約のときの労働条件と同一となる。

ただし、「別段の定め」をすれば、期間の定め以外の労働条件を変更することは可能である。この「別段の定め」とは、労働協約、就業規則及び個々の労働契約（無期労働契約への転換に当たり従前の有期労働契約から労働条件を変更することについての有期契約労働者と使用者との間の個別の合意）をいう。

この場合、無期労働契約への転換に当たり、職務の内容などが変更されないにもかかわらず、無期転換後における労働条件を従前よりも低下させることは、無期転換を円滑に進める観点から望ましいものではない。

なお、就業規則により別段の定めをする場合、労働契約法第18条の規定が、就業規則法理（428頁以下参照）を変更することになるものではない。

⑷ 通算契約期間の計算（クーリング）

有期契約労働者の無期転換申込権の行使により有期労働契約が無期労働契約に転換する、5年の通算契約期間の計算に当たり、有期労働契約が不存在の期間（以下「無契約期間」という）が一定以上続いた場合には、当該通算契約期間の計算がリセットされる（いわゆる「クーリング」）。

同一の有期契約労働者と使用者との間で、1カ月以上の無契約期間を置いて有期労働契約が再度締結された場合であって、当該無契約期間の長さが次の①、②のいずれかに該当するときは、当該無契約期間前に終了しているすべての有期労働契約の契約期間は、通算契約期間に算入されない（クーリングされる。労働契約法第18条第1項の通算契約期間に関する基準を定める省令。以下「基準省令」という）。

図11-4-7 通算契約期間の計算

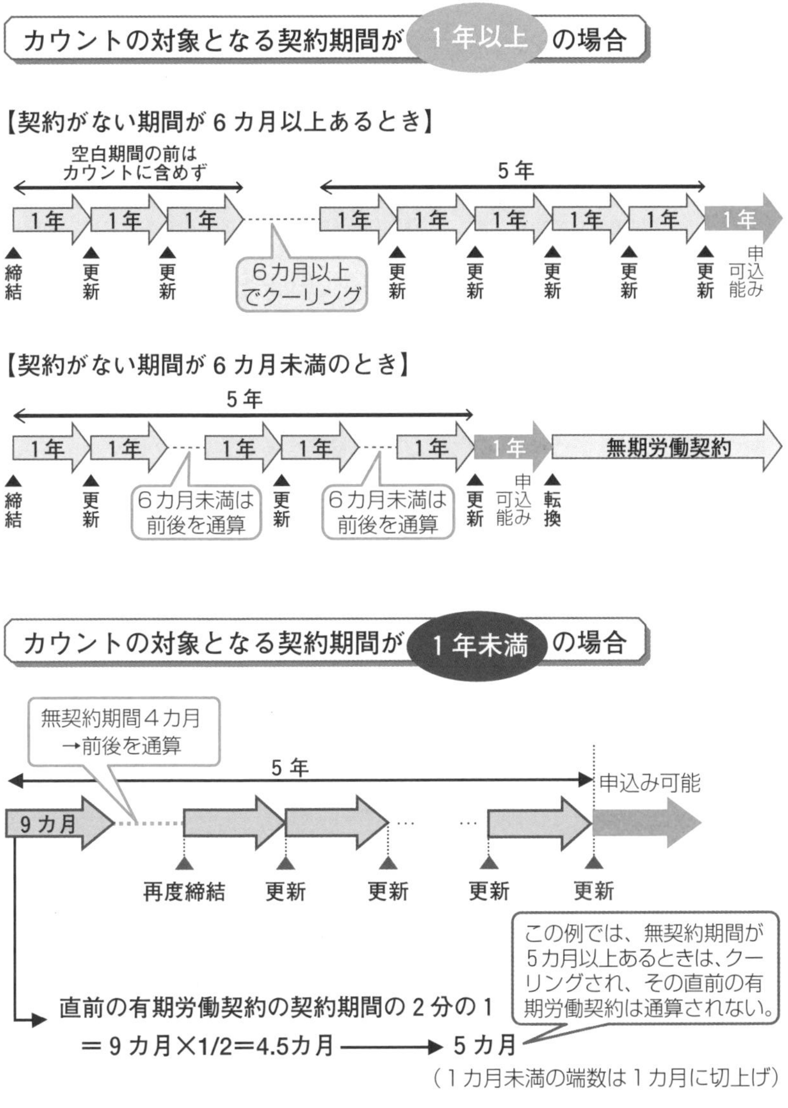

カウントの対象となる契約期間が 1年以上 の場合
【契約がない期間が6カ月以上あるとき】
空白期間の前は
カウントに含めず
5年
1年
1年
1年
1年
1年
1年
1年
1年
1年
締結
更新
更新
6カ月以上
でクーリング
更新
更新
更新
更新
更新
申込可能
【契約がない期間が6カ月未満のとき】
5年
1年
1年
1年
1年
1年
1年
無期労働契約
締結
更新
6カ月未満は
前後を通算
更新
6カ月未満は
前後を通算
更新
申込可能
転換
カウントの対象となる契約期間が 1年未満 の場合
無契約期間4カ月
→前後を通算
5年
申込み可能
9カ月
再度締結
更新
更新
更新
更新
この例では、無契約期間が
5カ月以上あるときは、クー
リングされ、その直前の有
期労働契約は通算されない。
直前の有期労働契約の契約期間の2分の1
＝9カ月×1/2＝4.5カ月 → 5カ月
（1カ月未満の端数は1カ月に切上げ）

なお、無契約期間の長さが１カ月に満たない場合は、クーリングされない。

① カウントの対象となる有期労働契約の契約期間が１年以上の場合
→６カ月以上

② カウントの対象となる有期労働契約の契約期間が１年未満の場合
→無契約期間の直前の有期労働契約の契約期間*の２分の１の期間以上（１カ月未満の端数は１カ月に切り上げる）

＊２つ以上の有期労働契約がある場合、（ｉ）複数の有期労働契約が間を置かずに連続しているとき、または（ⅱ）基準省令第１条第１項で定める基準に該当し契約期間が連続するものと認められるときは、これらの期間を通算する（（ⅱ）の契約期間が連続すると認められる基準を図示すれば、**図11-4-8**のとおりである）。

②の場合、カウントの対象となる有期労働契約の契約期間（２つ以上の有期労働契約があるときは通算した期間）の長さの区分（下表の左欄）に応じて、無契約期間の長さがそれぞれ下表の右欄に該当するときは、クーリングされ、無契約期間の前の有期労働契約は通算されないことになる。この場合、無契約期間後の有期労働契約の契約期間から、通算契約期間のカウントが再スタートする。

カウントの対象となる 有期労働契約の契約期間	無契約期間
２カ月以下	１カ月以上
２カ月超～４カ月以下	２カ月以上
４カ月超～６カ月以下	３カ月以上
６カ月超～８カ月以下	４カ月以上
８カ月超～10カ月以下	５カ月以上
10カ月超～１年未満	６カ月以上

図11-4-8 無契約期間がある場合に契約が連続しているものと認められる基準

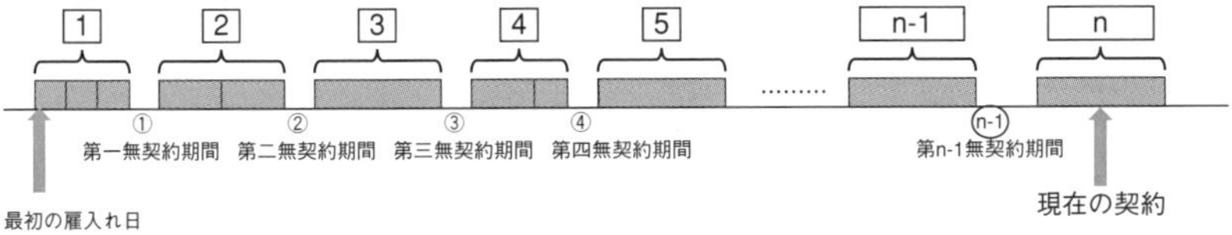
1
2
3
4
5
n-1
n
………
①
②
③
④
n-1
第一無契約期間
第二無契約期間
第三無契約期間
第四無契約期間
第n-1無契約期間
最初の雇入れ日
現在の契約

号		無契約期間の位置	次の基準を満たすときは、左欄の無契約期間の前後の有期労働契約が連続すると認められる。
一		①（最初の雇入れの日後最初に到来する無契約期間）	①の期間が、[1]に２分の１を乗じて得た期間（★）未満であるときは、[1]と[2]が連続すると認められる。
二		②	次に掲げる場合に応じ、それぞれ次に定めるものであるときは、[2]と[3]が連続すると認められる。
	イ	[1]と[2]が連続すると認められる場合	②の期間が、([1]+[2]) に２分の１を乗じて得た期間（★）未満であること。
	ロ	イに掲げる場合以外の場合	②の期間が、[2]に２分の１を乗じて得た期間（★）未満であること。
三		③	次に掲げる場合に応じ、それぞれ次に定めるものであるときは、[3]と[4]が連続すると認められる。
	イ	[3]以前の全ての有期労働契約が連続すると認められる場合	③の期間が、([1]+[2]+[3]) に２分の１を乗じて得た期間（★）未満であること。
	ロ	[2]と[3]が連続すると認められる場合	③の期間が、([2]+[3]) に２分の１を乗じて得た期間（★）未満であること。
	ハ	イ又はロに掲げる場合以外の場合	③の期間が、[3]に２分の１を乗じて得た期間（★）未満であること。
四		④以降の無契約期間	当該無契約期間が、前三号の例により計算して得た期間未満であること。

※　★印は「６か月を超えるときは６か月とし、１か月に満たない端数を生じたときは、これを１か月として計算した期間とする。」の略。

基準省令 第1条第1項

4 無期転換ルールの特例

(1) 研究者、教員等に関する特例

研究開発能力の強化及び教育研究の活性化等の観点から、大学等及び研究開発法人の研究者、教員等については、無期転換申込権発生までの期間を、労働契約法第18条で５年とされているところを10年とする特例が設けられている（研究開発システムの改革の推進等による研究開発能力の強化及び研究開発等の効率的推進等に関する法律（研究開発力強化法）第15条の２及び大学の教員等の任期に関する法律（大学教員任期法）第７条）。

(2) 専門的知識等を有する有期雇用労働者等に関する特例

専門的知識等を有する有期雇用労働者等の能力の維持向上及び活用を通じ、その能力の有効な発揮と、活力ある社会の実現を目指す観点から、「専門的知識等を有する有期雇用労働者等に関する特別措置法」（有期雇用特別措置法）に基づき、①専門的知識等を有する有期雇用労働者（高度専門職）と、②定年に達した後引き続いて雇用される有期雇用労働者（継続雇用の高齢者）について、その特性に応じた雇用管理に関する特別の措置が講じられる場合に、無期転換申込権発生までの期間に関する特例が適用される。

①の一定の年収・高度の専門的知識等を有する者であって、その高度の専門的知識等を必要とし、５年を超える一定の期間内に完了する業務（特定有期業務（プロジェクト））に従事する高度専門職については、その業務に従事している期間は、無期転換申込権が発生しない（無期転換申込権が発生しない期間の上限は10年）。

また、②の継続雇用の高齢者については、その事業主に定年後引き続いて雇用される期間は、無期転換申込権が発生しない。この期間は通算契約期間に算入しないので、結局何年継続雇用しても、無期転換申込権は発生しないことになる。

これらの特例を受けるためには、①、②それぞれの有期雇用労働者について、適切な雇用管理を実施するための計画を策定し、都道府県労働局長の認定を受ける必要がある。

図11-4-9　無期転換ルールの適用に関する特例

【研究者・教員等の場合の特例】

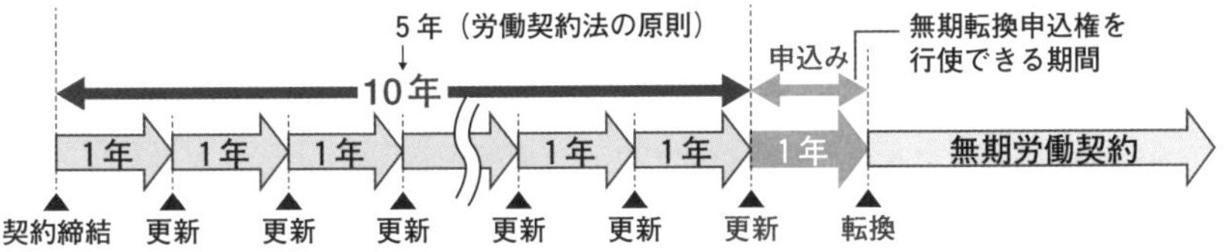

研究開発力強化法　第15条の2

大学教員任期法　第7条

【専門的知識等を有する有期雇用労働者等に関する特例】

(1)　高度専門職の有期雇用労働者のケース

高度専門職　▶　要件

①事業主から支払われると見込まれる賃金が年収1,075万円以上
②高度の専門的知識等（⇒その範囲は年収要件以外は64頁の基準と同様）を有し、その専門的知識等を要する業務に就く者

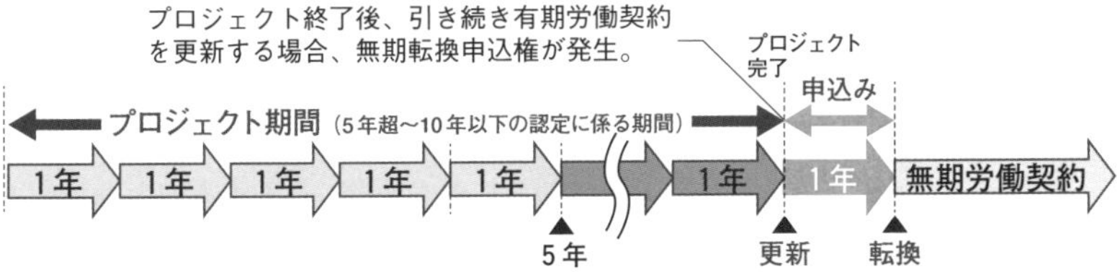

(2)　定年後継続雇用される有期雇用労働者のケース

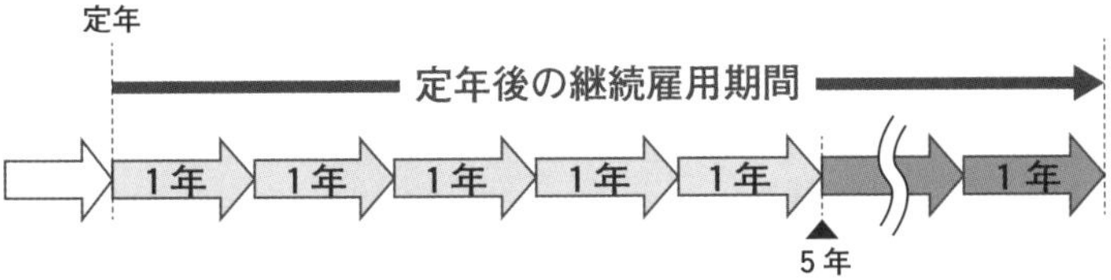

定年後の継続雇用期間は通算契約期間に算入しないので、何年継続雇用しても無期転換申込権は生じない。

有期雇用特別措置法

5 雇止めの法理

(1) 趣　旨

有期労働契約が反復して更新されたことにより、①雇止めをすることが解雇と社会通念上同視できると認められる場合、または②労働者が有期労働契約の契約期間の満了時にその有期労働契約が更新されるものと期待することについて合理的な理由が認められる場合に、使用者が雇止めをすることが、客観的に合理的な理由を欠き、社会通念上相当であると認められないときは、雇止めは認められず、したがって、使用者は、従前の有期労働契約と同一の労働条件（契約期間を含む）で労働者による有期労働契約の更新または締結の申込みを承諾したものとみなされる。

これは、最高裁判決で確立している雇止めに関する判例法理（いわゆる雇止め法理）が労働契約法上に規定化されたものである。

(2) 雇止めの合理性判断

上記①または②の要件に該当するか否かは、これまでの裁判例と同様、当該雇用の臨時性・常用性、更新の回数、雇用の通算期間、契約期間管理の状況、雇用継続の期待をもたせる使用者の言動の有無などを総合考慮して、個々の事案ごとに判断される。

また、②の「満了時」における合理的期待の有無は、最初の有期労働契約の締結時から雇止めされた有期労働契約の満了時までの間におけるあらゆる事情が総合的に勘案される。いったん、労働者が雇用継続への合理的な期待を抱いていたにもかかわらず、当該有期労働契約の契約期間の満了前に使用者が更新年数や更新回数の上限などを一方的に宣言したとしても、そのことのみをもって直ちに合理的期待がないとされることにはならないと解される。

(3) 更新の申込み・締結の申込み

労働契約法第19条の労働者から使用者に対する有期労働契約の「更新の申込み」及び「締結の申込み」は、要式行為ではなく、使用者による雇止めの意思表示に対して、労働者による何らかの反対の意思表示が使用者に伝わるものでもよい。

図11-4-10 雇止め法理

次の①または②に該当する場合

①過去に反復更新された有期労働契約で、その雇止めが無期労働契約の解雇と社会通念上同視できると認められる場合

判 東芝柳町工場事件（昭49.7.22最高裁第一小法廷判決）

②有期労働契約の契約期間の満了時にその有期労働契約が更新されるものと労働者が期待することについて合理的な理由があると認められる場合

判 日立メディコ事件（昭61.12.4最高裁第一小法廷判決）

↓ 労働者が契約更新を申し込んだ場合または契約期間満了後、遅滞なく有期労働契約の締結を申し込んだ場合

使用者が雇止めをすることが、客観的に合理的な理由を欠き、社会通念上相当であると認められないとき

↓

雇止めは無効
（従前と同一の労働条件で有期労働契約が更新・締結される）

労働契約法 第19条

参考 雇止めの合理性判断の要素

判断要素	具体例
1．業務の客観的内容	◆ 従事する仕事の種類・内容・勤務の形態（業務内容の恒常性・臨時性、業務内容についての正社員との同一性の有無など）
2．契約上の地位の性格	◆ 地位の基幹性・臨時性（嘱託・非常勤講師など） ◆ 労働条件についての正社員との同一性の有無
3．当事者の主観的態様	◆ 継続雇用を期待させる当事者の言動・認識の有無・程度等（採用に際しての雇用契約の期間や、更新ないし継続雇用の見込み等についての雇主側からの説明など）
4．更新の手続き・実態	◆ 契約更新の状況（反復更新の有無・回数、勤続年数など） ◆ 契約更新時における手続きの厳格性の程度（更新手続きの有無・時期・方法、更新の可否の判断方法など）
5．他の労働者の更新状況	◆ 同様の地位にある他の労働者の雇止めの有無など
6．その他	◆ 有期労働契約を締結した経緯 ◆ 勤続年数・年齢等の上限の設定など

また、雇止めの効力について紛争となった場合における「更新の申込み」または「締結の申込み」をしたことの主張・立証については、労働者が雇止めに異議があることが、例えば、訴訟の提起、紛争調整機関への申立て、団体交渉等によって使用者に直接または間接に伝えられたことを概括的に主張立証すればよいと解される。

なお、「更新の申込み」または「締結の申込み」は、「遅滞なく」行われることが要件となっているが、有期労働契約の契約期間の満了後であっても、正当な理由または合理的な理由による遅滞は許容される。

6 不合理な労働条件の禁止

労働契約法第20条は、有期契約労働者の労働条件が、期間の定めがあることにより同一の使用者と無期労働契約を締結している労働者の労働条件と相違する場合、その相違は、職務の内容、当該職務の内容及び配置の変更の範囲その他の事情を考慮して、有期契約労働者にとって不合理と認められるものであってはならないことを明らかにしたものである。

したがって、有期契約労働者と無期契約労働者との間で労働条件の相違があれば直ちに不合理とされるものではなく、本条に列挙されている要素を考慮して「期間の定めがあること」を理由とした不合理な労働条件の相違と認められる場合を禁止している。

なお、同条は、平成30年の改正により、短時間労働者及び有期雇用労働者の雇用管理の改善等に関する法律（パート・有期労働法）第８条に統合されることとなり、令和２年４月１日から施行される（中小事業主については、令和３年４月１日から適用される）。

参考 パート・有期労働法第８条の均衡待遇規定（不合理な待遇差の禁止）

平成30年の改正により、従来パートタイム労働者をその適用対象としていた「短時間労働者の雇用管理の改善等に関する法律」（パートタイム労働法）を有期雇用労働者にも適用することとし、これにより有期雇用労働者もパートタイム労働者と同様の保護が受けられるようにしたものである。これに伴い、法律名が「短時間労働者及び有期雇用労働者の雇用管理の改善等に関する法律」（パート・有期労働法）と改称された。

この改正で、有期雇用労働者に関する不合理な労働条件の禁止を定める労働契約法第20条は、同趣旨のパートタイム労働法第８条に統合され、パート・有期労働法第８条となった。

パート・有期労働法は、同一企業内において、通常の労働者（正規型の労働者等の無期フルタイム労働者）とパートタイム労働者・有期雇用労働者との間で、基本給や賞与などあらゆる待遇について不合理な待遇差を設けることを禁止し、裁判の際の判断基準となる「均衡待遇規定」（同法第８条）及び「均等待遇規定」（同法第９条）が整備されている。

不合理な待遇の禁止（パート・有期労働法第８条）

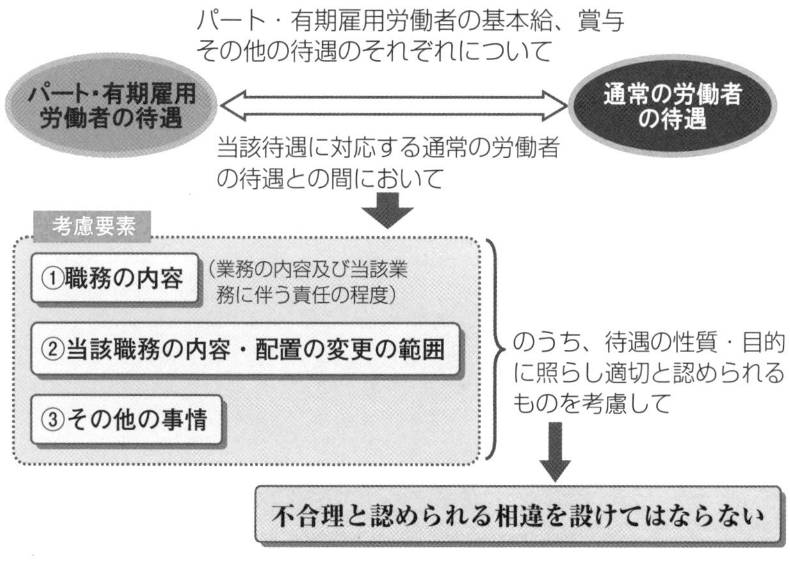
パート・有期雇用労働者の基本給、賞与
その他の待遇のそれぞれについて
パート・有期雇用
労働者の待遇
通常の労働者
の待遇
当該待遇に対応する通常の労働者
の待遇との間において
考慮要素
①職務の内容
（業務の内容及び当該業
務に伴う責任の程度）
②当該職務の内容・配置の変更の範囲
③その他の事情
のうち、待遇の性質・目的
に照らし適切と認められる
ものを考慮して
不合理と認められる相違を設けてはならない

改訂11版　チャート労働基準法

令和２年３月27日　改訂11版発行

編　者　労働調査会出版局

発行人　藤澤直明

発行所　労働調査会

〒170-0004　東京都豊島区北大塚2-4-5
TEL 03-3915-6401
FAX 03-3918-8618
http://www.chosakai.co.jp/

ISBN978-4-86319-777-0 C2032